한국목간학회총서 32

木簡과 文字 연구

32

| 한국목간학회 엮음 |

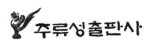 주류성출판사

| 차 례 |

논문

고대 동아시아 토기·도자기명문의 기입방식과 분류 방안[*]

방국화[**]

Ⅰ. 머리말
Ⅱ. 동아시아 토기·도자기명문에 관한 용어
Ⅲ. 동아시아 토기·도자기명문의 문자 기입방식
Ⅳ. 동아시아 토기·도자기명문의 분류
Ⅴ. 맺음말

〈국문초록〉

본고는 동아시아 토기·도자기명문에 관한 용어를 정리하고 서사방식, 내용 분류에 대해 비교한 후, "토기·도자기의 일생"이라는 시점에서 글자가 쓰인 목적에 대해 검토한 것이다. 기존에는 중국의 墨書陶器·墨書陶瓷器와 일본의 墨書土器에 직접적인 관계가 없다고 보고 비교연구도 이루어지지 않았다. 하지만 한중일의 토기·도자기명문을 ①제작·납품, ②사용·관리, ③폐기의 3단계로 나누어 명문 내용 및 기능을 검토한 결과, 한중일의 토기·도자기명문에는 많은 공통점이 있다는 것을 알 수 있게 되었다. ①제작·납품, ②사용·관리 단계의 명문은 라벨 기능을 갖고 있어 꼬리표 목간과 통한다. 한중일 토기·도자기명문에는 목간·간독 외에 종이문서와 유사한 내용이 확인된다는 공통점도 있다. 따라서 토기·도자기명문을 동아시아 시점에서 비교검토해야 할 뿐만 아니라 다른 서사자료와 비교할 필요도 있다고 생각한다.

▶ 핵심어: 동아시아, 토기, 도자기, 명문, 일생

* 이 논문은 2019년 대한민국 교육부와 한국연구재단의 지원을 받아 수행된 연구이다(NRF-2019S1A6A3A01055801). 또한 2024년 11월 8일에 개최된 『제12회 한·중 국제학술회의: 동아시아 역사기록과 미래가치』(성균관대 동아시아학술원·경북대 인문학술원·중국사회과학원 고대사연구소 주최)에서 발표한 「고대 동아시아의 토기 명문에 관한 연구」라는 제목의 발표원고를 수정·가필한 것이다.
** 경북대학교 인문학술원 HK 연구교수

I. 머리말

고대 동아시아 각지에서 사용된 서사매체로는 동물 뼈, 거북 배딱지, 돌·바위, 금속제품, 布帛, 종이, 나무·대나무, 흙 등 여러 종류가 있다. 흙으로 만든 서사매체로는 토기, 기와, 전 등이 있다. 서사 도구에 관해서는 붓, 대칼, 뾰족한 금속기 등이 있다. 대칼이나 금속기를 사용해서 새긴 글씨는 刻書라 부르고, 붓과 먹을 사용해서 쓴 글씨는 墨書라 한다. 붓글씨는 묵서 외에 붉은색 안료를 사용한 朱書, 옷칠을 한 漆書 등도 있다.[1] 이외에 토기, 기와, 전 등 흙으로 만든 기물에는 인장으로 押印한 문자도 보인다.

이러한 서사재료 중에 가장 흔한 것 중 하나가 흙이다. 흙은 빚어서 토기, 기와, 塼 등 여러 기물을 만들 수 있다. 이러한 기물에는 글자가 쓰인 것이 있는데 글자 수가 적거나 단편적인 것이 많아, 금속제품이나 돌에 글을 새긴 금석문, 나무나 대나무에 글을 쓴 목간·간독, 布帛에 글을 쓴 帛書, 종이에 글을 쓴 종이문서 등에 비해 크게 주목받지 못하고 있었다.

그러나 근년에 많은 도시개발이 이루어지고, 고고학적 발굴조사가 발전함에 따라 한국, 중국, 일본 등 동아시아 각지에서 토기, 기와, 塼 등 흙으로 작성된 문자자료가 증가되면서 차츰 많은 연구가 이루어지고 주목도 받기 시작하고 있다.[2] 주보돈이 토기명문에 대해 지적한 바와 같이 "그들이 축적되면 고대사복원에 상당한 도움이 될 수 있을 것임은 확실하다".[3] 따라서 글자가 쓰인 토기나 도자기는 문자자료가 결핍한 고대의 귀중한 자료라고 할 수 있다.

그런데 실제 사례를 보면 모든 토기나 도자기에 글자가 쓰여 있는 것은 아니다. 글자가 쓰인 것은 그중 일부에 불과하다. 따라서 흙으로 만든 기물에 글자를 쓰는 행위는 보편적인 것이 아니고 일정한 목적 하에 이루어졌다는 것을 알 수 있다. 이러한 글자가 쓰인 기물 중에 토기나 도자기의 사용층은 다양하고 일반인도 포함되어 있어 궁전이나 관청, 사찰에서 사용된 기와나 塼과는 성격이 다르다. 따라서 토기에 쓰인 글자는 일반 민중의 서사문화를 더한층 잘 보여준다고 할 수 있다.

한중일의 토기·도자기명문에는 여러 공통점이 있지만 지금까지의 연구를 보면 한국과 일본은 서로의 사례를 참조하는 경우가 많으나,[4] 한국과 중국, 중국과 일본의 토기·도자기명문을 비교검토한 연구는 없

---

1) 칠서의 경우, 붓이 아닌 솔로 썼을 가능성도 있지만 붓과 솔을 구분하기 어려운 경우도 있다. 예를 들어 성산산성유적에서 출토된 붓에 관해 일본의 平川南은 2006년 8월에 실견조사를 한 결과, 문자를 쓰는 붓이 아니라 옷칠을 하는 솔일 가능성이 있다고 한다(橋本繁, 2014, 『韓國古代木簡の研究』, 吉川弘文館, pp.61·81).

2) 베트남에도 한자가 쓰인 토기, 기와, 전 등 출토 사례가 있으나 그중 일부가 소개되어 있을 뿐(西村昌也, 2011, 『ベトナムの考古·古代學』, 同成社; 팜·레·피, 2023, 「出土文字資料と安南都護府の研究」, 『墨書土器と文字瓦—出土文字資料の研究 一』, 吉村武彦 等 編, 八木書店), 전면적인 자료소개, 연구가 없는 상황이다. 베트남의 출토문자자료에 대해서는 향후의 연구과제로 하고 본고에서는 주로 한중일의 토기·도자기명문을 대상으로 한다.

3) 주보돈, 1997, 「韓國 古代의 土器銘文」, 『유물에 새겨진 古代文字』, 특별전도록.

4) 예를 들어 이동주, 2013, 「경주 화곡 출토 在銘土器의 성격」, 『木簡과 文字』 10, 한국목간학회; 김재홍, 2014, 「新羅 王京 출토 銘文土器의 생산과 유통」, 『한국고대사연구』 73, 한국고대사학회; 이병호, 2021, 「부여 부소산성 출토 토기 명문의 판독과 해석」, 『木簡과 文字』 26, 한국목간학회; 방국화, 2021, 「부여 부소산성 출토 토기 명문의 검토-동아시아 문자자료와의 비교-」, 『木簡과 文字』 26, 한국목간학회; 김재홍, 2022, 「한국 고대 묵서토기의 분석」, 『한국학논총』 58, 국민대학교 한국학연구소; 市大樹,

다. 심지어 중국의 墨書陶器·墨書陶瓷器는 일본의 墨書土器와 직접적인 관계가 없다고 보는 견해도 있다.[5] 일본 묵서토기의 영향은 기술적인 면에서는 직접 중국에서 찾아보기 어렵겠지만, 후술하다시피 중국의 墨書陶瓷器 문자 중에는 일본의 墨書土器 문자와 같은 사례가 확인되어 일본의 문자 해석에 새로운 견해가 제시되기도 하였다.[6] 또한 본론에서 詳述하다시피 한중일의 토기·도자기명문은 모두 같은 기준으로 분류할 수 있다. 이런 점으로부터 고려해 보았을 때, 한중일의 토기·도자기명문을 동아시아 시점에서 비교연구할 필요가 있다고 생각한다.

토기·도자기명문은 비록 문자 서사를 위해 만들어진 목간이나 종이와 성격이 다르지만, 목간과는 하급 관리 또는 일반인 층의 육필을 남긴 출토문자자료라는 유사한 성격을 갖고 있어 비교연구가 가능하다. 또한 실제 사례를 보면 토기·도자기명문이 종이문서나 목간에 쓰인 내용과 통하는 사례도 있다.[7] 종이가 귀한 고대에 있어서 목간이 서사재료로 자주 사용되었다는 사실은 주지하는 바와 같다. 하지만 서사재료의 특성을 이용해서 서사의 장에 맞게 서사재료를 선택하기도 하여 이러한 서사재료 간의 비교연구도 필요하다.

목간의 경우, 명문을 갖고 있는 토기나 도자기에 비해 많은 연구가 이루어지고 있고, 작성부터 폐기까지, 즉 "목간의 일생"(life cycle)이라는 시점에서 연구가 이루어지고 있다.[8] 토기나 도자기도 유적에서 출토된 유물이고 작성, 사용, 폐기 각 단계에 쓰인 글자가 확인되므로 마찬가지로 "토기·도자기의 일생"이라는 시점에서 연구할 필요가 있다. 작성, 사용, 폐기 각 단계의 명문은 글자 기입방식에 다른 점이 있을 뿐이 아니라 내용도 다르다. 다시 말해 "토기·도자기의 일생"과 명문 기입방식, 내용에는 일정한 관련이 있다고 볼 수 있다.

따라서 본고에서는 고대 동아시아의 토기·도자기명문의 기입방식에 대해 비교하고, "토기·도자기의 일생"이라는 시점에서 명문 내용을 분류하여 기물과 문자와의 관계, 문자 기입 목적에 대해 검토해 보고자 한다. 또한 서사매체로 사용된 토기·도자기의 특성을 찾아보기 위해 목간, 종이문서와의 비교도 시도해 볼 것이다.

2023, 「宮都の墨書土器」, 『墨書土器と文字瓦―出土文字資料の研究―』, 八木書店 등.

5) 王志高, 2014, 「南京顔料坊出土六朝墨書瓷器分析」, 『考古學研究』 126, pp.40-58; 石黒ひさ子, 2023a, 「中國の墨書陶器·墨書陶磁器」, 『墨書土器と文字瓦―出土文字資料の研究―』, 八木書店, pp.171-184.

6) 吳修喆, 2022, 「平城宮跡出土組み合わせ文字の水脈をたどる」, 『奈文研論叢』 3, pp.113-132(2022, 『漢字文化研究』 13, pp.55-77에도 수록).

7) 佐藤信, 1999, 「習書と戯画」, 『古代の遺跡と文字資料』, 名著刊行会, pp.170-177; 佐藤信, 2002, 「文字資料と書写の場」, 『出土史料の古代史』, 東京大學出版会, pp.21-32; 馮立, 2024, 「魏晉南北朝江南地區濕刻陶文芻議」, 『西泠藝叢』 1.

8) 목간의 폐기에 대해서는 平川南의 연구에 구체적인 폐기방법이 제시되어 있으며(2003, 『古代地方木簡の研究』, 吉川弘文館, pp.102-103), 馬場基와 渡辺晃宏의 연구에서는 "목간의 일생"에 대해 논술하고 있다(馬場基, 2018, 『日本古代木簡論』, 吉川弘文館, pp.254-272; 渡辺晃宏, 2022, 「일본 고대 목간의 폐기와 재사용」, 『나무에서 종이로-고대 동아시아의 기록문화』, 진인진, pp.403-433).

II. 동아시아 토기 · 도자기명문에 관한 용어

글자가 쓰인 토기나 도자기, 또는 토기나 도자기에 쓰인 글자에 대한 호칭은 한중일이 서로 다르다. 따라서 본론에 들어가기 전에 먼저 용어에 대한 정리를 해두고자 한다.

한국에서는 글자가 있는 토기를 '명문토기'라 하고 토기의 글씨는 '토기명문'이라 부르는 경우가 많다.[9] 일부 '토기'와 '명문'을 띄어쓰기하여 '토기 명문'으로 표기한 연구,[10] '토기명'이라 하는 연구,[11] 문자뿐 아니라 기호가 새겨진 토기를 모두 아우를 수 있는 개념으로 '재명토기'라는 용어를 사용한 연구,[12] 서사방식을 고려하여 墨書銘土器, 針刻銘土器, 印刻銘土器, 또는 墨書土器, 刻書土器와 같은 용어를 사용한 연구[13]도 있으나 대부분이 '명문토기', '토기명문'이란 용어를 사용하고 있다. '명문'(銘文)은 엄격히 따지면 '銘'자가 새긴다는 뜻이기에 어딘가에 새긴 글자를 가리킨다. 하지만 '명문토기', '토기명문'의 '명문'은 대칼이나 예리한 금속기로 새긴 刻書 외에 墨書, 朱書 등도 포함되는 포괄적인 용어로 사용되고 있다.

다만 중국과 일본에서는 土器銘文이라는 용어를 사용하지 않는다. 중국에서는 土器라는 용어를 사용하지 않고 이에 해당하는 기물을 陶器라고 한다. 陶器와 瓷器를 통칭하여 陶瓷器라고 하는데 도기, 도자기에 글자가 있는 것을 주서와 묵서로 구분하여 朱書陶器, 墨書陶器, 墨書瓷器, 墨書陶瓷器와 같이 부르기도 한다.[14] 또는 묵서, 주서 등 서사방식을 구별하지 않고 陶器銘文, 陶器文字라고 하는 경우도 있다.[15]

한편, 중국에서는 陶器에 쓰인 글자나 부호를 陶文으로 통칭하기도 한다. 陶文은 크게 신석기시대의 도기에 새겨진 기호나 부호와 戰國 시기 이후의 도기에 쓰인 문자(부호 포함)로 구분된다. 前者는 한자의 雛形으로 보여지고 있다. 陶文에 관한 대부분 연구 성과는 陶文 자료가 성행하는 戰國 시기, 秦漢 시기를 대상으

9) 김재홍·국립중앙박물관 고고부, 1997, 「銘文土器」, 『한국 고대의 토기-흙, 예술, 삶과 죽음』, 특별전도록; 주보돈, 1997, 앞의 글; 차순철, 2009, 「경주지역 명문자료에 대한 소고」, 『木簡과 文字』 3, 한국목간학회; 김성범, 2009, 「羅州 伏岩里 유적 출토 백제목간과 기타 문자 관련 유물」, 『木簡과 文字』 3, 한국목간학회; 이영호, 2010, 「新羅의 新發見 文字資料와 硏究動向」, 『한국고대사연구』 57, 한국고대사학회; 박방룡, 2013, 「慶州 城乾洞 677番地 出土 銘文土器」, 『東垣學術論文集』 14, 國立中央博物館韓國考古美術硏究所; 김재홍, 2014, 앞의 논문; 최경선, 2014, 「扶餘 지역 출토 印刻瓦와 기타 명문자료」, 『木簡과 文字』 12, 한국목간학회; 김재홍, 2023, 「韓國出土の古代墨書土器」, 『墨書土器と文字瓦－出土文字資料の研究－』, 八木書店 등.

10) 송기호, 1997, 「舍堂洞 窯址 출토 銘文 資料와 통일신라 지방사회」, 『한국사연구』 99·100, 한국고대사학회; 홍승우, 2020, 「창녕 계성 고분군 출토 토기 명문의 재검토」, 『신라문화』 57, 동국대학교 WISE캠퍼스 신라문화연구소; 이병호, 2021, 앞의 논문; 방국화, 2021, 앞의 논문 등.

11) 고광의, 2023, 『고구려의 문자문화』, 동북아역사재단, pp.342-399. 단지 본서의 章節 제목에는 '토기명'으로 표기되었으나 본문에는 '토기 명문'으로 표기되어 있다.

12) 이동주, 2013, 앞의 논문.

13) 박방룡, 2002, 「新羅의 文字活用과 性格」, 『문자로 본 신라』, 특별전도록, 국립경주박물관편, pp.262-277; 이동주, 2018, 「新羅 月池 출토 墨書土器 명문의 의미 - 소위 '言·貞·茶'銘 盌을 중심으로 -」, 『진단학보』 131, 진단학회; 김재홍, 2022, 앞의 논문; 김재홍, 2023, 앞의 논문 등.

14) 王志高·石黒ひさ子, 2012, 「六朝建康城遺跡出土の墨書磁器の整理と分析 : 南京市顔料坊出土品を例として」, 『古代學研究所紀要』 18, pp.39-92; 王志高, 2014, 앞의 논문; 石黒ひさ子, 2023a, 앞의 논문 등.

15) 徐正考·佟艶澤, 2011, 「漢代陶文著錄與研究述論」, 『古籍整理研究學刊』 2011-4; 馮立, 2024, 앞의 논문 등.

로 한다. 陶文 자료에는 각종 도기 기물(陶俑, 陶馬 등도 포함), 기와, 磚에 쓰인 각서, 묵서, 주서 모두가 포함된다.[16] 최근의 연구를 보면 陶器 뿐이 아니라 瓷器에 쓰인 글자도 陶文으로 보고 있다.[17] 따라서 현재 중국 학계에서 사용되는 陶文에 대한 定義는 흙으로 만든 모든 기물에 쓰인 글자, 부호로 정리할 수 있을 것 같다.

일본의 경우, 土器라는 용어는 사용하지만 土器銘文, 銘文土器라 하지 않고 墨書土器라고 통칭한다. 일본의 토기에도 각서, 묵서, 주서, 칠서 등이 확인되는데 이러한 문자 기입방식을 통틀어서 墨書土器라 부르기도 한다.[18] 廣義의 墨書土器에는 狹義의 墨書土器 (먹으로 쓰인 글씨)와 刻書土器(예리한 도구로 새긴 글씨와 인장으로 押印한 글씨)가 포함된다. 이 두 용어를 墨書土器·刻書土器와 같이 붙여서 토기에 쓰인 글자를 통칭하기도 한다.[19]

이와 같이, 한중일 각 국에서는 土器, 陶器, 瓷器 등 다른 용어가 사용되고 있고 이에 쓰인 글자를 지칭하는 용어도 다르다. 陶瓷器는 陶器와 瓷器를 총칭하는 용어이지만 한국이나 일본에서 일반적으로 사용되는 土器와는 다르기에 본고에서는 동아시아의 토기, 도기, 자기를 통틀어 말할 때에는 토기·도자기라 한다. 그리고 이에 쓰인 글자는 '銘文'이 비교적 포괄적인 뜻으로 사용되고 있어, 토기·도자기명문이라 한다. 다만 글을 인용할 때에는 인용 논문의 표기를 그대로 따라 사용하며, 개별 사례를 서술할 때에는 문자 기입방식 표기 필요시 묵서토기, 각서토기, 묵서도자기와 같은 용어를 사용한다.

III. 동아시아 토기·도자기명문의 문자 기입방식

토기나 도자기에 쓰인 글자는 燒成 전에 쓴 글씨와 소성 후에 쓴 글씨로 대별할 수 있다. 한중일의 사례를 아울러 보았을 때, 소성 전의 글자는 대칼이나 예리한 금속기, 손가락(손톱) 등으로 쓴 刻書, 음각 또는 양각한 인장으로 찍은 陽文·陰文, 붓과 褐色 釉로 쓴 문자가 있다.[20] 소성 후의 글자는 붓으로 쓴 묵서·주

---

16) 顧廷龍, 1935, 『古陶文香錄』(2004, 上海古籍出版社 再版本 출판); 袁仲一, 1987, 『秦代陶文』, 三秦出版社; 高明, 1990, 『古陶文彙編』, 中華書局; 徐谷甫·王延林, 1994, 『古陶字彙』, 上海書店出版社; 陳建貢, 2001, 『中國磚瓦陶文大字典』, 世界圖書出版公司; 王恩田, 2006a, 『陶文字典』, 齊魯書社; 王恩田, 2006b, 『陶文圖錄』, 齊魯書社; 高明·涂白奎, 2014, 『古陶字錄』, 上海古籍出版社 등. 이 중에 『中國磚瓦陶文大字典』에는 商周 시기부터 唐나라 시기까지(당나라 시기는 磚만 수록)의 陶文이 수록되어 있다. 『陶文圖錄』은 주로 戰國 시기와 秦나라 시기의 陶文을 대상으로 하나 戰國 시기 이전, 한나라 시기 이후의 陶文도 수록되어 있다.

17) 馮立, 2024, 앞의 논문.

18) 吉村武彦, 2023, 「出土文字史料の歷史」, 『墨書土器と文字瓦—出土文字資料の研究—』, 八木書店, p.6.

19) 明治大學 日本古代學研究所에서 공개하고 있는 「全國墨書土器·刻書土器、文字瓦横斷検索データベース」(https://bokusho-db.kodaishiryo-db.jp/database/search?type=detailSearch)에는 墨書土器·刻書土器라는 용어가 사용되고 있는데, 이 데이터베이스에는 일본 전국의 묵서토기(광의)와 명문기와[文字瓦]에 관한 데이터가 수록되어 있다.

20) 중국 六朝時期의 瓷器에 褐色 釉로 쓴 사례가 확인된다. 육조시기의 瓷器에 보이는 명문은 소성 전의 각서, 소성 전에 붓과 褐色 釉로 쓴 글자, 소성 후의 묵서·칠서의 3종류로 나눌 수 있다고 한다(葛彦, 2017, 「江蘇宜興周墓墩出土西晉青瓷神獸尊考」, 『東南文化』 255). 후술하다시피 중국 湖南省 長沙市의 長沙窯에서 詩文, 속담 등을 褐色 釉로 기재한 唐末五代 시기의 瓷器가

서·칠서, 예리한 금속기로 새긴 刻書(線刻이라고도 함)가 있다. 많은 선행연구에서 지적하고 있다시피 소성 전의 글자는 생산·제작 단계, 소성 후의 글자는 소비·사용 단계에 기입되었다.[21] 대부분 기물의 글자는 소성 전, 또는 소성 후에 한가지 서사방식으로 기입되었으나 여러 서사방식이 병용된 사례도 일부 존재한다.

1. 한국 사례

한국의 경우, 청동기시대에 岩刻畵 등은 있으나 문자 자료가 발견된 例는 없고, 원삼국시대에는 다호리 유적의 출토품 중에 'ㆍ×', 'ㅗ' 모양이 새겨진 토기가 있는데 이것은 문자보다 기호로 보여지고 있다.[22]

삼국시대에 들어서서 토기에 한자가 쓰인 사례가 확인되는데 대부분이 1-2자 정도인 短文이다. 고구려, 백제, 신라, 가야 모두 명문토기가 확인된다.[23]

고구려에서는 주로 각서토기가 확인된다.[24] 특히 임진강-한강유역의 고구려 보루유적, 즉 아차산 일대의 보루군, 호로고루 등 보루유적에서 많은 명문토기가 출토되었는데 대부분이 각서토기이다. 소성 전의 각서도 소성 후의 선각도 존재한다. 이외에 호로고루에서는 고구려시대 북으로 추정되는 회색 토기가 출토되었는데 표면에 새겨진 '相鼓'라는 명문은 토기를 소성하기 전에 붓으로 글씨를 쓴 후 날카로운 도구로 파낸 것으로 추정되고 있다.[25] 호로고루와 같은 연천 지역에 있는 무등리 제2보루에서는 '卍'자를 양각 압인한 토기가 출토되었다.[26]

대량으로 출토되었다(李效偉, 2003, 『長沙窯 : 大唐文化輝煌之焦點』, 湖南美術出版社).

21) 묵서, 각서와 같은 서사방식에 관해서는 이미 많은 선행연구에서 언급되고 있다. 平川南은 묵서와 각서로 나누고 각서를 소성 전의 대칼 등으로 쓴 각서와 線刻으로 나누고 있다. 이동주는 토기의 제작과정상에서 보면 대칼로 쓴 것은 주로 성형단계에서 이루어졌고, 인장으로 압날한 것은 건조단계에서 이루어졌다고 한다. 김재홍은 토기의 성형·조정을 마치고 건조되기 전에 문자를 기입한 것으로 보고 있다. 한편, 중국 연구자 馮立은 각서를 기물이 마르기 전(소성전)에 새긴 濕刻과 기물이 완전히 마른 후(소성전), 또는 소성후에 새긴 乾刻으로 나누고 있다. 일본의 묵서, 각서, 칠서 등 여러 서사방식에 대해서는 矢越葉子, 高島英之의 논문에 통계가 되어 있어 참고가 된다(平川南, 2000, 『墨書土器の研究』, 吉川弘文館, p.13; 이동주, 2013, 앞의 논문; 김재홍, 2014, 앞의 논문; 矢越葉子, 2023, 「データベースからみた墨書土器」, 『墨書土器と文字瓦―出土文字資料の研究―』, 吉村武彦 等 編, 八木書店; 高島英之, 2023, 「文字が書かれる土器―墨書·刻書土器の形と種類―」, 『墨書土器と文字瓦―出土文字資料の研究―』, 吉村武彦 等 編, 八木書店; 馮立, 2024, 앞의 논문 등).

22) 이건모, 2000, 「청동기·원삼국시대의 문자와 기호유물」, 『한국 고대의 문자와 기호유물』, 특별전도록, 국립청주박물관 편, pp.163-175. 하지만 다호리유적에서는 붓과 削刀가 출토되어 기원전 1세기에 한자가 문자로서 본격적으로 한반도 전체에 확산된 것으로 보여지고 있다.

23) 부산광역시립박물관 복천분관, 1997, 『유물에 새겨진 古代文字』, 특별전도록; 국립청주박물관, 2000, 앞의 도록에 고대 한반도의 토기명문이 소개되어 있다. 이 외에 김재홍의 논고에도 한국 고대의 묵서토기에 대해 시대, 지역별로 잘 정리되어 있어 참고가 된다. 김재홍은 본격적으로 토기에 문자를 새기는 문화는 삼국시대에 시작되었다고 지적하고 있다(2022, 앞의 논문).

24) 余昊奎, 2010, 「1990년대 이후 고구려 문자자료의 출토현황과 연구동향」, 『한국고대사연구』 57, 한국고대사학회; 고광의, 2023, 앞의 책, pp.342-399. 이 두 연구성과는 고구려 토기명문 사례에 대해 잘 정리되어 있어 참고가 된다. 이 두 연구성과에는 중국과 북한의 고구려 토기에 대해서도 소개하고 있는데 본고에서는 주로 한국의 사례에 대해 검토하도록 한다. 이외에 권오영, 2000, 「고구려·백제의 문자와 기호유물」, 『한국 고대의 문자와 기호유물』, 국립청주박물관에도 고구려의 사례가 소개되어 있다.

25) 한국토지주택공사 토지주택박물관, 2014, 『연천 호로고루 - 제3·4차 발굴조사보고서』, pp.122·431.

백제에서는 인장으로 압인한 각서토기 또는 예리한 도구로 새긴 각서토기가 다수 출토되었으나 묵서토기, 주서토기는 극소수이다.[27] 각서토기의 이른 例로는 풍납토성에서 출토된 한성백제시대의 명문토기(4-5세기경)가 있고, 나주 복암리유적에서는 '鷹' 또는 '鴈'자로 추정되는 글자가 쓰인 묵서토기, '卍'자가 쓰인 주서토기가 출토되었다. 이외에 청주 신봉동 백제고분군에서는 'X' 혹은 '十'자형을 새긴 뒤에 주칠한 4-6세기 토기가 출토되었다.[28] 이것은 현재 한반도에서 확인되는 유일한 두가지 서사방식이 병용된 사례이다.

가야는 주로 각서토기가 확인되는데 최근에는 날인된 사례도 보고되고 있다.[29] 예를 들어 합천 저포리 E지구 4-1호분에서 출토된 '下部思利利'와 같은 部名과 인명이 새겨진 6세기 중반기의 短頸壺, '大王'이 새겨진 충남대학교박물관에 소장되어 있는 6세기 전반기의 有蓋長頸壺 등은 한자를 소성 전에 새긴 것이다. 최근에는 고령군 대가야궁성지 북부 해자에서 음각한 인장으로 찍은 '大(王)'명 토기가 출토되었다.[30]

삼국시대 신라의 명문토기는 각서토기 외에 묵서토기도 일부 확인된다.[31] 예를 들어 월성해자에서는 '□□若廻去意向'으로 판독되는 소성 전에 새겨진 글자가 보이는 6-7세기의 筒形器臺 외에 한자가 1-2자 새겨진 토기가 여러 점 출토되었으며, 국립경주박물관에는 '上撰干徒 忔叱丁次'가 묵서된 有蓋高杯가 소장되어 있다.

통일신라시대에 들어서서는 비교적 많은 명문토기가 확인된다.[32] 각서토기는 여러 지역에서 확인되나 묵서토기·주서토기는 대부분이 동궁과 월지를 비롯한 왕경 지역에서 확인된다. 예를 들어 동궁과 월지에서는 '洗宅'이 쓰인 묵서토기와 주서토기가 출토되었으며, '酒鉢', '十石入瓮' 등 용도, 용량이 새겨진 각서토기도 다수 출토되었다. '酒鉢'은 소성 후에 새겨진 글자로 보이며 '十石入瓮'은 소성 전에 새겨진 글자이다. 지방 유적으로는 하남 이성산성유적에서 '夫'로 판독되는 각서토기 외에 묵서토기도 출토되었는데 묵흔이 잘 보이지 않아 판독이 어려운 상황이다. 이 시기의 명문토기는 각서토기가 가장 많고(압인 포함, 소성 이전의 명문이 소성 이후의 명문보다 많이 확인됨), 그 다음이 묵서토기이며 주서토기는 소수에 불과하다.

---

26) 고광의, 2023, 앞의 책, pp.391-393.

27) 국립부여박물관, 2003, 『백제의 문자』; 권오영, 2000, 앞의 글.

28) 한지선, 2012, 「신봉동 백제고분군의 묘역 축조 과정 검토-출토 토기 분석을 중심으로-」, 『백제학보』 8, 백제학회, pp.63-104; 국립청주박물관, 2000, 앞의 도록, p.54; 김재홍, 2022, 앞의 논문.

29) 국립김해박물관, 2018, 『가야문화권의 문자자료』; 송계현, 2000, 「가야·신라의 문자와 기호유물」, 『한국 고대의 문자와 기호유물』, 국립청주박물관.

30) 고령군 홈페이지, 「고령군, 대가야 궁성지 북벽부 해자에서 "대왕(大王)명 토기"출토」(https://www.goryeong.go.kr/kor/boardView.do?BRD_ID=1062&BOARD_IDX=38087&IDX=157). '王'은 토기 결손으로 필획이 중간에서 잘려있어서 '干'으로 추정되기도 한다.

31) 송계현, 2000, 앞의 글; 국립경주박물관, 2002, 앞의 도록; 박방룡, 2002, 앞의 글; 김재홍, 2014, 앞의 논문.

32) 고경희, 1993, 「新羅 月池 출토 在銘遺物에 대한 銘文 연구」, 동아대학교 대학원 사학과 석사학위논문; 박방룡, 2000, 「통일신라시대의 문자와 불교관계 기호유물」, 『한국 고대의 문자와 기호유물』; 국립경주박물관, 2002, 앞의 도록; 박방룡, 2002, 앞의 글; 김재홍, 2014, 앞의 논문; 김재홍, 2022, 앞의 논문.

2. 중국 사례

중국의 사례에 관해서는 앞서 서술한 바와 같이 신석기시대의 도기에 이미 기호가 새겨진 사례가 있으나 한자의 기원은 殷商 시기로 봐야 한다. 殷商 시기의 陶器에 이미 각서, 묵서, 주서 모두가 확인된다. 예를 들어 상나라의 都邑古城이었던 江西省 宜春市의 吳城遺跡에서는 여러 기호가 새겨진 도기 외에 '□月□□六歲干' 등 한자가 새겨진 도기도 여러 점 출토되었다.[33] 河南省 小雙橋遺址에서는 族名, 숫자 등이 쓰인 朱書陶器가 다수 출토되었는데 이 유물의 절대 연대는 기원전 1435~1412년으로 갑골문보다 시기가 100년 가까이 앞선다고 한다.[34] 갑골문 출토로 유명한 河南省 安陽殷墟 유적지에서는 부호나 숫자, 方位, 인명, 족명, 卜辭 등이 새겨진 각서도기 외에 먹과 붓으로 '祀'자를 쓴 묵서도기편이 확인되어 주목받고 있다.[35] 따라서 은상 시기에 이미 도기에 각서, 주서, 묵서하는 서사방식이 성립되었다는 사실을 알 수 있다.

戰國 시대는 陶器銘文(陶文)이 성행한 시기로 이 시기의 도기명문은 중국 陶文의 대집성이라 불리는 『陶文圖錄』(全 10卷, 중국 전국의 陶文 12000여점 수록)[36] 중 약 절반을 차지한다. 그중 대부분 명문은 압인 또는 새긴 것이다.

秦나라 시기(전국시대 秦 및 통일국가 秦)의 명문도기에 관해서는 『陶文圖錄』 제6권에 많은 명문이 수록되어 있으며 袁仲一에 의해 종합적인 검토가 이루어졌다.[37] 이 시기에도 문자를 압인하거나 새긴 도기가 대부분이고 주서도기, 또는 묵서도기도 존재한다. 그중에는 각서와 주서가 병용된 사례도 있다. 예를 들어 기원전 3세기의 陝西省 鳳翔縣 高莊村秦墓에서는 소성 전에 '隱成呂氏缶, 容十斗' 8자를 각서하고 소성 후에 그 위에 주서한 도기(6호묘), 소성 후에 '北園呂氏缶, 容十斗' 8자를 각서하고 그 위에 주서한 도기(47호묘) 등이 출토되었다.[38]

漢나라 시기의 명문도기에 대해서는 최근에 漢나라 시기 陶文에 관한 연구사를 정리하고 陶文文字編을 수록한 석사논문, 박사논문이 공개되고 있다.[39] 이 시기의 명문은 역시 글자를 압인 또는 새긴 도기가 많으며 주서도기, 묵서도기도 대수 확인되는데 주서한 글자 내용과 묵서한 글자 내용에 차이점이 보이지 않는

---

33) 王恩田, 2006b, 앞의 도록, pp.23-25.

34) 宋國定, 2003, 「鄭州小雙橋遺址出土陶器禹的朱書」, 『文物』 2003-5; 曹建敦, 2006, 「鄭州小雙橋遺址出土陶器上的朱書文字略探」, 『中原文物』 2006-4.

35) 中國社會科學院考古研究所, 1994, 『殷墟的發現和研究』, 科學出版社, pp.248-255; 王恩田, 2006b, 앞의 도록, pp.38-62. 石黑 ひさ子는 秦代 이전에 도기에 묵서한 사례는 거의 없다고 하지만(2023, 앞의 논문), 이 사례로부터 은상 시기에 이미 묵서도 기도 있었다는 사실을 확인할 수 있다.

36) 王恩田, 2006b, 앞의 도록.

37) 袁仲一, 1987, 앞의 책.

38) 雍城考古隊·吳鎭烽·尙志儒, 1981, 「陝西鳳翔高莊秦墓地發掘簡報」, 『考古與文物』 1981-1; 袁仲一, 1987, 앞의 책.

39) 佟艷澤, 2012, 「漢代陶文研究概況及文字編」, 吉林大學碩士學位論文; 苗豐, 2012, 『散見漢代陶文集錄』, 復旦大學碩士學位論文; 趙敏, 2019, 「漢代陶文的整理與研究」, 安徽大學博士學位論文. 이 중에 苗豐의 석사논문은 『文物』, 『考古』, 『考古學報』 등 여러 고고학 관련 학술지에 소개된 陶文을 집성하고 출토지, 출전, 시대, 기물명, 출토유적 성격(墓葬 등), 서사방식(주서, 묵서 등) 등 관련정보를 수록하고 있다. 다만 陶文 문자에 초점을 두고 있고 유적명, 기물형태, 기물크기 등에 관한 정보가 없어 아쉬운 점이 있다.

다. 예를 들어 墓葬유적에서 '豆萬石'과 같이 곡물명·음식재료명·조미료 및 용량을 千, 萬과 같은 단위로 과다하게 적은 明器가 다수 출토되고 있는데 河南省 洛陽 金谷園村漢墓의 출토 사례를 보면 주서로 '豆萬石', '糜萬石' 등이 쓰인 도기가 있는 한편, 묵서로 '□雞脯萬斤'이 쓰인 도기도 있다.[40] 後漢 시기의 鎭墓文, 3세기-5세기 敦煌의 鎭墓文에도 주서, 묵서 모두가 확인되며 심지어 한 被葬者의 鎭墓文이 주서로 되어 있는 것과 묵서로 되어 있는 것이 있다.[41]

　　삼국시기 이후에는 도자기가 많이 사용되면서 도자기명문이 확인되기 시작한다. 앞서 서술한 바와 같이 『中國磚瓦陶文大字典』과 『陶文圖錄』 제8권에 삼국시기 이후의 陶文이 일부 수록되어 있고 馮立의 논문에 위진남북조시대의 각서도자기 사례가 일부 소개되어 있다. 이외에는 개별보고서에 출토 사례가 소개되어 있을 따름이다. 이 시기의 각서도자기 중에 특필할 만한 사례가 하나 있다. 후술할 晉刻郭永思手簡殘瓷片인데 이 瓷器의 글자는 釉下銘文 즉 소성전의 刻書 위에 釉藥을 바른 것이다. 일반적으로 釉藥이 없는 곳에 묵서를 하는 경우가 많으나 글자를 기입한 후에 釉藥을 바르고 소성한 사례도 일부 존재한다. 이 사례는 후술할 長沙窯의 褐釉 문자와 서사방식은 다르지만 소성 전, 유약을 바르기 전에 제작자, 또는 제작측 관리자에 의해 기입된 문자라는 점에서는 공통된다.

　　도기를 포함한 도자기에 묵서(주서 포함)된 사례, 즉 묵서도기·묵서도자기에 대해서는 일본의 연구자인 이시구로 히사코가 데이터 집성을 시도하고 이에 대한 연구성과를 발표하고 있다. 그는 殷商 시기부터 宋元 시기까지의 통사적인 연구를 통해 중국 도자기명문의 변천 과정에 대해 논하고 있다.[42] 다만 범위가 주로 江蘇省 南京市, 河南省 洛陽市, 內蒙古自治區 包頭市, 福建省 泉州市의 일부 유적에 한해 있어 중국 도자기명문에 대한 전면적인 연구라고는 할 수 없다. 하지만 도자기명문이 비교적 많이 출토된 각 시대의 대표적인 유적을 다루고 있고 다른 지역의 개별 사례도 함께 참조하여 전체 흐름을 잘 파악하고 있다고 평가할 수 있기에 참고할 가치가 있는 중요한 연구성과라고 할 수 있다. 그중에 동아시아 명문토기, 文字瓦의 대집성이라고 할 수 있는 『墨書土器と文字瓦―出土文字資料の研究―』에 수록된 이시구로의 최근 논문에는 중국 묵서도기·묵서도자기의 개략이 잘 정리되어 있다. 요약하면 아래와 같다.[43]

---

40) 黃士斌, 1958, 「洛陽金谷園村漢墓中出土有文字的陶器」, 『考古通訊』 1958-1, pp.36-41. 이 묘장유적에서 출토한 도기에는 粉書라고 하는 분홍색 顔料로 쓴 것도 다수 확인되며 한 도기에 粉書 문자와 墨書 문자가 함께 쓰인 사례도 있다.

41) 關尾史郎, 2007·2008, 「敦煌の古墳群と出土鎭墓文 上·下」, 『資料學研究』 4·5.

42) 王志高·石黒ひさ子, 2012, 앞의 논문, pp.39-92; 石黒ひさ子, 2012, 「中國における「墨書土器」および「墨書陶磁器」」, 『古代學研究所紀要』 18, pp.97-105; 石黒ひさ子, 2019, 「「墨書陶磁器」とその史料化」, 『明大アジア史論集』 23, pp.148-165; 石黒ひさ子, 2019, 「「南海Ⅰ号」搭載墨書陶磁器について」, 『南島史學』 87, pp.224-246; 石黒ひさ子, 2020, 『中國出土墨書陶磁器集成(六朝建康城·隋唐洛陽城·包頭燕家梁遺跡·南海Ⅰ号)』, 平成29年度～令和元年度科學研究費補助金(基盤(C))研究成果報告書; 石黒ひさ子, 2022, 「宋元保伍制の実物見証 福建安溪下草埔遺址出土の墨書瓷器」, 『大衆考古』 105, pp.65-72; 石黒ひさ子, 2022, 「泉州南外宗正司遺跡出土墨書陶磁器について」, 『南島史學』 90, pp.25-51; 石黒ひさ子, 2023a, 앞의 논문, 石黒ひさ子, 2023b, 「泉州安溪下草埔冶鉄遺址出土の墨書陶磁器について」, 『國立大學法人岩手大學平泉文化研究センター年報』 11, pp.63-76; 石黒ひさ子, 2023c, 「泉州城遺址(泉州南外宗正司·泉州市舶司)出土墨書陶磁器について」, 『南島史學』 91, pp.46-65 등.

43) 石黒ひさ子, 2023a, 앞의 논문.

殷商 시기의 도기에 이미 글자가 쓰인 사례가 확인된다. 이 시기의 도기에 쓰인 글씨는 주로 주서이다. 秦나라 시기 이전에는 묵서된 사례가 거의 없고 漢代에 이르러서 도기에 묵서한 사례가 일부 확인되나 주서 사례가 대다수이다. 그후, 삼국시기부터 육조시기에 도자기에 묵서한 사례가 많이 보이기 시작하고 이러한 묵서도자기는 宋나라(북송) 시기 이후에 더욱 많이 확인된다. 殷商 시기부터 한나라 시기까지의 주서·묵서에는 제사적인 요소가 있지만 그후의 남조시기 묵서도자기에는 제사적인 요소가 없다. 일상생활에 사용된 도자기의 글씨는 기본적으로 묵서이며 이러한 도자기에 제사적인 요소가 없어진 것은 대량생산에 의해 도자기 사용이 일반화된 것과 관련이 있을 것이다.

殷商 시기의 도기에 쓰인 글자는 이시구로가 지적한 바와 같이 주로 주서가 많이 확인되나 前述한 바와 같이 묵서된 사례도 확인된다. 상술한 각서, 묵서, 주서 사례 외에 湖南省 長沙窯에서는 褐釉로 쓰인 당나라 말기에서 五代 시기(9~10세기 중후기)의 瓷器가 다수 출토되었다.[44] 이 자기는 詩文이나 속담 등이 적혀 있는 것으로 유명하다. 그중에는 일본의 平城宮 유적에서 출토된 '我·念·君'을 한 글자처럼 합쳐서 쓴 合字가 쓰인 사례가 확인되는데, 최근에 양자 간의 비교연구를 통해 '我·念·君' 합자는 男女 이별에 관한 呪符로 보는 기존설을 부정하고 불교문화에 의한 遊戲的인 문자표기로 보는 새로운 설이 제시되었다.[45]

3. 일본 사례

일본의 명문토기는 각서, 묵서, 주서 모두가 6세기 이전의 토기에 확인된다. 矢越葉子의 통계에 의하면 일본 전국의 사례를 縣 별로 보았을 때 각서토기의 시기가 묵서토기보다 이른 縣이 대부분이라고 한다.[46] 다만 2~4세기의 토기명문은 대부분이 1~2자이며 이 시기의 명문이 문자로 인식되었는지에 대해서는 판단이 어려운 상황이다. 이른 시기의 사례를 소개하면 三重縣의 大城遺跡에서 '与' 또는 '奉'으로 판독되는 글자가 새겨진 2세기 중반기의 각서토기가 출토되었고 같은 縣의 貝藏遺跡에서는 '田'과 비슷한 모양이 새겨진 2세기 후반기의 각서토기가 출토되었는데, 같은 유적에서는 먹으로 人面을 그린 3세기 전반기의 人面墨書土器도 출토되었다.[47] 묵서토기(狹義)의 이른 사례로는 千葉縣의 市野谷宮尻遺跡에서 '久' 또는 '文'으로 판독되는 글자가 쓰인 3세기 후반의 토기가 출토되었고 三重縣 松阪市 片部遺跡에서 출토된 4세기 전반기의 토기에는 '田'으로 판독되는 글자가 묵서되어 있다.[48]

그후, 5세기 전반기에서 중반기에 들어서서 한자를 사용하여 문장을 쓰기 시작하는데 500년 전후에 본

---

44) 李效偉, 2023, 앞의 책.
45) 吳修喆, 2022, 앞의 논문.
46) 矢越葉子, 2023, 앞의 논문.
47) 吉村武彦, 2023, 앞의 논문, p.8.
48) 明治大學 日本古代學硏究所, 「全國墨書土器·刻書土器, 文字瓦橫斷檢索データベース」의 검색 결과에 의함. 이하 일본 토기명문의 검색 결과는 모두 이 데이터베이스에 의함.

격적으로 문장을 작성할 수 있게 되었다고 한다.[49] 5~6세기의 문자자료는 刀劍, 銅鏡 등 일부 금석문 외에 많이 알려져 있지 않지만, 이 시기의 토기명문의 출토사례를 통해 당시의 일반인 층의 문자문화를 알 수 있어 귀중한 자료로 된다. 이 시기의 토기명문은 주로 각서토기가 가장 많으며 그 다음이 묵서토기, 주서토기는 극소수이다. 주서토기는 예를 들어 千葉縣의 內田端山越遺跡에서 출토된 토기 중에 '主' 또는 '卌'로 판독되는 글자가 주서된 사례가 확인된다.

한자가 일본 전국에 보급되어 많은 문자자료가 확인되기 시작하는 것은 7세기 이후이다. 목간도 이때부터 등장하기 시작한다. 명문토기도 7세기부터 급증하기 시작하는데 7세기에는 주로 官衙遺跡의 출토사례가 확인되지만 8~9세기에는 官衙 외에 聚落遺跡에서도 확인되면서 토기명문의 最盛期를 맞이하게 된다.[50] 10세기 이후에는 명문토기의 출토사례가 급격히 줄어들게 되지만 11~12세기에도 증가되는 지역이 일부 존재한다. 예를 들어 岩手縣, 静岡縣, 愛知縣, 三重縣, 滋賀縣, 京都府, 兵庫縣, 岡山縣 등 지역의 묵서토기, 각서토기는 전성기의 8~9세기보다는 적지만 11세기보다 12세기의 출토 件數가 보편적으로 더 많다.[51]

일본의 명문토기에는 상술한 墨書, 刻書, 朱書 외에 漆書, 押印 등도 존재하는데 高島英之의 통계에 의하면 각 서사방식의 출토 건수 내역은 묵서: 109303건, 소성 전 각서: 15652건, 소성 후 선각: 7142건, 주서: 445건, 칠서: 351건, 압인: 120건이다. 이외에 墨刻, 墨朱, 朱刻, 墨漆, 朱漆, 漆刻, 墨印, 刻印과 같은 두 가지의 서사방식이 병용된 사례도 있다.[52] 예를 들어 平城京에서 출토된 8세기의 토기 중에 '木'자를 각서한 후, 그 위에 묵서한 사례가 확인된다.[53]

4. 한중일 문자 기입방식에 대한 小結

이상 한중일 토기·도자기명문의 서사방식을 보면 각서가 묵서, 주서보다 더욱 많은 사례가 확인된다. 그것은 먹과 붓 등 서사도구 없이도 글자를 쓸 수 있기 때문이다. 주서는 중국의 사례를 통해 祭祀나 死後 世界와 관련된다는 지적이 있는데,[54] 한국과 일본도 마찬가지이다. 이외에 소성 전에 글자가 한번 기입되고 소성 후에 다시 글자가 서사되는 사례에 관해서는 제작 단계에 의뢰자의 주문에 의해 제작자 측에서 글자를 기입한 후에, 사용자 측에서 제사나 의례 때에 의도에 맞게 墨書 또는 朱書를 추가한 것으로 생각된다.

49) 西谷正, 1991, 「日本古代の土器に刻まれた初期の文字」, 『九州文化史研究所紀要』 36.
50) 平川南, 2000, 앞의 책; 高島英之, 2000, 『古代出土文字史料の研究』, 東京堂出版.
51) 矢越葉子의 데이터베이스(「全國墨書土器·刻書土器, 文字瓦橫斷檢索データベース」) 분석에 의한 결론, 및 縣別 통계 수치에 의함(2023, 앞의 논문).
52) 일본 각 지역의 사례에 대해서는 矢越葉子의 논문에 각 서사방식의 사용 회수가 집계되어 있다(矢越葉子, 2023, 앞의 논문).
53) 奈良國立文化財研究所, 1990, 『平城京右京八條一坊十三·十四坪發掘調査報告』, p.126, 37번 하지키.
54) 石黑ひさ子, 2023a, 앞의 논문.

IV. 동아시아 토기·도자기명문의 분류

앞서 서술한 바와 같이 한중일의 토기·도자기명문은 燒成 전에 쓴 글씨와 소성 후에 쓴 글씨로 대별할 수 있으며 소성 전의 글자는 생산·제작 단계, 소성 후의 글자는 소비·사용 단계에 기입되었다. 명문 내용도 소성 전의 각서와 압인은 생산과정에서 이루어지기에 토기 제작자, 주문자, 검수자와 관련되고, 묵서는 소비과정에서 이루어지기에 소비자, 사용자와 연관된다.[55] 따라서 생산·제작 단계, 소비·사용 단계의 차이점을 인식하고 그 후의 폐기단계까지 고려하여 명문을 분류하는 것이 명문의 의의 및 명문 기입 목적을 파악하는데 유용할 듯 하나 기존연구를 보면 대부분이 단지 명문내용에 의해 분류하고 있다. 아래에 먼저 기존연구에 있어서의 분류에 대해 살펴보고 필자의 새로운 분류 방안을 소개할 것이다.[56]

1. 중국 도자기명문의 분류

중국의 도자기명문에 대한 연구는 시대별로 이루어지고 있기에 명문 분류도 시대에 따라 다르다. 다만 모두 문자 내용에 의해 분류되고 있다.

춘추전국 시기의 도기명문은 부호, 식별번호, 인명 등이 대부분이지만 秦나라 시기에 들어서서는 제사용 도기뿐이 아니라 생활용 도기도 출토되면서 명문 내용이 다양해진다. 내용에 의해 陶工名, 器物所有者名, 地名, 工房名, 官署名, 기물 사용·보관장소, 기물명, 용량, 식별번호(數字·干支), 吉祥語, 皇帝詔書, 부호 등으로 분류되고 있는데 구체적으로는 아래와 같은 용례가 있다.[57] 앞서 서술한 陝西省 高莊村秦墓에서 출토된 도기의 명문 '隱成呂氏缶容十斗'는 '隱成'이 지명, '呂氏'가 기물소유자, '缶'은 기물명, '容十斗'는 용량으로 된다. 咸陽遺跡에서는 '咸陽市于'와 같은 지명, 인명이 새겨진 인장으로 押印한 도기가 대량으로 출토되었고 秦始皇陵墓에서도 많은 도기가 출토되었는데 그중에는 '楊', '馬' 등 성씨를 새긴 도기가 다수 존재한다. 秦始皇陵墓 馬廐坑에서는 '大廐', '宮廐' 등 글자가 새겨진 도기가 많이 출토되었는데 이 명문은 기물의 사용·보관장소를 나타낸다고 한다. 도기에는 도기 제작자, 또는 제작 집단과 관련되는 陶工名, 工房名에 관한 명문이 많이 확인되는데 그것은 관리자가 考課, 생산량 및 품질 관리에 사용하고자 한 것으로 物勒工名 제도와 관련된다. 이외에 도기에 皇帝詔書가 새겨진 것, 또는 압인된 것도 있는데 이것은 秦始皇 26년(기원전 221년)에 반포된 도량형 통일에 관한 내용이다.

漢나라 시기의 도기명문은 記名(人名·地名·官署名), 紀年, 吉祥語, 標記(容量·數字·치수[尺寸]·내용물), 鎭墓文 등으로 분류되고 있다.[58] 吉祥語는 '大吉' 등 문자가 보이는데 예를 들어 河南省 商水에서 '大吉'이 압

---

55) 김재홍, 2014, 앞의 논문.

56) 본고는 한중일 토기·도자기명문의 새로운 분류 방안을 시도한 것이므로 모든 명문 내용이 검토 범위에 포함되나, 紙幅 관계로 일일이 소개할 수 없어 일부 대표적인 사례만 소개하도록 한다.

57) 袁仲一, 1987, 앞의 책, pp.7-89. 아래에 진나라의 도기명문에 관한 내용, 판독문은 모두 이에 의한다.

58) 徐正考·佟艷澤, 2011, 앞의 논문; 佟艷澤, 2012, 앞의 석사논문. 이 논문은 한나라 시기의 陶文을 대상으로 한 것이므로 瓦磚銘文도 포함되어 있다. 필자는 그중의 陶器銘文만 選出했다.

인된 도기가 출토된 사례가 있다.[59] 標記 중의 치수를 기입한 사례로는 湖南省 資興에서 출토된 '八寸'을 새긴 陶盤이 있다.[60] 내용물은 앞에서 소개한 바와 같이 '豆萬石' 등 곡물명·음식재료명·조미료를 기재한 도기가 다수 존재한다.

魏晉南北朝 시대의 각서 陶瓷器는 내용에 의해 紀實(紀年·人名·地名), 吉祥語, 手簡(書簡), 標識(치수[尺寸]·용도), 習字, 繪畵, 歷史典故 등으로 분류되고 있다.[61] 이 중에 手簡(書簡) 사례로는 '頓首'로 시작해서 '頓首再拜'로 마무리한 여행 보고 내용이 새겨진 晉나라 시기의 瓷器 殘片이 있다.[62] 이 瓷器는 靑綠釉를 입힌 것이며 명문은 소성 전에 기입된 것으로 글자는 釉 아래에 있다. 歷史典故 사례로는 西晉越窯魯秋潔婦變文刻銘이라고 하는 『列女傳』(前漢, 劉向 撰)의 「魯秋潔婦」 冒頭 부분을 적은 瓷器片이 있다.[63]

六朝 시기의 墨書瓷器에 대해서는 南京市 顔料坊遺跡에서 출토된 92건의 墨書瓷器를 대상으로 姓名, 器物名, 器物 用途, 吉祥語, 符號, 記事로 분류한 연구가 있다.[64] 그중에 姓名을 묵서한 것이 가장 많고, '徐家區'(區는 㼧의 약체자. 㼧는 육조시기의 鉢을 나타내는 글자)와 같이 所屬處와 기물명을 묵서한 것, '共食', '㾆粥'와 같이 기물 용도를 묵서한 것도 있다. 기물 總數를 기록한 것은 記事로 분류되었다. 예를 들어 鉢의 유약을 입히지 않은 아랫부분에 각종 용량의 㼧의 수량을 기록한 것, 즉 '中㼧九百六十/中㼧二千六百枚/四升㼧四百一十枚/四升㼧三百卅枚'와 같은 묵서가 記事로 분류되고 있다.[65]

2. 한국 토기명문의 분류

고구려, 백제, 가야, 신라 등 고대 국가의 토기명문도 내용에 의해 분류되고 있는데 현재 확인되는 각 지의 명문토기 수량에 차이가 있어 분류되는 종목도 다르다. 신라의 명문토기에 대한 연구가 가장 많고 고구려, 백제, 가야의 명문토기에 대한 연구도 있으나 가야의 명문토기는 수량이 너무 적어서인지 분류는 되지 않고 있다. 하여 아래에 기존에 소개되어 있는 명문내용을 소개하고 그 외에 중국 도자기명문의 분류를 참고로 추가할 수 있는 종목이 있을 경우 필자가 추가해 두었다.

고구려의 토기명문은 서울 아차산 일대 보루군에서 각서토기가 집중적으로 출토되었는데 이 토기의 명

---

59) 商水縣文物管理委員會, 1983, 「河南商水縣戰國城址調査記」, 『考古』 1983-9, pp.846-848.

60) 湖南省博物館, 1984, 「湖南資興東漢墓」, 『考古學報』 1984-1, pp.53-120.

61) 馮立, 2024, 앞의 논문. 아래의 위진남북조 시기의 각서 도자기에 관한 내용은 모두 이 논문에 의한다.

62) 程方英, 1965, 「晉刻郭永思手簡殘瓷片」, 『文物』 1965-12, pp.35-36. 현재 上海博物館에 소장되어 있으며 판독문은 아래와 같다(/는 행이 바뀌어짐을 가리킨다). "□□頓首一日道住/□□未又更思連/□不息想自分平安也/上書不具郭永思/頓首再拜". 이 瓷器 殘片은 윗부분이 결손한 상태여서 전체 내용을 파악하기 어렵지만 여행 도중에 자신의 平安, 즉 무사함을 전한 書信의 일부라고 볼 수 있다. 釉藥을 입히기 전에 예리한 도구로 글자를 새긴 후, 그 위에 釉藥을 바르고 소성한 것으로 보아 이 瓷器는 書信 내용을 전하기 위해서 만들어진 것으로 보인다.

63) 鮑強, 2021, 「新見魏晉陶瓷濕刻銘文兩則」, 『金石研究』 3, pp.201-203.

64) 王志高, 2014, 앞의 논문.

65) 이 墨書瓷器의 底部에는 총 6행이 묵서되어 있는데, 여기에 제시한 글자는 제2행에서 제5행까지이다. 제1행은 '㼧四' 2자만 판독이 되고 제6행은 抹消되어 있다. 이외에 腹部 아랫부분에도 묵서가 있다(王志高, 2014, 앞의 논문, p.46-47). 글자가 지워진 흔적이 남아있는 것으로 보아 이 자기는 기록용 서사매체로 사용되었다는 것을 알 수 있다.

문은 인명, 숫자, 부호, 사용처, 용도, 관리주체 등으로 분류되고 있다.[66] 인명으로는 '冉牟兄', '支都兄' 등이 있고 사용처나 용도, 관리주체에는 '官瓮', '下官' 등이 있다. '後部都△兄'의 '後部'는 '都△兄'(인명)의 출신지로 보여지고 있어,[67] 출신지도 분류에 추가할 수 있다. 이외에 '吉'은 길상구, '庚子'는 연대에 속하므로 이 두 종목도 분류에 넣을 수 있다.[68] 그리고 상술한 호로고루의 '相鼓'라는 북의 명문은 기물명이라고 할 수 있고, 무등리 제2보루의 '卍'자는 아래의 백제 사례와 마찬가지로 제의로 분류할 수 있다. 그런데 '冉牟兄', '支都兄', '都△兄'은 모두 인명이며 개인 식기인 접시에 새겨져 있어 식기 사용자로 보는 견해가 있으나,[69] '冉牟兄'과 '支都兄'은 소성 전에 기입된 글자이고 '都△兄'은 소성 이후에 새겨진 것이므로 동일하게 해석해서는 안된다. '都△兄'은 사용자 또는 소유자일 가능성이 높다고 볼 수 있지만,[70] '冉牟兄'과 '支都兄'은 접시 제작 공장이나 관리 책임자일 가능성이 있다.[71]

백제 토기명문의 내용에는 생산자와 수요자, 관청이름, 제작일자 또는 길상구 등이 있다고 한다.[72] 능산리의 陵寺 출토 토기에 새겨진 '係文作'은 생산자를 나타낸 것이며 軍需用임을 표기한 '軍門'은 수요자를, 도장으로 찍은 '北舍'는 관청이름을 표기한 것으로 추정되고 있다. 쌍북리유적에서 출토된 각서토기의 명문 '月卄'은 날짜를 표기한 것으로 추정되고 있다. 이외에 부여 용정리에서 출토된 토기명문 '増'은 기물명을 나타내며 나주 복암리 출토 주서토기의 '卍'자는 제의와 관련되므로 이 두 종목도 분류에 넣을 수 있다. 그리고 부소산성에서 출토된 각서토기의 명문 '乙巳年三月十五日牟尸山菊作瓺'은 제작일자, 생산지, 생산자, 기물명 등 다른 백제의 토기명문에도 보이는 내용에 의해 구성되었지만 공납품의 공진 내용을 기입한 것으로 추정되기에 다르게 분류할 수 있다. 이외에 한성백제기의 문자자료인 풍납토성에서 출토된 토기에 보이는 소성 후에 새겨진 '大夫'는 관직명·관등명 또는 관료에 대한 호칭일 가능성이 있다는 견해가 제시되고 있어 이 명문은 관리주체일 것으로 생각된다.

가야의 명문토기는 많이 알려져 있지 않은데 산청 하촌리유적에서 출토된 '二淂知'銘把手附盌(5세기 말-6세기초), 충남대학교박물관에 소장되어 있는 '大王'銘有蓋長頸壺(6세기 전반), 고령군의 '大(王)'명 압인토기, 합천 저포리 고훈군에서 출토된 '下部思利利'銘短頸壺(6세기 중반) 등 각서토기가 대표적인 예로 된다.[73] 이러한 명문은 모두 소성 전에 기입된 문자이다. '大王'은 정치집단 수장의 칭호로서 상납처(소비자)일 가능성이 있다고 생각한다. '下部'는 제작자 또는 제작 관리자인 '思利利'의 출신지 또는 소속일 가능성이 있으며 인명 '二淂知'도 제작자 또는 제작 관리자일 가능성이 크다.

---

66) 余昊奎, 2010, 앞의 논문, pp.81-128.

67) 고광의, 2023, 앞의 책, pp.356-359. '部'는 'ヲ'와 같은 형태로 쓰여 있다. '△'는 판독 추정자를 나타낸다.

68) 고광의는 '庚子'가 '虎子'일 가능성이 있다고 보고 있다(2023, 앞의 책, pp.374-376).

69) 김재홍, 2022, 앞의 논문,, p.45.

70) 余昊奎, 2010, 앞의 논문, p.108.

71) 고광의, 2023, 앞의 책, p.359.

72) 국립부여박물관, 2003, 앞의 책, pp.47-61.

73) 부산광역시립박물관 복천분관, 1997, 앞의 도록; 국립청주박물관, 2000, 앞의 도록; 국립김해박물관, 2018, 앞의 도록.

신라의 토기명문은 생산지와 소비지 유적에서 출토된 토기를 대상으로 工人이나 검수자, 주문수량, 소비지(官司), 용기의 명칭과 용량, 祭儀 및 방향 표시, 보관시설(창고, 대형토기), 길상구 등으로 구분되고 있다.[74] 토기 생산유적인 경주 花谷遺跡에서는 공인이나 검수자로 보여지는 한 글자로 구성된 명문이 새겨진 토기, '十', '廿' 등과 같은 주문수량으로 추정되는 숫자가 새겨진 토기, 방향과 관련된 팔괘의 하나인 艮(☶)이 압인된 토기, 길상구로 추정되는 '寶'가 새겨진 토기 등 다양한 내용의 토기가 출토되었다. 동궁과 월지를 비롯한 왕경 관련 유적에서 가장 많은 양의 명문토기가 출토되었다. 월지에서 출토된 '椋司'가 묵서된 벼루, '洗宅' 묵서토기는 소비지(官司)와 관련된 것이고, '酒鉢', '十石入瓮', '四斗五刀'[75] 등 각서토기는 용기의 명칭이나 용량과 관련된 것이며 十二支 朱書銘 骨壺, '辛審龍王', '本宮辛審'銘 토기는 제의·주술 관련 명문으로 보여지고 있다. 경주 성건동 저장시설에서 출토된 大甕의 각서명문 '置入舍/冬夫知乃未 文知吉舍 リ'는 '(이 옹을) 창고(舍)에 납입한다. (창고 관리인)冬夫知乃未 文知吉舍가 확인한다. リ(사인)'으로 해석되며 창고 수납 관련 내용으로 파악되고 있다. 이외에 필자는 내용 분류에 제작시기, 習書도 추가해야 한다고 생각한다. 예를 들어 경주 皇龍寺址에서 출토된 大甕의 소성 전 각서 '月三十日造'는 제작시기에 분류되고 '本宮辛審' 묵서명 접시는 주술과 관련된 것으로 보아야 한다는 지적이 있지만[76] 이 접시 내면의 묵서는 글자가 여러 방향으로 난잡하게 쓰여 있어 습서일 가능성이 크다고 생각한다.

3. 일본 토기명문의 분류

일본 토기명문의 경우, 都城遺跡, 지방의 官衙遺跡, 寺院遺跡, 聚落遺跡 등 여러 유적에서 많은 명문토기가 출토되어 현재 13만점이 넘는 묵서토기(광의)가 데이터베이스에 수록되어 있다.[77] 묵서토기 연구도 1920년대부터 진행되어 현재 2400여건의 연구성과가 공개되고 있다(2024년 11월 현재).[78] 일본 토기명문의 분류에 대해서는 佐藤次男에 의한 선구적인 연구[79]가 1956년에 발표된 이후로 많은 분류가 시도되고 있다. 시미즈 미키(清水みき)의 분류는 도성에서 출토된 묵서토기를 주요 대상으로 묵서내용과 기능에 의해 구분하고 있으나 일본 전국의 다른 지방유적에서 출토된 묵서토기도 이에 해당하는 경우가 많다. 시미즈의 분류안은 아래와 같다.[80]

---

74) 이동주, 2013, 앞의 논문; 김재홍, 2014, 앞의 논문; 김재홍, 2022, 앞의 논문. 이 3편의 논문에 언급된 내용을 정리한 것이다.

75) 고경희의 석사논문(1993, 앞의 논문)을 비롯한 국립경주박물관의 도록(2002, 앞의 도록)에서는 '四十五〇'로 판독했지만, 윤선태가 '四斗五刀'로 판독해야 한다는 지적을 한 이후로 이 판독문이 사용되고 있다(윤선태, 2000, 「新羅下代의 量制에 관한 一試論 - 雁鴨池 출토 量器의 분석을 중심으로 -」, 『신라문화』 18, 동국대학교 신라문화연구소).

76) 김재홍, 2022, 앞의 논문, p.57.

77) 明治大學 日本古代學硏究所, 「全國墨書土器·刻書土器, 文字瓦橫斷檢索データベース」에는 2024년 11월 현재 총 148,046건의 데이터가 등록되어 있는데, 그중에 문자기와는 11588건이고 묵서토기(광의)는 136,458건이다.

78) 「墨書土器硏究文献目錄(2024)」이 明治大學 日本古代學硏究所 홈페이지(https://www.isc.meiji.ac.jp/~meikodai/obj_bokusho.html)에 공개되어 있는데, 2024년 11월 현재 2452건의 연구문헌이 수록되어 있다.

79) 佐藤次男, 1956, 「文字墨書土器の分類」, 『考古學』 17.

80) 清水みき, 1987, 「墨書土器の機能について―都城(長岡京)の墨書土器を中心に―」, 『向日市文化資料館研究紀要』 2; 清水みき, 2003, 「律令官衙と墨書土器(再錄)―平城·長岡京から地方へ―」, 『駿台史學』 117.

A 토기관리를 위한 묵서

    a 토기 소속·귀속: 官司·官職, 건물·시설, 신분·지위, 人名, 數字, 기호, 年月日, 位置, 방향, 地名

    b 토기 용도: 기물명, 내용물, 행사

    c 토기의 부차적 이용: 기록

B 언어의 靈力을 표현: 주술·길상구

C 토기의 본래 기능과 관련 없는 부차적 이용: 習書·落書, 그림·문양

위의 분류 중에 A-c와 C를 제외한 다른 내용은 토기와 직접 관련있는 명문이지만 A-c와 C만은 토기와 직접적인 관련이 없고 단지 토기를 서사매체의 하나로 사용한 것이다. 예를 들어 平城宮遺跡에서 출토된 아래의 8세기 묵서토기는 A-c 즉 기록에 분류되는 내용이다.[81]

內面

二辛□(以上 上段)

高佐良九/□佐良八/毛比卅/鋺形卅/□都支二 [ ] /麈都支十口/土高佐良一(以上 中段)

[ ] /佐良卅/毛比卅/片真利廿/匏五柄(以上 下段)

外面

天平十八年潤九月廿七日□□ [ ]

이 묵서토기는 土師器 접시 내면과 외면에 글자가 쓰여 있는 것인데, 내면에는 접시 등 토기 종류와 수량, 외면에는 기록 날짜(天平十八年(746년) 윤 9월 27일)가 적혀 있다. 이 묵서는 토기를 새로운 곳에서 관리하게 되었을 때에 접시 하나를 이용하여 전체의 집계를 기록한 것으로 보여지고 있다.[82] 이 토기명문과 유사한 내용이 平城宮遺跡에서 출토된 부찰목간에도 확인된다.[83]

椀廿七口　坩十七口　与区閇四口　加比三口

    水瓶二口 高坏五口 小坏三口 坏蓋九口

이와 같은 기록에 사용된 토기의 유사한 사례는 중국에서도 확인된다. 전술한 南京市 顔料坊遺跡에서 출

---

81) 奈良國立文化財硏究所, 1983, 『平城宮出土墨書土器集成Ⅰ』, 奈良國立文化財硏究所, pp.49·77 게재 1070번 묵서토기.

82) 淸水みき, 1987, 앞의 논문. '二辛'은 '第2辛櫃'로 해석되어 이 토기들은 궤에 보관되어 있었을 것으로 추정된다.

83) 奈良國立文化財硏究所, 1966, 『平城宮木簡一』, 奈良國立文化財硏究所, 478호 목간. 이 두 사례의 유사성에 대해서는 市大樹, 앞의 논문에도 언급되어 있다.

토된 墨書瓷器 중 記事로 분류된 기물 總數를 기록한 명문도 기록류에 해당된다.[84] 한국의 사례는 토기에서는 유사한 사례를 찾지 못했으나 연천 호로고루에서 출토된 기와에 새겨진 명문 '□小瓦七百十大瓦□百八十用大四百卅合千…'[85]은 위와 같은 記錄類에 해당한다고 생각한다.

습서로 분류되는 묵서토기 중에는 목간뿐만 아니라 종이문서와 일치하는 내용도 있다. 佐藤信은 아래와 같은 사례를 근거로 書寫의 場에 있어서는 종이, 목간, 토기가 크게 다르지 않다고 지적했다.[86]

> 平城京左京二條二坊五坪二條大路濠状遺構(北) SD5300 유구 출토 목간[87]
> · 岡本宅謹 申請酒五升 右為水葱撰雇女
> · 等給料 天平八年七月廿五日 六人部諸人
> 平城京左京二條二坊五坪二條大路濠状遺構(北) SD5300 유구 출토 묵서토기[88]
> 岡本宅謹申請酒五升右／岡本宅謹申請酒五升右／為水葱撰雇女等給料天平／八年七月廿五
> 日 諸人／岡本宅謹申請酒五升 (土師器 접시 底部 외면 기재)
> 岡本宅謹申請酒升 (土師器 접시 口緣部 외면 기재)

이 목간과 묵서토기는 平城京遺跡의 二條大路 北側路肩 東西溝(SD5300)에서 함께 출토된 것이며 내용이 거의 동일하므로 보고서에서는 위의 목간을 보면서 묵서토기에 습서한 것일 가능성이 있다고 한다. 佐藤信은 목간 서사 장소에서 묵서토기의 습서가 병행되었다고 추정하고 종이문서인 正倉院文書의 서사와 묵서토기의 습서 서사 장소도 일체화되어 밀접히 관련되었다고 지적하고 있다.

> 美濃国安八郡／月廿日少属川原蔵凡蔵／天平十八年十一月廿日凡蔵人凡／十一月□(少?)属川原蔵／舎人安曇万呂／□□(遅?)道来見□田木郡／美濃国安八郡壬生郷／美濃国安八郡／飯四斗米／日二升四合／三斗

이 묵서토기의 글자는 접시 두경 外面에 쓰여있으며 平城宮 내의 內裏 北外廓에서 출토되었다.[89] 출토지

---

84) 王志高, 2014, 앞의 논문.

85) 한국토지주택공사 토지주택박물관, 2014, 앞의 보고서, pp.439-443. 보고서에서는 算板으로 소개되어 있으나 記錄類로 보는 것이 타당하다고 생각한다.

86) 佐藤信, 1999, 앞의 책, pp.170-177; 佐藤信, 2002, 앞의 책, pp.21-32. 아래의 유사한 내용이 확인되는 목간, 묵서토기, 종이문서에 대한 佐藤信의 견해는 모두 이에 의한다.

87) 独立行政法人國立文化財機構奈良文化財研究所, 2006, 『平城京木簡三』 수록 4519호 목간.

88) 奈良文化財研究所, 1995, 『奈良文化財研究所學報第54冊 平城京左京二條二坊·三條二坊發掘調査報告一長屋王邸·藤原麻呂邸の調査一』 게재 3257번 묵서토기; 独立行政法人國立文化財機構奈良文化財研究所埋蔵文化財センター, 2021, 『埋蔵文化財ニュース185 奈良縣出土墨書刻書土器·文字瓦集成 上』, p.92.

89) 奈良國立文化財研究所, 1989, 『平城宮出土墨書土器集成Ⅱ』, 奈良國立文化財研究所, pp.28·58 수록 522번 묵서토기.

점의 동북측에는 皇后宮職의 출장기관이 있었다고 한다. 묵서토기에 보이는 인명 '少属川原蔵凡', '蔵人凡'은 현재 奈良의 正倉院에 남아있는 正倉院文書의 皇后宮職 관련 문서에 여러 번 등장한다. 예를 들어 같은 연호 즉 '天平十八年'(746)이 확인되는 皇后宮職牒案의 문서 말미에 보이는 날짜와 문서 작성자 이름을 보면 '天平十八年三月十六日從七位下行少属川原蔵人凡'이 적혀 있다.[90] 佐藤信은 이 묵서토기가 皇后宮職에 소속되어 있었던 기록, 문서작성 등 역할을 담당했던 少属의 관직명을 가진 川原蔵凡이 토기에 글자를 연습한 것, 또는 다른 하급관리(書記官)가 川原蔵凡의 서명이 있는 문서를 보고 습서한 것일 가능성이 있다고 추정하고 있다.

이상 소개한 A-c 기록, C 습서에 분류되는 토기명문은 토기가 아닌 다른 서사매체에 기재해도 되는 내용이다. 따라서 유사한 내용이 목간이나 종이문서에도 확인된다. 근처에 있는 서사매체 중에 손쉽게 구할 수 있는 것, 또는 부담을 갖지 않고 편히 사용하고 폐기할 수 있는 것을 택한 결과, 토기에 묵서한 것으로 생각된다. 이러한 내용은 물론 소성 후에 이루어진다. C 이외의 A-c를 포함한 다른 부류에 속하는 토기명문은 토기의 제작·납품, 사용·관리 등 단계에 기입된 것이지만, 습서나 낙서 등 명문은 토기가 토기로서의 생명을 마친 후에, 즉 식기, 저장기 등 생활용기로서는 폐기된 후에 서사되었을 것으로 생각된다. 그리고 폐기 단계의, 즉 폐기 흔적이 남아있는 토기 사례도 있다. 예를 들어 大阪府 東大阪市 西南部에 있는 小若江遺跡의 우물에서 출토된 나라 시대 말-헤이안 시대 초의 등잔 접시에는 '大平'이란 글자가 묵서되어 있는데, 이 묵흔 위에는 글자를 抹消하고 토기를 절단하기 위한 刻線이 남아있다.[91] '大平' 묵서는 底部 외면에 있는데 刻線은 내면에도 그어져 있고 刻線을 따라서 접시가 절단되어 있는 상황으로부터 이 刻線은 토기를 폐기하고 묵서를 말소하기 위한 것이라는 것을 확인할 수 있다. 이 등잔 접시는 함께 출토된 다른 유물과 함께 의례나 제사에 사용된 후, 우물에 일괄 투기된 것으로 추정되고 있어 투기 전에 토기의 묵서 위에 刻線을 긋는 등 일종의 폐기 행위가 이루어진 것으로 볼 수 있다. 이와 같이 토기에는 생산에서 폐기까지 여러 단계의 문자가 확인되므로 내용 분류를 할 때에 단지 명문 내용만으로 구분하는 것이 아니라 제작·납품, 사용·관리, 폐기 등 각 단계로 나누어서 문자 내용, 기능을 살펴봐야 할 것이다.

4. 동아시아 토기·도자기명문의 새로운 분류 방안

토기나 도자기는 생활도구인 만큼 대량으로 만들어지고 일상생활 속에서도 많이 사용되나 견고한 것이 아니기에 파손되기 쉽다. 또한 제작, 소성 과정에 파손되거나 품질 불량으로 제작 공방, 또는 가마터에서 폐기되는 경우도 많다. 이러한 폐기된 토기나 도자기에 글자가 써 있거나 폐기된 후에 서사도구로 사용된 사례도 적지 않다. 토기·도자기는 문자자료이기 전에 수선 출토유물이다. 이러한 유물에 기입된 문자의 정보를 최대한 이끌어내기 위해서는 유물과 문자의 관계를 잘 파악해야 한다. 그런 의미에서 '토기·도자기의 일생'(life cycle)이라는 시점에서 토기·도자기명문을 바라볼 필요가 있다.

---

90) 東京大學史料編纂所, 1968, 『大日本古文書 九卷』, 東京大學出版會, p.139(東南院文書第五櫃第五卷).
91) 荒木志伸, 2023, 「墨書土器の文字」, 『墨書土器と文字瓦—出土文字資料の研究—』, pp.255-257.

'토기·도자기의 일생'(life cycle)이라는 시점에서 보았을 때 토기·도자기명문은 크게 A제작·납품, B사용·관리, C폐기의 3단계로 나눌 수 있다. 한중일 토기·도자기명문을 앞서 서술한 내용 분류에 근거하여 3단계로 나누면 아래 〈표 1〉과 같이 정리할 수 있다.[92]

표 1. 한중일 토기·도자기 명문 분류

	A제작·납품	B사용·관리	C폐기
서사 방식	燒成 전: 각서, 묵서, 釉書, 압인	燒成 후: 묵서, 주서, 선각	燒成 후: 묵서, 선각
명문 내용	①꼬리표: 人名(제작자, 주문자, 검수자), 地名(제작지, 납품지), 製作時期, 官署名·官職名, 器物名, 容量, 數量, 내용물, 符號	① 꼬리표: 人名(사용자), 地名(使用場所), 官署名·官職名(사용처), 器物名, 容量, 數量, 내용물, 符號	①글자 연습 매체: 습서·낙서 ②품질 불량(가마터) *A단계에서 발생
	②정보전달: 記錄, 吉祥句, 詩歌, 書信, 典故·典籍	② 정보전달: 記錄, 祭祀, 吉祥句, 符號, 鎭墓文	③고의적인 파손 *儀禮·祭祀

〈표 1〉의 A제작·납품 단계와 B사용·관리 단계에는 중복되는 내용이 보이지만, 제작 단계의 인명은 제작자, 사용 단계의 인명은 사용자와 같이 같은 인명이어도 의미하는 바가 다르다. A단계와 B단계의 ①에 포함되는 내용은 토기나 도자기의 소속·귀속, 용도, 용량 등을 나타내는 것으로 꼬리표, 즉 라벨 기능을 갖고 있다고 할 수 있다. 이 기능의 명문은 하찰목간과 통한다. A단계와 B단계의 ②에 포함되는 내용은 토기나 도자기를 받는 자, 또는 보는 자에게 정보를 전달하는 기능을 갖고 있다. C폐기 단계의 명문은 주로 습서·낙서이지만 공방이나 가마터에서 폐기되는 불량품도 있어 이 양자 간의 성격은 다르며 儀禮·祭祀 시의 고의적인 파손 행위에 의한 토기 잔편에 보이는 명문도 성격이 다르다. 각 단계의 명문은 문자 기입의 시기가 다를 뿐이 아니라 내용에도 차이가 있어 3단계로 나눠서 명문을 연구하는 것은 의의가 있다고 생각한다.

한중일 토기·도자기명문의 분류를 통해 각 국의 명문 내용에는 공통 요소가 많다는 것을 알 수 있다. A제작·납품 단계에 제작자 관련 정보, 또는 토기·도자기의 속성을 기입하고, B사용·관리 단계에 사용자 관련 정보, 용도 등을 기입하고, C폐기 단계에 필요 없어진 토기·도자기에 습서나 낙서하는 문자 기입 행위는 한중일 모두 동일하다. 토기나 도자기의 수량을 집계해서 적은 記錄類 명문, 길상구, 제의·의례 관련 명문, 詩歌나 書信을 적은 명문, 典故·典籍을 적은 명문 모두 동아시아 토기·도자기명문의 공통적인 내용이다.

A제작·납품 단계의 토기·도자기명문 중, 일본의 왕궁유적에서 출토된 토기·도자기에 기입된 문자는 공납품의 공납주체를 표시하기 위한 것이라는 지적이 있다.[93] 백제의 부소산성에서 출토된 '乙巳年'명 토기도

---

92) 전술한 바와 같이 A제작·납품 단계에 글자가 새겨지고 B사용·관리 단계에 다시 그 위에 글자가 쓰인 사례도 있지만 극소수이고, 단계에 따라 글자가 기입되는 목적이 다르기에 〈표 1〉과 같이 3단계로 나누는 것이 합리적이라고 생각한다.

93) 市大樹, 2023, 앞의 논문.

명문의 구성 요소가 시간, 지명, 인명, 행위, 물품명(기물명)으로 되어 있는데, 이 내용은 일본의 貢進物로 납부된 토기에 새겨진 글자와 공통점이 많으며 일본의 하찰목간과도 공통점이 있다.[94]

정보전달 기능을 갖고 있는 명문 중, 記錄類에 속하는 명문이 중국에서도 고구려에서도 일본에서도 확인된다는 것은 전술한 바와 같다. 중국 도자기의 詩歌와 書信類에 속하는 명문은 일본의 토기에도 확인된다. 예를 들어 奈良縣의 山田寺에서는 仮名 연습의 기초로 불리는 和歌, 즉 '難波津歌'를 기입한 7세기 후엽의 토기가 출토되었고 8세기의 平城宮遺跡, 9세기 이후의 平安京遺跡 및 각 지방유적에서도 和歌를 적은 토기가 다수 출토되었으며 그중에는 개인 간의 和歌를 주고받은 書信類에 속하는 사례도 있다.[95] 『万葉集』에도 토기 그릇[土坥]에 짝사랑을 표현한 歌가 수록되어 있어[96] 일본 고대 사회에 있어서도 詩歌를 토기에 기입하고 서로 주고받은 사례가 많았다는 것을 알 수 있다.

이와 같이 한중일의 동아시아 토기·도자기명문에는 공통점이 많아 비교연구가 가능하다. 비록 기존연구에는 분류 기준이 다르고 용어에도 차이점이 있지만, 이후에는 서로간의 공통점, 차이점을 인식하고 같은 시점에서 내용 분류를 하고 검토를 하면 이에 관한 연구도 더욱 발전할 것으로 생각된다.

V. 맺음말

본고에서는 주로 고대 동아시아의 토기·도자기명문의 서사방식, 내용 분류에 대해 살펴보았다. 紙幅 관계로 명문토기·도자기의 기종, 기형, 재질, 문자 기입 부위, 함께 출토된 유물, 유적 성격, 출토상황 등에 대해서는 언급하지 못했으나 이러한 내용도 함께 다루어야만 출토자료로서의 명문토기·도자기에 남겨진 정보를 남김없이 이끌어낼 수 있다. 향후의 연구에 있어서 이러한 점에 유의하여 종합적인 연구를 해나가야 할 것이다.

고대 동아시아 토기·도자기명문의 경우, 머리말에서 서술한 바와 같이 기존연구에서는 중국의 墨書陶器·墨書陶瓷器와 일본의 墨書土器에 직접적인 관계가 없다고 보고 있다. 하지만 본론에서 서술한 바와 같이 한중일의 토기·도자기명문에는 공통점이 많다. 한중일 토기·도자기명문의 기능이 같아, 문자를 기입한 목적이 동일하다고 볼 수 있으며 명문 내용에도 유사한 부분이 많다. 또한 한중일 토기·도자기명문에는 목

---

94) 이병호, 2021, 앞의 논문; 방국화, 2021, 앞의 논문.

95) 구체적인 사례에 대해서는 犬飼隆, 2023, 「日本語學からみた墨書土器·文字瓦」, 『墨書土器と文字瓦―出土文字資料の研究―』, pp.277-286; 鈴木景二, 2017, 「出土資料に書かれた歌」, 『古代文學と隣接諸學4　古代の文字文化』, 竹林舍 등 참조.

96) 小島憲之·東野治之 校注譯, 1994, 『万葉集』(新編日本古典文學全集), 小学館, 卷4-707番歌.이 和歌는 粟田女娘子가 젊은 시절의 大伴家持(『万葉集』 편찬에 관여한 인물)에게 보낸 歌이며 원문은 '思遺 爲便乃不知者 片坥之 底曽吾者 戀成爾家類'이다. 이 원문에는 '注土坥之中'이라는 注記가 첨부되어 있어 土坥 즉 토기 그릇에 쓴 것이라는 것을 알 수 있다. 이 和歌는 粟田女娘子의 짝사랑을 고백한 것으로 짝사랑을 뜻하는 片思ひ(가타모히)와 두경이 없는 토기 그릇 片坥(가타모히)의 音이 같아 土坥(가타모히)에 歌를 적어서 보낸 것으로 해석된다.

간·간독이나 종이문서와 유사한 내용이 확인된다는 공통점도 있다. 따라서 비교연구가 필요하다고 생각한다.

기존연구에서는 주로 명문토기·도자기의 생산 과정, 소비 과정에 주목하여 이 과정에 기입된 명문에 주목하거나 심지어 유물로서의 토기·도자기보다는 명문 자체에만 집중하는 경향이 있다. 하지만 필자는 '토기·도자기의 일생'(life cycle)이라는 시점이 중요하다고 생각한다. 각 단계의 문자 기입 목적이 다르기 때문이다. 토기가 만들어지고 어딘가에 운반되어 사용·보관되고, 폐기된 후 재활용되는 경우가 있는데, 어느 시점에 어떠한 내용의 글자가 기물의 어디에, 어떤 방식으로 기입되었는지 등 문제를 종합적으로 분석해야만이 당시의 문자생활을 제대로 복원할 수 있다.[97]

서사매체로 사용된 명문토기·도자기는 종이문서, 목간·간독 그리고 같은 흙으로 만든 기와나 전과 공통점이 많은 동시에 문자를 서사하기 위해 작성된 종이문서, 목간·간독과 다른 부분도 있다. 기와나 전과는 재질이 같고 기물로서 만들어졌다는 점에서 통하지만 기와나 전은 주로 궁전, 관아, 사찰 등에 사용되는 공적인 성격이 강한 사료라는 점에서 명문토기·도자기와 다르다. 문자자료의 성격을 보았을 때, 종이문서, 목간·간독, 기와·전, 토기·도자기 순서로 공적인 성격에서 일반화되어 가며 문자수도 차례로 줄어든다. 이러한 서사재료 간의 관계성을 잘 파악하고 이해한 후에 각 문자자료의 분석, 해독에 임해야 한다. 그래야만 각 서사재료의 특성을 정확하게 파악할 수 있고 문자가 기입된 목적도 정확하게 이해할 수 있다.

투고일: 2024.11.06.   심사개시일: 2024.12.03.   심사완료일: 2024.12.16.

---

97) 일본의 묵서토기 연구에는 묵서토기의 사용 흔적을 분석함으로써 묵서 행위를 토기 소비 과정과 연결시켜 분석한 것이 있다 (荒木志伸, 1999, 「墨書土器にみえる諸痕跡について」, 『お茶の水史学』 43; 川畑誠, 2002, 「使用痕跡から見た墨書土器の機能」, 『古代官衙·集落と墨書土器』 43 등).

1. 단행본·보고서·도록

고광의, 2023, 『고구려의 문자문화』, 동북아역사재단.

高島英之, 2000, 『古代出土文字史料の硏究』, 東京堂出版.

高明, 1990, 『古陶文彙編』, 中華書局.

高明·涂白奎, 2014, 『古陶字錄』, 上海古籍出版社.

顧廷龍, 1935, 『古陶文香錄』(2004, 上海古籍出版社 再版本 출판)

국립경주박물관편, 2002, 『문자로 본 신라』, 특별전도록.

국립김해박물관, 2018, 『가야문화권의 문자자료』.

국립부여박물관, 2003, 『백제의 문자』.

국립청주박물관편, 2000, 『한국 고대의 문자와 기호유물』, 특별전도록.

奈良國立文化財硏究所, 1966, 『平城宮木簡一』.

奈良國立文化財硏究所, 1983, 『平城宮出土墨書土器集成Ⅰ』.

奈良國立文化財硏究所, 1989, 『平城宮出土墨書土器集成Ⅱ』.

奈良國立文化財硏究所, 1990, 『平城京右京八條一坊十三·十四坪發掘調査報告』.

奈良文化財硏究所, 1995, 『奈良文化財硏究所學報第54冊 平城京左京二條二坊·三條二坊發掘調査報告一長屋
    王邸·藤原麻呂邸の調査一』.

橋本繁, 2014, 『韓國古代木簡の硏究』, 吉川弘文館.

吉村武彦等編, 2023, 『墨書土器と文字瓦一出土文字資料の硏究一』, 八木書店.

独立行政法人國立文化財機構奈良文化財硏究所, 2006, 『平城京木簡三』.

独立行政法人國立文化財機構奈良文化財硏究所埋蔵文化財センター, 2021, 『埋蔵文化財ニュース185 奈良
    縣出土墨書刻書土器·文字瓦集成 上』.

東京大學史料編纂所, 1968, 『大日本古文書』, 東京大學出版會.

馬場基, 2018, 『日本古代木簡論』, 吉川弘文館.

부산광역시립박물관 복천분관, 1997, 『유물에 새겨진 古代文字』, 특별전도록.

佐藤 佐藤信, 2002, 『出土史料の古代史』, 東京大學出版会 信, 1999, 『古代の遺跡と文字資料』, 名著刊行会.

徐谷甫·王延林, 1994, 『古陶字匯』, 上海書店出版社.

西村昌也, 2011, 『ベトナムの考古·古代學』, 同成社.

石黑ひさ子, 2020, 『中國出土墨書陶磁器集成(六朝建康城·隋唐洛陽城·包頭燕家梁遺跡·南海Ⅰ号)』, 平成29
    年度~令和元年度科學硏究費補助金(基盤(C))硏究成果報告書.

小島憲之·東野治之 校注譯, 1994, 『万葉集』(新編日本古典文學全集), 小学館.

王恩田, 2006a, 『陶文字典』, 齊魯書社.

王恩田, 2006b, 『陶文圖錄』, 齊魯書社.

袁仲一, 1987, 『秦代陶文』, 三秦出版社.

李效偉, 2003, 『長沙窯 : 大唐文化輝煌之焦點』, 湖南美術出版社.

中國社會科學院考古研究所, 1994, 『殷墟的發現和研究』, 科學出版社.

陳建貢, 2001, 『中國磚瓦陶文大字典』, 世界圖書出版公司.

平川南, 2000, 『墨書土器の研究』, 吉川弘文館.

平川南, 2003, 『古代地方木簡の研究』, 吉川弘文館.

한국토지주택공사 토지주택박물관, 2014, 『연천 호로고루 - 제3·4차 발굴조사보고서』.

2. 논문

葛彦, 2017, 「江蘇宜興周墓墩出土西晉青瓷神獸尊考」, 『東南文化』 255.

고경희, 1993, 「新羅 月池 출토 在銘遺物에 대한 銘文 연구」, 동아대학교 대학원 사학과 석사학위논문.

關尾史郎, 2007·2008, 「敦煌の古墳群と出土鎮墓文 上·下」, 『資料學研究』 4·5.

김성범, 2009, 「羅州 伏岩里 유적 출토 백제목간과 기타 문자 관련 유물」, 『木簡과 文字』 3, 한국목간학회.

김재홍·국립중앙박물관 고고부, 1997, 「銘文土器」, 『한국 고대의 토기-흙, 예술, 삶과 죽음』, 특별전도록.

김재홍, 2014, 「新羅 王京 출토 銘文土器의 생산과 유통」, 『한국고대사연구』 73, 한국고대사학회.

김재홍, 2022, 「한국 고대 묵서토기의 분석」, 『한국학논총』 58, 국민대학교 한국학연구소.

渡辺晃宏, 2022, 「일본 고대 목간의 폐기와 재사용」, 『나무에서 종이로-고대 동아시아의 기록문화』, 진인진.

佟艶澤, 2012, 「漢代陶文研究概況及文字編」, 吉林大學碩士學位論文.

苗豐, 2012, 「散見漢代陶文集錄」, 復旦大學碩士學位論文.

鮑強, 2021, 「新見魏晉陶瓷濕刻銘文兩則」, 『金石研究』 3.

박방룡, 2013, 「慶州 城乾洞 677番地 出土 銘文土器」, 『東垣學術論文集』 14, 國立中央博物館韓國考古美術研究所.

방국화, 2021, 「부여 부소산성 출토 토기 명문의 검토-동아시아 문자자료와의 비교-」, 『木簡과 文字』 26, 한국목간학회.

商水縣文物管理委員會, 1983, 「河南商水縣戰國城址調査記」, 『考古』 1983-9.

西谷正, 1991, 「日本古代の土器に刻まれた初期の文字」, 『九州文化史研究所紀要』 36.

徐正考·佟艶澤, 2011, 「漢代陶文著錄與研究述論」, 『古籍整理研究學刊』 2011-4.

石黑ひさ子, 2012, 「中國における「墨書土器」および「墨書陶磁器」」, 『古代學研究所紀要』 18.

石黑ひさ子, 2019, 「「墨書陶磁器」とその史料化」, 『明大アジア史論集』 23.

石黑ひさ子, 2019, 「「南海Ⅰ号」搭載墨書陶磁器について」, 『南島史學』 87.

石黑ひさ子, 2022, 「宋元保伍制的實物見証 福建安溪下草埔遺址出土的墨書瓷器」, 『大衆考古』 105.

石黑ひさ子, 2022, 「泉州南外宗正司遺跡出土墨書陶磁器について」, 『南島史學』 90.

石黒ひさ子, 2023b, 「泉州安溪下草埔冶鉄遺址出土の墨書陶磁器について」, 『國立大學法人岩手大學平泉文化研究センター年報』 11.

石黒ひさ子, 2023c, 「泉州城遺址(泉州南外宗正司·泉州市舶司)出土墨書陶磁器について」, 『南島史學』 91.

宋國定, 2003, 「鄭州小雙橋遺址出土陶器禹的朱書」, 『文物』 2003-5.

송기호, 1997, 「舍堂洞 窯址 출토 銘文 資料와 통일신라 지방사회」, 『한국사연구』 99·100, 한국고대사학회.

余昊奎, 2010, 「1990년대 이후 고구려 문자자료의 출토현황과 연구동향」, 『한국고대사연구』 57, 한국고대사학회.

吳修喆, 2022, 「平城宮跡出土組み合わせ文字の水脈をたどる」, 『奈文研論叢』 3.

雍城考古隊·吳鎮烽·尚志儒, 1981, 「陝西鳳翔高莊秦墓地發掘簡報」, 『考古與文物』 1981-1.

鈴木景二, 2017, 「出土資料に書かれた歌」, 『古代文學と隣接諸學4　古代の文字文化』, 竹林舍.

이동주, 2013, 「경주 화곡 출토 在銘土器의 성격」, 『木簡과 文字』 10, 한국목간학회.

이동주, 2018, 「新羅 月池 출토 墨書土器 명문의 의미 - 소위 '言·貞·茶'銘 盌을 중심으로 -」, 『진단학보』 131, 진단학회.

이병호, 2021, 「부여 부소산성 출토 토기 명문의 판독과 해석」, 『木簡과 文字』 26, 한국목간학회.

이영호, 2010, 「新羅의 新發見 文字資料와 研究動向」, 『한국고대사연구』 57, 한국고대사학회.

王志高·石黒ひさ子, 2012, 「六朝建康城遺跡出土の墨書磁器の整理と分析 : 南京市顔料坊出土品を例として」, 『古代學研究所紀要』 18.

王志高, 2014, 「南京顔料坊出土六朝墨書瓷器分析」, 『考古學研究』 126.

程方英, 1965, 「晉刻郭永思手簡殘瓷片」, 『文物』 1965-12.

曹建敦, 2006, 「鄭州小雙橋遺址出土陶器上的朱書文字略探」, 『中原文物』 2006-4.

趙敏, 2019, 「漢代陶文的整理與研究」, 安徽大學博士學位論文.

佐藤次男, 1956, 「文字墨書土器の分類」, 『考古學』 17.

차순철, 2009, 「경주지역 명문자료에 대한 소고」, 『木簡과 文字』 3, 한국목간학회.

川畑誠, 2002, 「使用痕跡から見た墨書土器の機能」, 『古代官衙·集落と墨書土器』 43.

清水みき, 1987, 「墨書土器の機能について―都城(長岡京)の墨書土器を中心に―」, 『向日市文化資料館研究紀要』 2.

清水みき, 2003, 「律令官衙と墨書土器(再錄)―平城·長岡京から地方へ―」, 『駿台史學』 117.

최경선, 2014, 「扶餘 지역 출토 印刻瓦와 기타 명문자료」, 『木簡과 文字』 12, 한국목간학회.

馮立, 2024, 「魏晉南北朝江南地區濕刻陶文芻議」, 『西冷藝叢』 1.

한지선, 2012, 「신봉동 백제고분군의 묘역 축조 과정 검토-출토 토기 분석을 중심으로-」, 『백제학보』 8, 백제학회.

湖南省博物館, 1984, 「湖南資興東漢墓」, 『考古學報』 1984-1.

홍승우, 2020, 「창녕 계성 고분군 출토 토기 명문의 재검토」, 『신라문화』 57, 동국대학교 WISE캠퍼스 신라문화연구소.

黃士斌, 1958, 「洛陽金谷園村漢墓中出土有文字的陶器」, 『考古通訊』 1958-1.

荒木志伸, 1999, 「墨書土器にみえる諸痕跡について」, 『お茶の水史学』 43.

3. 사이트

고령군 홈페이지, 「고령군, 대가야 궁성지 북벽부 해자에서 "대왕(大王)명 토기"출토」 (https://www.go-
ryeong.go.kr/kor/boardView.do?BRD_ID=1062&BOARD_IDX=38087&IDX=157)

明治大學日本古代學硏究, 「全國墨書土器·刻書土器、文字瓦橫斷檢索データベース」(https://bokusho-db.
kodaishiryo-db.jp/database/search?type=detailSearch)

明治大學日本古代學硏究, 「墨書土器硏究文献目錄(2024)」(https://www.isc.meiji.ac.jp/~meikodai/obj_
bokusho.html)

⟨Abstract⟩

A writing and classification Methods on the inscriptions of earthenware in Ancient East Asia

FANG Guohua

This paper summarizes the terms related to the inscriptions of East Asian earthenware and ceramics, and compares the method of transcription with the classification of contents. It also discussed the purpose of writing from the perspective of "Life cycle of earthenware and ceramics". Until now, there was no direct relationship between Chinese ink pottery and Japanese ink pottery, and no comparative research has been conducted. However, after studying the contents and functions of the inscription in three stages: ① production, ② use and control, ③ disposal of the inscription, it was found that there are many similarities between the inscriptions. The inscription in the production and use stages has a label function and is communicated with the Wooden Shipping Tags. In addition to Wooden Tablets, there are similar contents to paper documents in the inscriptions of earthenware and ceramics in China, Korea and China. Therefore, it is necessary not only to compare the inscriptions of earthenware and ceramics in East Asia, but also to compare them with other transcription media.

▶ Key words: East Asian, earthenware, ceramics, inscription, life cycle

평양 진파리 4호분의 墨書와 刻書

윤용구[*]·고광의[**]·이준성[***]·김근식[****]

〈국문초록〉

이 논문은 평양 진파리 4호분의 조사 경위와 연구상의 문제점을 통하여 최근 자료가 공개된 현실 북벽의 墨書와 서벽에 새겨진 刻書에 대한 판독을 새로이 하여 그 의미를 살핌과 동시에 墨書와 벽화 그리고 墓主의 상관관계를 검토한 것이다. 현실 북벽에 쓰여진 墨書를 최초로 판독하고 서체 상의 특징에 대하여 서술하였다. 묵서는 모두 5행이며 제1행에서 표제로 보이는 2자, 그리고 나머지 각 행에서는 5~6자가 서사되어 모두 24~26자가 판독된다. 글자 중에는 '(坤)主'라는 명사가 나타나고 있어 묵서의 내용이 周易이나 風水地理와 관련된 것으로 추정된다. 서체는 고구려 고분 묵서에서 잘 쓰이지 않은 행초서이고, 전체적인 묵서의 서사가 정제되지 않은 점 등은 벽화와 묵서의 시차를 말해주는 것이 아닌가 여겨진다. 한편, 현실 서벽 남단부에 천인상 하부에 새겨진 刻書에 대한 그간의 판독을 재검토하면서 그 의미를 정리하였다. 각서는 총 2행에 걸쳐 12~13자가 새겨져 있다. 각서 작성 연대는 '咸通十一庚寅'이라는 연대표기로 인해 신라 경문왕 10년인 870년임을 알 수 있는데, 이는 고구려가 멸망하고 약 2세기가 지난 후이다. 즉 축조 당시 새긴 글자가 아니라 그 이후 누군가가 묘실에 출입하여 써놓은 것이다. 다만 작성자가 누구인지 추정하는 것은 현재로

* 경북대학교 인문학술원 HK교수
** 동북아역사재단 책임연구위원
*** 경북대학교 사학과 조교수
**** 전남대학교 사학과 강사

서는 어렵다. 마지막으로 진파리 4호분의 벽화에 관한 그동안의 연구 성과를 검토하고 벽화와 墨書 그리고 墓主와의 상관관계에 대하여 설명하였다. 벽화는 일반적인 사신도 벽화고분과 달리, 현실 북벽에 현무가 아닌 용과 비슷한 神獸가 자리하고 있는 것이 특징이다. 또한 묵서의 위치가 신수 바로 상단에 있는 것을 감안한다면, 그 내용은 墓誌라기보다는 신수의 설명 傍題가 가깝다고 할 수 있다. 진파리 4호분의 묘주가 누구인지는 판단하기 어렵지만, 적어도 고구려 왕실과 깊은 연관성을 가진 사람임에는 틀림없을 것이다.

▶ 핵심어: 진파리4호분, 묵서, 각서, 벽화, 고구려, 방제

I. 머리말 : 진파리 4호분의 재발견

평양 眞波里 4號墳은 무덤 칸이 하나인 단실분에 사신도가 그려진 고구려 벽화고분이다. 평양에서 동남쪽으로 약 24km 떨어진 平安南道 中和郡 東頭面 眞坡里[1]에 위치하고 있다. 무덤은 진파리 동북쪽 帝靈山(해발 340m)에서 서쪽으로 뻗어 내린 낮은 능선이 도중 南面하여 펀펀하고 좌우가 갈라진 경사지 끝자락에 있다(그림 1-1). 이곳에는 진파리 4호분을 비롯하여 '傳 東明王陵'으로 불리는 진파리 10호분 등 10기의 고구려 고분이 자리하고 있다(그림 1-2).[2]

진파리 고분 조사는 1941년 5월 도굴된 2기(진파리 1호·4호)의 발견 신고에 따라 朝鮮古蹟研究會 주관으로 그해 6월 16일부터 29일까지 1차 조사를 마쳤고, 같은 해 9월 13일부터 28일까지 2차 조사를 하였다.[3] 그러나 1941년 말 태평양전쟁이 발발하고 발굴자였던 美田米代治가 이듬해 장티푸스로 사망하면서 최초 발굴 보고는 이루어지지 못하였다.

1961년 북한사회과학원 고고학연구소에서 진파리 1호분과 4호분에 대한 재조사가 있었고,[4] 1974년에는 김일성의 진파리 10호분 곧 '傳 東明王陵'에 대한 성역화 지시에 의해 진파리 고분 및 인접한 설매동 고분, 건물지(定陵寺)에 대한 대대적인 발굴 조사가 진행되었다. 1976년 진파리 고분군을 '동명왕릉 릉원구역 안의 무덤떼'로 정리하고 종합보고서를 발간하였다.[5] 고분의 순서도 바뀌어 진파리 4호분은 동명왕릉(고분군) 1호분으로 명명되었다.[6] 이와 함께 1990년에는 진파리 4호분의 벽화에 대한 채색 사진이 도록으로 간

1) 1941년 조사 당시 지명이다. 1961년 북한에 의한 재조사 시기에는 평안남도 중화군 무진리 진파동으로 변경되었고, 현재는 평양시 력포구역 룡산리로 편재되어 있다.

2) 전주농, 1963, 「전 동명왕릉 부근 벽화 무덤」, 『고고학자료집』 3, 과학원출판사, p.171.

3) 有光敎一, 2010, 「고구려 벽화고분 발굴조사 보고 : 평안남도 중화군 진파리 고분군 1941년 6월 조사」, 『일본 소재 고구려 유물 : 일제강점기 고구려 유적 조사·연구 재검토 (Ⅲ)』, 동북아역사재단, p.154; 藤井和夫, 2019, 「덴리대학부속덴리도서관(天理大學附屬天理圖書館) 소장의 小場恆吉 자료에 대하여」, 『일본 소재 고구려 유물 : 일제강점기 고구려 유적 조사·연구 재검토 (Ⅴ)』, 동북아역사재단, p.139.

4) 전주농, 1963, 앞의 보고, pp.71-188, PL.90-96.

5) 김일성종합대학, 1976, 『동명왕릉과 그 부근의 고구려유적』, 김일성대학교출판사.

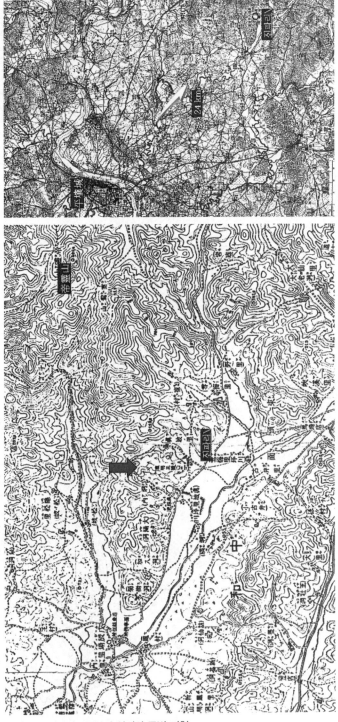

그림 1-1. 진파리 4호분의 위치와 주변 지형

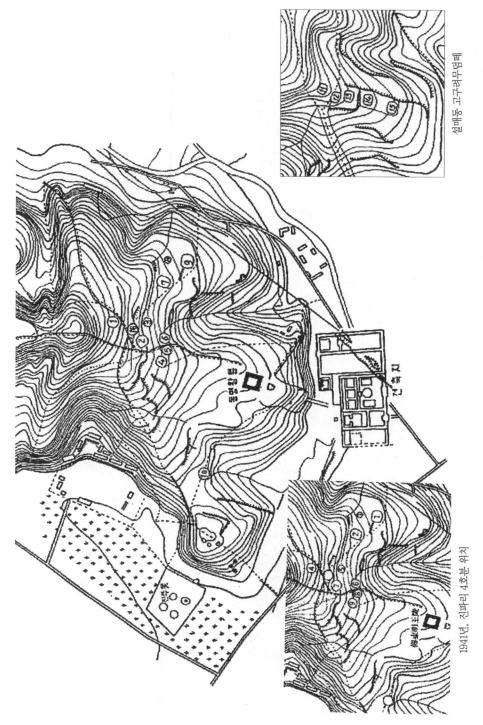

설매동 고구려무덤떼

1941년, 진파리 4호분 위치

건축지

그림 1-2. 진파리, 전 동명왕릉 주변 고분군(김일성종합대학, 1976, 앞의 책)

행되어[7] 이를 바탕으로 그 동안 진파리 4호분에 대한 연구가 진행되었다.[8]

2002년 시작된 중국의 동북공정과 2004년 고구려 유적의 유네스코 세계유산 등재 등의 변화 속에서 고구려사에 대한 남북공동 연구를 합의함에 따라, 2006년(4.19~5.2) 고구려 고분군 실태 조사가 실시되었다. 이때 진파리 1호분과 4호분, 그리고 7호분에 대한 실측, 벽화 촬영, 벽화 상태에 대한 상세한 정보를 확보하였다.[9]

2008년 有光教一은 진파리 1호분과 4호분의 1차 조사를 마친 뒤인 1941년 7월 19일 李王家美術館에서 열린 「新出高句麗壁画古墳についての座談会」 기록을 재조판하여 소개하였다.[10] 발굴 조사 직후의 대담이라 설명이 현장감이 있을 뿐 아니라, 좌담회 기록에는 없었지만, 발굴 조사 당시 촬영한 진파리 1, 4호분의 내부 모습과 다양한 벽화 사진을 수록하였다. 특히 傳言으로만 알려진 현실 북벽의 墨書와 서벽의 刻書에 대한 선명한 적외선 사진이 처음으로 공개되었다.[11]

2010년 동북아역사재단에서 발간한 『일본 소재 고구려 유물 (Ⅲ)』에는 1941년 일본에 의한 진파리 벽화고분 발굴 조사의 개요와 당시 발굴 감독이었던 조선총독부 박물관 주임 有光教一(1907~2011)이 소장한 3개의 문건이 수록되었다.[12] 곧, 「고구려 벽화고분 발굴조사 보고」(有光教一 手稿本), 2008년 이미 공개된 「새로 발견된 고구려 벽화고분에 대한 좌담회」, 그리고 「진파리 1호분 벽화모사 특별전」 안내 팜플릿 등이다. 좌담회 기록은 2008년 공개된 것이지만, 사진 자료를 추가하였고, 묵서와 각서의 흑백 사진과 함께 적외선 사진을 확대 수록하여 연구자료의 가치를 더하였다. 또한 2019년 『일본 소재 고구려 유물 (Ⅴ)』에는 1941년 가을, 진파리 고분군 전체에 대한 추가 조사 내용이 小場恆吉의 조사 일지를 통해 소개되었다.[13] 이때 진파리 1호분의 벽화 모사도가 작성되고, 전문적인 사진팀이 투입되어 벽화 촬영이 이루어진 것을 알게 되었다. 묵서와 각서의 적외선 사진도 이때 제작된 것으로 추정된다.

이처럼 2008년 有光教一이 공개한 진파리 고분군 조사 좌담회 기록과 2010년과 2019년 동북아역사재

---

6) 진파리 4호분 곧 동명왕릉 1호분은 현재 並記 또는 연구자마다 제각기 표기하고 있다. 하지만 북한에서도 '진파리 4호 무덤'의 사용이 우세하다(조선유적유물도감편찬위원회, 1990, 「진파리 4호 무덤」, 『조선유적유물도감6(고구려편4)』, p.160; 서국태·김성철, 2010, 「고구려 사신도 무덤의 벽화에 관한 연구」, 『조선사회과학학술집』 291, 사회과학출판사, p.281, 〈표1〉 고구려 사신도 무덤 일람표). 이에 따라 본고에서도 진파리 4호분으로 통일하고자 한다.

7) 조선유적유물도감편찬위원회, 1990, 앞의 책, pp.160-172.

8) 전호태, 2000, 「진파리 4호분 벽화」, 『고구려 고분벽화 연구』, 사계절; 서국태·김성철, 2010, 앞의 논문; 정호섭, 2011, 「고구려의 벽화고분」, 『고구려 고분의 조영과 제의』, 서경문화사; 강현숙, 2013, 『고구려 고분 연구』, 진인진.

9) 남북역사학협의회, 2006, 『남북공동 고구려 벽화고분 보존실태 조사보고서 1권(조사보고)·2권(도판)』, 국립문화재연구소.

10) 有光教一·藤井和夫·朱洪奎, 2008, 「京城考古談話會 第六回例会 新出高句麗壁画古墳についての座談会」, 『高麗美術館研究紀要』 第6号, 高麗美術館研究所, pp.5-32. 有光教一의 사회에 따라, 발굴을 담당한 조선총독부박물관 米田美代治와 평양부립박물관장 小泉顯夫 그리고 경성제국대학 교수 末松保和·藤田亮策이 대담에 참여하였다.

11) 1930년대 후반 독일로부터 들여온 열화상 촬영기를 이용한 것으로 확인되었다. 영남대 정인성 교수와 2010년 보고서 작성자인 藤井和夫 선생을 통해 확인한 사실이다.

12) 藤井和夫, 2010, 「일본소재 진파리 벽화고분 발굴조사 관계 자료에 대하여」, 『일본 소재 고구려 유물 : 일제강점기 고구려 유적 조사·연구 재검토 (Ⅲ)』, 동북아역사재단, pp.126-273.

13) 小場恆吉, 2019, 앞의 책, pp.56-197.

단에서 발간한 자료 이전에는 1941년 진파리 고분군 조사 내용이 거의 알려진 바가 없었다. 조사에 참여한 小泉顯夫(1897~1993)의 간단한 조사 개요가 거의 유일한 것이었다.[14] 짧은 기록에서도 小泉顯夫는 진파리 4호분의 현실에 두 개의 記銘이 있음을 소개하였다. 하나는 북벽 玄武圖에 '墓誌銘'으로 추정되는 묵서, 그리고 서벽 南端部에 「咸通十△庚寅三月」이라 쓴 刻記가 있는데, '咸通'에 庚寅年이면 870년이고, 무덤 조영 후 도굴에 의한 것이라는 설명을 부쳤다.[15]

위의 1941년 7월의 좌담회 내용에 따르면 조사 당시 墨書는 李王家美術館 관장 葛城末治, 刻書는 京城帝代 교수 末松保和가 각기 판독을 담당한 것으로 보인다.[16] 葛城末治의 묵서 조사는 특별한 결과를 내지 못하였고, 각서의 경우 末松保和는 내용을 알 수 없는 앞의 몇 글자에 이어서 「咸通十△庚寅三月」로 판독하였다. 좌담회 이후 작성된 것으로 보이는[17] 有光敎一의 발굴보고(手稿本)에는 북벽의 墨書銘은 내용에 대한 언급없이 4행 20字의 글자 수를 추정하였고, 서벽의 刻書는 「此日△△△…咸通十一庚寅三月」로 판독하였다.[18]

1961년 북한의 재조사부터 현실 북벽의 묵서에 대해서는 어떠한 설명도 없었다. 2006년 남북공동으로 진행된 진파리 4호분에 대한 정밀 조사에서도 이에 대한 언급이 없었다. 이로보면 1961년 이전에 묵서가 적힌 부분은 이미 소실된 것으로 추정된다. 이런 점에서 2008년 공개된 진파리고분 발굴조사 좌담회 기록과, 2010년 동북아역사재단 발간의 『일본 소재 고구려 유물 (III)』의 보고서는 1941년 진파리 4호분의 묵서와 각서의 실상을 알 수 있는 유일한 자료라 하겠다. 하지만 이를 이용한 銘文에 대한 판독이나, 북한의 조사 보고에 앞선 벽화 圖像에 대한 검토가 제대로 이루어지지 못하고 있다.[19]

진파리 4호분에 대한 연구상의 문제점과 새로운 자료에 대한 기초적인 검토의 필요성을 공유하면서, 본 고의 필자들은 각자의 연구 영역별로 묵서와 각서 그리고 玄室의 벽화와 묘주의 상관성에 대한 초보적 검토를 진행하고자 한다. 이에 따라, I장 머리말과 V장 맺음말은 윤용구, II장 묵서의 판독과 서체는 고광의, III장 각서의 판독과 그 의미는 이준성, IV장 벽화와 墨書, 그리고 墓主는 김근식이 작성하였다. 최종적으로 상호 내용을 검토하고 서술 순서에 따라 4인 連名으로 발표한다.

---

14) 小泉顯夫, 1986, 「中和眞坡里古墳郡の調査」, 『朝鮮古代遺跡の遍歷: 發掘調査三十年の回想』, 六興出版, pp.353-368.

15) 小泉顯夫, 1986, 앞의 책, p.359.

16) 藤井和夫, 2006, 앞의 논문, p.204.

17) 有光敎一의 手稿本 「고구려 벽화고분 발굴조사 보고」의 정확한 작성 시기는 알지 못한다. 하지만 '朝鮮總督府博物館' 이 표기된 원고지에 작성되었고, 보고서 말미 진파리 고분은 향후 "그러므로 總督府도 이와 같은 고분들의 학술적 가치에 따라서 조속한 조사와 模寫의 작성, 보존시설의 완비를 하지 않으면 안 될 것이다."(藤井和夫, 2006, 앞의 논문, p.161)라며 조선총독부의 보존 대책을 촉구한 것으로 보면, 1941년 7월 19일 좌담회가 끝나고, 模寫圖 작성 등 추가 조사(9.13~28)가 진행되기 이전에 작성된 것으로 추정된다.

18) 藤井和夫, 2006, 앞의 논문, p.181.

19) 2009년 정호섭 선생님의 박사학위논문(「高句麗 古墳의 造營과 祭儀」, 고려대학교 대학원(정호섭, 2011, 『高句麗 古墳의 造營과 祭儀』, 서경문화사 재수록))에서 2008년 有光敎一이 공개한 京城考古談話會의 좌담회 자료를 소개하고, 묵서의 상태와 刻書에 대한 판독을 시도한 것이 유일하다. 특히 저자가 2006년 남북공동 고구려 벽화고분 조사단의 일원으로 참석하며 촬영한 刻書의 사진과 墨書가 있던 벽면의 상태에 대해서도 처음으로 서술하였다.

II. 묵서의 판독과 서체

진파리 4호분 현실 북벽 상부 중앙에는 묵서가 있다. 일제강점기에 촬영한 흑백사진과 적외선 사진을 통해서 살펴보면(그림 2)[20] 묵서는 모두 5행 정도가 남아 있다.[21]

제1행의 첫 번째 글자의 좌측에 벽면의 균열이 세로 방향으로 지나고 있어 필획과는 구분된다. 두 번째 글자의 아래쪽 벽면이 좌측으로 비스듬하게 찍혀 이 글자의 하단 부분이 훼손되었다. 그 아래쪽에는 필획의 흔적이 더 이상 나타나지 않아 첫 행은 2자가 서사된 것으로 보인다.

제2행의 첫 번째 글자는 우상부에서 우하향으로 비스듬하게 나타나는 훼손된 흔적과 그 위쪽 끝에서 시작하여 좌하 방향으로 내려온 균열이 있다. 이러한 부분을 제외한 나머지 필획은 두 글자일 가능성도 있다.

그림 2. 진파리 제4호분 현실 북벽 중앙부 묵서명(좌: 흑백 사진, 우: 적외선 촬영, 동북아역사재단, 2010, 앞의 책, p.174, 圖 34·35)

---

20) 동북아역사재단 편, 2010, 『일본 소재 고구려 유물 Ⅲ』, 동북아역사재단, pp.172-174, 圖 28·32·34·35.
21) 有光敎一의 보고서에는 대략 20자의 문자가 4행으로 묵서되어 있다고 하였고(위의 책, p.159), 小泉顯夫는 '새롭게 발견된 고구려 벽화고분에 대한 좌담회'에서 "여기의 이왕가미술관 관장이신 葛城末治 씨가 매우 열심히 읽으셨습니다만 겨우 몇 글자를 읽어낼 수 있는 정도로 아직 전부는 읽을 수 없습니다."고 하였다(위의 책, p.204). 다만 이 책에서는 원문의 '數字'를 '숫자'로 오역하였다. 윤용구 선생님이 원문 대조 과정에서 발견하고 제보해 주셨다.

다만 이 경우 다른 글자들에 비해 글자의 크기가 상대적으로 작아 보인다. 두 글자면 첫 번째 글자는 '不'자에 가깝고, 한 글자면 전체가 '至'자와 비슷하다. 여기서는 일단 한 글자로 본다. 다음 아래쪽으로 '之'자의 초서 자형이 비교적 명확하게 나타나고 있다. 이 글자는 고구려 덕흥리 벽화고분 전실 남벽 막부관리도의 '之4-4'에 비해 더욱 초서화 되었다. 세 번째 글자는 '下'자다. 제1획 가로획과 제2획 세로획을 'ㄱ'처럼 이어 쓰고 세로획 우측에 점획처럼 강하게 찍어 다음 글자로 연사하듯 운필하였다. 이 '下'자는 전형적인 행서 자형으로 제5행의 두 번째 글자와도 같

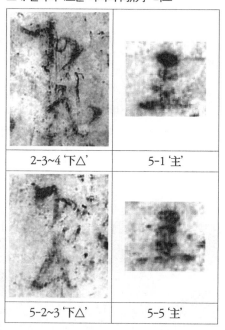

표 1. 진파리 4호분 묵서의 同形字 비교

2-3~4 '下△'	5-1 '主'
5-2~3 '下△'	5-5 '主'

다. 그다음 묵흔의 형태는 제5행 세 번째 글자와도 유사하다(표 1. '下△'). 하부는 '氏'[22] 또는 '民'자의 결구와 비슷하고 우측에는 다른 필획에 비해 상대적으로 큰 점획이 있다. 마지막 글자는 필획이 연사된 행서 또는 초서로 보이는데 자형을 파악하기 어렵다.

　제3행의 첫 번째 글자는 '內'자다. 글자 상부에서 좌하향으로 비스듬하게 나타나는 흔적은 필획이 아닌 벽면의 균열이다. 제2획의 가로와 세로 부분의 운필은 해서의 특징이 강하지만 '人' 부분은 행서나 초서처럼 한 획으로 이어서 서사하였다. 두 번째 글자는 '而'자의 행서다. 제1획 가로획과 제3획 이하 부분의 공간을 상대적으로 넓게 처리하였는데 이는 수당대 행서에서도 자주 보이는 결구다. 세 번째 글자는 '口'자의 초서 형태로 볼 수 있다. 네 번째 글자는 상부의 필획 흔적이 희미하지만 '毛'자일 가능성이 크다. 제4획의 마지막 수필 부분에서 필획의 방향이 상향한 흔적이 보이지 않아 그다음 글자로 운필이 이어지는 느낌이다. 다섯 번째 글자는 네 번째 글자와 자간이 상대적으로 가깝다. 전체적인 필획의 형태로 보아 '冬' 또는 '爲'자일 가능성이 있다. 좌측의 타원형처럼 보이는 필획은 '冬'자나 '爲'자의 좌하향 삐침을 다음 획과 연사함으로써 나타난 것으로 이들 글자의 행서나 초서체의 전형적인 형태라 할 수 있다. '冬'자면 제1획인 짧은 삐침이 명확하지 않은 점이 다소 약점이기는 하지만, 예시한 비교자들처럼 위 글자의 마지막 필획과 연사함으로 인해 필선이 이어져 가는 획 또는 점처럼 나타나기도 하여 문제가 되지는 않을듯하다. 특히 하부의 연사된 점획 아래에 우하향하는 점획이 하나 더 있는데 운필이 상하 점획법[23]으로 자연스러워 '爲'자보다는 '冬'자일 가능성이 상대적으로 커 보인다. 그렇다면 이는 위 글자와 함께 '(毛)(冬)'으로 판독되어 우리나라 고대 국어 향찰에서 부정문에 쓰이는 부정소 '모둘'의 표기일

---

22) 한국목간학회 제48회 정기발표회(2024.10.11.) 토론 시 정승혜 선생님이 이 글자를 '氏'자로 볼 가능성을 제시한 바 있다.

23) 이러한 점의 형태는 '寒', '終', '於'자 등에서도 나타나는데, '永字八法' 중 '側'법의 일종으로 '帶下點'이라고 한다(梁披雲 主編, 1985, 『中國書法大辭典』, 美術文化院, p.146).

가능성이 있다.[24]

　제4행의 첫 번째 글자에 해당하는 묵흔은 전체 묵서 중에서 길이가 가장 긴 편이다. 두 글자면 상부는 '上'자로 볼 수도 있고 이어 다음 글자를 연사한 것이라 할 수 있다. 그다음 글자는 '辶+△' 결구처럼 보인다. 세 번째 글자는 '日' 또는 '曰'자 중 하나이겠으나 제2획 가로획의 우상향하는 운필이 덕흥리 벽화고분 묘지의 '日'자(7-14, 9-4, 11-5, 12-5)'자와 유사하고 다른 글자에 비해 크기가 상대적으로 작아 일단 '日'자로 본다. 네 번째 글자는 '(遠)'자일 가능성이 있다. '辶'은 먼저 점을 찍고 'ㄴ'형태로 운필하였는데 덕흥리 벽화고분 묘지의 '遼4-5', '遷11-6', '造12-1'자와 유사하다. 'ㄴ'의 가로 부분은 운필이 활달하고 길게 뻗어 운동감이 나타난다. 다섯 번째 글자는 상부에만 일부 묵흔이 남아 있고 하부는 찍혀 나갔다. 상부에 '十'자처럼 보이는 필획의 세로획이 약간 좌하 방향을 하여 가능한 글자를 추정해 보면 '古'자 정도가 아닐까 한다.

　제5행의 첫 번째 글자는 '主'자다. 제1획 점이 다른 획에 비해 두텁고 마지막 가로획은 상대적으로 길다. 다섯 번째 글자 또한 이와 같은 형태의 '主'자다(표 1. '主'). 두 번째는 '下'자고 세 번째는 앞서 언급한 제2행의 네 번째 글자와 유사한 자형으로 보인다(표 1. '下△') 그렇다면 이 '下△'는 같은 문장 안에서 동일한 단어가 반복되는 사례라 할 수 있다. 네 번째 글자는 좌측과 중앙에 각각 수직에 가까운 세로획 2개와 우측에 바깥쪽으로 둔각을 형성한 필획으로 구성되었다. 이 글자는 벽면의 훼손이 거의 없어 묵흔의 잔존 상태가 비교적 양호한 편이다. 필획 상태로 보면 '坤'자의 이체자[25] 또는 '川'자[26]로 볼 수 있다. 만약 '川'자면 우측의 마지막 획이 중간 부분에서 우하향하는 비스듬한 파임처럼 된 이체자의 일종으로 볼 여지도 있다. 하지만 '川'자는 행서나 초서의 서사에서 마지막 세로획의 수필 방향이 대체로 좌하향하는 것들이 많아 가능성은 상대적으로 낮다. 따라서 이 글자는 팔괘의 곤괘 '☷'이 변형된 '坤'의 이체자 'ﾉﾉﾚ'으로 보는 것이 무난할 듯하다. 이러한 자형은 史晨碑(168), 孔羨碑(221), 張玄墓誌(531) 등 한위진남북조 시대의 예서 비각에서 자주 사용되었으며[27], 고구려 천추총에서 출토된 '保固乾坤相畢'명 塼[28]에서도 유사한 자형이 나타난다. 다섯 번째 글자는 첫 번째 글자와 같은 '主'자다. 제1획인 점을 강하게 찍고 제2획과 제3획 가로획을 점획과 비슷하게 처리하는 등 동일 글자에 대한 서사자의 습관적 특징이 잘 드러나고 있다. 여섯 번째 글자는 네 번째 글자처럼 좌측에 2개의 세로획처럼 보이는 필획이 나타나고 있어 일견 '坤'자의 이체자와 유사한 형태처럼 보이기도 한다. 하지만 좌측의 첫 번째 세로획이 우측으로 약간 휘어 호선을 이루고 필획의 하단에서 붓끝이 노출된 점[29]이나 두 번째 세로획과의 사이에 가로로 이어지는 듯한 흔적이 미세하게 나타나는 듯하여 이들

24) 南豊鉉, 1976, 「國語否定法의 發達」, 『문법연구』 3, 文法硏究會; 박형우, 2003, 「향찰 '毛冬'의 해석에 대하여」, 『청람어문교육』 27, 청람어문교육학회; 문현수, 2019, 「석독구결의 능력부정에 대한 연구 - '(不)ㅌ'의 특성과 장형 능력부정 구문의 어순을 중심으로-」, 『국어사연구』 28, 국어사학회. 필자는 이 글자를 '爲'와 '冬'자 모두 가능성을 염두에 두었으나 한국목간학회 제48회 정기발표회(2024.10.11.) 발표문에서는 '爲'자만 제시하였다. 토론 시 이재환·권인한 선생님이 '毛'자와 결합하여 향찰 표기 '毛冬'일 가능성을 제시하여 재검토하게 되었다.

25) 臺灣教育部異體字字典 A00762 坤 https://dict.variants.moe.edu.tw/dictView.jsp?ID=7769&q=1

26) 臺灣教育部異體字字典 A01145 川 https://dict.variants.moe.edu.tw/dictView.jsp?ID=12547&q=1

27) 伏見冲敬, 1976 『書道大字典』, 凡中堂, pp.421-422.

28) 고광의, 2023, 『고구려의 문자문화』, 동북아역사재단, pp.270-273.

필획은 ‘月’자일 가능성도 있다. 만약 우측 필획의 상부가 ‘V’형이고 하부 ‘ㅣ’부분과 사이의 흔적이 짧은 가로획이면 이 글자는 ‘朕’자가 된다.[30] 우측 필획은 중간에서 바깥쪽으로 굽었다가 다시 안쪽으로 붓을 빼는 운필의 속도감이 느껴지는데, 이는 이 글자가 전체 묵서의 마지막 글자이므로 서서자가 문장 서사를 마무리하면서 습관적으로 收筆 부분을 길게 속사한 것으로 보인다.

이상 살펴본 바에 의하면 묵서는 제1행 2자, 제2행 5~6자, 제3행 6자, 제4행 5~6자, 제5행 6자 총 24~26자 정도가 파악된다. 낱글자의 자형 비교와 판독문은 다음과 같다.

표 2. 진파리 4호분 묵서 판독안(고광의)

5	4	3	2	1	
主	△	內	(至)	△	1
下	△	而	之	△	2
△	日	(□)	下		3
(坤)	(遠)	(毛)	△		4
主	△	(冬/爲)	△		5
(朕)		△			6

묵서는 덕흥리 벽화고분이나 모두루총의 묘지처럼 벽 바탕과 다른 색의 안료를 칠하거나 고산동 1호분과 같이 계선을 그어 별도의 구획을 만들지 않은 채 서사하였다. 묵서의 서사 방식으로 보아 우측 첫 행의 두 글자는 전체 문장의 표제로 보이고, 제5행 제6자의 마지막 필획을 좌하향으로 속사함으로써 서사를 마무리하였다. 특히 ‘(坤)主’라는 명사로 보아 그 내용은 周易이나 風水地理와 관련된 것이 아닐까 생각된다. 또한 ‘(毛)(冬)’, ‘(朕)’자 등이 나타나는 것으로 보아 이두 또는 향찰식 표기일 가능성이 있고, 제2행과 제5행에서 ‘下(△)’가 반복되는 것도 흥미롭다.

각 행의 첫 글자의 옆줄을 맞추지 않아 글자의 시작 위치가 좌측 행으로 갈수록 비스듬하게 처지고 있다. 일부 필획에서는 渴筆이 나타나는데 이는 다른 고구려 고분 묵서에서는 잘 보이지 않는 현상이다. 최초 보고자들이 고구려 벽화 중에서 제일 우수하고 가장 걸출한 작품이라고 평가[31]한 것을 상기하면 묵서의 수준은 벽화에 비해 상대적으로 떨어지는 편이다. 전반적인 묵서의 서사 방식이 덜 정제된 듯하고 서체가 고구려 고분벽화에서 잘 사용하지 않는 행초서가 출현한다는 점에서 묵서와 벽화가 다소 이질감을 느끼게 한다.

---

29) 이러한 필획의 형태는 주로 ‘月’, ‘舟’자 등에서 나타나는데, ‘永字八法’ 중 ‘掠’법의 일종으로 ‘鉤鐮勢’라고 한다(梁披雲 主編, 1985, 『中國書法大辭典』, 美術文化院, p.135).

30) 한국목간학회 제48회 정기발표회(2024.10.11.) 토론시 권인한 교수는 이 글자가 ‘朕’자일 가능성과 고대 국어의 목적격조사로서 일종의 향찰 표기라는 의견을 제시하고 ‘坤主를’ 정도로 해석하였다.

31) 有光教一, 2010, 「부록1 고구려 벽화고분 발굴조사 보고」, 『일본 소재 고구려 유물 Ⅲ』, 동북아역사재단, pp.159-160.

서벽에 있는 '咸通十一庚寅'명 각자는 '庚'자의 이체자 형태 등으로 보아 그 시대가 고구려가 멸망한 후 약 200년이 지난 신라 경문왕 10년 즉 870년으로 여겨진다. 묵서는 일부 글자들에서 덕흥리 벽화고분 묵서와 유사한 풍격이 나타나고 '坤'자의 고식 자형이 사용된 점으로 보아 각자 명문보다는 시기가 더 이르다고 할 수 있다. 덕흥리 벽화고분 묵서가 해서와 행서가 혼합된 서체라면, 진파리 4호분 묵서는 행서와 초서가 주를 이루고, 진파리 4호분 묵서의 '之', '下', '(冬/爲)'자는 상당히 세련된 행서나 초서로서 서체 변천 단계로 보면 덕흥리 벽화고분보다는 후대로 볼 수 있다.

표 3. 진파리 4호분 묵서 낱글자 자형 비교

위치 판독	진파리 4호분 묵서 낱글자	비교자
1-1 △		
1-2 △		
2-1 (至)		덕흥리 벽화고분 묘지(고구려, 408), 妙法蓮華經節(隋)[32], 上陽臺帖(唐, 虞世南, 7C전)
2-2 之		破羌帖(晋, 王羲之), 十七帖(晋, 王羲之), 덕흥리 벽화고분 전실 남벽 막부관리도 묵서 (고구려, 408), 出師師(隋)
2-3 下		興福寺半截碑(晋, 王羲之, 4C전) 嫂安和帖(晋, 王羲之, 4C전), 湖州帖(唐, 颜真卿, 8C), 拟山园帖第六(明, 王铎, 17C)

---

32) 〈표 2〉에서 비교자로 제시한 고구려, 백제의 문자자료 이외의 글자들은 '書法字典https://www.sfzd.cn'을 참조하였다.

평양 진파리 4호분의 墨書와 刻書 _ 43

위치 판독	진파리 4호분 묵서 낱글자	비교자
2-4 △		 氏 : 胡母帖(晉, 王羲之, 4C전), 艮 : 感興詩(元, 趙孟頫, 13C후~14C초)
2-5 △		
3-1 內		 集王字聖教序(晉, 王羲之, 4C전), 上陽臺帖(唐, 虞世南, 7C전), 書譜(唐, 孫過庭, 7C후)
3-2 而		 妙法蓮華經節(隋), 千字文(唐, 歐陽詢阳, 7C전)
3-3 (口)		 真草千字文(隋, 智永), (明, 沈粲, 15C)
3-4 (毛)		 千字文(唐, 歐陽詢, 7C전), 合中帖(宋, 吳說, 12C)
3-5 (冬/爲)		 三月四日書(晉, 王珣, 4C후), 草书千字文(唐, 孫過庭, 7C후), 李清蓮序(唐, 張旭, 8C전)
		  伏想清和帖(晉, 王羲之, 4C전), 十月五日帖(晉, 王羲之, 4C전), 嫂疾帖(晉, 王献之, 4C후), 덕흥리 벽화고분 전실 동벽 칠보행사 설명문 '爲1-3'(고구려. 408)

위치 판독	진파리 4호분 묵서 낱글자	비교자
3-6 △		3-5가 '(冬)'자일 경우
		3-5가 '(爲)'자일 경우
4-1 △		
4-2 △		
4-3 日		 七月十日(晋, 谢万), 덕흥리 벽화고분 묘지 '日9-4·11-5'(고구려, 408)
4-4 (遠)		 千字文(唐, 歐陽詢, 7C전), 덕흥리 벽화고분 묘지 '遼4-5', '送11-6'(고구려, 408)
4-5 △		 張從申李玄靖碑(唐, 张从申, 8C후)
5-1 主		 진파리 4호분 묵서 5-5, 개마총 현실 천장 벽화편(고구려, 6C초), 上陽臺帖(唐, 虞世 南, 7C전), 栖岩寺智通禪師塔銘(唐, 復珪)

위치 판독	진파리 4호분 묵서 낱글자	비교자
5-2 下		 興福寺半截碑(晋, 王羲之, 4C전) 嫂安和帖(晋, 王羲之, 4C전), 湖州帖(唐, 顔眞卿, 8C), 拟山园帖第六(明, 王铎, 17C)
5-3 △		 氏 : 胡母帖(晋, 王羲之, 4C전), 艮 : 感興詩(元, 趙孟頫, 13C후~14C초)
5-4 (坤)		 坤 : 衡方碑(漢, 168), 史晨碑(漢, 169), 受禪碑(魏, 220), 명문전(고구려, 4C후) 川 : 石尠墓志(西晉, 308), 蕭妙瑜墓志銘(隋), 千字文(唐, 歐陽詢, 7C전)
5-5 主		 개마총 현실 천장 벽화편(고구려, 6C초), 진파리 4호분 묵서 5-1(고구려)
5-6 (朕)		 勝: 從弟子帖(晋, 王羲之, 4C전) '勝'자의 '月' 참조, 朕: 나주 복암리 12-2호 수혈 출토 장군편 '豆朕舍'의 '朕', 盼: 枯樹賦(明, 董其昌, 17C전) '盼'자의 '分' 참조

III. 각서의 판독과 그 의미

진파리 4호분 현실 서벽의 천인 도상 하부에는 총 2행에 걸쳐 12~13자가 새겨져 있다.[33] 송곳이나 뾰족한 돌, 혹은 못과 같은 날카로운 물체로 긁어 새겨놓은 것처럼 보인다. 1941년 조사 이후 그에 대한 명확한

그림 3. 진파리 제4호분 현실 서벽 각서(적외선 촬영, 동북아역사재단, 2010, 앞의 책)

그림 4. 진파리 제4호분 현실 서벽 각서(남북 역사학자협의회, 2006, 『남북공동 고구려 벽화고분 실태조사 보고서 1』)

보고가 없는 상황에서 각서의 위치와 새긴 방식 등에 대해 통일되지 않는 정보가 유통되면서 혼란이 몇 차례 재생산되었으나,[34] 이 부분은 2006년 남북역사학자협의회의 재조사 이후 새로운 자료가 확보되면서 대체로 해소되었다.

---

33) 이 글자들에 대해서는 그동안 刻書를 비롯하여 刻記, 刻銘, 선각 명문, 낙서, 묵서 등으로 다양하게 지칭되어 왔다. 본고에서는 가장 보편적인 표기라 할 수 있는 '刻書'를 사용한다.

34) 예를 들어 『고구려 유적의 어제와 오늘 2-고분과 유물-』, p.205에는 "널방 북벽에는 고구려의 멸망 2세기 뒤인 870년(唐 懿宗 咸通 11年 庚寅年)에 씌여진 함통 10년 경인(咸通十年庚寅三月)이라는 묵서(墨書)가 있으며, 서벽에도 후대 묵서의 흔적이 남아 있다."라고 기재되어 있어 연도와 위치 등에 오류가 확인된다.

표 4. 진파리 4호분 각서 낱글자 자형 비교

	2006 조사	1941 조사 (적외선)		2006 조사	1941 조사 (적외선)
좌행-1 咸			우행-1 (七)		
좌행-2 通			우행-2 日		
좌행-3 十			우행-3 (伍)		
좌행-4 一			우행-4,5 △△		
좌행-5 庚					
좌행-6 寅					
좌행-7 三					
좌행-8 月					

표 5. 진파리 4호분 각서 판독안

판독자	좌행									우행				
	1	2	3	4	5	6	7	8	9	1	2	3	4	5
有光教一 (1941)[35]	咸	通	十	一	庚	寅	三	月		此	日	△	△	△
末松保和 (1941)	咸	通	十	△	庚	寅	二	月						
小泉顯夫 (1986)	咸	通	十	△	庚	寅	三	月						
서영대 (1992)	咸	通	十	△	年	庚	寅	三	月					
정호섭 (2009)	咸	通	十	一	庚	寅	三	月		七	日	任	△	
이준성 (2024)	咸	通	十	一	庚	寅	三	月		(七)	日	(伍)	△	△

[좌행]

　① 咸通 : [좌행-1]과 [좌행-2]는 咸通으로 판독 가능하다. 함통은 중국 당 의종 때의 연호로 860년에서 874년까지 사용되었다.

　② 十一 : [좌행-3]은 十으로 판독된다. [좌행-4]를 대체로 '一'로 보았지만, 三으로 볼 여지도 있다. 다만 [좌행-5]와 [좌행-6]을 庚寅으로 읽을 수 있기에, 이에 해당하는 함통 11년(870년, 경문왕 10년)으로 파악할 수 있다.

　③ 庚寅 : [좌행-5] 庚은 '广'의 자획과 하단의 'ノ'과 '乀' 부분의 비례, 등이 다소 어색하고 모호한 측면이 있지만, '庚'자의 이체자로 파악하는 데에는 무리가 없다.[36] [좌행-6] 寅의 경우 '宀' 부분이 '穴'자 모양으로 변형된 이체자로 판단된다.

-022

　④ 三月 : 三月은 대체로 판독가능하다. 다만 三의 경우 2획과 3획이 1획에 비해 새긴 깊이가 매우 얕고 희미하다. 末松保和는 二로 읽었다. 月의 경우 두 번째 획의 가로 부분이 확인되지 않지만 月로 판독하는데 무리는 없다.

[우행]

　① (七)日 : 有光教一은 [우행-1]을 此로 판독했다. 최초로 실견 후 제시한 판독이기에 쉽게 부정할 수는

---

35) 有光教一의 경우, 우행을 먼저 읽어 "此日△△△ 咸通十一庚寅三月"로 판독하였다.

36) 臺灣 敎育部 異體字字典 A00762 庚
　　https://dict.variants.moe.edu.tw/dictView.jsp?ID=13181&q=1

없지만, 현재 남아있는 자획만으로는 七로 보는 것이 자연스럽다. 日은 명확하게 판독 가능하다.

② (伍)△△ : [우행-3]의 경우 '任'(정호섭)으로 판독한 경우가 있다. '任'으로 볼 경우 우변의 중앙 세로획이 확인되지 않는다는 점에 대한 설명이 필요하다. 伍, 佰, 住 등의 가능성이 있으나 두 번째 가로획의 우측 끝에서 세 번째 가로획 쪽으로 새긴 세로획이 명확하므로 '伍'의 가능성을 제시한다. 이하 판독이 어렵지만 한두 글자 자획이 희미하게 보인다. 그중 [우행-4]는 판독 불명의 글자로 볼 수 있는 반면 [우행-5]는 현재 남아있는 자료 만으로는 글자가 없는 것으로 보인다. 다만 1941년 有光敎一의 최초 판독에서 '此日' 다음에 세글자의 불명자를 제시한 점을 존중하여 본고에서도 [우행-5]에 글자가 있었을 가능성을 남겨 둔다.

진파리 4호분의 각서에서 쟁점이 되는 부분은 그 작성 연대에 대한 것이다. 고구려가 멸망하고 약 2세기가 지난 후인 당 의종의 연호 함통(860~874)이 확인되기 때문에 축조 당시의 것이 아니라 이후 묘실에 출입한 누군가가 써놓은 점은 명확하다. 이와 관련하여 두가지 가능성이 제기되어 온 바, 함통년간에 작성되었다는 견해[37]와 근대 이후 작성되었다는 견해[38]로 나뉜다.

전자의 경우, 각서의 작성자가 누구인지 추정하는 것은 어렵다. 다만 고구려 멸망 당시 폐허가 된 도시가 버려지면서 왕실과 귀족 무덤에 더 이상 관리의 손길이 미치지 않게 된 상황에서 석실 내에 도굴 등 여러 가지 사유로 들어갈 수 있었던 것으로 추정한다. 특히 선덕왕 3년(782년)에 패강진이 설치되었고 헌덕왕 18년(826)에는 우잠태수 白永을 주축으로 패강에 300여 리의 장성을 쌓았다는 기록이 있음을 보면, 함통년간에 평양 일대에 신라의 영향력이 미쳤거나 이 지역에 신라계 호족들이 존재했을 것이라는 점은 유추 가능하다.

후자의 경우, 먼저 왼쪽에서 오른쪽 방향으로 기재되어 있는 점을 지적한다. 이러한 기록법은 근대 이후에 찾아볼 수 있다는 것이다. 또한 서벽 하단 이외에 서벽 우측 상단에도 '咸'자가 별도로 기록되어 있으며(그림 5), 북벽에도 선각의 낙서들이 확인된다고 한다. 이는 2006년 4월~5월 진행된 남

그림 5. 서벽 우측 상단의 '咸'자(남북역사학자협의회, 2006, 앞의책)

37) 梅原末治, 1966, 『朝鮮古文化綜鑑』; 小泉顯夫, 1986, 「中和眞波里古墳群の調査」, 『朝鮮古代遺跡の遍歷』; 서영대, 1992, 「기타 벽화고분 묵서명」, 『역주한국고대금석문 1』; 유홍준, 1995, 「고구려 벽화고분의 발굴연구사」, 『고구려고분벽화해설』; 전호태, 2000, 「평양·안악 지역의 벽화고분」, 『고구려 고분벽화 연구』.

38) 정호섭, 2006, 「고구려 벽화고분 명문자료의 재검토」, 『남북공동 고구려 벽화고분 실태조사 보고서 1』, pp.129-130; 정호섭, 2009, 「高句麗 古墳의 造營과 祭儀」, 고려대 박사학위논문, pp.73-74.

북공동조사단 조사의 결과이기에 咸通명 각서와 그 외 낙서의 관계에 대해 보다 면밀한 검토가 필요하다.

그럼에도 불구하고 근대 이후의 낙서라면 함통이라는 연호가 들어간 이유나 간지를 맞춰 작성할 수 있는 작성자가 누구였을지에 대한 추가 설명이 필요하다. 또한 '진천 태화4년명 마애불입상'의 사례[39] 등을 보면 왼쪽을 먼저 기재하는 것이 드물지만 전근대 시기에도 확인된다는 점에서 진파리 4호분의 각서는 함통 시기에 작성되었을 가능성에 보다 무게가 실린다.

IV. 벽화와 묵서, 그리고 묘주

진파리 4호분은 현재 평양시 동남쪽 제령산 서쪽 산기슭 무덤군에 있는 석실봉토분이다. 그 주변에서 가장 규모가 큰 무덤군이 동명왕릉 고분군인데, 진파리 4호분은 동쪽으로부터 4번째에 있는 무덤이다. 봉분은 한 변의 길이가 23m인 방대형으로 잔존 높이는 6m이다. 무덤 구조는 연도와 현실로 이루어진 반지하식 단실분이며 연도는 중앙편재이다. 내부 벽은 막돌을 쌓아 구축하였고 그 위에 회미장을 하였다. 연도의 크기는 남북 3.15m, 동서 1.2m, 높이

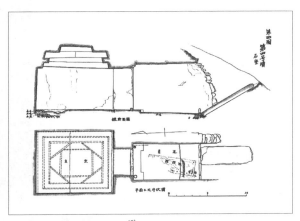

그림 6. 진파리4호분 실측도[40]

1.8m이다. 또한 연도 중간 지점에 놓인 두 개의 판돌로 보아, 문이 설치되었을 것으로 추정되기도 한다.[41]

현실은 남북으로 긴 장방형이며, 네 벽은 한 장의 판돌을 세워 축조하였다. 천정은 2단 평행고임과 2단 삼각고임의 조합으로 쌓은 2단 평행삼각고임이다. 현실 크기는 남북 3.04m, 동서 2.53m, 높이 2.5m이며, 벽과 천정에는 회를 바르고 그 위에 벽화를 그렸다. 흑색·적색·흰색·풀색·보라색·노란색 등의 다양한 안료가 활용되었지만, 그중에서도 金粉을 사용하여 별자리를 꾸민 것이 독특하다. 벽화 주제는 인물풍속과 사신도지만 다양한 신선들이 묘사되고 있는 것도 특징이다.

벽화는 연도를 비롯한 내부 모든 벽면에 남겨져 있다. 연도의 동서쪽 양 벽에는 연못을 주제로 한 풍경화가 그려져 있다. 그 연못은 물이 가득 차 있는데, 잔물결이 일고 있으며 그 위에 연꽃들이 활짝 피어 있다.

---

39) 총 3행으로 구성되어 있는데 좌측 1행에 '太和四年庚戌三月二日成' 명문이 확인된다.

40) 동북아역사재단, 2010, 앞의 책, p.158.

41) 사회과학원, 1963, 『고고학자료집』 3집, 과학원출판사, pp.179-188; 사회과학원, 2009, 『조선고고학전서』 33 사회과학원, pp.16-19; 전호태, 2020, 『고구려 벽화고분의 과거와 현재』, 성균관대학교 출판부, pp.143-149.

좌우에는 험한 산들이 있는데, 산줄기마다 소나무가 울창하게 표현되어 있다. 소나무 위에는 4엽의 연꽃무늬들이 있으며, 산 아래는 바위와 절벽을 묘사하였다.

현실 벽면에는 2단으로 나누어 하단에 四神을, 상단에는 해와 달, 신선 등의 다양한 도상을 그렸다. 특히 북벽에는 현무를 묘사하는 것이 일반적인데, 여기에는 청룡과 다리 부분이 유사한 벽화를 남긴 특이한 사례이다. 머리와 몸통 위쪽은 잘 보이지 않으나, 불과 같은 무언가를 뿜으며 서쪽으로 나아가는 전체적인 모습은 대략 짐작이 가능하다. 그 상단에 있는 神仙圖는 동쪽 신선의 가슴 윗부분과 그 밑의 새 다리 흔적 그리고 꼬리 부분으로 보아 신선이 봉황새를 타고 나는 듯한 형상이다. 서쪽의 신선은 양 가닥으로 된 머리채를 높이 틀어 올리고 뒤를 돌아보는 자세이다. 이 신선들의 머리 위와 앞쪽에는 연꽃 인동무늬와 구름무늬들이 덮여 있다.

한편, 동벽의 하단에는 청룡이 그려져 있을 것으로 추정되지만, 박락으로 인해 현재는 가슴 부분과 꼬리 부분만 드러나 있다. 그 상단에는 용을 타거나 瑞鳥를 타고 어딘가로 향하는 신선들이 그려져 있다. 남쪽 신선은 머리 위에 두 뿔이 있고 입을 크게 벌린 용을 타고 있으며, 북쪽 신선은 잘 보이지는 않으나 서조로 보이는 새를 타고 날아가고 있다. 그 신선들의 윗부분에는 북벽과 마찬가지로 연꽃 인동무늬와 연꽃무늬들이 묘사되었다.

남벽은 입구를 사이에 두고 상단부에 주작을

그림 7. 현실 북벽 벽화 배치도(모사)[42]

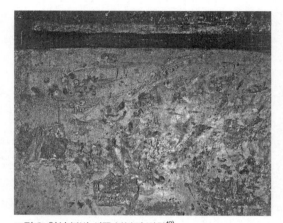

그림 8. 현실 북벽 서쪽 부분의 벽화[43]

그림 9. 현실 북벽 동쪽 부분의 벽화[44]

---

42) 조선유적유물도감 편집위원회, 1990, 앞의 책, p.166.
43) 위의 책, p.166.
44) 위의 책, p.167.

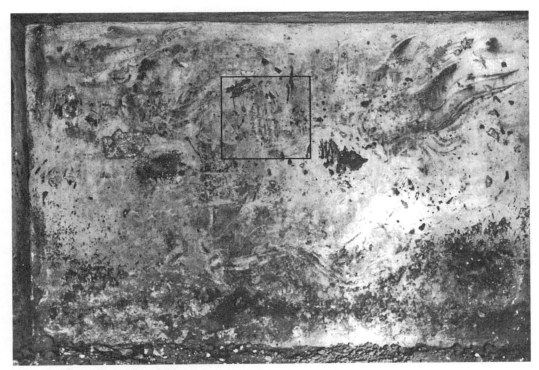

그림 10. 현실 북벽 벽화와 묵서 위치[45]

마주 보게 그렸으며, 그 아래쪽 동편에 소나무의 흔적이 보인다. 주작은 날개를 동그랗게 모아 올려 날기 위해 준비하는 듯한 자세로 묘사되어 있다. 또한 그 위쪽에는 구름무늬와 인동무늬가 그려져 있다.

서벽의 하단에는 남쪽을 향하는 백호의 머리 부분만이 겨우 남겨져 있으며, 상단에는 봉황을 타고 나는 신선이 보인다. 서벽 북쪽 윗부분에는 계수나무 아래에서 옥토끼가 약을 찧고 있는 달 도상이 확인된다. 그 위에도 역시 연꽃 인동무늬와 연꽃무늬들이 다수 그려져 있다. 서벽 벽화에서 특히 신선의 하단부 약간 왼쪽에 대칼이나 못과 같은 것으로 새긴 2행의 각서가 있어 주목된다.

천정의 경우 현실 네 벽에 비해 모든 벽화가 잘 남겨진 편이다. 고임에는 연꽃무늬·인동무늬·병풍무늬 등이 그려져 있으며, 천정석에는 별이 묘사되어 있는데, 금분을 칠한 무수한 별들이 배치되어 있다. 이 성숙도는 136개의 별이 31개의 별자리를 나타내는 것이다. 네 방향에 각각 7개의 별자리를, 가운데 부분에는 3개의 별자리를 배치하고 있다. 이는 고구려 천문학 연구는 물론, 벽화고분의 별자리 연구에도 중요한 자료가 된다.

---

45) 동북아역사재단, 2010, 앞의 책, 동북아역사재단, p.172.

그림 11. 현실 동벽 북측 상부[46]

그림 12. 현실 동벽 남측 상부[47]

그림 13. 현실 동벽 남측 벽화[48]

---

46) 위의 책, p.175.
47) 위의 책, p.176.
48) 위의 책, p.175.

그림 14. 현실 남벽 서쪽 부분 벽화 배치도(모사)[49]

그림 15. 현실 남벽 동쪽 부분 벽화 배치도(모사)[50]

그림 16. 현실 서벽 벽화배치도(모사)[51]

그림 17. 현실 서벽 남벽 상부[52]

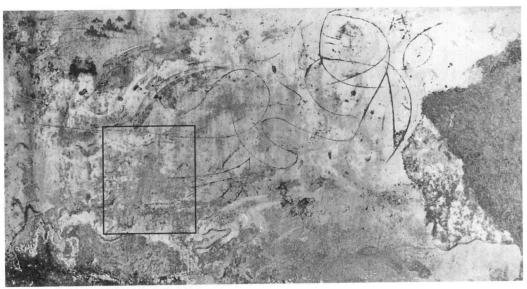

그림 18. 현실 서벽 남측 벽화와 각서 위치[53]

그림 19. 현실 천정석 벽화와 별자리 배치도[54]

    한편, 현재까지 조사된 고구려 벽화고분의 묵서는 크게 墓誌와 傍題의 형태를 띠고 있다. 방제의 경우 전체 벽화를 설명하기도 하며, 각 도상의 이름이나 행위를 간략히 기재하기도 한다. 묘지의 경우 덕흥리 벽화고분·모두루총과 같이 북벽의 상단에 별도의 공간에 위치하고 있는데, 안악3호분처럼 장하독이라는 인물 위쪽에 쓰는 사례도 존재한다. 공통적인 것은 세 벽화고분 모두 묘지를 쓸 공간을 넉넉히 마련했다는 점이다. 하지만 진파리 4호분에서는 묘지를 작성할 만한 공간이 딱히 보이지 않는다. 물론 5행 20여 자의 장문 묵서이기 때문에, 묘지로 볼 수 있는 가능성이 없지는 않다. 하지만 벽화의 중앙부에 위치하는 만큼 그 역할을 묘지라고 단언하기 어렵다. 현재로서는 벽화 전체 내용을 포괄하는 설명 방제에 가깝지 않을까 판단된다. 이는 덕흥리 벽화고분의 13군태수도·막부관리도 등에서 확인되는 방식으로, 해당 벽면 벽화의 전체 내용을 설명하는 방식이다.[55] 그렇다면 이 묵서는 무엇을 설명하고자 한 것일까? 이를 살펴보기 위해서는

---

49) 조선유적유물도감 편집위원회, 1990, 앞의 책, p.169.

50) 위의 책, p.169.

51) 위의 책, p.168.

52) 위의 책, p.168.

53) 동북아역사재단, 2010, 앞의 책, p.176.

54) 조선유적유물도감 편집위원회, 1990, 앞의 책, p.172.

55) 공교롭게도 앞선 내용에서 고광의는 2행 3열의 '之'가 필획이 덕흥리 벽화고분 막부관리도의 '之'와 비슷하다는 것을 지적하기도 하였다.

먼저 북벽 벽화의 내용을 충실히 검토할 필요가 있다.

하지만 현실 북벽 벽화는 현재 심하게 훼손되어, 앞서 살펴본 바와 같이 그 내용을 상세히 분석할 수 없는 상황까지 이르렀다. 1941년 최초 발견 직후 촬영한 사진(그림 20)과 1980년대 후반 북한에 의해 소개되었던 사진(그림 21), 그리고 2006년 남북공동보존실태조사 때 촬영한 사진(그림 22)을 모두 비교해 본 결과, 가장 뛰어난 선본은 발견 직후에 촬영한 것이라고 할 수 있다. 특히 묵서의 경우 1941년 사진에는 그 흔적을 육안으로 확인할 수 있지만, 그 이후에는 위치조차 알 수 없는 지경에 이르렀다. 이에 북벽의 세 종류 사진과 북한에서 제작한 모사도를 비교하면서, 벽화 내용을 전반적으로 검토하고자 한다.

그림 20. 현실 북벽 벽화의 神獸[56]

그림 21. 1980년 후반 북벽 상태[57]

그림 22. 2006년 북벽 상태[58]

대체로 북벽에는 사신도 중 현무를 묘사하는 것이 일반적이다. 하지만 진파리 4호분 북벽에는 현무가 아

---

56) 위의 책, p.172.
57) 조선유적유물도감 편집위원회, 1990, 앞의 책, p.162.
58) 국립문화재연구소, 2006, 「남북공동 고구려벽화고분 보존 실태 조사 보고서 2」, p.188.

닌 다른 神獸를 묘사하였다고 보고되고 있어 이례적이다. 이 신수를 청룡의 다리 부분이 유사하고, 불과 같은 무언가를 뿜으며 나는 전체적인 모습을 통해 용의 일종으로 판단하고 있다.[59] 하지만 『朝鮮古文化綜鑑 4권』에서는 "진파리 4호분에 묘사되었던 벽화도 사신을 주로 하고 있으며, 네 벽의 일부 도상이 보이는 것은 북벽의 현무와 동벽의 청룡에 불과하다."라고 기재[60]하고 있어 혼란을 초래한다. 문제는 『조선고문화종감 4권』에 게재된 사진은 有光教一이 소장한 것을 사용했을 가능성이 높은데, 「고구려 벽화고분 발굴 조사 보고-평안남도 중화군 진파리 고분군 1941년 6월 조사」에서, "북쪽의 현무가 있을 곳에 용이 그려져 있다."고 기록했다는 것이다.[61] 같은 자료를 보고도 다른 판단을 한 것인지, 아니면 직접 벽화를 보고서 다른 판단을 한 것인지는 알 수 없다. 다만 당시 벽화의 상태가 신수를 판단할 수 없을 만큼 좋지 않았다는 정황 정도만 알 수 있을 뿐이다.

물론 靑龍과 비슷한 龍이 그려져 있다면, 굳이 북벽에 또 다른 용을 묘사하는 것도 선뜻 이해되지 않는다. 용이라면 청룡을 제외하고 黃龍이 떠오르지만, 이 역시 북벽에 남겨진 사례도 없거니와 그린 이유도 불분명하기 때문이다. 따라서 현재로서는 당시 발굴 책임자였던 有光教一이 용과 비슷한 신수로 파악한 만큼, 일차적으로는 그 견해를 따르고자 한다.

그림 23. 덕흥리 벽화고분 막부관리도[62]

그림 24. 고산리1호분 동벽 청룡도[63]

5세기 초부터 6세기 중반까지 편년되는 고구려 인물풍속 및 사신도 벽화고분들은 개략적으로 검토해 보면, 북벽의 벽화는 점차 각 시대에 맞춰 변용된다는 사실을 알 수 있다.[64] 이러한 관점에서 진파리 4호분 북벽의 구성 요소를 보면, 벽면을 상·하단으로 나눈 뒤 상단의 좌우 끝 쪽에 神仙을 배치하고, 그 중앙에 묵서를 남겼다. 그리고 그 묵서 하단에 신수를 그렸다고 할 수 있다. 이렇게 본다면 북벽 묵서는 적어도 진파리

---

59) 조선유적유물도감 편집위원회, 1990, 앞의 책, p.161.

60) 梅原末治·藤田亮策, 1966, 『朝鮮古文化綜鑑 4』, 養德社, p.15.

61) 동북아역사재단, 2010, 앞의 책, p.157.

62) 조선유적유물도감 편집위원회, 1990, 앞의 책, p.143.

63) 위의 책, p.279.

64) 東潮, 2011, 『高句麗壁畫と東アジア』, 學生社, p.34.

4호분 전체 벽화를 아우르는 내용은 아니었을 것이다. 즉, 덕흥리 벽화고분의 막부관리도 묵서처럼 해당 벽면에 대한 전체 설명문이거나, 아니면 고산리 1호분 청룡·백호도처럼 신수를 설명하는 방제였을 가능성도 배제할 수는 없다. 하지만 진파리 4호분의 다른 벽면에서 묵서 기재의 흔적이 발견되지 않았다는 점과 그 내용을 명확하게 알지 못한다는 점 등의 문제는 여전히 해결해야 될 숙제로 남아 있다.

또한 이번 판독회를 거치면서 묵서 마지막 부분이 '坤主' 내지 '川主'으로 끝난다는 것을 확인하였는데, 이것이 주역이나 풍수지리와 관련 있는 묵서 내용일 것을 함께 추정한 바 있다. 아직 무엇하나 뚜렷이 밝히지 못하였으나, 진파리 4호분의 수목도·별자리 등을 통해 풍수적 해석은 이전부터 관심의 대상이었던 만큼,[65] 향후 더 많은 묵서 판독과 해석이 이루어졌으면 한다.

진파리 4호분의 편년은 대체로 6세기 무렵 축조된 것으로 추정한다.[66] 이는 벽면 상단에는 신선을 하단에는 사신도를 남긴 점에 주목하여, 초기 사신도 벽화고분의 양식을 벗어나지 못한 방식으로 보기 때문이다. 게다가 진파리1·4호분의 벽면 평탄화 기법이 회미장인 것과 天井石 도상이 여전히 별자리로 묘사된 것을 생각한다면,[67] 그 연대는 6세기 전반으로 보는 것이 타당하다고 판단된다. 물론 연도 좌우에 그려진 蓮池圖에 표현이 진파리 1호분보다 사실적이라는 점에서 그보다 후대인 6세기 중후반으로 보기도 하지만,[68] 오히려 진파리 1호분의 樹木圖는 北齊 崔芬墓(551)의 수목과 닮았다는 점에서 연대 파악에 신중해야 한다.

마지막으로 묘주는 누구인가? 라는 질문에는 명쾌한 답을 내놓기는 어렵다. 북한학계에서는 진파리 4호분에 묘사된 신선들이 모두 머리카락을 틀어 올렸다는 여성이라는 점을 중요한 근거로 삼아, 묘주가 여성일 가능성을 제기하고 있다. 또한 이에 그치지 않고 6세기 무렵 고구려 왕족 중 이곳에 묻힐 만한 여성은 평원왕 공주밖에 없다며, 진파리 4호분을 남편인 온달과 평원왕 공주의 합장묘로 파악하였다.[69] 한편, 傳 동명왕릉을 장수왕릉으로 본다면 인근에 존재하는 6세기 전반 무덤인 진파리 4호분이 문자명왕의 무덤일 가능성이 높다고 추정하기도 한다.[70] 이는 왕릉과 밀접한 관련이 있는 평양 일대의 벽화고분과 고구려 왕호·장지를 연결하여 파악한 결과였다. 이외에 주변 무덤군의 선후관계와 정치적인 맥락의 이해를 통해, 양원왕의 무덤으로 비정하기도 한다.[71] 그러나 이들 모두 진파리 4호분의 묘주를 확정할 만한 명확한 근거를 제시하지 못하고 있기에 그 판단에 신중을 기할 필요가 있다.

현 상황에서 진파리 4호분에 대해 확실히 알 수 있는 것은 ① 고구려 왕릉 권역이라 할 수 있는 동명왕릉 고분군에 포함되었다는 점 ② 내부에 묘사된 벽화 수준이 최상급이라는 점 ③ 사신도 외의 그려진 인물 도

---

65) 민병삼, 2007, 「고구려 고분벽화의 성숙도에 대한 풍수적 해석」, 『동양예술』 12, pp.29-33.

66) 전주농, 1963, 「전동명왕릉부근벽화무덤」, 『고고학자료집』 3, 과학원출판사, pp.179-188; 사회과학원, 2009, 앞의 책, pp.16-19.

67) 김근식, 2021, 「후기 고구려 왕실의 표상(表象) 사신도 벽화고분」, 『한국고대사연구』 112, p.292.

68) 동북아역사재단 편, 2010, 앞의 책, p.149.

69) 조선유적유물도감 편집위원회, 1990, 앞의 책, p.161.

70) 정호섭, 2008, 「고구려 벽화고분의 현황과 피장자에 대한 재검토」, 『민족문화연구』 49, p.414; 永島暉臣愼, 1981, 「高句麗の都城と建築」, 『難波宮址の研究』, p.7.

71) 기경량, 2017, 「평양 지역 고구려 왕릉의 위치와 피장자」, 『한국고대사연구』 88, pp.31-32, p.37 표4.

상이 모두 여성으로 추정된다는 점 ④ 사신도 벽화고분이지만 특이하게도 현실 북벽에 현무가 아닌 다른 신수가 묘사되었다는 점 ⑤ 무덤 내부에서 묵서와 각서가 쓰여 있다는 점 등이다. 그러나 이를 참작한다고 하더라도 누구의 무덤인가에 대한 답은 여전히 찾을 수 없다. 정황상 고구려 왕실 일원의 무덤임을 추정할 뿐이다.

V. 맺음말

이상에서 평양 진파리 4호분에 대한 최근 공개된 자료를 통하여 현실 북벽의 墨書와 서벽에 새겨진 刻書에 대한 판독을 새로이 하여 그 의미를 살핌과 동시에 墨書와 벽화 그리고 墓主의 상관관계를 검토하였다. 서술한 내용을 요약하는 것으로 맺음말에 대신하고자 한다.

Ⅰ장에서는 평양 진파리 4호분의 조사는 1941년 6월과 9월 2차례 진행된 것을 시작으로 이후에도 3차례 진행되었다. 북한에서 1961년 일본 연구자의 발굴 내용을 재조사한 데 이어 1974년 '傳 동명왕릉' 성역화의 일환으로 대대적인 조사로 일단락되었다. 마지막은 2006년 남북공동으로 고구려 벽화고분 실태 조사에 의해 진파리 4호분에 대한 상세한 내용이 전해졌다. 1941년 첫 조사보고서는 작성되지 못하였고, 조사 참여자의 간략한 소개 글에 머물렀다. 다행히 有光敎一과 小場恒吉 등 1941년 조사에 참여한 연구자의 소장 자료가 2008년 이후 차례로(2010, 2019) 공개되면서 연구 환경이 바뀌게 되었다. 묵서와 각서의 선명한 적외선 사진도 이때 비로소 알려졌다. 본고에서 이를 토대로 진파리 4호분의 묵서와 각서의 판독 및 벽화와의 관계 등 기초적 연구를 진행한 것이다.

Ⅱ장에서는 현실 북벽에 쓰인 墨書 전체를 최초로 판독하고 서체 상의 특징에 대하여 서술하였다. 묵서는 모두 5행이며 제1행에서 표제로 보이는 2자, 그리고 나머지 각 행에서는 5~6자가 서사 되어 모두 24~26자가 판독된다. 글자 중에는 '(坤)主'라는 명사가 나타나고 있어 묵서의 내용이 周易이나 風水地理와 관련된 것으로 추정된다. 또한 고대 국어의 부정소인 '(毛)(冬)'과 목적격조사에 해당하는 '(肹)'자로 추정되는 글자들이 파악되어 관련된 추가 연구가 기대된다. 서체는 고구려 고분묵서에서 잘 쓰이지 않은 행초서이고, 전체적인 묵서의 서사가 정제되지 않은 점 등은 벽화와 묵서의 시차를 말해주는 것이 아닌가 여겨진다.

Ⅲ장에서는 현실 서벽 남단부에 천인상 하부에 새겨진 刻書에 대한 그간의 판독을 재검토하면서 그 의미를 정리하였다. 각서는 총 2행에 걸쳐 12~13자가 새겨져 있는데, Ⅱ장에서 살핀 墨書와 달리 각서에 대해서는 조사 초기부터 판독이 진행된 바 있다. 각서의 작성 연대는 '咸通 十一 庚寅'이라는 연대표기로 인해 경문왕 10년인 870년임을 알 수 있는데, 이는 고구려가 멸망하고 약 2세기가 지난 후이다. 즉 축조 당시 새긴 글자가 아니라 그 이후 누군가가 묘실에 출입하여 써놓은 것이다. 다만 작성자가 누구인지 추정하는 것은 현재로서는 어렵다.

Ⅳ장에서는 진파리 4호분의 벽화에 관한 그동안의 연구 성과를 검토하고 벽화와 墨書 그리고 墓主와의 상관관계에 대하여 설명하였다. 벽화는 일반적인 사신도 벽화고분과 달리, 현실 북벽에 현무가 아닌 용과

비슷한 神獸가 자리하고 있는 것이 특징이다. 또한 묵서의 위치가 신수 바로 상단에 있는 것을 감안한다면, 그 내용은 墓誌라기보다는 신수의 설명 傍題에 가깝다고 할 수 있다. 마지막으로 진파리 4호분은 6세기 전반경 제작된 무덤으로 묘주가 누구인지는 판단하기 어렵지만, 적어도 고구려 왕실과 깊게 연관된 무덤임에는 틀림없을 것이다.

지금까지 진파리 4호분의 묵서와 각서, 그리고 벽화에 대해 면밀한 검토를 행하였다. 사실 현재는 무엇하나 명확한 답을 내릴 수 없는 상황이기는 하다. 하지만 적어도 그간 거의 언급되지 않았던 진파리 4호분의 벽화와 특히 묵서의 내용을 처음으로 판독하였고, 여러 논란이 있었던 刻書의 판독을 새롭게 하였다은 점에 연구사적 의미를 두고자 한다. 나아가 벽화와 묘주에 문제에 대한 그 동안의 단편적인 논의를 정리하고 향후 모색의 토대를 제공한 것으로 자평하고자 한다.

※ 본고를 작성하는데 많은 협조와 도움을 받았다. 2006년 남북 공동 조사단의 일원으로 진파리 4호분을 실견하고 조사한 영남대 정인성 선생님과 고려대 정호섭 선생님, 그리고 한국목간학회 발표회에서 여러 도움말을 해 주신 성균관대 권인한 교수님께 감사를 드린다. 특히 정인성 선생님을 통해 1941년 조사자료에 관한 여러 서지적 사항에 대하여 상세히 알려주신 藤井和夫 선생님께도 깊은 감사의 말씀을 드린다.

투고일: 2024.11.08.   심사개시일: 2024.11.27.   심사완료일: 2024.12.11.

참고문헌

1. 저서

강현숙, 2013, 『고구려 고분 연구』, 진인진.

고광의, 2023, 『고구려의 문자문화』, 동북아역사재단.

김일성종합대학, 1976, 『동명왕릉과 그 부근의 고구려유적』, 김일성대학교출판사.

남북역사학자협의회, 2006, 『남북공동 고구려벽화고분 보존 실태 조사보고서 1(조사)』, 국립문화재연구소.

남북역사학자협의회, 2006, 『남북공동 고구려벽화고분 보존 실태 조사 보고서 2(도판)』, 국립문화재연구소.

남북역사학자협의회, 2007, 『남북공동 고구려벽화고분 보존연구 보고서』, 국립문화재연구소.

동북아역사재단 편, 2010, 『일본 소재 고구려 유물 Ⅲ』, 동북아역사재단.

東潮, 2011, 『高句麗壁畫と東アジア』, 學生社.

梅原末治·藤田亮策, 1966, 『朝鮮古文化綜鑑 4』, 養德社.

伏見冲敬, 1976, 『書道大字典』, 凡中堂.

사회과학원, 1963, 『고고학자료집』 3집, 과학원출판사.

사회과학원, 2009, 『조선고고학전서』 33, 사회과학원.

梁披雲 主編, 1985, 『中國書法大辭典』, 美術文化院.

전호태, 2020, 『고구려 벽화고분의 과거와 현재』, 성균관대학교 출판부.

정호섭, 2009, 「高句麗 古墳의 造營과 祭儀」, 고려대 박사학위논문.

정호섭, 2011, 『고구려 고분의 조영과 제의』, 서경문화사.

2. 논문

기경량, 2017, 「평양 지역 고구려 왕릉의 위치와 피장자」, 『한국고대사연구』 88.

김성철, 2010, 「고구려사신도무덤의 벽화에 관한 연구」, 『조선사회과학학술논문집』 291(고고학편), 사회과
    학출판사.

南豊鉉, 1976, 「國語否定法의 發達」, 『문법연구』 3, 文法研究會.

藤井和夫, 2019, 「덴리대학부속덴리도서관(天理大學附屬天理圖書館) 소장의 오바 쓰네키치(小場恆吉) 자료
    에 대하여」, 『일본 소재 고구려 유물Ⅴ』.

문현수, 2019, 「석독구결의 능력부정에 대한 연구-'{不}ㅎ'의 특성과 장형 능력부정 구문의 어순을 중심으
    로-」, 『국어사연구』 28, 국어사학회.

민병삼, 2007, 「고구려 고분벽화의 성숙도에 대한 풍수적 해석」, 『동양예술』 12.

박형우, 2003, 「향찰 '毛冬'의 해석에 대하여」, 『청람어문교육』 27, 청람어문교육학회.

서영대, 1992, 「기타 벽화고분 묵서명」, 『역주한국고대금석문 1』.

小泉顯夫, 1986, 「中和眞坡里古墳群의 調査」, 『朝鮮古代遺跡의 遍歷: 發掘調査三十年의 回想』, 六興出版.

有光教一, 2010, 「부록1 고구려 벽화고분 발굴조사 보고」, 『일본 소재 고구려 유물 Ⅲ』, 동북아역사재단.

有光教一, 2010, 「고구려 벽화고분 발굴조사 보고: 평안남도 중화군 진파리 고분군 1941년 6월 조사」, 『일본 소재 고구려 유물 Ⅲ』, 동북아역사재단.

有光教一·藤井和夫·朱洪奎, 2008, 「京城考古談話會 第六回例会 新出高句麗壁画古墳についての座談会」, 『高麗美術館研究紀要』第6号, 高麗美術館研究所.

藤井和夫, 2019, 「덴리대학부속덴리도서관(天理大學附屬天理圖書館) 소장의 小場恆吉 자료에 대하여」, 『일본 소재 고구려 유물 : 일제강점기 고구려 유적 조사·연구 재검토 (V)』, 동북아역사재단.

永島暉臣慎, 1981, 「高句麗の都城と建築」, 『難波宮址の研究』, 大阪市文化財協会.

전주농, 1963, 「전동명왕릉부근벽화무덤」, 『고고학자료집』3, 과학원출판사.

전호태, 2000, 「진파리 4호분 벽화」, 『고구려 고분벽화 연구』, 사계절.

정호섭, 2008, 「고구려 벽화고분의 현황과 피장자에 대한 재검토」, 『민족문화연구』49.

3. 웹사이트

臺灣 教育部 異體字字典 https://dict.variants.moe.edu.tw/

書法字典 https://www.sfzd.cn

〈Abstract〉

Ink inscriptions and Carvings inscriptions of Pyongyang Jinpari Tomb No. 4

Yoon, Yong-gu

Ko, Kwang-eui

Lee, Jun-sung

Kim, Keunsik

This paper examines the investigative history and research issues of Pyongyang Jinpari Tomb No. 4(眞坡里4號墳), deciphering the recently disclosed ink inscriptions(墨書) on the north wall and carvings on the west wall, and exploring their meanings. It also examines the relationships between the ink inscriptions, murals, and the tomb's owner. The investigation history of Pyongyang Jinpari Tomb No. 4, beginning with surveys in 1941, followed by a detailed investigation in 1961-1974, and another in 2006 by South and North Korea, which provided comprehensive details. Initial survey reports weren't written, but recent disclosures of materials from participating researchers have changed the research environment. Infrared photos revealing clear writings were introduced. This chapter translates the ink inscriptions on the north wall for the first time and describes their characteristics. The ink inscriptions consist of five lines, with around 24-26 characters deciphered. Some characters suggest connections to I Ching or Feng Shui geography. The semi-cursive script used is rare in Goguryeo tomb inscriptions, indicating a possible time gap between the murals and inscriptions. This chapter reassesses the carvings at the southern end of the west wall beneath the heavenly figure. The Carvings inscriptions(刻書) consist of 12-13 characters in two columns. The inscriptions date back to 870 AD, indicating they were added long after the original tomb construction. Identifying the author is currently challenging. This chapter reviews previous research on the murals of Jinpari Tomb No. 4 and explains the relationship between the murals, ink inscriptions, and the tomb owner. Unlike typical tomb murals featuring the four guardian deities, this tomb features a dragon-like deity on the north wall. Considering the location of the ink inscriptions above this deity, they are more likely to explain the deity rather than serve as a tomb epitaph. Jinpari Tomb No. 4 dates back to the first half of the 6th century and is likely related to the Goguryeo royal family, though the exact identity of the tomb owner remains unclear. Although clear answers are elusive, this Explanation inscription previously little-discussed elements of Jinpari Tomb No. 4, including its murals, ink inscriptions, and carvings. It is hoped that continued re-examination and new perspectives on the murals will further our understanding.

▶ Key words: Jinpari Tomb No. 4, Ink inscriptions, Carvings inscriptions, Murals, Goguryeo, Explanation
　　　　　　　inscription

고구려 유적의 '井'자 출토 현황과 그 의미*

여호규**

Ⅰ. 머리말
Ⅱ. 고구려 유적의 '井'자 출토 현황
Ⅲ. '井'자에 대한 기존 견해와 그 의미
Ⅳ. 맺음말

〈국문초록〉

　이 논문은 고구려 유적에서 출토된 '井'자의 현황을 정리하고, 그 의미를 검토한 것이다. '井'자는 국내성 지역 132건(최대 229건), 남한지역 50건(최대 56건) 등 182건 출토되었다. '井'자가 국내성 지역에서는 석각, 와당, 기와 등 다양한 유물에서 확인되지만, 남한지역에서는 토기에서만 확인된다. 형태도 국내성 지역의 사례는 대부분 마름모꼴이지만, 남한지역은 직사각형이 더 많다.

　'井'자의 의미에 대한 견해는 우물 '井'자로 보는 문자설과 기호로 보는 부호설로 나뉜다. 그런데 '井'자를 새긴 순서는 '우물 井'자와 상당히 다르다. 더욱이 시루봉보루의 '大夫井' 명문에서 '井'자는 '大夫'와 반대 방향에서 거꾸로 새겼다. '井'자를 '우물 井'자로 보기 어려운 것이다. 시루봉보루의 사례는 '夫'자와 '井'자가 본래 한 글자였을 가능성을 시사한다. 4세기 권운문와당과 석각 명문을 검토하여 고구려인들이 길상구인 '大吉'의 '吉'자를 변형해 '春'자를 창안한 사실을 규명했다. '井'자는 '春'자의 하단부 자획만 떼어내어 부호화한 것인데, '大吉'을 표상한다.

　'井'자는 처음에는 왕릉급 무덤의 조영이나 제사와 관련해 주로 사용했다. 다만 '井'자는 가장 일반적인 길상구인 '大吉'을 뜻하기 때문에 점차 널리 보급되었고, 백제나 신라, 일본 등 주변국에도 전파되었다. 그리하여 '井'자는 '大吉' 곧 '상서로움'을 표상하는 동북아 공용의 상징 부호로 널리 통용되었다.

▶ 핵심어: 고구려, '井'자, 우물 '井'자, 길상구, 대길(大吉)

* 이 논문은 2024년도 한국외국어대학교 학술연구비 지원에 의하여 이루어진 것임.
** 한국외국어대학교 사학과 교수

I. 머리말

1990년대 중반 이래 고구려 유적에서 다양한 문자자료가 출토되었다. 문자자료 중에는 문자인지 부호인지 판별하기 어려운 사례도 많은데, '井'자가[1] 대표적이다. '井'자는 1946년 호우총 출토 靑銅 壺杅에서 확인된 이래,[2] 고구려 유적뿐 아니라 충주 누암리고분군을 비롯한 6~7세기 신라 유적이나[3] 일본 고대 유적에서도[4] 다수 확인되었다.

이에 '井'자의 의미를 둘러싸고 다양한 논의가 전개되었는데, 크게 '우물 井'자로 보는 문자설과 상징적 기호로 보는 부호설로 나뉜다. 다만 1999년 백제 풍납토성에서 '大夫'명과 '井'명, 2000년 고구려 시루봉보루에서 '大夫井大夫井'명이 확인된 이후, '井'자를 '大夫'와 연관시켜 '우물 井'자로 보는 문자설이 점차 우위를 점하였다.[5]

그런데 1990년대 중반 이래 고구려 도성이었던 國內城뿐 아니라 남한지역의 고구려 유적에서도 '井'자가 대거 출토되었다. '井'자가 변경에까지 널리 퍼진 것인데, 특정 문자를 뜻한다면 이렇게 널리 사용될 수 있었을까? 종래 '우물 井'자설은 字形의 유사성 이외에 명확한 논거를 제시하지 못했다. 이 점은 부호설도 마찬가지이다. '井'자가 확인된 지 80여 년이 되었지만, 아직도 그 의미를 명확하게 밝히지 못한 것이다.

이에 이 글에서는 미지의 수수께끼로 남아 있는 '井'자의 의미를 살펴보고자 한다. 먼저 고구려 유적의 '井'자 출토 현황을 정리해 그 의미를 밝힐 단서를 포착하고자 한다. 이를 바탕으로 '井'자의 의미를 규명하는 한편, '井'자의 창안 과정도 살펴보고자 한다.[6]

---

1) '井'자는 일반적으로 '井'자로 표기하지만, '우물 井'자와 동일시할 수 없다고 보아 '井'자로 표기한다.
2) 김재원, 1948, 『호우총과 은령총(국립박물관 고적조사보고 제1책)』, 을유문화사, pp.11-12 및 p.34.
3) 송계현, 2000, 「가야·신라의 문자와 기호 유물」, 『한국 고대의 문자와 기호 유물』, 국립청주박물관, pp.191-210; 하병엄, 2006, 「문자자료로 본 고대 제사 -井字를 중심으로」, 『博物館研究論集』 12, 부산박물관.
4) 高島英之, 2000, 『古代出土文字資料の研究』, 東京堂出版, pp.199-214.
5) 상세한 검토는 III장 1절 참조.
6) 이 글은 한국목간학회 제3회 한·중·일 목간연구 국제학술회의(2024년 5월 10~11일; 동아시아 고대의 주술과 문자)의 발표문을 보완한 것이다. 학술회의에서 좋은 지적을 해주신 여러 선생님께 감사드린다. 또 2024년 2월 2일에 서울대학교 박물관 권오영 관장, 이정은 학예사, 한지선·송민하 연구원의 도움으로 구의동보루, 시루봉보루, 아차산제3보루, 아차산제4보루, 용마산제2보루, 2024년 2월 3일에 구리 대장간마을 전시관 한수연 학예사의 도움으로 시루봉보루와 아차산 제3보루, 2024년 4월 23일에 국립중앙박물관 최경환 학예사의 도움으로 풍납토성 경당지구 9호유구 등의 토기 명문을 관찰할 수 있었다. 고려대학교 최종택 교수는 홍련봉제2보루 출토 대부완의 사진을 제공해 주었다. 또 京都府立大學 井上直樹, 早稻田大學 植田喜兵成智 교수는 일본학계의 논저를 제공해 주었다. 도움을 주신 선생님들께 감사드린다.

II. 고구려 유적의 '卄'자 출토 현황

1. 도성 지역의 '卄'자 출토 현황

'卄'자는 1946년 경주 호우총에서 출토된 靑銅 壺杅에서 처음 확인되었다. 壺杅의 바닥에 4행 4자로 "乙卯年國ﺎ岡上廣開ﺎ土地好太ﺎ王壺杅十" 16자를 새긴 다음, 상단에 '卄'자를 비스듬하게 눕혀 마름모꼴(✳)로 새겼다(부표 1-1). 이 호우는 乙卯年(415)에 광개토왕을 기리기 위한 기념품(또는 祭器)으로 제작되어 신라로 전해진 것으로 파악된다.[7] 넓게 본다면 호우총 호우의 '卄'자는 고구려 도성 지역의 사례에 포함할 수 있다.

국내성 지역 출토 '卄'자는 석각 명문, 권운문와당 명문, 기와 명문으로 분류할 수 있다. 먼저 석각 명문은 〈부표 1-2〉에서 보듯이 千秋塚, 太王陵, 民主유적에서 확인되었다.

천추총의 경우, 서·남변의 제1층 계단석에서 부호가 다수 발견되었는데, 단부호와 조합부호 2종류가 있다. 단부호는 모두 '卄'자이고, 조합부호는 2개의 '卄'자 사이에 '工'자를 새긴 것이다. 원위치에 잔존한 '卄'자는 서측 제1층 계단부의 제4단 계단석 모서리에서 확인되었고, 나머지는 대부분 무너진 돌 속에서 발견되었다. 보고서에 제시된 사례는 마름모꼴(✳)이다(부표 1-2 ⓐ). 보고자는 경계나 위치를 표시한 것이라고 보았다.[8]

태왕릉에서는 남측 제3·4 호석 사이의 제1층 계단부 地臺石에서 '工'자가 확인되었는데, '工'자의 위치는 태왕릉 남변의 정중앙에 해당한다.[9] 보고서에는 언급되지 않았지만, '工'자 좌측에 마름모꼴의 '卄'자가 새겨져 있다(부표 1-2 ⓑ).[10]

국내성지 동쪽의 민주유적에서도 '卄'자가 확인되었다. 2호 건물지 남쪽 담장 동단에 주춧돌이 4개 있는데, 팔각형으로 다듬은 동북쪽 주춧돌(표본 2003JMⅡMN1) 臺座의 서측 입면에 '石'자와 함께 '卄'자를 새겼다.[11] 형태는 마름모꼴에 가깝다(부표 1-2 ⓒ).

다음으로 권운문와당에 새겨진 '卄'자는 〈부표 1-3〉에서 보듯이 모두 천추총에서 출토되었다.[12] ⓐ는 四等分卷雲文瓦當인데, 직경 13㎝, 두께 1.6㎝로 1/7만 잔존해 있다. 當面(雲紋部)은 4등분했는데, 연호와 구획선 사이에 'X'자와 '卄'자가 남아 있다. '卄'자의 형태는 약간 기울어졌지만, 직사각형에 가깝다.

ⓑ는 八等分卷雲文瓦當인데, 직경 13.6㎝, 두께 2㎝로 완형에 가깝다. 當面은 8등분했다. 보고자는 當心(중방)이 球面形이라고만 언급했는데, 희미하지만 '卄'자가 양각되어 있다. 형태는 마름모꼴에 가깝다. ⓒ도

---

7) 김재원, 1948, 앞의 책, pp.34-35; 노태돈, 1992, 「광개토왕호우명문」, 『역주 한국고대금석문(제1권)』, 가락국사적개발연구원, pp.135-136.

8) 吉林省文物考古研究所·集安市博物館, 2004b, 『集安高句麗王陵』, 文物出版社, p.177의 도142.

9) 위의 책, p.223의 도176. '工'자는 남변의 동남모서리에서 31.8m, 서남모서리에서 32.4m에 위치해 0.6m의 편차가 있는데, 서남모서리가 약간 밀려난 결과로 보인다.

10) 고광의, 2023, 『고구려의 문자문화』, 동북아역사재단, p.191.

11) 吉林省文物考古研究所·集安市博物館, 2004a, 『國內城』, 文物出版社, p.169, 도판 26-1. 보고자는 글자로 보았지만, 부호로 보기도 한다(박찬규, 2005, 「집안지역에서 최근 발견된 고구려 문자자료」, 『고구려연구』19, p.176).

12) 吉林省文物考古研究所·集安市博物館, 2004b, 앞의 책, pp.207-210.

八等分卷雲文瓦當인데, 직경 14㎝, 두께 1.8㎝로 약 1/3이 잔존해 있다. 볼록하게 솟은 球形의 當心에 '井'자를 양각했는데, 형태는 직사각형에 가깝다. ⓓ도 八等分卷雲文瓦當인데, 직경 13㎝, 두께 2.3㎝로 절반 정도가 남아 있다. 당심에 '井'자를 양각했는데, 형태는 직사각형에 가깝다.

이처럼 권운문와당의 '井'자는 천추총에서 4사례가 출토되었다. 한 사례를 제외하면 모두 當心에 양각했다. 형태는 직사각형 3개, 마름모꼴 1개로 직사각형의 비율이 더 높다. 고구려에서 권운문와당은 4세기 초 중반에 유행하다가 4세기 후반에 점차 소멸했는데, 천추총의 권운문와당은 대체로 소멸기의 퇴화형에 해당한다. 이러한 점에서 천추총 출토 권운문와당의 사례는 '井'자의 출현 시기와 관련해 중요한 단서를 제공한다.

기와에 새겨진 '井'자는 모두 집안 산성자산성에서 출토되었다. 〈부표 1-4〉에서 보듯이 2호문지, 궁전지, 점장대 등에서 출토되었는데, '井'자만 새겨진 사례는 약 125건이다.

2호문지에서는 文字瓦 21건과 符號瓦 211건 등 232건이 출토되었다.[13] 보고자가 부호로 분류한 '井'자는 18건으로 문자·부호와의 7.8%이다. 표본은 2건을 제시했는데(ⓐ·ⓑ), 수키와 표면에 마름모꼴에 가깝게 새겼다. 그밖에 'ㅈ'자 아래에 사다리 모양의 'ꄈ' 부호를 새긴 기와가 12건 출토되었는데(ⓒ·ⓓ), 사다리 모양 부호는 '井'자의 변형일 가능성이 있다. ⓔ의 병아리 문양 내부에 새긴 'ꄈ' 부호도 '井'자의 변형으로 추정된다. 이러한 사례를 포함하면 2호문지 출토 '井'자 사례는 31건에 이른다.

궁전지에서는 文字瓦나 符號瓦가 다량 출토되었다.[14] 완형의 암키와·수키와·착고기와(舌形기와)의 사례는 9건, 수키와편 사례는 1,159건(문자와 86건, 부호와 1,073건), 암키와편 사례는 194건(문자와 10건, 부호화 184건)으로 총 1,362건이다. 이 중 '井'자는 106건으로 전체 문자·부호와의 7.8%이다.

ⓕ는 암키와 겉면 끝단에 소성 이전에 뾰족한 도구를 사용해 '井'자를 마름모꼴로 새긴 것이다. ⓖ는 수키와 겉면 끝단 부근에 '井'자를 압인한 것인데, 마름모꼴에 가깝다. 수키와편의 '井'자 사례는 99건인데, 새기는 방법에 따라 刻線符號瓦 73건, 押印(模印)符號瓦 26건으로 분류된다. 각선부호와 표본 3건은 모두 소성 이전에 마름모꼴로 새긴 것이다(ⓗ~ⓙ). 압인부호와 표본 2건도 모두 소성 이전에 마름모꼴로 찍은 것이다(ⓚ·ⓛ).

암키와편에 새겨진 '井'자는 모두 5건이다. 모두 뭉툭한 도구로 누르면서 새겼는데, 抹壓符號瓦로 분류된다. 표본 1건은 기와 끝단에 마름모꼴로 새겼다(ⓜ). 그밖에 ⓢ~ⓤ도 '井'자로 분류할 수 있다. ⓝ~ⓡ도 '井'자에 다른 부호를 부가했는데, ⓝ~ⓞ 형태 부호는 65건, ⓟ~ⓠ 형태 부호는 22건 출토되었다. 이러한 부호와를 포함하면 궁전지에서 출토된 '井'자는 197건으로 전체 문자·부호와 1,362건의 약 14.5%를 차지한다.

점장대에서도 문자와와 부호와가 다수 출토되었다. 보고서에 제시된 도면과 사진을 종합하면 문자와 2건, 부호나 문양 18건으로 총 20건이다.[15] 이 가운데 '井'자는 1건 확인되는데(ⓥ), 직사각형과 마름모꼴의

13) 吉林省文物考古研究所·集安市博物館, 2004c, 『丸都山城』, 文物出版社, pp.30-34.
14) 위의 책, pp.110-136.
15) 위의 책, pp.162-165의 도면 110~113 및 도판 106.

중간 형태이다.

이상과 같이 국내성 지역에서는 '井'자가 명확한 사례는 석각 3건, 권운문와당 4건, 기와 125건 등 총 132건이 조사되었고, 변형 사례까지 포함하면 229건에 이른다.[16] '井'자가 다양한 소재에 새겨졌을 뿐 아니라, 수량도 상당히 많은 것이다. 또 대부분 와당·기와를 소성하기 이전에 새겼고, 마름모꼴이 많다는 점도 특징적이다.

2. 변경 지역의 '井'자 출토현황

변경 지역의 '井'자는 대부분 남한지역의 고구려 유적에서 출토되었다. 1988년에 몽촌토성 동남지구의 수혈유구에서 출토된 廣口長頸四耳甕의 '井'자가 대표적이다(부표 2-1). 이 유구에서는 백제 토기와 함께 고구려 토기가 75개체 출토되었는데, 광구장경사이옹만 13개체이다. '井'자는 광구장경사이옹의 동체부 중단에 마름모꼴로 새겼다.[17]

몽촌토성의 조사성과를 바탕으로 1977년에 발굴한 구의동보루의 성격을 재검토하여 고구려 유적임을 밝혔다.[18] 구의동보루에서는 19개 기종 369개체분의 토기가 출토되었는데, 부호나 문양을 새긴 토기는 13점 출토되었다. 〈부표 2-2〉에서 보듯이 '井'자는 3건이다(ⓐ~ⓒ). ⓐ·ⓑ는 완의 바닥 외면에 소성 이전에 '井'자를 새긴 것인데, ⓐ는 '井'자를 새긴 다음 'ㅅ' 부호를 새겼고, ⓑ는 'ㅅ' 부호를 덧붙인 다음 '井'자를 새겼다. ⓒ는 접시 바닥 외면에 '井'를 새기고 내부에 '十' 부호를 덧붙였다. ⓓ는 완의 바닥 외면에 'ψ' 부호 2개를 연결해 새기고, 동체부 외면에도 명문을 새겼다.[19] 보고자는 동체부 외면의 명문을 '田'자로 읽었지만, 테두리선이 바깥으로 뻗어나갔고, 하단부에 'ㅅ'자 모양 선이 있으므로 '田'자로 보기 힘들다. 테두리를 '井'자로 보면 '井+大'자일 가능성이 있다.

1990년대 중반 이래 아차산 일대의 고구려 보루에서 문자와 부호가 새겨진 토기가 다량 출토되었는데, '井'자의 출토현황은 다음과 같다.

홍련봉제1보루는 3차례 발굴했는데, 산 정상부를 두른 성벽 내부에서 기단건물지 18기, 수혈건물지 1기, 수혈유구 2기, 저수시설 3기, 배수시설 4기 등을 조사했다. 기와건물이 조사되어 아차산 일대 보루 가운데 위계가 가장 높았을 것으로 추정한다.[20] 제1차 조사에서 23개 기종, 636개체분의 토기가 출토되었는데, 완 (4점), 대부완(1점), 종지(1점), 이배(1점), 뚜껑(2점), 접시(숫자 미상), 합(1점), 부형토기(토제솥: 2점)에서[21]

---

16) 칠성산871호분 출토 암키와 가운데 겉면의 繩文을 문지른 줄이 여러 가닥 남아 있는 경우가 있는데(표본 03JQM871:15), 보고자는 菱格形 문양으로 보았다(吉林省文物考古硏究所·集安市博物館, 2004b 앞의 책, p.48, p.49의 도 31-6). 이에 대해 '井'자로 파악하기도 하는데(고광의, 2023, 앞의 책, p.284), 이 글에서는 보고자의 견해에 따라 마름모꼴 문양으로 보아 분석 대상에서 제외했다.

17) 김원룡·임효재·박순발, 1988, 『몽촌토성-동남지구발굴조사보고』, 서울대학교박물관, pp.61-66, pp.164-165, p.191.

18) 최종택, 1993, 『구의동-토기류에 대한 고찰』, 서울대학교박물관.

19) 구의동보고서간행위원회, 1997, 『한강유역의 고구려 요새』, 소화, pp.58-59, p.61, p.65, p.107.

20) 최종택, 2014, 『아차산 보루와 고구려 남진경영』, 서경문화사, pp.32-48; 이정범·오현준, 2019, 『사적 제455호 아차산 일대 보루군 홍련봉 제1·2보루 3차 발굴조사보고서』, 한국고고환경연구소·광진구청, p.32.

父△, 父, 仇湏△,[22] 武, 夫 등의 문자와 다양한 부호가 확인되었다.[23]

〈부표 2-3〉에서 보듯이 '井'자가 명확한 사례는 2건이다. ⓐ는 기종은 미상인데, '井'자는 마름모꼴에 가깝다. ⓑ는 바닥편인데, '井'자는 직사각형에 가까우며 소성 이전에 새긴 것으로 보인다. ⓒ·ⓓ는 각각 뚜껑 안쪽과 토기편에 새긴 것인데, 형태상 '冂' 부호에 '大'자를 새겼거나 '井(또는 □)' 명문에 '人'자를 새겼다고 볼 수 있다.[24] 〈부표 2-3〉의 ⓔ는 2차 조사에서 출토한 것인데, 동체부 외면에 새긴 것이다. 보고자는 'ㅍ'자형 문양으로 보았지만,[25] 縱線이 상단의 橫線 위쪽으로 뻗어 나갔다는 점에서 '井'자일 가능성이 있다. 홍련봉제1보루에서는 '井'자가 최소 2건, 최대 3~5건 출토되었다고 볼 수 있다.

홍련봉제2보루에서는 건물지 3기, 저수시설 2기, 배수시설 3기, 집수정 1기 등이 조사되었는데, 군수품의 생산과 보급을 담당하며 제1보루와 연결해 운영했을 것으로 추정된다.[26] 1차 조사에서 21개 기종 360개체분의 토기가 출토되었는데, 호·옹(2점), 완(8점), 대부완(3점), 종지(1점), 접시(4점), 연통(1점)에서 虎子, 虎,[27] 官瓮, △大 등의 문자와 다양한 부호가 확인되었다.[28] 2차 조사에서도 토기 567점이 출토되었는데, 동이(1점), 뚜껑(2점), 바닥편(11점), 대부완(3점), 접시(7점), 구절판(1점), 이배(2점), 종지(2점), 기타 명문·부호 토기에서 仇湏頁, 王前冂五,[29] 六九十一八十」八七四卄,[30] 大」巴△,[31] (之)牟(利),[32] 上甲,[33] 大 등의 문자와 함께 다양한 부호가 확인되었다.[34]

〈부표 2-4〉에서 보듯이 '井'자가 명확한 사례는 1차 조사에서 3건(ⓐ·ⓓ·ⓔ), 2차 조사에서 6건(ⓖ·ⓗ·ⓘ·ⓙ·ⓚ·ⓛ)이 확인되었다. 다만 1차 조사에서 출토된 ⓑ의 명문에 대해 보고자는 '丰'과 '井' 두 가지를 제시했지만,[35] 우하단에 세로획의 일부가 남아 있어 '井'자로 파악할 수 있다. ⓒ도 명문의 일부만 남아 있지

---

21) 괄호 안의 숫자는 문자나 부호가 새겨진 토기의 수량이다. 이하 다른 보루에 대한 설명도 동일함.

22) 보고서서는 '巾頃'으로 판독했지만, 고광의, 2023, 앞의 책, p.373에 의거 수정함.

23) 최종택·이수진·오은정·오진석·이정범·조성윤, 2007,『홍련봉 제1보루 발굴조사 종합발굴보고서』, 고려대학교고고환경연구소·서울특별시, pp.70-159, p.186의 〈표 27〉.

24) 위의 책, p.121 및 p.129.

25) 이정범·하재령·조보람, 2015,『사적 제455호 아차산 일대 보루군 홍련봉 제1·2보루』, 한국고고환경연구소·광진구청, p.71.

26) 최종택, 2014, 앞의 책, pp.49-64; 이정범·오현준, 2019, 앞의 책, p.32.

27) 보고서서는 '庚子'와 '庚'으로 판독했지만(p.71 및 p.77), 고광의, 2021, 「남한 출토 고구려 토기 명문 연구」, 『목간과문자』 27, pp.280-210에 의거 수정함.

28) 최종택·이수진·오은정·조성윤, 2007,『홍련봉 제2보루-1차 발굴조사보고서』, 고려대학교 고고환경연구소·서울특별시, pp.40-77 및 p.179.

29) 보고서서는 '王前刀五十'으로 판독했지만(p.256), 고광의, 2021 앞의 글, p.214를 참조해 수정함.

30) 보고서서는 '八七四力」九八十一八大'로 판독했지만(p.328), 사진에 의거 재판독함.

31) 보고서서는 '太'와 '査'로 판독했지만(p.279), 사진상 '大'와 '巴△'로 추정됨. 고광의, 2021, 앞의 논문, pp.214-215에서는 '太」△巴△'로 판독함.

32) 보고서서는 '△金△'로 판독했지만, 고광의, 2021, 앞의 논문, p.215를 참조하여 수정함.

33) 보고서서는 '甲目'로 판독했지만(p.327), 사진상 '上甲'을 左書한 것으로 보임.

34) 이정범·하재령·조보람, 2015, 앞의 책, pp.159-328.

35) 최종택·이수진·오은정·조성윤, 2007, 앞의 책, p.61의 〈표 9〉 및 p.63.

만, 두 선의 교차 각도로 보아 '井'자를 마름모꼴로 새긴 것으로 추정된다. 2차 조사에서 출토된 ⓜ도 하단부가 결실되었지만, '井'자를 직사각형으로 새긴 것으로 볼 수 있다. ⓕ는 테두리선이 직각으로 만나며 교차하지 않아 직사각형일 수 있지만, '井'자일 가능성도 상정할 수 있다.

홍련봉제2보루에서는 '井'자가 최대 13건 출토되었다고 볼 수 있는데, 모두 바닥 외면에 새긴 공통점을 갖고 있다. 기종은 완 4건, 대부완 4건, 접시 2건, 종지 1건, 미상 2건으로 대부분 개인용 그릇이다. '井'자는 대부분 바닥에 크게 새겼는데, 마름모꼴 4건(ⓐ·ⓒ·ⓓ·ⓖ), 직사각형 9건이다. 대부분 토기 소성 이후에 새겼지만, ⓖ·ⓙ·ⓜ은 소성 이전에 새긴 것으로 보인다. ⓘ는 구의동보루의 사례처럼 '井' 내부에 'ㅅ' 부호를 새겼다. ⓚ와 ⓛ은 '井' 바깥에 '力'자나 '□' 모양 부호를 새겼다.

아차산제3보루는 추정 둘레 420m로 아차산 일대의 보루 가운데 규모가 가장 큰데, 남쪽 부분만 발굴했다. 기단건물지 8기, 배수시설 3기, 방앗간 1기, 단야시설 1기, 저장시설 1기 등을 조사했다. 고구려 토기는 22개 기종 430개체가 출토되었는데, 동이(1점), 완(1점), 종지(2점), 접시(3점), 명문·부호 토기(10점) 등에서 木, 王, 丹 등의 문자와 함께 다양한 부호가 확인되었다.[36]

〈부표 2-5〉에서 보듯이 '井'자는 1건인데, 동체부편에 소성 이후에 새긴 것으로 직사각형이다(ⓐ).[37] ⓑ는 보고자가 '田'자로 추정했지만,[38] 세로획이 상단의 가로획 바깥으로 뻗어 나갔다는 점에서 '田'로 판독하기는 어렵다. 형태상 '井'자에 '十'자를 부가했다고 상정해 볼 수 있지만, 단정하기는 어렵다.

아차산제4보루에서는 다수의 건물지와 함께 저수시설 2기, 배수시설, 간이대장간 등이 조사되었다. 1차 조사에서 26개 기종 538점의 토기가 출토되었다. 장동호(3점), 옹(1점), 동이(1점), 완(4점), 이배(1점), 접시(14점), 구절판(1점)에서 冉牟兄, 支都兄, 後冂都△兄, 一(日)[39]△△, 下官, △吉, △王, △天, △大 등의 문자와 다양한 부호가 확인되었다.[40]

다만 명확한 '井'자 사례는 없다. 〈부표 2-6〉의 ⓑ가 '井'자에 가장 가까운데, '井'자의 좌상에 가로획을 부가했다고 상정해 볼 수 있다.[41] ⓐ는 보고서에서 '田'자로 파악했지만,[42] 세로획이 상·하단의 가로획 바깥으로 뻗어 나갔다는 점에서 그렇게 보기 어렵다. '井'자에 '十'자를 부가했다고 상정해 볼 수 있지만, 단정하기는 어렵다.

---

36) 최종택·오진석·조성윤·이정범, 2007, 『아차산 제3보루-1차 발굴조사보고서』, 고려대학교 고고환경연구소·구리시, pp.44-135; 최종택, 2014, 앞의 책, pp.73-84. 보고서에는 '田', '六'자도 출토되었다고 했지만(p.107, p.119, p.163), 문자로 보기로 어렵다.

37) 보고서에는 명문에 대한 별다른 설명이 없다(최종택·오진석·조성윤·이정범, 2007, 앞의 책, p.132 도면 85-1).

38) 최종택·오진석·조성윤·이정범, 2007, 앞의 책, p.107.

39) 고광의, 2023, 앞의 책, p.355.

40) 임효재·최종택·양성혁·윤상덕·장은정, 2000, 『아차산 제4보루-발굴조사 종합보고서-』, 서울대학교박물관·서울대학교인문학연구소·구리시·구리문화원, pp.120-157; 최종택, 2014, 앞의 책, pp.84-100. 2차 조사에서는 14개 기종 210점의 토기가 출토되었지만, 문자나 부호는 확인되지 않았다(국립문화재연구소, 2009, 『아차산 4보루 발굴조사보고서』, pp.79-109).

41) 보고서에서는 의미를 알 수 없는 기하학무늬로 파악했다(p.152).

42) 임효재·최종택·양성혁·윤상덕·장은정, 2000, 앞의 책, p.145.

용마산제2보루에서는 건물지 4기, 부속시설 1기, 저수시설 2기, 저장시설 1기, 창고시설 1기, 수혈 1기 등이 조사되었다. 토기는 24개 기종, 327점이 출토되었는데, 장동호(1점), 외반구연호(1점), 양이부장동옹(4점), 완(2점), 대부완(3점), 종지(1점), 이배(1점), 뚜껑(2점), 접시(3점) 등에서 主,[43] 日[44] 등의 문자와 다양한 부호가 확인되었다.[45]

〈부표 2-7〉에서 보듯이 '井'자는 4건 확인되었다. 모두 兩耳附長胴甕의 동체부 상단에 소성 이후에 날카로운 도구로 새겼고, 직사각형이라는 공통점을 갖고 있다.[46] ⓐ의 경우 '井'자 우측에 '口'를 새겼는데, 각 선의 끝이 약간씩 바깥으로 뻗어나갔다는 점에서 '井'자일 가능성도 있다. ⓒ에는 '井'자 옆에 '○'이 새겨져 있다.

시루봉보루도 2차에 걸쳐 조사했는데, 온돌시설을 갖춘 건물지 12기, 저수시설 1기, 배수로 등이 조사되었다. 고구려 토기는 모두 22개 기종 506점이 출토되었다.[47] 1차 조사에서 호(1점), 옹(1점), 시루(1점), 완(3점), 대부완(4점), 종지(2점), 이배(1점), 접시(22점) 등에서 '大', '大夫井大夫井' 명문과 다양한 부호가 확인되었다.[48] 2차 조사에서도 장동옹(3점), 직구옹(1점), 시루(1점), 접시(5점), 뚜껑(1점) 등에서 다양한 부호가 확인되었다.[49]

〈부표 2-8〉에서 보듯이 1차 조사에서 완전한 형태의 '井'자는 ⓐ, ⓑ의 왼쪽, ⓓ, ⓔ, ⓕ, ⓖ, ⓗ, ⓘ, ⓙ, ⓛ, ⓜ 등 11건이 확인되었다. 그밖에 ⓑ의 오른쪽, ⓚ, ⓝ, ⓞ도 각 선의 교차 각도로 보아 '井'자로 판단된다. '井'자가 토기편 14점에서 15건 확인된 것이다. ⓜ 좌측의 명문은 '田'자와 비슷한 기호로 보고되었지만,[50] 세로획과 가로획 일부가 바깥으로 뻗어나갔다는 점에서 '井'자에 '十'자를 부가한 것일 가능성이 있다. 2차 조사에서는 완전한 형태의 '井'자가 ⓡ의 하단부,[51] ⓢ, ⓣ 등 3건이 확인되었다. ⓤ도 두 직선의 교차 각도로 보아 '井'자로 판단된다. 2차 조사에서는 '井'자가 총 4건 출토된 것이다.

이처럼 시루봉보루에서는 '井'자가 토기 18점(1차 14점, 2차 4점)에서 최소 19건, 최대 20건 확인되었다. 기종은 개인용인 접시(10점), 완(1점), 대부완(1점)이 많지만, 공용인 대옹(1점), 장동옹(1점), 시루(1점)도 다수 있다(미상 3점). 명문 위치도 바닥 외면이 가장 많지만, 바닥 내면(ⓖ·ⓗ·ⓘ·ⓞ)이나 동체부(ⓐ·ⓑ·ⓡ·ⓢ)도 다수 확인된다. '井'자의 모양은 대부분 직사각형이며, 마름모꼴은 ⓘ·ⓡ·ⓣ·ⓤ 등 4점 전후이다. 또

---

43) 보고서에서는 '王'자나 '主'로 보았는데(p.100), '主'일 가능성이 높다(고광의, 2021 앞의 논문, p.218).

44) 문자가 아니라고 보기도 한다(고광의, 2021, 앞의 논문, p.218).

45) 양시은·김진경·조가영·이정은·이선복, 2009, 『용마산 제2보루 발굴조사보고서』, 서울대학교 박물관·서울특별시, pp.71-111; 최종택, 2014 앞의 책, pp.65-73.

46) 〈부표 2-7〉 ⓒ는 도면상 직사각형과 마름모꼴의 중간 형태를 띤다.

47) 최종택, 2014 앞의 책, pp.100-110.

48) 임효재·최종택·임상택·윤상덕·양시은·장은정, 2002, 『아차산 시루봉 보루 발굴조사 종합보고서』, 서울대학교 박물관·서울대학교 인문학연구원·구리시·구리문화원, pp.92-142.

49) 이선복·양시은·남은실·조가영·김준규, 2013, 『시루봉보루Ⅱ』, 서울대학교박물관·구리시, pp.79-97.

50) 임효재·최종택·임상택·윤상덕·양시은·장은정, 2002, 앞의 책, p.139.

51) 보고서에는 별다른 언급이 없다(위의 책, p.85).

ⓐ와 ⓑ를 제외하면 대부분 토기를 소성한 이후에 새긴 것으로 추정된다.

한편 시루봉보루의 '卅'자 중에는 다른 부호나 문양과 함께 새겨진 경우가 많다. ⓗ·ⓘ·ⓙ는 'ㅈ+一' 모양의 삼각형 부호 안에 '卅'자를 새겼는데,[52] 집안 산성자산성에서 출토된 'ㅈ' 부호 하단에 사다리 모양의 '卅'자를 새긴 명문과 상당히 유사하다(〈부표 1-4〉 ⓒ·ⓓ). ⓜ은 '卅'자의 상단 가로획의 우측 부분에 'ㅈ' 모양을 작게 새겼다. 'ㅈ' 모양 부호와 '卅'자가 결합된 사례가 다수 확인된다는 점에서 양자 사이에 모종의 관계를 상정해 볼 수 있다.

ⓒ는 이배 바닥의 내면에 새겨진 것인데, 하단부는 결실되었다. 보고자는 '巾'처럼 보이는 기호라고 보았지만,[53] 사진과 유물 관찰을 통해[54] 'ㅠ'의 우측 세로획 하단에 안쪽으로 비스듬하게 그은 선을 확인할 수 있다. 좌측 세로획의 하단부는 깨어져 선을 확인할 수 없다. '卅'자로 보기는 힘들지만, 비교를 위해 명문을 제시했다. ⓟ와 ⓠ의 명문은 전체 모양이 상당히 유사한데, '7'자 모양 테두리 안에에 '卄'를 비롯한 다양한 부호를 새겼다. 역시 '卅'자로 보기는 힘들지만, 비교를 위해 명문을 제시했다. ⓥ도 'X+ㅣ+X'를 새긴 다음 '曰'자 모양 부호를 새긴 것인데, '卅'자로 분류하기 힘들지만 비교를 위해 명문을 제시했다.

연천 호로고루와 은대리성, 청원(세종) 남성골산성에서도 '卅'자 명문이 출토되었다. 호로고루에서는 '用△木', '八一低[55]低低', '官', '尹情桓', '咸國', '中',[56] '相鼓(토제북)', '大', '八五', '△小瓦七百十大瓦△百八十用大四百卅合千…', '官一', '卅六日' 등의 문자와 함께 다양한 부호가 조사되었다.[57] '卅'자는 와적건물지에서 출토된 대옹 구연부편의 어깨에서 확인되었다. 상당히 깊게 새겼는데, 모양은 직사각형과 마름모꼴의 중간 형태이다(부표 2-9 ⓐ).[58]

은대리성에서는 동벽 내벽의 溝에서 출토된 호의 구연부편에서 '卅'자가 확인되었다. 구연부의 내벽에 날카로운 도구를 이용해 명문을 새겼는데, 교차하는 각도로 보아 마름모꼴로 보인다(부표 2-9 ⓑ).[59] 남성골산성에서도 ×, ⊗, 새발자국모양 부호, 그물문 등의 부호와 함께 '卅'자가 확인되었다. '卅'자는 동체부 외면 3점과 뚜껑편 1점에서 확인되었다. 대체로 토기를 소성하기 이전에 뾰족한 도구로 새긴 것으로 보이는데, 동체부 외면의 '卅'자는 모두 마름모꼴인 반면, 뚜껑의 '卅'자는 직사각형에 가깝다(부표 2-9 ⓒ~ⓕ).[60]

---

52) 보고자는 문이나 사다리처럼 생긴 기호라고 보았지만(위의 책, p.129 및 p.140.), 〈부표 2-8〉에서 보듯이 '卅'자로 판별된다.

53) 위의 책, pp.118-119.

54) 2024년 2월 3일 구리시 대장간마을 전시관에서 유물을 관찰함.

55) 고광의, 2023, 앞의 책, p.389에서는 '仾'자로 판독.

56) 위의 책, p.391 : 부호로 판독, 집안 산성자산성 궁전지에서 동일한 부호 명문 기와 출토.

57) 심광주, 2009, 「남한지역 고구려유적 출토 명문자료에 대한 검토」, 『목간과 문자』 4.

58) 심광주·정나리·이형호, 2007, 『연천 호로고루 Ⅲ(제2차 발굴조사보고서)』, 한국토지공사토지박물관·연천군, p.136.

59) 박경식·서영일·방유리·김호준·이재설, 2004, 『연천 은대리성 지표 및 시·발굴조사 보고서』, 단국대학교매장문화재연구소·연천군, p.264·284.

60) 차용걸·박중균·한선경, 2008, 『청원 남성곡 고구려유적』, 중원문화재연구원, p.134, pp.194-195, p.200. 보고서에는 원반형 토기에 '公'자를 새겼다고 했지만(p.198), 사진상 글자로 보기 어렵다(고광의, 2021, 앞의 논문, p.220).

표 1. 남한지역 고구려 유적의 '卄'자 출토 현황

유적	번호	출토 유구	기종	명문 위치	명문 모양[61]	새긴 시점	새긴 순서
몽촌토성 〈부표 2-1〉	ⓐ	수혈유구	광구장경 사이호	동체부 중단	마름모꼴	소성 이후	
구의동보루 〈부표 2-2〉	ⓐ	생활면	완	바닥 외면	직사각형+'ㅅ'	소성 이전	파악 가능
	ⓑ	생활면	완	바닥 외면	직사각형+'ㅅ'	소성 이전	파악 가능
	ⓒ	생활면	접시	바닥 외면	직사각형+'ㅏ'	소성 이후	
	ⓓ	생활면	완	동체부 외면	직사각형+'大'자?	소성 이후	
홍련봉 제1보루 〈부표 2-3〉	ⓐ	미상	미상	미상	마름모꼴	?	
	ⓑ	미상	미상	미상	마름모꼴	소성 이전	
	ⓒ	그리드	뚜껑	뚜껑 내면	직사각형+'人'자?	?	
	ⓓ	미상	미상	미상	직사각형+'人'자?	소성 이후	
	ⓔ	그리드	미상	동체부 외면	직사각형	소성 이후	
홍련봉 제2보루 〈부표 2-4〉	ⓐ	그리드	완	바닥 외면	마름모꼴	?	
	ⓑ	그리드	완	바닥 외면	직사각형	소성 이후	
	ⓒ	그리드	완	바닥 외면	마름모꼴(편)	?	
	ⓓ	그리드	대부완	바닥 외면	마름모꼴	?	
	ⓔ	그리드	대부완	바닥 외면	직사각형	?	
	ⓕ	저수시설	저부편	바닥 외면	직사각형(편)?	?	
	ⓖ	저수시설	저부편	바닥 외면	마름모꼴	소성 이전	파악 가능
	ⓗ	건물 주변	완	바닥 외면	직사각형	소성 이후	
	ⓘ	건물지	대부완	바닥 외면	직사각형	소성 이후	
	ⓙ	저수시설	대부완	바닥 외면	직사각형(편)+'ㅅ'	소성 이전	파악 가능
	ⓚ	건물지	접시	바닥 외면	직사각형(편)+'力'	소성 이후	
	ⓛ	건물지	접시	바닥 외면	직사각형(편)+'口'	소성 이후	
	ⓜ	건물지	종지	바닥 외면	직사각형(편)	소성 이전	파악 가능
아차산 제3보루 〈부표 2-5〉	ⓐ	미상	동체부편	동체부 외면	직사각형	소성 이후	파악 가능
	ⓑ	그리드	완	바닥 외면	직사각형(편)+'十'?	소성 이후	
아차산 제4보루 〈부표 2-6〉	ⓐ	그리드	이배	바닥 외면	직사각형+'十'?	소성 이후	
	ⓑ	건물지	접시	바닥 외면	중간형태+'一'	소성 이후	파악 가능
용마산 제2보루 〈부표 2-7〉	ⓐ	건물지	양이부 장동옹	동체부 어깨	직사각형+'口'	소성 이후	
	ⓑ	건물지	상동	상동	직사각형	소성 이후	
	ⓒ	창고시설	상동	상동	중간형태	소성 이후	
	ⓓ	출입시설	상동	상동	직사각형(편)	소성 이후	

---

61) '?' 표시를 한 것은 '卄'자일 가능성은 있지만, 단정하기 힘든 경우이다.

유적	번호	출토 유구	기종	명문 위치	명문 모양[61]	새긴 시점	새긴 순서
시루봉보루 〈부표 2-8〉	ⓐ	건물지 주변	대옹	동체부 상단	직사각형	소성 이전	파악 가능
	ⓑ	그리드	완	동체부 하단	직사각형	소성 이전	파악 가능
				바닥 외면	직사각형(편)	소성 이전	
	ⓒ	그리드	이배	바닥 내면	비교 자료	소성 이후	
	ⓓ	온돌 주변	접시	바닥 외면	직사각형	소성 이후	
	ⓔ	수습품	접시	바닥 외면	직사각형	소성 이후	
	ⓕ	그리드	접시	바닥 외면	직사각형	소성 이후	파악 가능
	ⓖ	그리드	접시	바닥 내면	직사각형	소성 이후	파악 가능
	ⓗ	그리드	접시	바닥 내면	'ㅈ+ㅡ' 부호 내부에 직사각형	?	파악 가능
	ⓘ	그리드	접시	바닥 내면	상동	소성 이후	파악 가능
	ⓙ	그리드	저부편	바닥	상동	?	파악 가능
	ⓚ	그리드	접시	바닥 외면	직사각형(편)	소성 이후	일부 파악
	ⓛ	그리드	대부완	바닥 외면	마름모꼴	소성 이후	파악 가능
	ⓜ	그리드	저부편	바닥 내면	직사각형+'十'?	소성 이후	
				바닥 외면	중간 형태	소성 이후	일부 파악
	ⓝ	그리드	저부편	바닥 외면	직사각형(편)	소성 이후	파악 가능
	ⓞ	그리드	접시	바닥 내면	직사각형(편)	소성 이후	파악 가능
	ⓟ	그리드	접시	바닥 외면	비교 자료	소성 이후	파악 가능
	ⓠ	그리드	토기편	미상	비교 자료	소성 이후	파악 가능
	ⓡ	치~성벽	장동옹	동체부 외면	마름모꼴 +기타 부호	소성 이후	
	ⓢ	건물지	시루	동체부 하단	직사각형	?	파악 가능
	ⓣ	그리드	접시	바닥 외면	마름모꼴	소성 이후	파악 가능
	ⓤ	치~성벽	접시	바닥 외면	직사각형	소성 이후	파악 가능
	ⓥ	치 구조물	직구옹	동체부 상단	비교 자료	소성 이전	파악 가능
호로고루 〈부표 2-9〉	ⓐ	와적 건물지	대옹	동체부 어깨	중간 형태	소성 이전	
은대리성 〈부표 2-9〉	ⓑ	성벽 溝	호	구연부 내벽	마름모꼴	?	
남성골 산성 〈부표 2-9〉	ⓒ	수혈유구	동체부	동체부 외면	마름모꼴	소성 이전	파악 가능
	ⓓ	퇴적층	동체부	동체부 외면	마름모꼴	소성 이전	파악 가능
	ⓔ	퇴적층	동체부	동체부 외면	마름모꼴	?	
	ⓕ	지표	뚜껑	뚜껑 외면	직사각형	?	

남한지역 '井'자의 출토 현황을 종합하면 〈표 1〉과 같다. '井'자가 명확한 사례는 토기 49점에서 50건이 확인되었다.[62] 기종을 판별할 수 있는 37점 가운데 개인 용기로 분류할 수 있는 접시 14점, 완 7점, 대부완 5점, 종지 1점으로 전체의 약 73%(27/37)를 차지한다. 다만 공용 용기인 광구장경사이호(1점), 대옹(2점), 장동옹(5점), 시루(1점), 호(1점)도 적지 않다.[63] 형태는 직사각형 32건, 마름모꼴 14건, 중간 형태 4건으로 직사각형의 비중이 높다. 새긴 시점은 소성 이전 12건, 소성 이후 27건, 미상 11건으로 소성 이후의 비중이 높다.

III. '井'자에 대한 기존 견해와 그 의미

1. '井'자에 대한 기존 견해 검토

이상과 같이 고구려 유적에서 확인된 '井'자는 국내성 지역 132건(최대 229건), 남한지역 50건(최대 56건) 등 약 182건이다. 국내성 지역에서는 석각(3건), 권운문와당(4건), 기와(125건) 등 다양한 유물에서 '井'자가 확인되지만, 남한지역의 사례는 모두 토기에 새겨진 것이다. 또 국내성 지역의 사례는 대부분 와당·기와를 소성하기 이전에 새겼는데, 남한지역의 사례는 토기를 소성한 다음 새긴 비중이 높다. 형태도 국내성 지역의 사례는 대부분 마름모꼴이지만, 남한지역은 직사각형이 더 많다. 국내성과 남한지역의 '井'자 출토 양상이 상당히 다른데, 종전 논의에서는 이러한 차이가 충분히 고려되지 않았다.

'井'자의 의미에 대한 견해는 크게 부호설과 문자설로 나눌 수 있다. 부호설은 1946년 호우총에서 출토된 壺杅에서 '井'자가 처음 확인된 직후 제기되었다. 보고자가 마름모꼴의 '＊' 표시는 무슨 의미를 가진 것은 아니고 여백을 메우는 장식이라며 장식용 부호설을 제기한 것이다.[64] 이러한 부호설은 '井'자가 다른 부호와 함께 출토되는 사례가 늘어나면서 널리 수용되었는데,[65] 辟邪나 除魔를 위한 기호로 파악하는 경향이 강했다.[66]

특히 일본학계에서는 '井'자의 형태가 '臨·兵·鬪·者·皆·陳(陣)·烈(列·裂)·在·前' 등 9글자를 상징하는 도교의 부호인 '䷀'과 유사한 점에 주목해 "惡靈을 拂拭하고 所願成就를 상징하는 '䷀'의 약호라는 견해가 제기되었다.[67] 그렇지만 '井'자의 발원지인 고구려에서 '䷀' 부호가 확인되지 않는다는 점에서 이 견해는 성

---

62) '井'자일 가능성이 있는 것을 포함하면 55점의 토기에서 57건이 확인되었다.

63) 그 밖에 기종을 판별하기 힘든 동체부편 4점, 저부편 4점, 뚜껑 1점. 부위 미상 3점 등이 있다.

64) 김재원, 1948, 앞의 책, pp.11-12 및 p.34.

65) 송계현, 2000, 앞의 글, p.185. 다만 각 고분군에서 확인되는 '井'자는 지역마다 형태나 새김 순서와 방향이 다르다는 점에서 연관성보다는 지역적인 특색을 갖고 있다고 파악했다.

66) 이주헌·이용현·유혜선, 2006, 「호우총,은령총의 출토유물」, 『호우총 은령총 발굴 60주년 기념』, 국립중앙박물관, pp.68-69; 심광주, 2009, 앞의 논문, pp.271-272. 심광주는 권운문와당의 당심에 '井'자가 새겨진 점에 주목해 태양을 상징할 가능성도 제기했다.

립하기 어렵다. 더욱이 고구려에서는 도교가 전해지기 이전인 4세기 후반에 이미 '井'자가 다수 확인된다.

　　그밖에 소설적 상상력을 바탕으로 광개토왕을 상징하는 기호,[68] 집안 산성자산성 출토 기와의 새 문양에 착안해 하늘과 연관된 부호[69] 등으로 보는 견해가 제기되었다. 신라의 경우 주로 고분 출토 祭器에 새겨진 점에 주목해 장송 의례나[70] 제사 행위와[71] 관련된 부호로 보는 견해가 제시되었지만, '井'자의 다양한 사례를 포괄한다고 보기 힘들다.

　　문자설은 '井'자의 형태가 '우물 井'자와 비슷하다는 점에 착안한 것이다. 일찍이 호우총 壺杅 명문의 '十'자를 불교의 공덕을 뜻한다고 보면서, '井'자는 '우물 井'자로서 유학에서 "군자가 덕으로 백성을 무육함"을 뜻한다는 견해가 제기되었지만,[72] 널리 받아들여지지 못했다. 문자설을 주창한 연구자는 대부분 '우물 井'자가 비나 물을 뜻한다는 사실에 주목했다. 즉 물을 관장하는 용왕신앙과 관련된 명문으로 보거나[73] 물을 중시하는 농경의례를 비롯한 주술적 목적을 나타낸다고 본 것이다.[74]

　　그렇지만 이들 견해는 '井'자와 '우물 井'자의 형태적 유사성 이외에 구체적인 논거를 제시하지 못했다. 더욱이 '井'자의 사례 가운데 우물이나 물을 뜻한다고 보기 어려운 경우도 상당히 많다. 그밖에 김해 예안리 49호분의 '井勿' 사례를 근거로 매장의례에서의 禁忌 또는 '우물'의 이두 표기로 보는 견해,[75] 해당 유물의 제작자나 공급자의 인명으로 보는 견해,[76] '井'자의 字義를 근거로 '왕후의 무덤을 상징하는 표지'로 보는 견해[77] 등이 있지만, '井'자의 다양한 사례를 모두 포괄한다고 보기는 어렵다.[78]

　　문자설은 풍납토성 경당지구 9호유구의 '大夫'명과 '井'명 직구단경호, 시루봉보루의 '大夫井大夫井'명 대옹이 출토되면서 더욱 확산되었다.[79] 풍납토성의 '大夫' 명문에 대해서는 출토 직후부터 관료,[80] 관등,[81] 왕

---

67) 平川南, 1991, 「墨書土器とその字形」『國立歷史民俗博物館研究報告』 35, pp.107-110; 平川南, 1996, 「"古代の死"と墨書土器」『國立歷史民俗博物館研究報告』 68, pp.63-64; 高島英之, 2000, 앞의 책, pp.211-212; 山下孝司, 2000, 「墨書土器·刻書土器にみる魔除け符號」, 『山梨縣考古學協誌』 11, pp.127-135; 平川南 編, 2005, 『古代日本文字の來れ道』, 大修館書店, pp.155-156; 荒井秀規, 2005, 「神に捧げられる土器」, 『文字と古代日本(4)(神佛と文字)』, 吉川弘文館, pp.19-20.

68) 최인호, 2004, 『제왕의 문(1-2)』, 여백미디어.

69) 백종오, 2005, 『고구려 기와의 성립과 왕권』, 주류성출판사, p.322.

70) 차용걸, 2000, 「충북지역 출토 문자와 기호유물」, 『한국 고대의 문자와 기호 유물』, 국립청주박물관, p.231.

71) 박미정, 2000, 「명문 토기」, 『창녕 계성고분군(하)』, 호암미술관, p.593.

72) 『周易』 '井'卦의 '改邑不改井' 구절에서 유래한 것으로 보았다(金在滿, 1956, 「慶州壺杅塚出土の銅壺銘'十'について」, 『考古學雜誌』 42-1, pp.36-39).

73) 고경희, 1994, 「신라 월지 출토 在銘遺物에 대한 명문 연구」, 동아대학교 석사학위논문, pp.33-34.

74) 주보돈, 1997, 「한국 고대의 토기명문」, 『유물에 새겨진 고대 문자』, 부산광역시립박물관 복천분관, p.59.

75) 선석열, 1997, 「고대 명문의 해독과 분석」, 『유물에 새겨진 고대 문자』, 부산광역시립박물관 복천분관, p.69 및 하승철, 1998, 「운곡리고분군 출토 토기의 명문에 대한 검토」, 『의령 운곡리고분군』, 경상대학교박물관, pp.66-67. '우물'을 '井(우물)+勿(물=水)' 또는 '井(우물)+勿(ㄹ 받침)'로 표기한 것으로 보았다.

76) 홍보식, 1997, 「문자가 있는 참고자료」, 『유물에 새겨진 고대 문자』, 부산광역시립박물관 복천분관, p.74.

77) 박찬규, 2005, 앞의 논문, p.190.

78) 고광의, 2023, 앞의 책, pp.244-245.

79) 권오영·권도희·한지선, 2004, 『풍납토성 IV-경당지구 9호 유구에 대한 발굴보고(본문·도면)』, 한신대학교 박물관, pp.17-23.

실 제사를 관장하는 관인[82] 등으로 보는 견해가 제기되었다. 이에 대해 '大夫'명과 '井'명은 다른 직구단경호에 새겨져 있지만 명문 형태와 크기가 같을 뿐 아니라, 시루봉보루에서 '大夫井大夫井' 명문이 출토되었으므로 '大夫'만 떼어내어 관명으로 해석하기 힘들다는 문제 제기가 있었다.[83]

이에 '大夫'와 '井'자를 연관시켜 해석하는 견해가 제기되었다. 즉 9호유구에서 많이 출토된 운모가 중국의 도교나 신선사상에서 영원불멸을 위한 仙藥으로 인식되었다는 점에[84] 착안해 '大夫'는 도교의 선인인 彭祖을 일컫고, '井'자는 無病長壽를 위해 역병과 역귀를 '씻어내' 물리치는 辟邪를 뜻한다는 견해가 제기되었다.[85] '井'자를 '우물 井'자로 보아 역병이나 역귀를 '물로 씻어내는 행위'를 뜻한다고 본 것이다. 또 '井'자가 문자와 부호일 가능성을 모두 상정하면서도 운모에 주목해 祈雨를 목적으로 한 도교적 제의에 사용되었다고 보았다.[86] '井'자를 '우물 井'자로 보아 '물이나 비'를 상징한다고 본 것이다.

시루봉보루의 '大夫井大夫井'에 대해 보고자는 '大夫'만 문자이고 '井'은 부호일 것이라고 보았다.[87] 이에 대해 '大夫'를 관직명으로 보는 견해와 함께[88] 글자가 일정 간격으로 새겨진 점에 주목해 '大夫井大夫井' 6자 전체를 하나의 문구로 보는 견해가 제기되었다. '井'자가 '大夫'이라는 문구를 구성하는 문자라는 것인데, 그 뜻은 "우물(井)이 갖는 생산성과 물의 보편성, 그 깊이가 주는 두렵고 신성한 느낌으로부터 파생된 어떤 길상적 의미를 담고 있다"고 파악했다.[89] "井'자가 '우물 井'자를 뜻한다고 본 것이다.[90]

이처럼 백제와 고구려 유적에서 '大夫井' 명문이 잇따라 출토됨에 따라 '井'자를 '우물 井'자로 해석하는 문자설이 우위를 점했다. 그럼 '井'자를 과연 '우물 井'자로 볼 수 있을까? '우물 井'자는 우물의 난간을 본뜬 상형자인데, 〈표 2〉에서 보듯이 漢代의 예서 단계에서 자형이 상당히 정형화되었다. 특히 가로획과 세로획은 거의 직각을 이루며, 좌측 세로획은 대부분 'ㅣ'획 모양으로 썼다.

---

80) 박순발, 2002, 「촌락의 형성과 발전」, 『강좌 한국고대사 제7권(촌락과 도시)』, 가락국사적개발연구원, p.43.

81) 권오영, 2000, 「고구려·백제의 문자와 기호 유물」, 『한국 고대의 문자와 기호 유물』, 국립청주박물관, p.180. '다만 井'자의 다양한 사례를 한 가지로 규정짓기는 곤란하다며 다각적인 검토가 필요하다고 언급했다.

82) 문동석, 2002, 「풍납토성 '大夫'명에 대하여」, 『백제연구』 36, pp.54-60.

83) 권오영·권도희·한지선, 2004, 앞의 책, p.327; 권오영, 2012, 「한국고고학 연구에서 풍납토성의 가치」, 『동북아시아 속의 풍납토성』, 학연문화사, p.185.

84) 김태식, 2003, 「신선의 왕국, 도교의 사회 신라」, 『문화재』 36, pp.198-200.

85) 김창석, 2004, 「한성기 백제의 국가제사 체계와 변화 양상」, 『서울학연구』 22, p.13.

86) 권오영·권도희·한지선, 2004, 앞의 책, pp.319-321 및 p.327. '井'자가 기호일 경우에는 辟邪의 기능을 가지고 있으므로 疾病에 대한 대응과 유관하다고 파악했다.

87) 임효재·최종택·임상택·윤상덕·양시은·장은정, 2002, 앞의 책, p.158.

88) 심광주, 2009, 앞의 논문, p.271.

89) 고광의, 2021, 앞의 논문, pp.229-230; 2023, 앞의 책, pp.398-399.

90) 여러 견해를 종합해 '井'자가 제사(의례)와 관련되며, 우물이나 물과 관련한 재래신앙이나 주술적 측면을 지니며, 안녕과 벽사를 기원하는 길상구의 의미도 지녔다는 절충설이 제기되었다. 다만 마름모꼴 '井'자는 '우물 井'자로 보기 힘들며 상징성이 강한 부호라고 보았다(하병엄, 2006, 앞의 논문, pp.62-65).

표 2. 한대 비문과 간독의 '井'자 사례[91]

史晨前后碑	馬王堆帛書	居延漢簡	銀雀山漢簡	武威漢簡

이로 보아 자획이 직교하지 않고 'ㅣ'획이 확인되지 않는 마름모꼴(※)의 '井'자를 '우물 井'자로 보기는 힘들다고 생각된다. 더욱이 집안 산성자산성 출토 마름모꼴의 '井'자는 자획을 새긴 순서도 다양하다. 〈부표 1-4〉 가운데 ⓐ는 먼저 좌상-우하획을 긋고 수직획을 새긴 반면, ⓑ는 좌하-우상획을 긋고 우하-좌상획을 새긴 것으로 보인다. ⓕ는 좌상-우하획을 긋고 좌하-우상획을 새긴 반면, ⓗ·ⓙ·ⓜ은 우상-좌하획을 긋고 좌상-우하획(수직획)을 새긴 것으로 보인다.[92] 자획의 순서가 일정한 규칙이 없는 것이다.

이러한 양상은 남한지역의 '井'자에서 더욱 잘 나타난다.[93] 가령 '井'자가 가장 많이 확인된 시루봉보루의 경우(부표 2-8), ⓑ의 왼쪽 '井'자는 좌측 세로획, 하단 가로획, 우측 세로획, 상단 가로획의 순서로 새겼을 뿐 아니라, 좌우 세로획과 상하 가로획을 새긴 방향이 엇갈린다. ⓕ는 하단 가로획, 좌측 세로획, 우측 세로획, 상단 가로획의 순서로 새겼는데, 좌우 세로획의 새긴 방향이 엇갈린다. ⓖ·ⓗ도 좌우 세로획의 새긴 방향이 엇갈린다. ⓘ는 가로획과 세로획의 방향은 같지만, 좌측 세로획, 상단 가로획, 우측 세로획, 하단 가로획의 순서로 새겼다. ⓛ도 좌측 세로획, 상하 가로획, 좌측 세로획의 순서로 새겼을 뿐 아니라, 좌우 세로획과 상하 가로획의 새긴 방향이 엇갈린다. ⓢ도 우측 세로획과 하단 가로획, 상단 가로획, 좌측 세로획의 순서로 새겼고, ⓣ도 좌측 세로획, 상하 가로획, 우측 세로획의 순서로 새겼다. 자획의 순서가 일정한 규칙이 없을 뿐 아니라, 좌우 세로획과 상하 가로획의 방향을 엇갈리게 새긴 경우가 많은 것이다.

이러한 양상은 다른 유적의 '井'자에서도 나타난다. 구의동보루(부표 2-2)의 ⓐ는 직사각형이지만, '우물 井'자의 일반적 필획 순서와 달리 먼저 세로획을 긋고 가로획을 새겼다. ⓑ는 하단 가로획을 우측에서 좌측으로 새긴 다음, 좌측 세로획을 위에서 아래로 새겼다. ⓒ는 하단 가로획을 제외하면 우측 세로획, 상단 가로획, 좌측 세로획의 순서로 새긴 것으로 보인다. 홍련봉제2보루(부표 2-4)의 ⓖ는 먼저 우상-좌하획을 긋고 좌상-우하획을 새긴 반면, ⓙ는 먼저 세로획을 긋고 가로획을 새겼고, ⓜ은 먼저 가로획을 긋고 세로획을 새겼다. 아차산제3보루(부표 2-5)의 ⓐ는 사진과 유물 관찰을 통해[94] 우측 세로획, 하단 가로획, 상단 가로획, 좌측 세로획의 순서로 새겼음을 알 수 있다. 아차산제4보루(부표 2-6)의 ⓑ는 가로획에 이어 세로획

---

91) '書法字典' 홈페이지(https://www.shufazidian.com)에서 다운받은 것임.
92) 모두 사진과 도면 관찰에 의한 것이므로 오류의 가능성을 완전히 배제하기는 힘들다.
93) 2024년 2월 2일에 서울대학교 박물관에서 구의동보루, 시루봉보루, 아차산제3·4보루, 용마산제2보루 출토 유물을 관찰함.
94) 2024년 2월 3일에 구리시 대장간마을 전시관에서 시루봉보루와 아차산제3보루 출토 유물을 관찰함.

을 새겼는데, 좌우 세로획의 방향이 엇갈린다.

이상과 같이 아차산 일대에서는 '우물 井'자와 유사한 직사각형의 '卅'자가 많이 확인되었지만, 필획 순서가 매우 다양하다. 특히 좌우 세로획이나 상하 가로획의 방향을 엇갈리게 새긴 경우가 많은데, '우물 井'로 인지하고 새겼다면 이러한 양상이 나타나기 쉽지 않다. '卅'자를 '우물 井'자로 보기 힘든 것이다. 시루봉보루의 '大夫卅大夫卅'과 풍납토성 경당지구 9호유구의 '大夫'와 '卅' 명문도 이러한 가능성을 시사한다.

시루봉보루의 '大夫卅大夫卅' 명문은 대옹의 동체부 상단에 종방향으로 배열되어 있다. '大夫'는 명문의 배열 방향과 같게 위에서 아래로 새겼지만, '卅'자는 다른 양상을 보인다. 〈부표 2-8〉 ⓐ와 〈부표 3-2〉 ⓑ에서 보듯이 위쪽 '卅'자는 '우물 井'자처럼 가로획을 먼저 긋고 세로획을 새겼지만, 좌우 세로획은 각각 위에서 아래(좌측), 아래에서 위(우측)로 엇갈리게 새겼다. 더욱이 아래쪽 '卅'자는 가로획을 우측에서 좌측, 세로획을 아래에서 위쪽으로 새겼는데, '大夫' 명문과 비교한다면 반대 방향에서 거꾸로 새긴 것이다. 필획의 방향과 순서상 '卅'자를 '大夫'와 동일한 방식으로 쓴 글자로 보기 힘들다.

풍납토성 경당지구 9호유구의 '大夫'명문과 '卅'명 직구단경호는 각각 평면A(동서보크 5층과 6·7층)와 평면E(동서보크 16·17층)에서 출토되었다.[95] 다만 두 토기는 제작 방식과 문양뿐 아니라 명문의 형태나 크기, 새긴 방식이 같다는 점에서 같은 도구로 새긴 것으로 파악된다(부표 3-2 ⓐ).[96] 그런데 '大夫'는 보통 한 자처럼 위에서 아래로 새기면서 하단 필획을 가늘게 삐쳤지만, '卅'자에서는 이러한 양상이 확인되지 않는다. '우물 井'자처럼 먼저 가로획을 긋고 세로획을 새겼지만, 하단 자획을 가늘게 삐치지 않고 뭉툭하게 처리했을 뿐 아니라 상단 가로획은 '우물 井'자의 필획과 달리 오른쪽에서 왼쪽으로 새겼다.[97] '卅'자를 '大夫'와 동일한 방식으로 쓴 글자라고 보기 힘든 것이다.

이처럼 시루봉보루의 대옹과 풍납토성 직구단경호의 '卅'자는 '大夫'와 동일한 방식으로 쓴 글자라고 보기 힘들다. 더욱이 시루봉보루 대옹의 '卅'자는 '大夫'와 반대 방향에서 거꾸로 새겼는데, 그 이유가 무엇일까? 혹시 '卅'자가 '夫'자와 한 글자임을 나타내기 위해 의도적으로 반대 방향에서 거꾸로 새긴 것은 아닐까? 즉 '夫'와 '卅'은 본래 '舂'이라는 글자이고, '大夫卅'은 '大舂'이라는 단어일 가능성을 상정해 볼 수 있다.

2. '卅'자의 창안 과정과 그 의미

제Ⅱ장에서 검토한 '卅'자 사례 가운데 남한지역 토기 명문은 475년 이후로 편년된다. 집안 산성자산성의 궁전지나 다른 유구도 보고서에서는 342년 이전으로 편년했지만,[98] 연화문와당의 출토양상으로 보아 5세기 후반 이후로 편년된다.[99] 남한지역 토기나 집안 산성자산성 기와의 '卅'자는 415년에 제작된 壺衧塚

---

95) 권오영·권도희·한지선, 2004, 앞의 책, pp.17-23.

96) 위의 책, p.327.

97) 2024년 4월 23일에 국립중앙박물관에서 명문을 관찰했음.

98) 吉林省文物考古研究所·集安市博物館, 2004c, 앞의 책, p.172.

99) 여호규, 2012, 「고구려 國內城 지역의 건물유적과 都城의 공간구조」, 『한국고대사연구』 66, pp.77-79; 양시은, 2016, 『고구려 성 연구』, 진인진, p.186.

壺杅의 명문보다 늦은 것이다.

壺杅塚 壺杅 명문보다 이른 '井'자의 사례로는 국내성지역의 석각과 권운문와당 명문이 있다. 석각 명문은 천추총, 태왕릉, 민주유적에서 확인되었는데, 민주유적의 사례는 고구려 후기로 편년되고,[100] 천추총과 태왕릉의 사례는 4세기 후반으로 파악된다. 두 무덤의 피장자에 대해 다양한 견해가 있지만,[101] 415년 이전에 조영되었음은 명확하다.[102]

앞서 검토한 바와 같이 천추총과 태왕릉에서는 하단부의 계단석과 지대석에서 마름모꼴 '井'자가 확인되었다. 그런데 〈부표 3-1〉ⓐ에서 보듯이 미천왕릉(331년 사망)으로 추정되는 서대묘의 서측 중단 장대석에서 '大吉' 2자가 확인되었다. 명문은 위에서 아래로 예서체로 새겼는데, 상하 방향으로 길쭉한 모양이다.[103] 서대묘의 '大吉' 명문은 새긴 위치로 보아 천추총과 태왕릉의 '井'자에 상응한다. 4세기 전반에는 대형 적석묘의 계단석이나 지대석에 길상구인 '大吉'을 새기다가, 4세기 후반에 '井'자를 새긴 것이다. 이로 보아 '井'자가 길상구인 '大吉'에 상응할 가능성을 상정해볼 수 있다.

권운문와당의 '井'자도 이러한 가능성을 시사한다. 권운문와당의 '井'자는 4건으로 모두 천추총에서 출토되었는데, 당심에서 3건, 연호와 구획선 사이에서 1건이 확인되었다. 권운문와당의 경우, '井'자를 주로 당심에 새긴 것이다. 국내성 지역의 권운문와당은 4세기 초중반에 널리 유행하다가 4세기 후반에 점차 소멸했다. 4세기 초중반의 전형적인 권운문와당에는 제작연도, 제작자, 길상구 등 다양한 문자를 새겼지만, 4세기 후반에 퇴화가 진행되면서 문자도 새기지 않게 되었다.[104] 천추총 출토 권운문와당도 4세기 후반의 퇴화형으로 '井'자와 'X' 부호를 제외하면 문자가 확인되지 않는다.[105]

4세기 초중반 권운문와당의 문자는 주로 連弧部나 周緣部에 새겼다. 當心은 볼록하게 솟은 半球形인데, 대부분 문자나 문양을 새기지 않았다. 당심에 새겨진 문자로는 '大吉', '大', '吉', '泰' 등이 확인되었을 뿐이다. 〈부표 3-1〉ⓑ는 2001년 국내성지의 집안제2소학교에서 출토되었는데,[106] 반구형 당심에 '大吉' 2자를 양각하고 연호부에 8자를 새겼다. 보고자는 연호부 명문을 '大歲□□年造瓦九'로 판독했지만,[107] '大吉'을 중심

---

100) 집안 민주유적은 상층과 하층으로 이루어졌는데, 상층만 발굴한 상태이다. 상층 건물지는 唐代 開元通寶가 출토된 것으로 보아 고구려 후기에 조영된 것으로 추정된다(여호규, 2012, 앞의 논문, p.76).

101) 정호섭, 2011, 『고구려 고분의 조영과 제의』, 서경문화사, pp.73-74 도표 참조.

102) 필자는 천추총은 고국원왕릉(371 사망), 태왕릉은 고국양왕릉(391년 사망)으로 비정한다(여호규, 2006, 「集安地域 고구려 초대형적석묘의 전개과정과 被葬者 문제」, 『한국고대사연구』 41, pp.114-120).

103) 吉林省文物考古硏究所·集安市博物館, 2004b, 앞의 책, p.98 및 p.103의 도 80·81

104) 국내성(집안) 지역 권운문와당의 명문에 대해서는 박찬규, 2005, 앞의 논문; 耿鐵華, 2006, 「集安新出土文字瓦當及釋讀」, 『北方文物』 2006-4; 耿鐵華, 2007, 「集安出土卷雲紋瓦當硏究」, 『東北史地』 2007-4; 여호규, 2010, 「1990년대 이후 고구려 문자자료의 출토현황과 연구동향」, 『한국고대사연구』 57; 기경량, 2016, 「집안지역 출토 고구려 권운문와당 명문의 판독과 유형」, 『고구려발해연구』 56; 고광의, 2023, 앞의 책 등 참조.

105) 吉林省文物考古硏究所·集安市博物館, 2004b, 앞의 책, pp.206-212; 여호규, 2006, 앞의 논문, pp.100-111.

106) 동일한 와당이 2점 출토되었다.

107) 吉林省文物考古硏究所·集安市博物館, 2004a, 앞의 책, pp.99-101.

으로 좌우 대칭으로 쓴 '太歲甲戌九月造作'으로 판독되며, 甲戌年은 314년(미천왕 15년)이다.[108]

〈부표 3-1〉ⓒ는 1987년 국내성지 남문 안쪽[南門里]에서 출토되었는데, 출토 당시에는 當心의 글자를 판독하지 못하고 연호부 명문을 '太寧□年四月造作'으로 판독했다.[109] 집안제2소학교에서 동일한 와당이 출토되면서 당심과 연호부의 명문을 각각 '大吉'과 '太歲□申四月造作'으로 판독했다.[110] ⓒ는 와당의 형태나 문양이 ⓑ와 거의 같다는 점에서 '□申'은 314년(甲戌年)과 가까운 壬申年(312년)이나[111] 甲申年(324년)으로 추정된다.[112]

이처럼 권운문와당 출현 초창기인 4세기 초에는 當心에 길상구인 '大吉'을 많이 새겼다. 이러한 양상은 서대묘에서도 나타난다. 서대묘에서는 권운문와당 10점, 연화문와당 1점이 출토되었다.[113] 권운문와당은 무덤 조영을 전후해 제작된 것이고, 연화문와당은 후대에 혼입된 것이다. 이 가운데 당심에서 명문이 확인된 권운문와당은 4점이다.

〈부표 3-1〉ⓓ는 당심에 '大'자가 선명하게 남아 있다. 보고자는 연호부의 명문을 '□歲在□□年造□'로 판독했지만,[114] 耿鐵華는 당심의 '大'자를 기준으로 '歲戊子年□在牟造'으로 수정 판독했다.[115] 耿鐵華의 판독에 따르면 당심의 '大'자는 연호부의 '歲'자와 함께 '大歲'라는 단어를 이루며, 戊子年은 328년(미천왕 29년)으로 편년할 수 있다. 당심에 '大'자를 새긴 사례는 ⓕ에서도 확인할 수 있다.[116]

〈부표 3-1〉ⓔ의 명문은 판독을 둘러싸고 논란이 분분하다. 보고자는 당심의 명문을 '己'자와 비슷하다고 추정하면서 연호부 명문을 '己丑年□□于利作'으로 판독했다.[117] '己'자가 당심과 연호부에 두 번 새겨졌다고 본 것이다. 이에 耿鐵華는 이 와당이 1957년 승리촌 출토 '頴作'명과 1971년 麻線中學 출토 '己丑'명과 동일하다며, 당심의 명문을 '吉', 연호부 명문을 '己丑年于利頴作瓦'로 판독했다.[118] 기경량은 당심의 명문을 '己'자로 본 다음, 연호부의 명문을 '丑年于利巴□頴作'으로 판독했다.[119] 당심의 명문이 '己'자인지 '吉'자인지, 연호부에 간지의 일부인 '己'자가 있는지가 논란의 핵심이다.

그런데 〈표 3〉에 제시한 당심의 명문을 보면, 상단부에 '一'획이 2개 있고, 하단부에는 좌하변이 떨어졌지만 'ㅁ'획이 남아 있다. 당심의 명문은 '己'자보다 '吉'자일 가능성이 더 높다. 기경량은 종래 '己'자로 판독

---

108) 耿鐵華, 2006, 앞의 논문, p.29; 耿鐵華, 2014, 『高句麗瓦當』, 吉林大學出版社, p.27 및 p.41.

109) 耿鐵華·尹國有, 2001, 『高句麗瓦當研究』, 吉林人民出版社, p.37 및 p.143.

110) 耿鐵華, 2006, 앞의 논문, p.31; 耿鐵華, 2007, 앞의 논문, p.18; 고광의, 2023, 앞의 책, p.225.

111) 기경량, 2016, 앞의 논문, pp.54-55.

112) 耿鐵華, 2007, 앞의 논문, p.21에서는 324~336년으로 편년했다.

113) 吉林省文物考古研究所·集安市博物館, 2004b, 앞의 책, pp.112-116.

114) 위의 책, p.112.

115) 耿鐵華, 2006, 앞의 논문, p.31. 고광의, 2023, 앞의 책, p.229에서는 耿鐵華의 판독에 동의한 반면, 기경량, 2016, 앞의 논문, pp.68-71에서는 '在'자를 제외한 나머지 판독만 인정했다.

116) 吉林省文物考古研究所·集安市博物館, 2004b, 앞의 책, p.116.

117) 위의 책, pp.112-114.

118) 耿鐵華, 2006, 앞의 논문, p.31; 2014, 앞의 책, p.27 및 pp.42-43.

119) 기경량, 2016, 앞의 논문, pp.66-68; 고광의, 2023, 앞의 책, pp.229-231.

표 3. 西大墓 출토 권운문와당 명문과 '己'·'巴'자의 隷書·簡牘 사례[120]

西大墓 출토 권운문와당의 당심(吉)과 연호부(己) 명문	己(漢 史晨碑)	己(居延漢簡)	己(馬王堆簡帛)	巴(漢 曹全碑)	巴(北大漢簡)

한 연호부의 명문을 상단의 점을 근거로 '巴'로 판독했지만, 〈표 3〉에서 보듯이 漢代 簡牘에서도 '己'자의 하단 세로획을 위쪽으로 뻗어 쓴 사례가 다수 확인된다. 연호부 명문을 모두 판독하기는 쉽지 않지만, '己丑'은 종전 판독안처럼 연호부에 새겼다고 파악된다. 이 점은 〈부표 3-1〉 ⑧에서도 확인할 수 있는데,[121] 이 와당의 당심에도 '吉'자가 새겨진 것으로 보인다.

이처럼 서대묘 출토 권운문와당 가운데 '戊子'명 와당의 당심에는 '大'자, '己丑'명 와당의 당심에는 '吉'자가 새겨져 있다. '戊子'명 와당은 328년, '己丑'명 와당은 329년에 제작되었다. 따라서 '戊子'명 와당의 '大'자가 본래 '大歲'의 일부로 새겨졌지만, '己丑'명 와당 제작자가 당심에 '吉'자만 새겨 '戊子'명 와당 당심의 '大'자와 함께 '大吉'이라는 길상구를 이루도록 했을 가능성을 상정해 볼 수 있다. 아니면 당심에 '大吉' 두 글자를 새기기 힘들어 '吉'자만 새겼을 가능성도 있다. 어느 경우이든 권운문와당의 당심에 '大吉'이나 '吉'자를 새긴 것은 서대묘 서측 계단석에 '大吉'을 새긴 것과 조응하는 양상이다.[122]

〈부표 3-1〉 ⑥와 ⑦는 우산하332호분과[123] 국내성지 체육장 지점에서[124] 다량 출토된 '戊戌'명 권운문와당인데, 338년에 제작되었다. 당심에 '泰'자, 연호부에 '歲戊戌年造瓦故記'를 새겼는데, 당심의 '泰'자는 연호부의 '歲'자와 함께 '泰歲'라는 단어를 이룬다.

이상과 같이 국내성 지역에서는 권운문와당이 출현한 초창기인 310~320년대에 當心에 '大吉'이라는 길상구를 널리 새겼고, 330년대 이후에는 '泰歲'의 '泰'자를 새기다가 점차 소멸되었다. 실제 340년대 이후에는 천추총 권운문와당을 제외하면 당심에 명문이나 부호를 새긴 사례가 확인되지 않는다. 그러므로 천추총·태왕릉 계단석(장대석)의 '井'자가 서대묘 장대석의 '大吉'에 상응한다는 점을 고려하면, 천추총 출토 권운문와당 당심의 '井'자도 권운문와당 출현 초창기에 당심에 새기던 길상구인 '大吉'에 상응한다고 파악된다.[125]

---

120) '書法字典' 홈페이지(https://www.shufazidian.com)에서 다운받은 것임.
121) 吉林省文物考古研究所·集安市博物館, 2004b, 앞의 책, p.114.
122) 耿鐵華, 2006, 앞의 논문, p.31; 2014, 앞의 책, p.27과 pp.42-43.
123) 吉林省文物考古研究所·集安市博物館, 2004b, 앞의 책, pp.132-135.
124) 吉林省文物考古研究所·集安市博物館, 2004a, 앞의 책, p.116.
125) '泰'자는 제작연도를 표시하기 위한 '泰歲' 단어의 일부인데, 천추총 출토 권운문와당에는 제작연도나 제작자와 관련한 명문이 전혀 새겨지지 않았다는 점에서 '井'가 '泰'자에 상응한다고 보기는 어렵다.

이상을 통해 '卅'자가 길상구인 '大吉'에 상응한다는 사실을 파악했다. 이와 관련해 시루봉보루의 '大夫卅 大夫卅' 명문의 필획 방향과 순서는 중요한 시사를 준다. 시루봉보루의 '卅'자는 '夫'자와 반대 방향에서 거꾸로 새겼는데, '夫'와 '卅'이 한 글자임을 나타내기 위한 필법으로 추정된다. '大夫卅'은 3자가 아니라, '大'와 '春' 2자로 파악되는 것이다.

'卅'자가 '大吉'에 상응한 다는 검토 결과를 고려하면, '大夫卅'의 '大'자와 '春' 자는 각각 '大吉'의 '大'자와 '吉'자에 해당한다고 파악된다. 물론 '吉'자의 자형으로 '春'자 사례는 확인된 바

표 4. '吉'자의 篆書와 隸書 용례[126]

| 周 囗簋 | 周 楚嬴匜 | 敦煌漢簡 | 馬王堆帛書 | 漢 尹宙碑 |

없다. 다만 〈표 4〉에서 보듯이 '吉'자의 자형은 漢代 隸書 단계에서 현재와 비슷하게 성립되었지만(尹宙碑의 사례), 그 이전 篆書에서는 하단의 '口'획을 'ㅂ' 모양으로 새겼고, 상단 '土(土)'의 세로획이 하단 가로획의 아래로 뻗어나간 사례도 다수 확인된다.[127] 漢代의 隸書나 簡牘에서도 '吉'자를 篆書처럼 쓴 경우가 종종 발견된다.

그러므로 '夫'자와 '卅'자가 결합된 것처럼 보이는 '春'자는 篆書나 隸書를 모방해 '吉'자의 자획 가운데 '土(土)'자는 세로획을 아래로 두 갈래로 늘어뜨려 '夫'자 모양으로 쓰고, '口'자는 가로와 세로의 자획을 모두 바깥으로 뻗어내어 '卅'자 모양으로 쓴 것으로 추정해 볼 수 있다. '春'자는 '吉'자를 변형해 새롭게 창안한 자형인 것이다. 이와 관련해 '十谷民造'명과 '乙卯年癸酉'명 권운문와당이 중요한 시사를 준다.

〈부표 3-1〉의 ⓙ·ⓚ에서 보듯이 '十谷民造'명 와당은 이수원자남유적과[128] 우산하3319호분,[129] '乙卯年癸酉'명 와당은 우산하3319호분에서[130] 출토되었다. 양자는 당면(운문부)을 4등분하고, 연호부에 글자를 새겼다. '乙卯年癸酉'명 와당은 355년에 제작되었는데,[131] 우산하3319호분에서 357년에 제작된 '丁巳'명 와당이 출토된 점도 이를 방증한다. '十谷民造'명과 '乙卯年癸酉'명 와당은 4세기 전반의 전형적인 8등분 권운문와당이 변형되던 과도기 형식으로 천추총의 퇴화형 권운문와당보다는 시기적으로 앞선다.[132]

---

126) '書法字典' 홈페이지(https://www.shufazidian.com)에서 다운받은 것임.

127) '土(土)'의 세로획이 하단 가로획 아래로 뻗어나간 '吉'자는 아차산제4보루에서도 확인된다(부표 3-2 ⓒ).

128) 十谷氏造로 판독하기도 한다(梅原末治 編, 1966, 『朝鮮古文化綜鑑 (第四卷)』, 養德社, p.36).

129) '千谷民造'로 판독하기도 한다(고광의, 2023, 앞의 책, pp.242-243.).

130) 乙卯年癸酉'명 권운문와당이 1998년 국내성 건축유적에서 출토되었다고 소개되었지만(耿鐵華·尹國有, 2001, 앞의 책, p.38; 耿鐵華, 2014, 앞의 책, p.19), 耿鐵華 교수의 전언에 따르면 오류로 우산하3319호분에서만 1점 출토되었다고 한다(고광의, 2023, 앞의 책, p.239의 각주 100). 필자도 일찍이 두 와당이 같은 것일 가능성을 제기한 바 있다(여호규, 2006, 앞의 논문, p.109 각주 45).

131) 乙卯年을 295년으로 보기도 하지만(耿鐵華, 2007, 앞의 논문, p.20), 이 견해는 성립하기 힘들다.

132) 상세한 검토는 여호규, 2006, 앞의 논문, pp.103-113 참조.

'十谷民造'명 와당은 운문부에도 글자를 새겼는데, 외형상 '夫一'로 보인다(ⓙ). 이에 종래 대부분의 연구자가 '夫一'로 판독했지만, 왜 '夫一'을 새겼는지는 제대로 설명하지 못했다.[133] 그런데 ⓙ-③은 '夫'와 '一'이 조금 떨어져서 두 글자처럼 보이지만, ⓙ-①은 거의 붙어 있어서 한 글자처럼 보인다. 이에 李殿福이 자형이 '去'와 유사하다며,[134] '吉'자의 古體인 '吉'자나 '吉'자를 형상화한 길상구로 파악한 바 있다.[135]

그런데 '乙卯年癸酉'명 와당의 운문부에도 글자가 새겨져 있다. 〈부표 3-1〉 ⓚ에서 보듯이 ①은 '大'자로 판독된다. ②는 상단에 '土'획, 하단 우상단에 '口'의 모서리에 해당하는 획이 남아 있다는 점에서 '吉'자로 추정된다. ③과 ④는 마멸이 심해 판독하기 어렵지만,[136] '乙卯年癸酉'명 와당의 운문부에 '大吉'을 새겼을 것으로 추정된다.

그러므로 '十谷民造'명 와당 운문부의 '夫一'처럼 보이는 '夫'자는 李殿福의 지적처럼 '吉'자일 가능성이 높다. 다만 자형은 '吉'자의 고체인 '吉'자를 형상화한 것이라기보다는 '吉'자 상단 '土(土)'자의 세로획을 아래 방향으로 두 갈래로 늘어뜨려 '夫'자 모양으로 쓰고, 그 아래에 '口'자의 상단 가로획만 쓴 것으로 보인다. '十谷民造'명 와당의 '夫'자는 '吉'자의 자형을 변형시켜 '夫'자를 창안하던 과정을 보여주는 것이다.

'夫'자와 '艹'자가 결합된 것처럼 보이는 '夫'자는 '大吉'의 '吉'자의 자형을 변형해 새롭게 창안한 글자인데, '十谷民造'명 와당의 사례로 보아 350년대에는 창안되었을 것으로 보인다. 그러므로 '艹'자는 '吉'자를 변형해 창안한 '夫'자 가운데 하단 자획을 떼어내어 부호화한 것으로 파악된다. 천추총·태왕릉 계단석과 천추총 출토 권운문와당 당심의 '艹'자가 '大吉'에 상응한다는 점에서 길상구인 '大吉'을 表象한다고 파악된다.

이러한 점은 시루봉보루의 명문 출토 현황을 통해서도 확인할 수 있다. 시루봉보루에서 문자는 '大夫艹大夫艹'과 '大'자만 확인된 반면, 부호는 다량 출토되었다. 특히 '艹'자가 20건 가까이 출토되었다. 대부분 개인 용기에 소성 이후에 새겼는데, 그릇을 사용하던 병사들이 새겼을 가능성을 시사한다. 반면 '大夫艹大夫艹' 명문은 공용 용기인 대옹에 소성 이전에 새겼다. 이로 보아 '大夫艹大夫艹' 명문은 '艹'자가 '大夫' 곧 '大吉'을 뜻한다는 사실을 알려주기 위한 의도로 공용 용기에 새겼을 것으로 추정된다.

이와 관련해 아차산 일대 보루에서 '大', '吉', '夫'자가 다수 확인된 점도 주목된다. 〈부표 3-2〉에서 보듯이 '大'자는 아차산제4보루(ⓔ), 홍련봉제2보루(ⓕ), 시루봉보루(ⓖ·ⓗ·ⓘ) 등에서 출토되었다. '吉'자는 아차산 제4보루 완 바닥에서 확인되었는데(ⓒ),[137] 상단에 'ㅣ'과 'ㄴ'의 잔획이 남아 있다. 이 잔획은 시루봉보루 출

133) 梅原末治 編, 1966, 앞의 책, p.36; 耿鐵華·尹國有, 2001, 앞의 책, p.38; 耿鐵華, 2014, 앞의 책, p.6; 기경량, 2016, 앞의 논문, pp.45-46; 고광의, 2023, 앞의 책, p.241.

134) 이 글자의 자형을 吉林省文物志編纂委會, 1984, 『集安縣文物志』, p.257과 林至德·耿鐵華, 1985, 「集安出土的高句麗瓦當及其年代」, 『考古』1985-7, p.644에서는 '夫', 耿鐵華, 2007, 앞의 논문, p.14에서는 '夫'으로 파악한 바 있다.

135) 李殿福, 1984, 「集安卷雲銘文瓦當考辨」, 『社會科學戰線』1984-4, p.69.

136) 운문부의 4글자를 '大明寺造'(耿鐵華, 2014, 앞의 책, p.26), '一二三四'(張礼艷·張毅博, 2017, 「集安出土高句麗瓦當文字及特點研究」, 『中國文字研究』25, p.106; 고광의, 2023, 앞의 책, p.240 재인용)로 판독하기도 하지만, '大'자 이외에 다른 글자의 자획을 확인하기는 어렵다.

137) 보고자는 '吉'자와 '告'자일 가능성을 모두 제시했지만(임효재·최종택·양성혁·윤상덕·장은정, 2000, 앞의 책, p.144), 자형상 '吉'자로 판독된다.

토 '大'자(⑧)의 하단 자획과 유사하다는 점에서 본래 '大吉'을 새긴 것으로 추정된다. 아차산제4보루에서는 부호는 거의 확인되지 않은 반면, 다양한 문자가 다수 출토되었다. 識字層이 다수 주둔한 것으로 보이는데, 이에 이들은 '井'자 대신 길상구인 '大吉'을 직접 쓴 것으로 보인다.

'夫'자는 홍련봉제1보루의 뚜껑 윗면에서도 출토되었다(ⓙ). 아차산제4보루의 완 바닥에 새겨진 ⓚ는 세로획이 상단 가로획 위쪽으로 올라갔다는 점에서 '天'자보다 '夫'자일 가능성이 더 높다.[138] 아차산 보루에서 확인된 '夫'자는 '吉'의 변형자인 '夲'자의 상단 자획일 가능성이 있다. 특히 홍련봉제1보루에서는 '井'자가 새겨진 토기 바닥편이 출토되었다는 점에서 뚜껑에 '夫', 바닥에 '井'을 새겨 '夲'자를 형상화했을 가능성이 있다. 이로 보아 아차산 일대에 주둔한 지휘관이나 병사 가운데 식자층은 '井'자가 길상구인 '大吉'을 뜻하고, '吉'자를 변형한 '夲'자에서 유래한 사실을 알고 있었던 것으로 파악된다.

이와 관련해 'ス+一' 부호 안에 '井'자를 새긴 시루봉보루의 사례도 주목된다(부표 2-8 ⓗ·ⓘ·ⓙ). 'ス'자를 '夫'의 간략화된 형태로 본다면, 이 명문은 '夲'자의 변형으로 볼 수 있다. 즉 '夲'자를 간략화해 'ス+井'으로 쓴 것으로 볼 수 있다. '井'자 상단 가로획의 우측 부분에 'ス' 모양을 작게 새긴 ⓜ도 유사한 사례로 분류할 수 있다. 또 'ス' 부호 하단에 사다리 모양의 '丗'자를 새긴 집안 산성자산성의 사례(부표 1-4 ⓒ·ⓓ)는 'ス+井'를 더욱 간략화한 형태로 볼 수 있다. 이처럼 'ス' 모양 부호는 '夫'자의 간략화된 형태로 추정되는데, 집안 산성자산성뿐 아니라(부표 3-1 ⓛ·ⓜ·ⓝ) 아차산제3보루나 홍련봉제2보루에서도(부표 3-2 ⓛ·ⓜ) 다수 확인된다.

이상의 제반 사례로 보아 고구려의 식자층이라면 대부분 '井'자가 '大吉'을 뜻하며, '吉'자를 변형한 '夲'자에서 유래한 사실을 알고 있었다고 보인다. 이에 따라 '井'자의 의미나 그 유래도 주변국으로 널리 전파되었을 것이다. 415년 광개토왕을 기리기 위해 제작한 青銅 壺杅가 신라에 전해진 사실은 이를 잘 보여준다. 백제 도성인 풍납토성 출토 '大夫'와 '井' 명문은 백제인들이 475년 한성 함락 이전에 '井'자의 의미나 그 유래를 정확하게 인지한 사실을 잘 보여준다. 고구려인들이 길상구인 '大吉'을 '大夲'자로 변형하면서 창안한 '井'자가 신라나 백제로 널리 확산되어 동북아의 공용 부호로 사용된 것이다.

이상과 같이 '夫'자와 '井'자가 결합된 '夲'자는 가장 보편적인 길상구인 '大吉'의 '吉'자를 변형해 창안한 글자이며, '井'자는 '夲'자 가운데 하단 자획만 선택해 부호화한 것으로 '大吉'을 표상한다. 이에 '井'자를 직사각형으로 쓰기도 했지만, 마름모꼴로 써서 '大吉'이라는 길상구 전체를 표상하는 상징적 부호임을 나타낸 것으로 보인다.

그런데 415년 이전으로 편년되는 '井'자는 천추총의 계단석, 태왕릉의 장대석, 천추총 출토 권운문와당 등 모두 왕릉급 무덤을 조영하는데 사용한 석재나 와당에서 확인되었다. 호우총의 青銅 壺杅도 414년 광개토왕을 장사지낸 다음, 415년에 왕릉에서 제사를 지내고 이를 기념하기 위해 만들었던 것으로 추정된다.[139] '大夫'와 '井' 명문이 출토된 풍납토성 경당지구 9호 유구도 제의와 연관된 것으로 파악된다.[140] 현재

---

138) 보고서에서는 '天'자로 모사했고(부표 3-2 ⓚ), 고광의, 2021, 앞의 논문, p.197에서도 '天'자로 판독했다.

139) 김재원, 1948, 앞의 책, pp.34-35; 노태돈, 1992, 앞의 글, pp.135-136.

까지 확인된 초창기 '井'자의 사례는 모두 무덤 조영이나 제사(제의)와 관련된 것이다.

고구려가 王陵에서 제사를 지낸 사실은 集安高句麗碑를 통해 확인할 수 있다. 비문에 '四時祭祀'라는 표현이 나오는데, 守墓制를 시행하던 초기부터 각 왕릉에서 四時에 祭祀지냈음을 보여준다. 前漢代의 경우, 陵園의 寢殿에서 매일 4회의 上食, 廟에서 매년 25회의 제사, 便殿에서 매년 四時祭祀를 거행했다. 이와 비교하면 상기 四時祭祀는 便殿의 四時祭祀에 해당한다.[141] 이에 대해 연간 4회만 제사지냈다고 보기 어렵다며 매일, 매월, 매년 4회 제사를 거행했다고 이해하기도 한다.[142] 물론 四時祭祀가 便殿의 四時祭祀에 상응한다고 하여 연간 4회만 제사지냈다고 단정할 이유는 없다. 이는 고구려가 능묘제사를 거행하였다는 관용적 표현으로 보이는데, 실제로는 漢代 陵園에서처럼 便殿의 四時祭祀 이외에 다양한 제사를 거행했을 것이다.[143]

여기에서 주목되는 점은 集安高句麗碑를 건립하던 광개토왕 시기에 고구려인들이 陵墓 제사를 前漢代 陵園의 便殿에서 거행하던 四時祭祀라는 용어를 빌려 표현했다는 점이다. 이는 고구려인들이 중원왕조의 제사 관념을 수용했거나 이를 차용하여 능묘 제사를 거행했을 가능성을 시사한다. 고대 중국인들이 天神, 地祇, 人鬼에 제사를 지낸 목적은 求福, 攘禍, 報恩, 致敬에 있었는데, 이 중에서도 求福과 攘禍가 가장 중요했다.[144] 이러한 '求福과 攘禍' 곧 상서로움을 기원하는 대표적인 길상구가 '大吉'이다.

현재까지 확인된 자료만 놓고 본다면, 4세기 중반 무렵에 창안된 '井'자가 처음에는 주로 왕릉급 무덤의 조영이나 제사와 관련해 사용된 것으로 보인다. 다만 '井'자는 가장 일반적인 길상구인 '大吉'을 뜻하기 때문에[145] 점차 다양한 사람들에 의해 널리 수용되고, 주변국에도 널리 전파되었다. 아차산 일대의 거의 모든 보루에서 '井'자가 출토되고, 백제 도성인 풍납토성에서도 확인된 사실은 이를 잘 보여준다. 그리하여 '井'자는 점차 '大吉' 곧 '상서로움'을 표상하는 동북아 공용의 상징적 부호로 널리 통용되었다.

---

140) 권오영·권도희·한지선, 2004, 앞의 책, p.29.

141) 耿鐵華, 2013, 「集安高句麗碑考釋」, 『通化師範學院學報(人文社會科學)』 2013-2, p.3; 孫仁杰, 2013, 「集安高句麗碑文識讀」, 『東北史地』 2013-3, p.52.

142) 공석구, 2013, 「集安高句麗碑의 발견과 내용에 대한 考察」, 『고구려발해연구』 45, pp.44-46.

143) 여호규, 2013, 「신발견 '集安高句麗碑'의 구성과 내용 고찰」, 『한국고대사연구』 70, pp.89-90; 조우연, 2013, 「集安高句麗碑에 나타난 왕릉제사와 조상인식」, 『한국고대사연구』 70, pp.160-161.

144) 陳戍國, 1993, 『秦漢禮制硏究』, 湖南敎育出版社, pp.19-21.

145) '吉'·'大吉'자는 樂浪郡의 郡治였던 낙랑토성과 그 주변에서 출토된 전돌과 수막새에서 다수 확인되었다(임기환, 1992, 「낙랑瓦·博·土器銘」, 『역주 한국고대금석문(제1권)』, 가락국사적개발연구원, p.411; 이건무, 2000, 「청동기·원삼국시대의 문자와 기호 유물」, 『한국 고대의 문자와 기호 유물』, 국립청주박물관, p.169; 차용걸, 2000, 앞의 글, p.230 및 p.240 각주 7). 또 청주 봉명동유적의 원삼국시기 목관묘(4지구 A-52)에서도 '大吉'명 銅釧이 출토된 바 있다(충북대학교박물관·청주시, 1999, 『청주 봉명동유적 발굴조사약보고서』; 차용걸, 2000, 앞의 글, p.230). 길상구인 '吉'·'大吉'자가 일찍부터 한반도에 널리 전파된 것이다.

Ⅳ. 맺음말

고구려 유적에서 출토된 '井'자는 국내성 지역 132건(최대 229건), 남한지역 50건(최대 56건) 등 182건에 이른다. 국내성 지역의 '井'자는 석각, 와당, 기와 등 다양한 유물에 새겨졌지만, 남한지역에서는 토기에서만 확인된다. 국내성 지역의 사례는 대부분 와당·기와를 소성하기 이전에 새겼는데, 남한지역 사례는 토기 소성 이후에 새긴 것이 많다. 형태도 국내성 지역 사례는 대부분 마름모꼴이지만, 남한지역은 직사각형이 더 많다.

'井'자의 의미에 대한 견해는 문자설과 부호설로 나뉘는데, 백제 풍납토성과 고구려 시루봉보루에서 '大夫井' 명문이 출토된 이후 문자설이 우위를 점했다. 그런데 '井'자를 새긴 순서를 살펴보면 '우물 井'자의 필획과 상당히 다르며, 가로획이나 세로획을 엇갈리게 새긴 경우도 많다. 더욱이 시루봉보루의 '大夫井' 명문에서 '井'자는 '大夫'와 반대 방향에서 거꾸로 새겼다. '井'자를 '우물 井'자로 인지하고 새겼다고 보기 어려운 것이다.

'井'자를 '大夫'와 반대 방향에서 거꾸로 새긴 시루봉보루의 사례는 '夫'자와 '井'자가 본래 한 글자였을 가능성을 시사한다. 이에 4세기 권운문와당과 석각 명문을 검토하여 '大吉'의 '吉'자를 변형해 '㫒'자를 창안한 사실을 새롭게 규명했다. '夫'자와 '井'자로 이루어진 '㫒'자는 길상구인 '大吉'의 '吉'자를 변형해 창안한 글자이며, '井'자는 '㫒'자 가운데 하단부 자획만 떼어내어 부호화한 것으로 '大吉'을 표상한다.

고구려인들이 '井'자를 처음 창안한 4세기 중반에는 주로 왕릉급 무덤의 조영이나 제사와 관련해 사용한 것으로 보인다. 다만 '井'자는 가장 일반적인 길상구인 '大吉'을 뜻하기 때문에 점차 다양한 사람들에 의해 널리 수용되었고, 백제나 신라, 일본 등 주변국에도 널리 전파되었다. 그리하여 '井'자는 '大吉' 곧 '상서로움'을 표상하는 동북아 공용의 상징적 부호로 널리 통용되었다.[146]

| 투고일: 2024.11.14. | 심사개시일: 2024.11.27 | 심사완료일: 2024.12.11. |

---

146) 지금까지 출토된 모든 '井'자가 '大吉'을 뜻한다고 단정하기는 힘들다. 대체로 '大吉'을 뜻할 가능성이 높지만, 김해 예안리고분 출토 토기 명문의 '井勿'처럼 '大吉'로 보기 힘든 경우도 있다.

부표 1-1. 경주 호우총 출토 호우 명문

『호우총과 은령총』 도판 29, 30	국립중앙박물관 전시품 사진

부표 1-2. 집안 지역 석각 명문

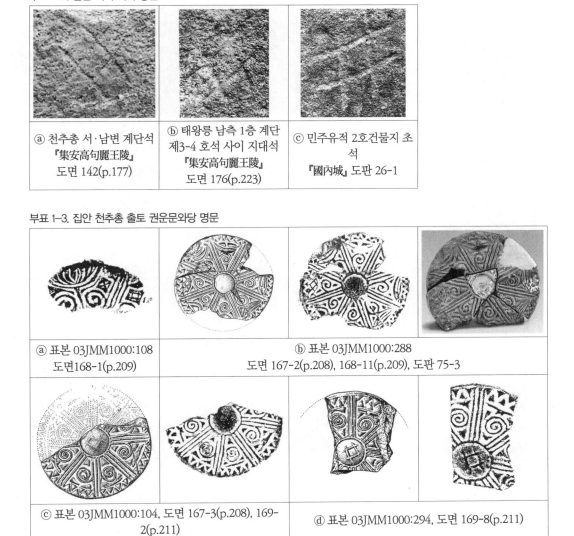

ⓐ 천추총 서·남변 계단석 『集安高句麗王陵』 도면 142(p.177)	ⓑ 태왕릉 남측 1층 계단 제3-4 호석 사이 지대석 『集安高句麗王陵』 도면 176(p.223)	ⓒ 민주유적 2호건물지 초석 『國內城』 도판 26-1

부표 1-3. 집안 천추총 출토 권운문와당 명문

ⓐ 표본 03JMM1000:108 도면168-1(p.209)	ⓑ 표본 03JMM1000:288 도면 167-2(p.208), 168-11(p.209), 도판 75-3	
ⓒ 표본 03JMM1000:104, 도면 167-3(p.208), 169-2(p.211)	ⓓ 표본 03JMM1000:294, 도면 169-8(p.211)	

ⓐ 2호문지 출토 수키와(2003JWN2T304②:45) 도면 22-1(p.36), 도판 22-4		ⓑ 2호문지 출토 수키와(2003JWN2T404②:7) 도면 22-2(p.36), 도판 22-5	
ⓒ 2호문지 출토 수키와(2003JWN2T402②:12) 도면 22-5(p.36), 도판 23-2		ⓓ 2호문지 출토 수키와(2003JWN2T303②:73) 도면 22-6(p.36), 도판 23-3	
ⓔ 2호문지 출토 수키와(2003JWN2T402②:7) 도면 23-4(p.37), 도판 24-1		ⓕ 궁전지 출토 암키와 (2001JWGT205③:50) 도판 85-2	ⓖ 궁전지 출토 수키와 (2001JWGT205③:20) 도판 86-1
ⓗ 궁전지 출토 수키와 (21JWGT1107③:26) 도면 81-4(p.129)	ⓘ 궁전지 출토 수키와 (2001JWGT801③:41) 도면 82-1(p.130)	ⓙ 궁전지 출토 수키와 (2001JWGT801③:6) 도판 91-1	ⓚ 궁전지 출토 수키와 (2001JWGT708③:2) 도면 82-2(p.130)

도면 없음		 
ⓛ 궁전지 출토 수키와(2001JWGT205③:47) 도판 91-2	ⓜ 궁전지 출토 암키와(2001JWGT106④:48) 도면 92-1(p.141), 도판 97-1	
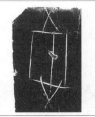 	 	
ⓝ 궁전지 출토 수키와(2001JWGT404④:208) 도면 85-2(p.133), 도판 93-4	ⓞ 궁전지 출토 수키와(2001JWGT304③:6) 도면 85-3(p.133), 도판 94-1	

ⓟ 궁전지 출토 수키와(2001JWGT704④:10) 도면 85-5(p.133), 도판 94-2	ⓠ 궁전지 출토 수키와(2001JWGT305③:101) 도면 86-1(p.134), 도판 94-4	

ⓡ 궁전지 출토 수키와 (2001JWGT709③:3) 도면 95-3(p.144)	ⓢ 궁전지 출토 수키와 (2001JWGT706④:26) 도면 98-2(p.147)	ⓣ 궁전지 출토 수키와 (2001JWGT305③:70) 도면 98-5(p.147)	ⓤ 궁전지 출토 수키와 (2001JWGT806④:29) 도면 98-1(p.147)

ⓥ 점장대 출토 수키와편 (2003JWL:142) 도면 110-1(p.162)

부표 2-1. 몽촌토성 출토 '井' 관련 명문

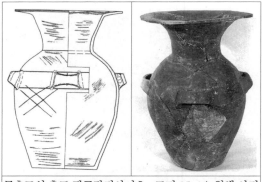

몽촌토성 출토 광구장경사이호 : 도면 95-14, 원색 사진

부표 2-2. 구의동보루 출토 '井' 관련 명문

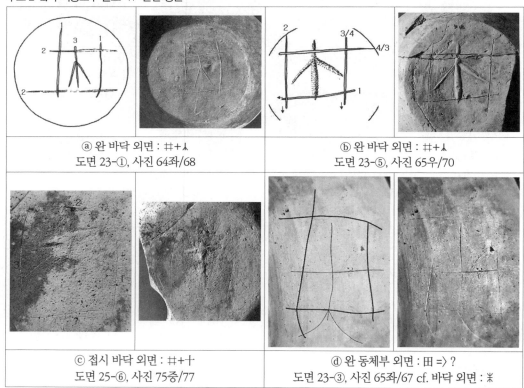

| ⓐ 완 바닥 외면 : 井+人
도면 23-①, 사진 64좌/68 | ⓑ 완 바닥 외면 : 井+人
도면 23-⑤, 사진 65우/70 |
| ⓒ 접시 바닥 외면 : 井+十
도면 25-⑥, 사진 75중/77 | ⓓ 완 동체부 외면 : 田 =〉?
도면 23-③, 사진 65좌/67 cf. 바닥 외면 : 米 |

부표 2-3. 홍련봉제1보루 출토 '井' 관련 명문

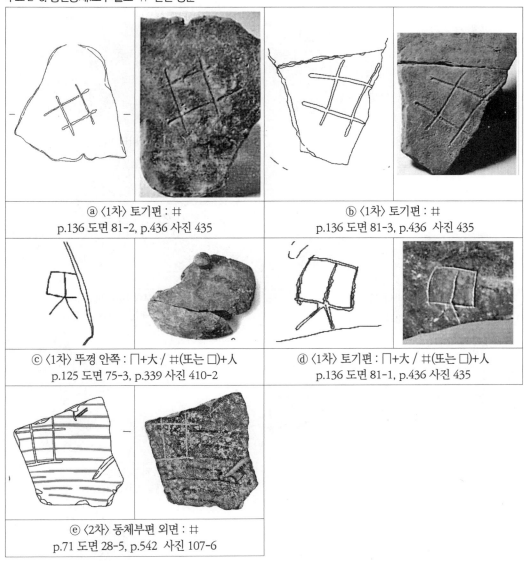

ⓐ 〈1차〉 토기편 : 井
p.136 도면 81-2, p.436 사진 435

ⓑ 〈1차〉 토기편 : 井
p.136 도면 81-3, p.436 사진 435

ⓒ 〈1차〉 뚜껑 안쪽 : ⼎+大 / 井(또는 □)+人
p.125 도면 75-3, p.339 사진 410-2

ⓓ 〈1차〉 토기편 : ⼎+大 / 井(또는 □)+人
p.136 도면 81-1, p.436 사진 435

ⓔ 〈2차〉 동체부편 외면 : 井
p.71 도면 28-5, p.542 사진 107-6

부표 2-4. 홍련봉제2보루 출토 '卄' 관련 명문

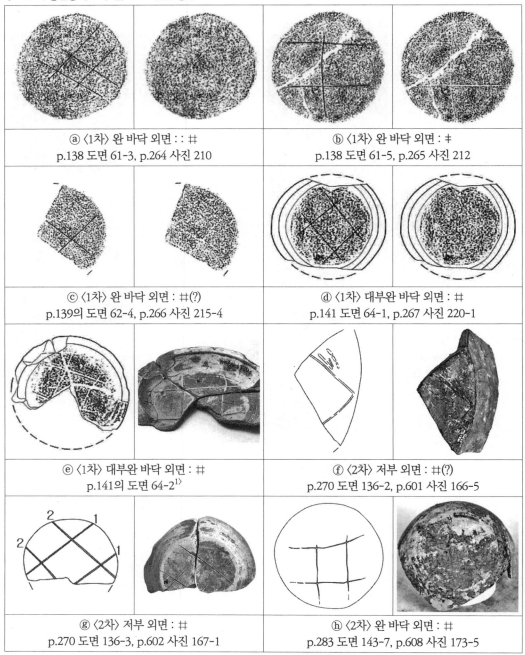

ⓐ 〈1차〉 완 바닥 외면 : : 卄 p.138 도면 61-3, p.264 사진 210	ⓑ 〈1차〉 완 바닥 외면 : 卄 p.138 도면 61-5, p.265 사진 212
ⓒ 〈1차〉 완 바닥 외면 : 卄(?) p.139의 도면 62-4, p.266 사진 215-4	ⓓ 〈1차〉 대부완 바닥 외면 : 卄 p.141 도면 64-1, p.267 사진 220-1
ⓔ 〈1차〉 대부완 바닥 외면 : 卄 p.141의 도면 64-2[1]	ⓕ 〈2차〉 저부 외면 : 卄(?) p.270 도면 136-2, p.601 사진 166-5
ⓖ 〈2차〉 저부 외면 : 卄 p.270 도면 136-3, p.602 사진 167-1	ⓗ 〈2차〉 완 바닥 외면 : 卄 p.283 도면 143-7, p.608 사진 173-5

---

1) 보고서 267쪽의 사진 220-3은 대부완의 바닥 내면을 촬영한 것이다. 바닥 외면 사진은 고려대학교 최종택 교수가 제공해 주었다. 사진을 제공해 주신 최종택 교수께 감사드린다.

ⓘ 〈2차〉 대부완 바닥 외면 : # p.285 도면 144-6, p.609 사진 174-4	ⓙ 〈2차〉 대부완 바닥 외면 : #+ㅅ p.285 도면 144-7, p.609 사진 174-5

ⓚ 〈2차〉 접시 바닥 외면: #+力 p.304 도면 157-4, p.616 사진 181-3	ⓛ 〈2차〉 접시 바닥 외면: : #+□ p.305 도면 158-2, p.617 사진 182-1

ⓜ 〈2차〉 종지 바닥 외면 : #(?) p.312 도면 163-3, p.620 사진 185-5	

부표 2-5. 아차산제3보루 출토 '#' 관련 명문

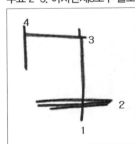 	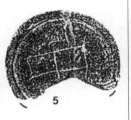 
ⓐ 부호토기 : # p.132의 도면 85-1, 사진 270-2	ⓑ 완의 바닥 외면 : 田(?) p.110 도면 75-⑤, p.253 사진 228-4

부표 2-6. 아차산제4보루 출토 '井' 관련 명문

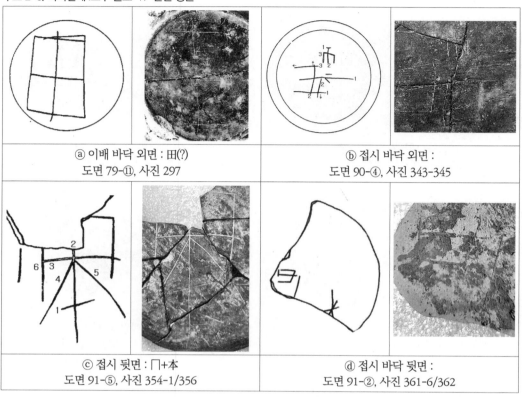

ⓐ 이배 바닥 외면 : 田(?)
도면 79-⑪, 사진 297

ⓑ 접시 바닥 외면 :
도면 90-④, 사진 343-345

ⓒ 접시 뒷면 : ⊓+本
도면 91-⑤, 사진 354-1/356

ⓓ 접시 바닥 뒷면 :
도면 91-②, 사진 361-6/362

부표 2-7. 용마산제2보루 출토 '井' 관련 명문

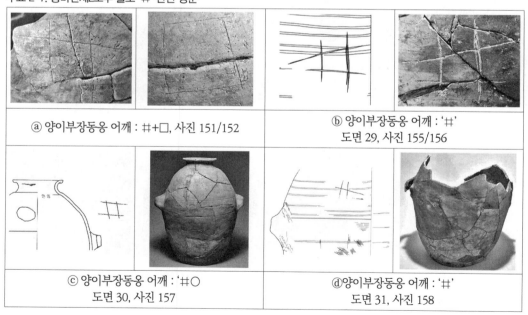

ⓐ 양이부장동옹 어깨 : 井+□, 사진 151/152

ⓑ 양이부장동옹 어깨 : '井'
도면 29, 사진 155/156

ⓒ 양이부장동옹 어깨 : '井○
도면 30, 사진 157

ⓓ양이부장동옹 어깨 : '井'
도면 31, 사진 158

부표 2-8. 시루봉보루 출토 '井' 관련 명문

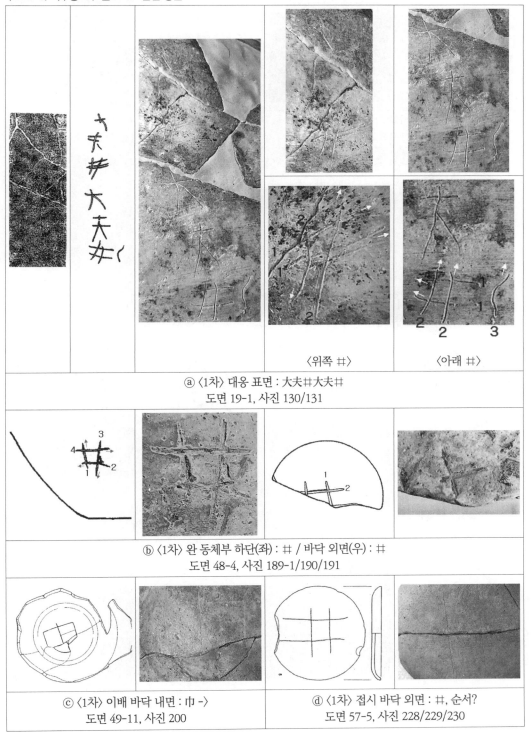

ⓐ 〈1차〉 대옹 표면 : 大夫井大夫井
도면 19-1, 사진 130/131

ⓑ 〈1차〉 완 동체부 하단(좌) : 井 / 바닥 외면(우) : 井
도면 48-4, 사진 189-1/190/191

ⓒ 〈1차〉 이배 바닥 내면 : 巾 →)
도면 49-11, 사진 200

ⓓ 〈1차〉 접시 바닥 외면 : 井, 순서?
도면 57-5, 사진 228/229/230

〈위쪽 井〉　〈아래 井〉

ⓔ 〈1차〉 접시 바닥 외면 : 井, 순서?
도면 58-1, 사진 231/233

ⓕ 〈1차〉 접시 바닥 외면: 井
도면 58-2, 사진 238/240

ⓖ 〈1차〉 접시 바닥 내면 : 井
도면 60-1, 사진 251-1/252

ⓗ 〈1차〉 접시 바닥 내면 : ㅈ+井+ ―
도면 60-4, 사진 260/261

ⓘ 〈1차〉 접시 바닥 내면 : ㅈ+井+ ―
도면 61-1, 사진 264 cf. 외면 : ᅀ

ⓙ 〈1차〉 토기 바닥 : ㅈ+井+ ―
도면 74-6, 사진 343-11/355

ⓚ 〈1차〉 접시 바닥 외면 : 井
도면 62-1, 사진 275-1/278

ⓛ 〈1차〉 臺附盌 바닥 외면 : 井
도면 66-5, 사진 306-2/308

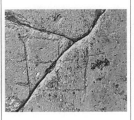
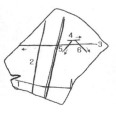

ⓜ 〈1차〉 토기 바닥 내면(좌): 田 / 외면 : ♯(?)
도면 73-3, 사진 346-6/349/350

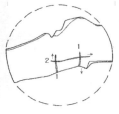

ⓝ 〈1차〉 토기 바닥 외면 : ♯
도면 73-5, 사진 343-7/351

ⓞ 〈1차〉 접시 바닥 내면 : ♯
도면 73-4, 사진 343-4/347

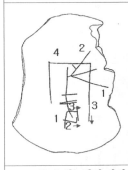

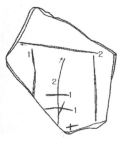

ⓟ 〈1차〉 접시 바닥 내면(좌) : / 외면(우) :
도면 59-2, 사진 244, 246(내면), 247(외면)

ⓠ 〈1차〉 토기편 :
도면 74-9, 사진 343-8/352

ⓡ 〈2차〉 장동옹 동체 상단 :)(, ?, ⅄, H,
도면 20, 사진 32 cf. 아래에서 위쪽으로 새김

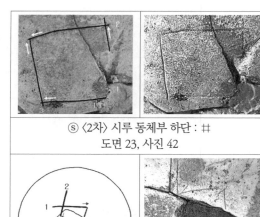

| ⑤ 〈2차〉 시루 동체부 하단 : ♯
도면 23, 사진 42 | ⑤ 〈2차〉 접시 바닥 내면-)뒷면 : ♯
도면 36-④, 사진 70/71 |

| ⑥ 〈2차〉 접시 바닥 외면: ♯(?)
도면 34-②, 사진 74/75. cf. 내면 : △ | ⑦ 〈2차〉 직구옹 동체 상단
도면 21-④, 사진 36 |

부표 2-9. 연천 호로고루, 연천 은대리성, 청원(세종) 남성골산성 출토 '♯' 관련 명문

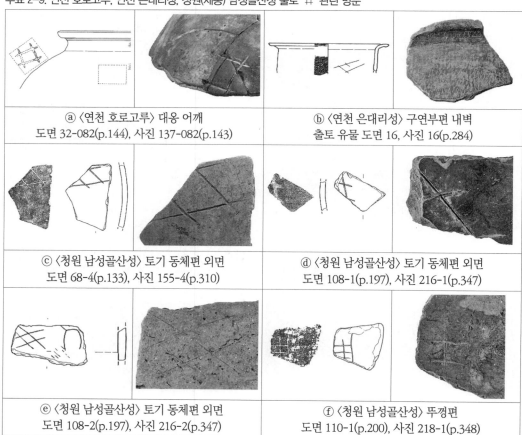

ⓐ 〈연천 호로고루〉 대옹 어깨 도면 32-082(p.144), 사진 137-082(p.143)	ⓑ 〈연천 은대리성〉 구연부편 내벽 출토 유물 도면 16, 사진 16(p.284)
ⓒ 〈청원 남성골산성〉 토기 동체편 외면 도면 68-4(p.133), 사진 155-4(p.310)	ⓓ 〈청원 남성골산성〉 토기 동체편 외면 도면 108-1(p.197), 사진 216-1(p.347)
ⓔ 〈청원 남성골산성〉 토기 동체편 외면 도면 108-2(p.197), 사진 216-2(p.347)	ⓕ 〈청원 남성골산성〉 뚜껑편 도면 110-1(p.200), 사진 218-1(p.348)

부표 3–1. 國內城 지역의 '大吉' 관련 문자자료

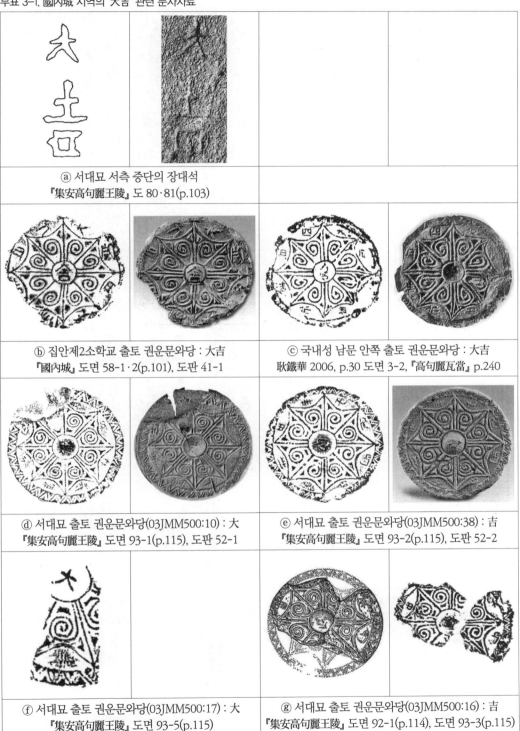

ⓐ 서대묘 서측 중단의 장대석
『集安高句麗王陵』 도 80·81(p.103)

ⓑ 집안제2소학교 출토 권운문와당 : 大吉
『國內城』 도면 58-1·2(p.101), 도판 41-1

ⓒ 국내성 남문 안쪽 출토 권운문와당 : 大吉
耿鐵華 2006, p.30 도면 3-2, 『高句麗瓦當』 p.240

ⓓ 서대묘 출토 권운문와당(03JMM500:10) : 大
『集安高句麗王陵』 도면 93-1(p.115), 도판 52-1

ⓔ 서대묘 출토 권운문와당(03JMM500:38) : 吉
『集安高句麗王陵』 도면 93-2(p.115), 도판 52-2

ⓕ 서대묘 출토 권운문와당(03JMM500:17) : 大
『集安高句麗王陵』 도면 93-5(p.115)

ⓖ 서대묘 출토 권운문와당(03JMM500:16) : 吉
『集安高句麗王陵』 도면 92-1(p.114), 도면 93-3(p.115)

ⓗ 국내성지 체육장 출토 권운문와당(2003JGTYCF2:1) : 泰歲 『國內城』도면 76-1(p.131), 도판 41-2		① 우산하992호분 출토 권운문와당 (03JYM992:45) : 泰歲 『集安高句麗王陵』도면 107-1(p.134), 도판 54-2	

① 이수원자남유적 출토 『朝鮮古文化綜鑑』4권, p.36	② 우산하3319호분 채집 『東北史地』2005-6, 도판 5-1	③ 이수원자남유적 출토 『高句麗瓦當研究』, p.149	①의 세부 ③의 세부
ⓙ '十谷民造'명 권운문와당			

『東北史地』2005-6, 표지사진	『高句麗瓦當研究』, p.148	① ②	③ ④
ⓚ 우산하3319호분 출토 '乙卯年癸酉'명 권운문와당			
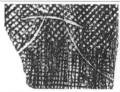	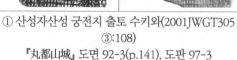	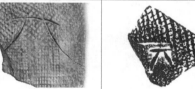	
① 산성자산성 궁전지 출토 수키와(2001JWGT305③:108) 『丸都山城』도면 92-3(p.141), 도판 97-3		ⓜ 산성자산성 궁전지 출토 수키와(2001JWGT604③:38) 『丸都山城』도면 92-2(p.141), 도판 97-3	
		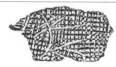	
ⓝ 산성자산성 점장대 출토 암키와편(2003JWL:169) 『丸都山城』도면113-2(p.165)		ⓞ 산성자산성 점장대 출토 암키와편(2003JWL:49) 『丸都山城』도면113-1(p.165), 도판 106-1	

ⓐ 풍납토성 경당지구 9호 유구 출토 직구단경호 : 大夫(상) / 井(하)
『풍납토성 Ⅳ』(본문-도면) 도면 35(p.83) / 『풍납토성 Ⅳ』(도판) 도판 68(p.68)

ⓑ 시루봉보루 '大夫井'명 대응의 하단 명문

ⓒ 아차산제4보루 완 바닥 외면 : 大(?)吉
도면 78-①, 원색사진 39-4

ⓓ 아차산제4보루 접시 내면
원색사진 39-③

ⓔ 아차산제4보루 접시 외면
사진 358-4/359

ⓕ 홍련봉제2보루 〈2차〉 종지 바닥 외면 : 大
p.312 도면 163-7, p.621 사진 186-2

ⓖ 시루봉보루 〈1차〉 접시 바닥 내면
도면 59-2, 사진 246(내면)
cf. 외면 명문은 〈부표 2-8〉의 ⓟ 참조

ⓗ 시루봉보루 〈1차〉 토기 바닥 외면 : 大, 十
도면 74-1, 사진 343-1/344

ⓘ 시루봉보루 〈1차〉 동체부 외면 : 大
도면 74-2, 사진 339-2/341

 	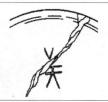 
ⓙ홍련봉제1보루 〈1차〉 뚜껑 윗면 : 夫 p.125 도면 75-1, p.338 사진 409	ⓚ아차산제4보루 완 바닥 외면 : V+夫(天) 도면 77-⑥, 사진 285

ⓛ 아차산제3보루 접시 바닥 : 六(?) =〉ス p.120 도면 79-⑯, p.259 사진 246	ⓜ 홍련봉제2보루 〈2차〉 접시 바닥 외면 : ス+ス p.305 도면 158-3, p.617 사진 182-2

도면과 사진 출처[2]

부표 1-1 : 김재원, 1948, 앞의 책.

부표 1-2 : 『國內城』 : 吉林省文物考古研究所·集安市博物館, 2004a, 앞의 책.
　　　　　『集安高句麗王陵』 : 吉林省文物考古研究所·集安市博物館, 2004b, 앞의 책.

부표 1-3 : 吉林省文物考古研究所·集安市博物館, 2004b, 앞의 책.

부표 1-4 : 吉林省文物考古研究所·集安市博物館, 2004c, 앞의 책.

부표 2-1 : 김원룡·임효재·박순발, 1988, 앞의 책.

부표 2-2 : 구의동보고서간행위원회, 1997, 앞의 책.

부표 2-3 : 〈1차〉 : 최종택·이수진·오은정·오진석·이정범·조성윤, 2007, 앞의 책.
　　　　　〈2차〉 : 이정범·하재령·조보람, 2015, 앞의 책.

부표 2-4 : 〈1차〉 : 최종택·이수진·오은정·조성윤, 2007, 앞의 책.
　　　　　〈2차〉 : 이정범·하재령·조보람, 2015, 앞의 책.

부표 2-5 : 최종택·오진석·조성윤·이정범, 2007, 앞의 책.

부표 2-6 : 임효재·최종택·양성혁·윤상덕·장은정, 2000, 앞의 책.

부표 2-7 : 양시은·김진경·조가영·이정은·이선복, 2009, 앞의 책.

부표 2-8 : 〈1차〉 : 임효재·최종택·임상택·윤상덕·양시은·장은정, 2002, 앞의 책.
　　　　　〈2차〉 : 이선복·양시은·남은실·조가영·김준규, 2013, 앞의 책.

부표 2-9 : 〈연천 호로고루〉 : 심광주·정나리·이형호, 2007, 앞의 책.
　　　　　〈연천 은대리성〉 : 박경식·서영일·방유리·김호준·이재설, 2004, 앞의 책.
　　　　　〈청원(세종) 남성골산성〉 : 차용걸·박중균·한선경, 2008, 앞의 책.

부표 3-1~부표 3-2 : 부표 1-1~부표 2-9의 출처 및 참고문헌 참조.

---

2) 보고서 사진이 흐린 경우 필자가 촬영한 것을 활용하기도 했다.

1. 보고서

구의동보고서간행위원회, 1997, 『한강유역의 고구려 요새』, 소화.

권오영·권도희·한지선, 2004, 『풍납토성 IV-경당지구 9호 유구에 대한 발굴보고(본문·도면)』, 한신대학교 박물관.

김원룡·임효재·박순발, 1988, 『몽촌토성-동남지구발굴조사보고』, 서울대학교 박물관.

김재원, 1948, 『호우총과 은령총(국립박물관 고적조사보고 제1책)』, 을유문화사.

박경식·서영일·방유리·김호준·이재설, 2004, 『연천 은대리성 지표 및 시·발굴조사 보고서』, 단국대학교 매장문화재연구소·연천군.

심광주·정나리·이형호, 2007, 『연천 호로고루 III(제2차 발굴조사보고서)』, 한국토지공사토지박물관·연천군.

양시은·김진경·조가영·이정은·이선복, 2009, 『용마산 제2보루 발굴조사보고서』, 서울대학교박물관·서울 특별시.

이선복·양시은·남은실·조가영·김준규, 2013, 『시루봉보루 II』, 서울대학교박물관·구리시.

이정범·오현준, 2019, 『사적 제455호 아차산 일대 보루군 홍련봉 제1·2보루 3차 발굴조사보고서』, 한국고 고환경연구소·광진구청.

이정범·하재령·조보람, 2015, 『사적 제455호 아차산 일대 보루군 홍련봉 제1·2보루』, 한국고고환경연구 소·광진구청.

임효재·최종택·양성혁·윤상덕·장은정, 2000, 『아차산 제4보루-발굴조사 종합보고서-』, 서울대학교 박물 관·서울대학교 인문학연구소·구리시·구리문화원.

임효재·최종택·임상택·윤상덕·양시은·장은정, 2002, 『아차산 시루봉 보루 발굴조사 종합보고서』, 서울대 학교 박물관·서울대학교 인문학연구원·구리시·구리문화원.

차용걸·박중균·한선경, 2008, 『청원 남성곡 고구려유적』, 중원문화재연구원.

최종택·오진석·조성윤·이정범, 2007, 『아차산 제3보루-1차 발굴조사보고서』, 고려대학교 고고환경연구 소·구리시.

최종택·이수진·오은정·오진석·이정범·조성윤, 2007, 『홍련봉 제1보루 발굴조사 종합발굴보고서』, 고려 대학교 고고환경연구소·서울특별시.

최종택·이수진·오은정·조성윤, 2007, 『홍련봉 제2보루-1차 발굴조사보고서』, 고려대학교 고고환경연구 소·서울특별시.

충북대학교박물관·청주시, 1999, 『청주 봉명동유적 발굴조사약보고서』.

吉林省文物考古研究所·集安市博物館, 2004a, 『國內城』, 文物出版社.

吉林省文物考古研究所·集安市博物館, 2004b, 『集安高句麗王陵』, 文物出版社.

吉林省文物考古硏究所·集安市博物館, 2004c, 『丸都山城』, 文物出版社.

2. 연구 논저[※]

고경희, 1994, 「신라 월지 출토 在銘遺物에 대한 명문 연구」, 동아대학교 석사학위논문.

고광의, 2021, 「남한 출토 고구려 토기 명문 연구」, 『목간과 문자』 27.

고광의, 2023, 『고구려의 문자문화』, 동북아역사재단.

공석구, 2013, 「集安高句麗碑의 발견과 내용에 대한 考察」, 『고구려발해연구』 45.

권오영, 2000, 「고구려·백제의 문자와 기호 유물」, 『한국 고대의 문자와 기호 유물』, 국립청주박물관.

권오영, 2012, 「한국고고학 연구에서 풍납토성의 가치」, 『동북아시아 속의 풍납토성』, 학연문화사.

기경량, 2016, 「집안지역 출토 고구려 권운문와당 명문의 판독과 유형」, 『고구려발해연구』 56.

김창석 2004, 「한성기 백제의 국가제사 체계와 변화 양상」, 『서울학연구』 22.

김태식, 2003, 「신선의 왕국, 도교의 사회 신라」, 『문화재』 36.

노태돈, 1992, 「광개토왕호우명문」, 『역주 한국고대금석문(제1권)』, 가락국사적개발연구원.

문동석, 2002, 「풍납토성 '大夫'명에 대하여」, 『백제연구』 36.

박미정, 2000, 「명문 토기」, 『창녕 계성고분군(하)』, 호암미술관.

박순발, 2002, 「촌락의 형성과 발전」, 『강좌 한국고대사 제7권(촌락과 도시)』, 가락국사적개발연구원.

박찬규, 2005, 「집안지역에서 최근 발견된 고구려 문자자료」, 『고구려연구』 19.

백종오, 2005, 『고구려 기와의 성립과 왕권』, 주류성출판사.

선석열, 1997, 「고대 명문의 해독과 분석」, 『유물에 새겨진 고대 문자』, 부산광역시립박물관 복천분관.

송계현, 2000, 「가야·신라의 문자와 기호 유물」, 『한국 고대의 문자와 기호 유물』, 국립청주박물관.

심광주, 2009, 「남한지역 고구려유적 출토 명문자료에 대한 검토」, 『목간과 문자』 4.

양시은, 2016, 『고구려 성 연구』, 진인진.

여호규, 2006, 「集安地域 고구려 초대형적석묘의 전개과정과 被葬者 문제」, 『한국고대사연구』 41.

여호규, 2010, 「1990년대 이후 고구려 문자자료의 출토현황과 연구동향」, 『한국고대사연구』 57.

여호규, 2012, 「고구려 國內城 지역의 건물유적과 都城의 공간구조」, 『한국고대사연구』 66.

여호규, 2013, 「신발견 '集安高句麗碑'의 구성과 내용 고찰」, 『한국고대사연구』 70.

이건무, 2000, 「청동기·원삼국시대의 문자와 기호 유물」, 『한국 고대의 문자와 기호 유물』, 국립청주박물관.

이주헌·이용현·유혜선, 2006, 「호우총, 은령총의 출토유물」, 『호우총 은령총 발굴 60주년 기념』, 국립중앙 박물관.

임기환, 1992, 「낙랑 瓦·塼·土器銘」, 『역주 한국고대금석문(제1권)』, 가락국사적개발연구원.

정호섭, 2011, 『고구려 고분의 조영과 제의』, 서경문화사.

※ 보고서 중 고찰만 활용한 경우는 연구 논저로 분류함.

조우연 2013, 「集安高句麗碑에 나타난 왕릉제사와 조상인식」, 『한국고대사연구』 70.

주보돈, 1997, 「한국 고대의 토기명문」, 『유물에 새겨진 고대 문자』, 부산광역시립박물관 복천분관.

차용걸, 2000, 「충북지역 출토 문자와 기호유물」, 『한국 고대의 문자와 기호 유물』, 국립청주박물관.

최인호, 2004, 『제왕의 문(1-2)』, 여백미디어.

최종택, 1993, 『구의동-토기류에 대한 고찰』, 서울대학교 박물관.

최종택, 2014, 『아차산 보루와 고구려 남진경영』, 서경문화사.

하병엄, 2006, 「문자자료로 본 고대 제사 -「井」字를 중심으로」, 『博物館研究論集』 12, 부산박물관.

하승철, 1998, 「운곡리고분군 출토 토기의 명문에 대한 검토」, 『의령 운곡리고분군』, 경상대학교박물관.

홍보식, 1997, 「문자가 있는 참고자료」, 『유물에 새겨진 고대 문자』, 부산광역시립박물관 복천분관.

耿鐵華, 2006, 「集安新出土文字瓦當及釋讀」, 『北方文物』 2006-4.

耿鐵華, 2007, 「集安出土卷雲紋瓦當研究」, 『東北史地』 2007-4.

耿鐵華, 2013, 「集安高句麗碑考釋」, 『通化師範學院學報』(人文社會科學) 2013-2.

耿鐵華, 2014, 『高句麗瓦當』, 吉林大學出版社.

耿鐵華·尹國有, 2001, 『高句麗瓦當研究』, 吉林人民出版社.

吉林省文物志編纂委會, 1984, 『集安縣文物志』.

林至德·耿鐵華, 1985, 「集安出土的高句麗瓦當及其年代」, 『考古』 1985-7.

孫仁杰, 2013, 「集安高句麗碑文識讀」, 『東北史地』, 2013-3.

李殿福, 1984, 「集安卷雲銘文瓦當考辨」, 『社會科學戰線』 1984-4.

張礼艶·張毅博, 2017, 「集安出土高句麗瓦當文字及特點研究」, 『中國文字研究』 25.

陳戌國, 1993, 『秦漢禮制研究』, 湖南教育出版社.

高島英之, 2000, 『古代出土文字資料の研究』, 東京堂出版.

金在滿, 1956, 「慶州壺杆塚出土の銅壺銘'十'について」, 『考古學雜誌』 42-1.

梅原末治 編, 1966, 『朝鮮古文化綜鑑(第四卷)』, 養德社.

山下孝司, 2000, 「墨書土器·刻書土器にみる魔除け符號」, 『山梨縣考古學協會誌』 11.

平川南, 1991, 「墨書土器とその字形」, 『國立歷史民俗博物館研究報告』 35.

平川南, 1996, 「"古代の死"と墨書土器」, 『國立歷史民俗博物館研究報告』 68.

平川南 編, 2005, 『古代日本文字の來れ道』, 大修館書店.

荒井秀規, 2005, 「神に捧げられる土器」, 『文字と古代日本(4)(神佛と文字)』, 吉川弘文館.

⟨Abstract⟩

Excavation Status and Meaning of the '井' Inscription in Goguryeo Ruins

Yeo, HoKyu

This paper summarizes the excavation status of the '井' inscription in Goguryeo ruins and examines its meaning. The '井' inscription has been excavated in 182 cases, including 132 cases (up to 229 cases) in the GukNaeSeong(國內城) Castle area and 50 cases (up to 56 cases) in the South Korea area. The '井' inscription is found on a variety of artifacts, including stone carvings, antefixes, and roof tiles in the GukNaeSeong Castle region, but only on earthenware in the South Korea region. As for its shape, most of the examples in the GukNaeSeong Castle area are rhombic, but in the South Korea, they are more rectangular.

There are two schools of thought about the meaning of the '井' inscription: the literalist school, which sees it as the character '井' for well, and the symbolic school, which sees it as a sign. However, the order of carving the '井' inscription is different from the '井' character for well. Furthermore, in the '大夫井' inscription of Shirubong Fort, the '井' inscription was carved upside down in the opposite direction from the '大夫' character. Therefore, it is difficult to see the '井' inscription as a 'well 井' character.

The example of Shirubong Fort suggests that the '夫' and '井' inscription may have originally been one character. By examining inscriptions on cloud-patterned antefixes and stone inscriptions from the 4th century, I found that the Goguryeo people created the '春' character by modifying the '吉' character of the auspicious phrase, '大吉'. The '井' inscription is coded by selecting only the lower part of the '春', which represents '大吉'.

The '井' inscription was initially used in connection with royal tombs and rituals. However, because the '井' inscription represents the most common auspicious phrase, '大吉', it gradually became widespread and spread to neighboring countries such as Baekje, Silla, and Japan. As a result, the '井' inscription became widely accepted as a common symbol in Northeast Asia, representing '大吉', which means 'auspiciousness'.

▶ Key words: Goguryeo, '井' Inscription, Character '井' for Well, Auspicious Phrase, DaeGil(大吉: DaJi)

3~7세기 고구려인 포로 집단의 중국 내지 이동 및 활동
– 중원왕조의 對이민족 정책을 중심으로 한 문제 제기 –

안현선[*]

Ⅰ. 머리말
Ⅱ. 고구려인 포로 집단의 중국 내지 이동과 그 영향
Ⅲ. 중원왕조의 對이민족 정책
Ⅳ. 맺음말

〈국문초록〉

이 글은 문헌사료 및 출토자료에서 보이는 고구려인 포로 집단의 중국 내지로의 이동을 종합하고 각 중원왕조가 실천한 이민족 정책을 비교 검토한 것이다.

3~7세기 고구려인 포로 집단의 중국 내지로의 유입은 중원왕조와의 대립 과정에서 발생한 강제 이주였다. 그러나 그들이 안치된 지역에서는 약간의 차이를 보인다. 우선 曹魏 正始 연간(244~246) 유주자사 관구검에 의해 중원 지역으로 들어온 고구려인 포로 집단은 수도 낙양의 동쪽 방어 거점 지역인 滎陽에 안치되었다. 그 다음 강제 이주가 이루어진 4세기에는 요서 일대를 중심으로 세력을 키운 慕容部 세력에 의해 정복당한 扶餘, 宇文部, 段部 등의 집단과 함께 모용부 정권의 주요 근거지인 龍城과 棘城에 안치되었다. 이후에 그중 일부는 전연 모용황의 정책에 의해 도성 서쪽 경계 지역 및 새로운 수도 中山 및 鄴城 일대로 옮겨진다. 또한 4세기 말에는 山東 지역 일대로 옮겨진 고구려인 포로 집단이 다시 한번 이동하게 된다. 北魏 道武帝는 後燕의 수도 中山을 정복하고 山東六州에 있던 漢族 및 모용부, 고구려인 포로 집단을 수도인 平城으로 이주시켰다. 마지막으로 고구려 멸망 후에는 고구려의 지배층과 피지배층이 분리되었다. 피지배층은 중국 각 지역의 공한지에 分置되었고, 일부를 제외한 지배층은 당의 관직을 제수 받아 수도인 長安 일대에 본적지를 두게 하였다.

한편 중원 내 고구려인의 활동은 본국의 지배층이었던 인물에게 집중된다. 前燕의 質子로 보내진 고구려인은 단순히 인질이라는 역할에 그치지 않고 황제의 측근에서 宿衛하면서 황제와의 군신 관계를 구축하였

---

* 奈良國立博物館 연구원 / 關西學院大學 문학연구과 연구원

다. 이후 북위대에는 일정 수의 고구려인 포로 집단을 통솔하는 長으로서 중원 내에서 세력을 유지하였으나 孝文帝의 漢化政策 이후 그 입지가 크게 축소된 것으로 추정된다.

그리고 唐代에는 고구려인의 활동은 크게 두 가지 유형으로 분류할 수 있다. 泉男生과 李他仁으로 대표되는 고구려의 故地를 按撫(반란 방지 및 신라 견제)하는 그룹과 高質과 高足酉로 대표되는 당의 中央十六衛 무관직에 배속되어 다양한 대외 원정에 동원되는 그룹이다. 이들의 활동은 7세기 말까지 집중되며, 그들의 자손은 부친 등의 官品에 의한 恩蔭의 특권을 부여받았다. 이는 고구려인뿐만 아니라 당시 주요 非漢民族이었던 突厥과 靺鞨, 소그드인, 동시기에 멸망한 百濟人 등의 행적과 유사한 특징을 가진다.

▶ 핵심어: 중국 내지의 고구려인 집단, 각 중원 왕조의 이민족 지배 형태, 이주

I. 머리말

3세기 이후, 고구려인 포로 집단이 중국 내지로 이동하게 된 원인은 고구려와 국경을 접한 중원 왕조와의 전쟁에 있다. 고구려인 포로 집단의 이후 행방은 단편적이나마 문헌사료에 남아 있으며, 최근 중국에서 발견된 금석문 등의 출토자료가 계속적으로 늘어남에 따라 특정 인물에 대한 검토 및 해당 사건에 대한 추가적인 논의가 가능하게 되었다.

최근 한중일 고대사 학계에서의 고구려인 포로 집단을 대상으로 한 연구를 정리하면 다음과 같다. 우선 중국 학계에서는 고구려인의 중국 이주 시기를 최대 2세기로 소급하여 그들의 중국 내지로 들어오게 된 원인과 정착 과정이 재검토되고 있다.[1] 하지만 이들 연구 중 구체적인 논증이 아닌 '하나의 중국' 사상에서 파생되어 고구려의 역사를 中國邊疆史로 편입시키고자 하는 주관적인 견해가 보인다. 이는 사료의 교차 검증 혹은 비슷한 시기에 활동한 다른 민족과의 비교 등에 의한 구체적인 논증이라고 할 수 없다. 이러한 견해의 대립은 국가의 지배 경계 영역이 매우 복잡한 고대 동아시아 세계를 오늘날의 一國史적인 관점에서 논하는 것은 영원히 끝나지 않는 문제라고 생각된다.

다음으로 한국 학계에서는 개별 사건을 심층 검토한 연구 성과가 오랜 시간을 거쳐 크게 축적된 가운데, 고구려인 포로 집단이 중원 지역으로 들어가게 된 역사적 배경을 시기별로 재검토하는 연구가 이어지고 있다.[2] 또한 특정 왕조에 제한하지 않는 포괄적인 연구로서 출토자료를 통하여 고구려인 포로 집단의 흔적을

---

1) 常樂, 2014, 「高句麗と北魏交渉関係研究」, 延辺大学; 王連龍, 2018, 「十六国時代高句麗移民族群研究」, 『唐代史研究』 21; 姜維東, 2016, 『高句麗歷史編年』, 科学出版社; 馮雅蘭, 2019, 「2-6 世紀高句麗境内人材流動研究」, 『博物館研究』 第2期 第146期; 拜根興 · 严可, 2023, 「魏晋南北朝時代高句麗移民研究現状与展望」, 『陝西历史博物馆论丛』 第30辑; 拜根興 · 严可, 2024, 「高句麗对三燕認識変化--双方往来人员为中心」, 『地域文化研究』 03 외 다수.

2) 여호규, 2012, 「4세기-5세기 초 高句麗와 慕容'燕'의 영역확장과 지배방식 비교」, 『한국고대사연구』 67, 한국고대사학회; 박세이, 2014, 「4세기 慕容鮮卑 前燕의 성장과 고구려의 대응」, 『한국고대사연구』 73 외 다수.

찾고자 하는 연구와 오늘날의 내셔널리즘에 기반한 역사상에서 벗어나 고대 한민족의 이동, 즉 '디아스포라'라는 관점에서 그들의 이동을 검토한 연구 성과가 있다.[3]

한편 일본 학계에서는 특히 唐代를 기준으로 문헌사료와 묘지명 기록을 종합한 고구려 유민 연구가 진행되고 있다.[4] 그러나 비슷한 시기에 중국 내에서 크게 세력권을 넓힌 말갈, 돌궐, 소그드인 등의 유목민족과 비교하면 고구려인 포로 집단의 규모는 크지 않을 뿐만 아니라, 동아시아사 관점으로 볼 때 7세기 한반도 내에서 질서 변화에 깊은 관련 있는 泉男生, 扶餘隆 등의 대표적인 인물 외에는 연구 영역에 두기 어렵다는 지적이 있다.

그러나 어떤 민족 집단의 본거지 이주, 그리고 타지에서의 정착은 고대 사회에만 국한되지 않고 현재까지 이어지고 있는 현상이다. 또한 이주 집단이 유지되는 것 또한 특정 시기에만 있는 것이 아닌 광범위한 시공간 속에 언제나 존재한다.

이에 본 연구에서는 집단의 계속성을 인정할 수 있는 주체란 무엇인지를 기초사항을 검토하는 것에 있다. 이를 위하여 시대 범위를 폭 넓게 바라보는 것으로 한다. 시대범위를 넓히는 것을 통해 본 연구에서 주로 언급한 고구려인 집단에만 그치지 않고 충분히 전, 후대의 이주 집단까지도 응용할 수 있을 것이다. 위진남북조 시대 중원왕조의 對이민족 정책의 역사적 변천을 거쳐 당의 국제적인 성격을 고찰함에 있어 우선 일차적인 시도로서 그들의 행적을 밝히는 것도 매우 중요하다고 생각된다.[5]

따라서 본 연구에서는 우선 문헌사료 등에서 보이는 고구려인 포로 집단의 중국 내지로의 이동 사례를 종합하고, 舊 이주민(당 이전 민족의 이주 정착 과정)과 新 이주민(당 이후 민족의 이주 정착 과정) 간의 차이를 분석한다. 그 다음으로 특히 西方 및 北方 이민족의 중원 유입이 많았던 唐代의 對이민족 정책을 검토하면서 동시기 非漢民族 집단의 활용 방식을 비교하고자 한다. 다만 약 4세기에 걸친 광범위한 시간 속에 필자가 언급하고자 하는 지역 범위를 일괄할 수 있는 적절한 용어를 발견하지 못하였다. 이에 본 연구에서는 각 중원왕조가 차지한 유동적인 지배영역을 포괄하여 '중국 내지'로 표현하였다.[6]

---

3) 윤용구, 2014, 「중국 출토 고구려·백제유민 묘지명 연구동향」, 『한국고대사연구』 75; 정호섭, 2017, 「高句麗史에 있어서의 이주(migration)와 디아스포라(diaspora)」, 『선사와 고대』 53, 한국고대학회; 이동훈, 2018, 「위진남북조시기 중국의 코리안 디아스포라: 고조선·고구려·부여계 이주민 집단 연구」, 『한국사학보』 72, 고려사학회; 윤용구, 2021, 「북위대 낙랑·고구려인 이주민 – 평성 출토 문자자료를 중심으로 –」, 『동서인문』 17, 경북대학교 인문학술원한국고대사학회.

4) 대표적으로 우에다 키헤이나리치카의 활발한 연구가 있다. 대표적으로 植田喜兵成智, 2022, 『新羅·唐関係と百済·高句麗遺民 ―古代東アジア国際関係の変化と再編』, 山川出版社가 있다.

5) 이와 같은 관점에서 최근 일본학계에서는 시공간에 제한받지 않는 다양한 연구 과제가 시도되고 있다. 예를 들어 소그드인의 중국 이주부터 그들의 발전 과정을 분석한 후쿠시마 메구미[福島恵]의 『東部ユーラシアのソグド人: ソグド人漢文墓誌の研究』(汲古叢書, 2017), 일본 고대 사회에 유입된 渡來人의 수용과 정착 과정을 移民의 관점에서 동시대 중국의 遺民 墓誌 및 古文書 등과 비교 분석하고자 하는 마루야마 유미코[丸山裕美子]의 과학연구비조성사업 기반연구 C (「日本古代の「移民」と国家·文化の形成 ―前近代東アジアの人の移動と定住のなかで―」) 등이 있다.

6) 물론 '중국 내지'는 유동적이며 다원적인 애매한 개념이다. 그러나 본 논문은 중국의 왕조 혹은 그를 계승하는 국가가 실천했던 이민족 통치를 설명하기 위함이므로 '중국 내지'라는 표현으로 통일하고자 한다(中西竜也, 増田知之 편저, 2023, 『よくわかる中国史』, 『ミネルヴァ書房』).

또한 기존의 연구에서는 중국으로 간 고구려인 포로 집단을 가리켜 遺民, 移民, 遺移民 등 다양한 용어로 표현되고 있다. 그러나 본 연구에서는 오랜 기간 한 국가(고구려)의 정치 시스템을 받아들여 민족 고유의 특질(즉 族姓)이 구축되었고, 그 일부가 본거지를 벗어나 다른 지배 체계에 편입되었어도 오래동안 유지 계승한 집단이라는 의미를 포괄적으로 담아 '고구려인'으로 칭한다.

II. 고구려인 포로 집단의 중국 내지 이동과 그 영향

본 논문의 연구 대상이 되는 중국 지역 내 고구려인은 고구려와 중원왕조 간의 대립 과정에서 발생한 강제 이주 집단이다. 그들의 중국 이동은 크게 여섯 차례의 사건에 의해 발생하는데, 毌丘儉(曹魏), 慕容廆(西晉), 慕容皝(前燕), 慕容垂(後燕)의 고구려 침공, 그리고 唐太宗의 고구려 원정 및 고구려 멸망 시기에 있다. 그 규모는 각 사건에 따라 다르나, 국가의 멸망 후 그대로 그 일대 세력에 흡수되는 在地 집단 혹은 세력의 長이 통솔하여 다른 지역으로 대규모 이동하는 西方, 北方 등의 망명 집단과 비교하면 소수 집단이라 할 수 있다. 본 장에서는 3~7세기 중국 내지로 들어가게 된 고구려인 포로 집단의 규모 및 안치 지역을 정리하고 이후의 변화 양상을 살펴보려고 한다.

1. 조위~서진 시기의 강제 이주와 그 영향

이 시기 고구려인 포로 집단의 강제 이주는 크게 두 개의 사건이 존재한다. 첫 번째 사건은 曹魏 正始 연간(244~246) 幽州刺史 毌丘儉이 고구려가 西安平을 공략한 것이 직접적인 계기가 되어 수도 환도성을 공략한 것이다.[7] 그러나 이 시기의 사건을 기록한 문헌사료에서는 고구려 전쟁포로가 발생하였다는 사실을 생략하거나 "죽이거나 생포한 자가 수천이다.", "도처에서 죽이고 사로잡은 자가 팔천여구다." 등 구체적인 인구를 언급하지 않았다.[8]

그런데 이때 고구려인 포로 집단이 중국 내지로 강제 이주 되었다는 사실은 후대의 사료인 『晉書』 卷56, 江統傳의 徙戎論에서 찾아볼 수 있다.[9] 강통의 사용론에 의하면 滎陽(지금의 하남성 형양시)에 안치된 고구려인은 처음엔 戶落百數였으나 자손이 孳息하여 지금(西晉 惠帝代)은 천 단위로 센다고 하였다. 강통이 그 수를 어디에서 근거한 것인지는 알 수 없다. 또한 戶落百數를 세는 단위가 명확하지 않다는 문제도 있다.[10]

---

7) 관구검의 고구려 침공은 244년에 시작되어 246년 2월 무렵까지 지속되었으므로 정시 연간으로 표기한다.

8) 『三國史記』 卷第17, 高句麗本紀 東川王 20年 8月 10月條; 『三國志』 魏書28 毌丘儉傳, p.762.

9) 『晉書』 卷第56, 江統傳, "滎陽句驪本居遼東塞外, 正始中, 幽州刺史毌丘儉伐其叛者, 徙其餘種, 始徙之時, 戶落百數, 子孫孳息, 今以千計, 數世之後, 必至殷熾."

10) 馮雅蘭은 강통이 주장한 戶落百數를 포함하여 이때까지 고구려인 5천여 세대가 중원 각지로 옮겨졌다고 보았다. 이는 문헌 사료에 쓰여진 숫자를 대략적으로 계산한 것으로 보인다(馮雅蘭, 2019, 「2-6世紀高句麗境内的人員流動研究」, 『博物館研究』 第2期, 總第146期).

두 번째 사건은 美川王 20년(319) 慕容廆에 의한 고구려 河城(于河城) 침공이다. 전쟁의 시발점은 요동 지역의 漢族 流亡者를 둘러싼 慕容廆와 東夷校尉 平州刺史 崔毖와의 대립에 있다. 최비는 모용부 세력을 견제하고자 비밀리에 고구려와 우문부 단부와 연합하였으나 모용외의 이간책으로 실패하고 고구려로 망명한다. 이에 모용외는 張統을 보내 河城을 급습하게 하여 그 성을 지키고 있던 如孥(如奴子)와 衆千餘家를 포로로 잡아 棘城으로 돌아갔다.[11] 집단의 이후 행방은 慕容皝 재위기에 쓰인 記室參軍 封裕의 상소를 통해 파악할 수 있다. 상소에 의하면 고구려 및 백제(부여), 우문, 단부 등의 전쟁 포로가 된 대다수는 도성 일대에 안치되었다고 한다.

두 개의 사건의 목적은 고구려와 국경을 접한 주요 세력이 고구려 요동 진출을 억제함과 동시에 자신의 세력을 견고하기 위함이다. 특히 모용부 세력은 추후 성장할 수 있는 기반이 마련되기도 하였다. 영가의 난 이후, 중원의 혼란을 틈타 크게 세력을 확장시킨 모용부는 최비의 모략을 기회로 최비의 잔여 세력을 흡수하였고 東晉으로부터 요동 지역에 대한 대외적인 승인을 얻게 된다.[12] 이후 모용부 정권은 東晉 왕조에 대한 勤王을 의식하면서도 扶餘, 段部 등 주변 세력을 흡수하는 등 前燕 건국을 위한 토대를 마련하게 된다. 또한 고구려와의 대립적인 관계는 341년 이후 다시 한번 환도성이 함락되기 전까지 지속된다.

2. 전연~후연 시기의 강제 이주와 영향

다음은 前燕~後燕 시대에 발생한 고구려인 포로 집단의 강제 이주 사례를 설명한다. 이때의 목적은 앞서 말한 목적을 달성함과 동시에 스스로 燕王에 자리에 올라 그를 東晉에 인정받은 慕容氏가 동방의 고구려에게 중화식 지배 질서에서 자신들이 우위에 있음을 강조한 것으로 보인다.

이 시대에도 고구려인 포로 집단을 대상으로 한 강제 이주는 두 개의 사건이 존재한다. 첫 번째 사건은 咸康 7년(341) 東晉에게 정식으로 燕王을 인정받아 수도를 棘城에서 龍城으로 옮긴 慕容皝이 이듬해 겨울 立威將軍 慕容翰의 진언을 받아 고구려 공략을 기획한 것으로부터 시작된다. 앞서 慕容皝은 東晉의 何充 등을 통해 東晉 정권에 燕王의 칭호 허가를 받기 위한 상소를 올린 그 해에도 고구려의 新城을 공략했었다.[13] 평활한 北道가 아닌 험준한 南道를 경유하여 고구려 수도로 침입한 慕容軍은 순식간에 丸都城을 함락시켰고 司馬 韓壽의 책략에 따라 미천왕의 시신과 母后 周氏, 왕후 및 男女五萬餘口를 포로로 잡아 돌아갔다.[14]

---

11) 『三國史記』卷第17, 高句麗本紀 美川王 21年 12月條; 『晉書』卷108, 慕容廆載記, pp.2806-2807; 『資治通鑑』晉紀13 太興 2年條, pp.2921-2923의 기사를 종합하였다. 다만 『晉書』慕容廆載記에는 모용외가 고구려 河城을 급습하였다는 기록이 없다. 『資治通鑑』에서는 如孥를 如奴子로 하였다. 孥의 解字로 보인다. 또한 동 기사에서 河城은 于河城으로 되어있다. 박세이는 『資治通鑑』의 기록을 따랐으나 據于의 于는 어조사인 경우가 많기 때문에 『資治通鑑』기사의 오류일 가능성도 배제할 수 없다(박세이, 2014, 「4세기 慕容鮮卑 前燕의 성장과 고구려의 대응」, 『한국고대사연구』73, 한국고대사학회, p.60).

12) 『晉書』卷108, 慕容廆載記, p.2807.

13) 『晉書』卷108, 慕容皝載記는 咸康 3年(337), 『三國史記』卷第18, 高句麗本紀 故國原王 9年條와 『資治通鑑』晉紀18은 咸康 5年(339)으로 기록하였다.

14) 『三國史記』卷第18, 高句麗本紀 故國原王 12年 12月條; 『晉書』卷108, 慕容皝載記, p.2822; 『資治通鑑』晉紀19 咸康 8年條, pp.3050-3053의 기사를 종합하였다.

이때 韓壽의 책략은 말할 것도 없이 후방으로의 위협을 해소한다는 원래의 목적을 달성함과 동시에 고구려의 중요 인물을 인질로 잡아 고구려를 복속시켜 中華式 지배 질서에서 慕容氏 정권이 그 우위에 서고자 하는 목적에 있다. 이듬해 고구려는 사신을 보내 볼모로 잡힌 美川王의 시신과 가족의 송환을 요청하면서 慕容皝에게 稱臣하고 前燕에 복속하였다. 또한 고구려는 355년에 또다시 사신을 보내 볼모를 바치며 母后 周氏를 돌려받고 前燕으로부터 책봉을 받는다.[15]

이로써 前燕은 그동안 대등한 관계였던 고구려를 外臣으로 삼고 고구려는 前燕의 外臣으로서 質子를 前燕의 수도로 보내 燕王의 측근에서 宿衛하게 된다. 이 사실은 『資治通鑑』 晉紀24 太和 5년(370)條에 보이는 "戊寅, (前)燕의 散騎侍郎 餘蔚는 扶餘, 高句麗 및 上黨의 質子 五百餘人을 통솔하여 밤에 鄴城 北門을 열고 秦兵을 맞이하였다."와 『周書』 卷27, 高琳傳에 보이는 "高琳의 字는 季珉으로, 그의 선조는 고구려인이다. 六世祖인 欽이 慕容廆에 의해 質子가 되어 이후에는 燕에서 벼슬을 하였다."를 통해 알 수 있다.[16] 『資治通鑑』의 기사는 고구려의 質子가 다수 존재하였다는 사실을, 『周書』의 기사는 前燕이 質子에게 관직을 수여하였음을 시사하고 있다.

중국은 漢代 이래 자신에게 복속한 국가에 대하여 外臣을 상징한 侍子(質子)를 보내는 것이 제도화되어 있었다. 그리고 외국의 侍子는 漢朝의 수도에서 단순히 인질이라는 역할이 아닌 황제의 측근에서 宿衛하면서 황제와의 사이에 군신 관계를 구체적으로 구현하였다.[17] 사료에서는 高欽의 관직을 알 수 없으나, 高欽과 비슷한 신분으로 보이는 부여의 왕자 餘蔚의 관직은 前燕에서 散騎侍郎였다.[18] 散騎는 秦代부터 존재했던 관직으로 본디 천자의 興車 뒤에서 따르는 자를 뜻한다. 曹魏 黃初 초에 散騎와 中常侍를 합쳐졌고 왕에게 規諫을 하되 정무는 맡지 않았다.[19] 前燕이 중국식 법제를 모두 수용했을 것이라는 사료적 확신은 없으나 적어도 慕容廆는 晉朝에 대한 勤王을 의식하여 중국식 관제를 적극적으로 수용하였기 때문에 이에 따른 前燕=고구려의 관계도 어느정도 비슷하게 구축했을 것으로 생각된다.

---

15) 『三國史記』卷第18, 高句麗本紀 故國原王 25年 12月條. 전연으로부터 책봉을 받기 이전의 전쟁 기사는 모용군이 공략을 마무리하고 돌아간다(歸)라고 하였다. 또한 환도성 함락 이전에 발생한 전쟁에서도 고구려와 모용씨가 盟을 맺고 화친하였다고 하였다. 즉, 환도성 함락 이전까지는 대등한 관계였음을 시사한다.

16) 중국의 姜維東은 高欽의 중국 이주 시기에 대하여 慕容廆가 平州刺史가 되기까지의 기사에 의거하여 高欽의 質子 시기는 반드시 慕容廆가 崔毖를 제거하고 고구려를 침공한 후이기 때문에 慕容廆가 平州刺史를 승인 받은 321년이라고 하였다. 이는 기사의 「慕容廆」라는 인물에 초점을 두었기 때문이라 생각된다. 姜維東은 아직 慕容廆 시기에는 고구려와의 책봉 관계가 성립되지 않았다는 점을 간과하고 있다(姜維東, 2016, 『高句丽歷史編年』, 科學出版社, p.56).

17) 志野敏夫, 1984, 「漢の衛士と『饗遺故衛士儀』」, 『文学研究科紀要』, 早稻田大學大学院, pp.148-149; 田村實造, 1985, 『中國史上の民族移動期』, pp.78-79.

18) 참고로 부여의 왕자 餘蔚은 後燕의 재건 후에는 慕容垂에 포섭되어 滎陽 태수가 되었다. 앞서 江統의 徙戎論에서 언급된 고구려인 포로 집단이 있던 곳이다. 혹은 이곳 滎陽이 東夷系 민족을 주로 안치시킨 장소였을 가능성도 있다. 하지만 이는 구체적으로 논증할 수 있는 문헌 사료 및 출토 자료(금석문 등)가 없기 때문에 이 이상의 추측은 자제한다.
『資治通鑑』 晉紀27 太元 9年條, p.3320, "垂以洛陽四面受敵, 欲取鄴而據之, 乃引兵而東. 故扶餘王餘蔚爲滎陽太守, 及昌黎鮮卑衛駒各帥其衆降垂."

19) 『通典』 劵第21, 職官3, pp.551-552.

그 다음은 前燕이 前秦의 符堅에 의해 멸망한 후, 慕容垂가 국가를 재건하여 後燕을 세운 이후의 사건이다. 그 사이 고구려는 慕容垂가 화북 동부를 평정하고 있는 때를 틈타 遼東郡과 玄菟郡을 공략하여 일시 점령하기도 하였다.[20] 이때 고구려의 요동 공략 목적은 前燕이 멸망하면서 그간 존재했던 外臣 관계로부터 적극적으로 탈피하고 다시금 자신들의 세력을 요동 지역까지 확장시키기 위함으로 보인다. 그러나 스스로 재위에 올라 龍城을 중심으로 세력권을 재구축한 慕容盛은 고구려의 禮慢을 문제 삼아 직접 군대 3만을 이끌고 新城과 南蘇城 등 두 성을 빼앗아 七百餘里를 拓地하고 五千餘戶를 遼西로 옮기(徙)고 돌아갔다.[21] 다시 말하면 慕容盛은 前燕의 멸망 이후 고구려가 慕容氏와의 外臣 관계에서 이탈하려는 움직임을 저지하려 한 것으로 보인다.

그런데 이 시기의 강제 이주는 慕容氏 정권의 입지가 크게 위축되는 시기에 발생하였다는 점에서 앞선 慕容皝에 의한 강제 이주 사건과 큰 차이점을 보인다. 각 문헌 사료에서는 이때 新城·南蘇城의 五千餘戶을 요서로 옮겼다고 하나 과연 현실적으로 실행 가능한지에 대한 의문이 있다. 실제로 慕容盛은 지속되는 내부 혼란 속 큰 부상을 입어 이듬해인 401년 29세의 나이로 사망한다. 慕容盛의 뒤를 이은 慕容熙도 어지러운 국정을 바로잡지 못하고 407년 馮跋 형제가 일으킨 반란을 피해 도주하다가 결국 사로잡혀 後燕 왕조의 막은 내리게 된다. 반면 고구려의 廣開土王은 402년 後燕의 宿軍城 공략에 성공한 이래 勝機를 놓치지 않고 後燕 방어(405년 遼東城 침공, 406년 木底城 침공)에도 성공하였다. 이후 고구려는 국가가 멸망할 때까지 遼東에서 韓半島 北部에 걸친 영향력을 유지하게 된다.

3. 당의 강제 이주와 영향

당 초기는 貞觀 4년(630) 東突厥 정복을 시작으로 대외 원정이 활발했던 시기였다. 이때 唐朝에 복속한 주변국의 部衆을 당시의 정책에 따라 중국의 각 지역으로 옮기고 그들을 통솔하던 기존 지배층에게는 무관직을 임명하여 唐의 신하로서 재편하였다. 또한 唐이 획득한 지역에 대해서는 都督府나 州가 설치되어 親唐的인 首領을 지방 장관(都督·刺史)으로 임명하여 漢人 관료의 감시하에 간접 통치를 실시하였다.[22] 이는 이미 잘 알려진 唐朝의 羈縻 정책으로, 이후 羈縻州 정책의 최전성기에는 총 856개 지역에서 府州가 설치되었다고 한다.[23]

唐朝에 의한 최초의 이민족 안치 정책은 東突厥 유민을 대상으로 한 것이다. 그들을 둘러싼 의론은 兩唐

---

20) 『三國史記』 卷第18, 高句麗本紀 故國壤王 2年條.

21) 『晉書』 卷124, 慕容盛載記, p.3100; 『三國史記』 卷第18, 高句麗本紀 廣開土王 9年 2月條; 『資治通鑑』 晉紀33 隆安 4年條, p.3507 의 기사를 종합하였다. 다만 『晉書』에서는 그곳 주민을 강제 해산(散其積聚)하였다고 한다.

22) 다만 640년에 멸망한 麴氏 高昌國은 서방과의 중계 무역이 활발한 지역에 위치하였기 때문에 太宗은 그 곳을 일찍이 西州로 편제하였다. 다른 주변국의 방식과는 큰 차이가 있다.

23) 『新唐書』 卷43下, 地理七下 羈縻州.
森部豊, 2021, 「唐朝の羈縻政策に関する一考察 —唐前半期の営州都督府隷下「羈縻府州」を事例として」, 『東洋史研究』 第50巻第2号, 東洋史研究会; 西田祐子, 2022, 「唐帝国の統治体制と「羈縻」『新唐書』の再検討を手掛かりに」, 山川出版社.

書 突厥傳를 시작으로『通典』邊防典突厥條,『貞觀政要』安邊條,『唐會要』安北都護府條 등을 통해 확인할 수 있다. 이에 대해 東突厥 유민을 대상으로 한 대표적인 논문으로 일본의 이시미 키요히로[石見淸裕]의 정리를 참고하고자 한다. 이때 唐朝에서는 ⓐ유민을 河南의 兗州 徐州 혹은 江南으로 옮겨 그곳의 編戶民으로 삼은 후 농경에 종사하도록 한다는 대다수의 의견, ⓑ그들을 고지로 돌려보내 어떠한 방법으로 수령을 羈縻 監督하게 하자는 顔師古, 竇靜, 杜楚客, 李百藥, 魏徵 등의 의견, ⓒ유민의 의견을 받아들여 그들을 塞下에 두어 空閑地를 채우고자 하는 溫彦博의 의견 등이 있었다. 그중 특히 유민을 안치하는 장소로 魏徵과 溫彦博의 의견이 대립한 후 최종적으로 溫彦博의 의견을 따르게 되었다. 魏徵과 溫彦博의 의견은 貞觀 4년(630)에 최종적인 방침이 결정된 것이 아닌 수년에 걸친 의견 교합 끝에 수립되었다.[24]

이에 대해서는 突厥의 首領이 九成宮에서 일으킨 반란의 영향이 크다. 처음 唐朝는 突厥의 首領에게 中央十六衛의 무관직을 제수하여 궁중을 숙위하게 하고 親唐的인 首領에게는 羈縻州의 지방 장관(都督·刺史)을 임명하여 그 곳을 통괄케 하였다. 그러나 貞觀 13년(639)에 九成宮에서 宿衛하고 있던 突厥 유민 阿史那結社爾(突利可汗의 동생)이 자신의 부락과 결탁하여 반란을 일으켰다.[25] 반란의 진압 이후, 조정에서는 그들을 중국 내지에 머물게 하는 것에 큰 우려를 하였고 突利可汗의 아들 賀邏鶻을 嶺外로 추방하고 그들을 변방으로 보내 그곳을 지키도록 하였다.

그로부터 약 20여년 뒤인 백제 및 고구려 유민의 최초 수용 방침은 溫彦博의 의견인 ⓒ에 있으며 突厥 유민을 안치하는 과정에서 생긴 문제 등을 충분히 반영한 것으로 보인다.

그런데 고구려의 故地에서는 唐朝의 羈縻 정책은 제대로 실현되지 못하였다. 唐은 總章 원년(668) 9월에 고구려의 수도 平壤城을 함락시킨 후 故地를 五部로 나뉘어 平壤의 安東都護府를 중심으로 하는 羈縻州를 설치하였으나 고구려 부흥운동 등의 영향으로 기능할 수 없었다.[26] 이후 安東都護府는 平壤을 벗어나 遼東郡故城-新城-平州-遼西故郡城 등 서쪽 지역으로 이동과 축소를 반복하다가 至德 연간(756~757)에 폐지된다.[27] 그 사이 安東都護府는 원래의 고구려 故地 지배 목적에서 요동 지역의 북방 민족을 관할하는 역할로써 전환되었다.

반면, 일찍이 중국 내지로 옮겨진 고구려의 기득 세력은 中央十六衛의 무관으로써 활동을 시작하였다. 唐朝는 그들을 折衝府에 배속하여 각종 대외 전투에 참여시켰다. 대표적으로 對 突厥 전투(670~680년대)와 對契丹 전투(690년 이후)가 있다. 이들의 행적에 관련해서는 문헌 사료보다는 최근 출토된 묘지명에서 구

---

24) 石見淸裕, 1998,『唐の北方問題と国際秩序』, 汲古書院, pp.110-117.

25)『舊唐書』卷194上, 突厥上 突利可汗, p.5161.

26) 이보다 이른 시기에 唐의 都督府가 설치된 백제 故地에서도 비슷한 양상을 띤다. 백제가 멸망하자 곧바로 백제 부흥 운동이 전개되었고, 670년 신라가 백제의 수도였던 부여에 所夫里州를 설치하면서 겨우 명맥만 유지되던 熊津都督府는 建安古城으로 이전된다.
    김영관, 2012,「百濟 滅亡後 扶餘隆의 行蹟과 活動에 관한 再考察」,『백제학보』7, 백제학회; 김영관, 2012,「백제 유민들의 당 이주와 활동」,『한국사연구』158, 한국사연구회; 이도학, 2010,「당에서 재건된 백제」,『인문학논총』15-1, 경성대학교 인문과학연구소 외 다수.

27)『舊唐書』卷39, 地理2 安東都護府, p.1526.

체적인 사실을 찾아볼 수 있다.

III. 중원왕조의 對이민족 정책

1. 7세기 이전의 이민족 정책

다음은 7세기 이전에 발생한 전쟁으로 인해 포로가 된 고구려인이 최초로 안치되었던 지역을 설명하고, 이후의 강제 이주 정책에 대해 설명한다. 이는 현존하는 문헌 사료 및 금석문에 쓰여진 단편적인 정보를 통해 前燕~後燕 시대에 발생한 고구려인 포로 집단의 중원 지역으로의 이동과 北魏가 華北 지역으로 진출한 후에 발생한 고구려인 포로 집단의 이동의 일면을 확인할 수 있다.

우선 前燕~後燕 시대의 주요한 강제 이주 정책은 도성에 밀집된 전쟁 포로 집단을 도성 밖으로 분산시키고 이후 새로 도읍한 도성의 주민을 새롭게 구축하기 위함에 있다.

앞서 설명한 前燕~後燕 시대에 발생한 고구려인 포로 집단의 강제 이주 기사에서는 그들의 안치 장소를 구체적으로 제시하고 있지 않았으나 여기서 『晉書』卷108, 慕容廆載記의 기사를 참고할 필요가 있다. 그 내용은 아래와 같다.

> (高)句麗·百濟(扶餘) 및 宇文·段部의 집단은 모두 전쟁을 통해 강제로 옮겨진 자로 중국의 義를 사모하여 온 자들이 아니며 모두 고향으로 돌아갈 마음을 갖고 있습니다. 지금의 戶는 十萬에 달합니다만 都城에 밀집되어 있어 장차 국가의 깊은 해가 될 것이 심히 우려됩니다. 그렇기 때문에 그들 兄弟 宗屬을 나눠 서쪽 경계의 각 城으로 옮기고 은혜를 베풀어 안무하고 법으로서 그들을 규제하여 居人과 散在시켜 국가의 허실을 알게 되지 않도록 하여야 합니다. (중략) 四業은 국가의 자본입니다. (사대부의 業인) 敎學은 국가를 유지하기 위한 大業입니다. (농민의 業인) 戰을 배우고 農에 임하는 것은 가장 중요한 근본입니다. 百工商賈의 業은 이 다음일 뿐입니다. 부디 군사와 국정 모두 필요한 수를 정하여 그 인원수를 두고 그 밖은 농업으로 歸農시켜 戰法을 배우게 하고, 敎學에 힘쓰는 자 3년이 지나도 성과가 없다면 또한 그들도 농업으로 돌려보내 필요하지 않은 인원으로 채우지 않아야 합니다. (『晉書』卷一百九, 慕容皝載記의 記室參軍 封裕의 상소)

封裕의 상소는 慕容皝이 고구려를 정복하고 宇文歸 세력을 격파한 344년 이후에 쓰여진 것이다. 이를 통해 前燕에 의한 전쟁 포로 안치 정책과 그 후의 정책 변화를 대략적으로 파악할 수 있다. 상소를 요약하자면 封裕는 慕容皝에게 지금까지 고구려·부여 및 宇文·段部 집단이 대부분 도성에 안치되고 있는 현재의 상황을 알리면서 앞으로 그들 兄弟 宗屬를 나눠 서쪽 경계의 각 城으로 옮기는 것을 주장하였다. 그리고 封裕는 인구 중 군사와 국정에 필요한 수를 제외하고 재능이 시대와 부합하지 않는 자를 가려 대부분을 농경민으로 전환시킨 후 그들에게 식량을 얻고 양잠을 하게 하는 등의 생산물 증대를 간언하였다. 이에 慕容皝은 즉시 封裕의 의견을 수용하여 슈을 내리고 封裕에게 五萬錢을 하사하였다. 즉 封裕의 상소가 받아들여지기 전까지 고구려·부여 및 宇文·段部 등 포로 집단은 前燕의 도성에 안치되었음을 알 수 있다. 앞서 慕容廆는 永嘉(307~316) 초에 요동 지역의 按撫라는 명목으로 晉朝에 대한 勤王을 보이되 전쟁에서 획득한 포로를 棘城으로 옮겨 재정적인 이득을 취하고 있었다. 또한 그는 元康 4년(294)부터 顓頊의 墟라는 명목 하에 본격적으로 棘城에 도성을 구축하면서 그 안에서 農桑을 장려하고 있었다. 이러한 과정에서 도성 내 주민은 자신의 부족인 鮮卑系 민족을 제외하고 遊牧 성향이 강한 민족보다는 농경 사회에 익숙한 東夷系 민족을 우선으로 구성하였을 것이다. 封裕 역시 농업을 장려하였으므로 새롭게 이주된 지역에서도 동일한 역할을 부여받았을 것으로 생각된다.

그리고 이후, 주지하듯이 前燕은 이후 중원으로 진출하기 위해 수도를 龍城에서 中山을 거쳐 鄴城으로 옮겼다. 이때 前燕의 중요 세력 또한 그 이동에 수반되었다. 이에 대한 대표적인 단서는 앞서 언급한 『資治通鑑』 晉紀24 太和 5년(370)조 기사에 보이는 扶餘, 高句麗 및 上黨의 質子가 있다. 앞서 『周書』 卷29, 高琳傳에서 高琳의 선조가 前燕의 質子였다고 하였는데 그도 前燕 정권의 일원으로서 어느 시기에 함께 중원으로 유입되었다.

그런데 高琳의 五世祖인 高宗은 北魏의 太祖道가 華北 일대를 지배하자 자신의 세력을 이끌고 歸附한 사실을 언급하고 있다. 이는 단순히 質子로서 中山 및 鄴城으로 이주 한 것이 아닌 前燕~後燕의 지배하에 일정 수의 고구려인 포로 집단을 통솔하는 長이었음을 짐작할 수 있다. 그에 대한 기사는 아래와 같다.

> 高琳의 字는 季珉으로, 그의 선조는 고구려인이다. 六世祖인 欽이 慕容廆에 의해 質子가 되어 이후에는 燕에서 벼슬을 하였다. 五世祖인 宗은 자신의 衆을 이끌고 魏에 歸附하자 第一領民酋長를 拜하고 姓 羽眞氏를 받았다. 祖인 明과 父인 遷은 魏에서 벼슬을 하여 모두 입신출세하였다. (『周書』 卷29, 高琳傳)

高宗이 北魏로부터 받은 第一領民酋長라는 신분은 鮮卑拓跋部 고유의 신분 규정으로, 道武帝 시기에는 有力 部族長이나 北魏에 협력한 部族長에게 규정에 따라 第一부터 第三까지 酋長號를 부여하고 있었다. 北魏 전기의 지방 제도는 漢族이 거주하는 지역을 제외하고 鮮卑族 또는 그 밖의 소수민족의 酋長를 정하여 각 지역에 分封시키고, 그 酋長은 封爵을 세습하면서 영지에 있는 부락민을 자신들의 제도에 따라 관리하였다고 한다.[28]

또한 北魏에는 大羽眞, 內行羽眞, 內大羽眞으로 구분되는 氏姓이 있는데, 그중 大羽眞는 자신의 부락을 통솔하여 魏에 歸附하고 변경을 지키는 책임이 있는 酋長에게 내리는 賜姓이다. 內行羽眞은 황실 十姓이 부여받는 것이고, 內大羽眞는 昭成皇帝의 嫡系子孫이 물려받았다.[29] 즉, 高宗은 北魏에 歸附할 당시 第一領民酋

---

28) 兪鹿年, 2008, 『北魏職官制度考』, 社会科学文献出版社, pp.198-210.

長라는 신분에 부응하는 戶口를 통솔하고 있었고 이후 그가 分封된 지역은 자세하지 않으나 北魏의 변경 지역에 위치하고 있음을 시사하고 있다.[30] 또한 前燕이 中山과 鄴城 지역으로 도읍을 옮길 당시 고구려의 質子를 중심으로 한 일정 수의 고구려인 포로 집단도 남하하였을 가능성을 비추고 있다. 그들의 강제 이주 가능성은 다음의 기사를 통해도 짐작할 수 있다.

다음으로 北魏가 주도한 수도 平城으로의 이주 사례를 보겠다. 문헌 사료에는 두 개의 사례가 존재한다. 이들은 北魏의 被征服民으로 본디 敵性이 강한 分子로 구분되어 그들을 회유하고 통제하기 위해 수도 平城에 안치하였다는 공통점을 갖고 있다.[31] 平城의 주민이 된 그들은 중앙 정부의 직접적인 통제를 받았다.

그중 첫 번째 사례로는 『魏書』卷2, 太祖道武帝 天興 원년(398)條에 쓰여진 "山東六州의 民吏 및 徒何·高麗雜夷三十六萬·百工伎巧十萬餘口를 옮겨 京師에 안치하였다."가 있다. 北魏의 太祖道는 後燕의 中山을 정복하면서 山東六州의 인구를 平城으로 옮겼는데 이 중에도 고구려인 포로 집단이 속해 있음을 알 수 있다. 참고로 여기서 民吏는 漢族 民衆과 官吏를 일컬으며 徒何는 慕容氏를 달리 표현한 것이다.[32]

또한 『魏書』卷7上 高祖孝文帝 延興 원년(471)條에서는 "壬午, 靑州 高陽의 民 封辯가 스스로 齊王을 칭하고 黨千餘人을 규합하자 州軍 이를 討滅하였다. 高麗의 民 奴久 等이 서로 이끌어 來降하자 (孝文帝는) 이들에게 각각 田宅을 주었다."라는 기사가 있다. 그런데 동시기의 『三國史記』長壽王 59년(471) 9月條에는 "民 奴各 等이 도망하여 魏로 투항하였다. (北魏는) 각각 田宅을 주었다."고 하였다.[33]

이에 대해 종래의 연구에서는 奴久(奴各)의 투항 사실을 단일 기사로 보고 장수왕의 왕권 강화책에 대한 귀족 세력의 이탈로 이해되고 있다.[34] 하지만 壬午로 시작되는 『魏書』의 기사는 北魏가 靑州의 민중 반란을 토벌할 당시 奴久(奴各) 等이 來降하였다는 인과 관계가 성립하는 것으로 보인다. 또한 이 시기 山東 지역은 이른 시기부터 山東半島를 경유하여 중국과 한반도 사이에 문물이 오가는 이른바 무역 센터가 형성되어 있었다. 그런데 北魏는 北燕 공략에 성공하여 皇興 4년(470)에 靑州를 나눠 光州를 신설하였고, 5년 뒤인 延興 5년(475)에는 北燕의 거점이었던 곳에 軍鎭을 설치하여 南朝로 향하는 東夷의 항선을 감시하기도 하였다. 이에 일본의 카와모토 요시아키(川本芳昭)는 皇興 3년(469)에 고구려를 비롯한 柔然, 庫莫奚, 契丹 등의 북아시아 동아시아 세력이 일제히 北魏에 조공을 보낸 것도 그 영향이 있을 것으로 추정하였다.[35] 이에 본 연

---

29) 殷憲, 2010, 「北魏《申洪之墓銘》及几个相關問題」, 『云岡文化研究』第24卷第1期, 山西大同大學.

30) 반면, 후대의 高琳이 起家한 衛部都督는 일반적으로 알려진 都督이 아닌 地方行政의 軍府을 의미하는 衛府의 都督參軍로 보인다. 高琳은 軍府의 參軍이 되고 전쟁에서 공을 쌓아 낙양으로 진출하였다. 그러나 현존하는 문헌 사료에서는 衛府의 위치가 분명치 않다. 이에 대한 위치 추정이 가능하다면 北魏 孝武帝의 한화 정책 이후에 전개된 고구려인 포로 집단의 해체 후의 동향 등을 일부 찾아낼 수 있을 것이다.

31) 朴漢濟, 1991, 「北魏洛陽社会と胡漢体制—都城区画と住民分布を中心に—」, 『お茶の水史学』, お茶の水大学, pp.68-69.

32) 李憑, 2004, 「北魏天興元年的高麗移民及其状况」, 『魏晋南北朝史文集』, p.110.

33) 두 사료에서 보이는 奴久 혹은 奴各은 동일 인물로 보인다. 앞서 언급한 如孥(如奴子)와 같이 奴各의 解字 혹은 필사 과정에서 발생한 '口'의 탈락으로 보인다.

34) 임기환, 2004, 『고구려 정치사 연구』, 한나래, pp.269-270; 이동훈, 2019, 『고구려 중후기 지배체제 연구』, 서경문화사, pp.210-217; 김진한, 2020, 『고구려 후기 대외관계사 연구』, 한국학중앙연구원출판부, pp.94-99.

35) 『魏書』卷106中, 地形志 光州.

구에서는 이와 같은 山東半島를 중심으로 한 국제 항만 도시의 세력 변동에 의하여 발생한 來降의 가능성을 염두해두고 있다. 이를 바탕으로 본 연구에서는 奴久(奴各) 等은 北魏가 山東 지역을 장악한 후 그에 반발하는 靑州 내의 민중 반란에서 이탈한 집단으로 추정하여 慕容氏 정권 하에 있던 고구려인 포로 집단이 北魏로 이전된 것으로 구분한다.

앞서 설명했듯이 이들 집단은 대부분 北魏의 수도로 옮겨졌는데 이후 토지를 지급받아 北魏의 胡漢 체제에 융합된 도성 구획의 주민이 되었다. 平城으로의 안치는 道武帝 시기와 그 이후로 나뉘는데, 北魏은 도성으로써 平城의 정비가 안정되자 그 이후에 유입되는 주민을 외곽 지역에 배치하였다.[36]

平城으로 안치된 고구려인의 모습 일면을 알 수 있는 하나의 단서로는 北魏 시대 墓地 買地券의 양상을 알 수 있는 『申洪之墓志』가 있다.[37] 묘지명의 후반에는 申氏 일족이 文㹞于吳提・賀賴吐伏延・賀賴吐根・高梨高郁突 4인이 소유하고 있던 토지 20頃을 官絹百疋에 매입하여 申洪之의 묘지를 만들었다고 한다.[38] 申洪之의 묘지는 平城 桑乾河의 남쪽에 위치하는 것으로 보아 그들은 道武帝 재위 당시에 옮겨진 것으로 보인다.[39]

마지막으로 北魏의 분열 이후 중원의 혼란이 지속된 상황 속에도 여전히 그 지역에 잔류한 것으로 보이는 고구려인의 사례를 보겠다. 그들은 정확한 시기를 알 수 없으나 陝西省 일대로 옮겨져 그대로 정착하였거나, 기민하게 귀속과 이탈을 반복하면서 세력을 확장・유지한 것으로 보인다.

전자의 경우, 北魏 시대부터 隋代에 걸쳐 고구려인 인물이 발원한 것으로 추정되는 造像碑가 있다. 造像碑는 불교 신자가 국가와 가족의 안녕을 기원하여 발원한 비석을 말한다. 裕封의 상소 이후 재이주된 집단이 강제 이주된 지역에 살면서 불교를 숭상한 것으로 보인다. 지금까지 알려진 고구려인 추정 조상비는 5건으로 모두 陝西省에서 출토되었다.[40] 그중 3점이 발견된 永壽縣과 黃陵縣은 지리상 인접한 지역으로 前燕

川本芳昭, 2022, 『世界秩序の変容と東アジア』, 汲古叢書, p.109.

36) 『魏書』卷110, 食貨志, pp.2849-2850; 朴漢濟, 1991, 앞의 논문, p.68.

37) 이 밖에 고구려 성씨 중 하나로 추정되는 積弩將軍 蓋天保의 墓塼가 있다. 앞서 姚薇元은 그를 羯族으로 보았으나 殷憲과 尹龍九는 고구려에도 蓋氏가 존재하고 있는 것으로 보아 고구려인 인물로 파악하고 있다(姚薇元, 1977, 『北朝胡姓考』, 華世出版社, p.150; 殷憲, 2008, 「蓋天保墓塼銘考」, 『北朝研究』6, 科學出版社, pp.12-18; 윤용구, 2021, 「북위대 낙랑・고구려인 이주민 - 평성 출토 문자자료를 중심으로 - 」, 『동서인문』 제17호, 경북대학교 인문학술원, pp.158-160).
그의 묘전에 기록에 따르면 墓 안에는 棺木이 없고 西䯏壁 아래에 塼를 만들었다고 한다. 孝文帝는 낙양으로 천도한 후에는 사망한 각 관료들의 무덤을 낙양 내에 건설하도록 하였는데 蓋天保는 낙양 천도 이전에 사망였으나 무덤에 棺木이 없는 점은 특기할 만하다.

38) 『申洪之墓志』, "先地主文㹞于吳提・賀賴吐伏延・賀賴吐根・高梨高郁突四人邊買地廿頃, 官絹百疋. 從來廿一年, 今洪之喪靈, 永安於此, 故記之."

39) 殷憲, 2010, 「北魏《申洪之墓銘》及几个相關問題」, 『云岡文化研究』第24卷 第1期, 山西大同大学; 侯旭東, 2008, 「北魏申洪之墓志考释」, 『"1-6世紀中国北方辺疆・民族・社会国際学術研討会"論文集』, 科学出版社; 窪添慶文, 2020, 『北魏史 洛陽遷都の前と後』, 東方選書, pp.129-130.

40) 현재까지 알려진 고구려인 추정 조상명은 ①北魏 神龜三(520)年에 제작된 陝西省 永壽縣 車村 造像碑(그중 고구려인 추정 인물 蓋氏 27인, 似先氏 4인), ②西魏 大統元(535)年에 제작된 陝西省 宜君縣 福地水庫石窟 造像(그중 고구려인 추정 인물 全曹掾 蓋天和, 知曹掾 似先道泉 외), ③西魏 大統十四(548)年에 제작된 陝西省 黃陵縣 西峪 造像碑(그중 고구려인 추정 인물 蓋氏 11

~北魏代의 주민 안치 지역을 대략적으로 짐작할 수 있다. 조상비에 주로 보이는 성씨는 蓋氏와 似先氏로, 이후 唐代까지 중국 내지로 들어간 고구려인 성씨는 高氏, 蓋氏, 似先氏가 대표적이며 말갈계 혹은 부여계로 보는 관점도 있으나 王氏, 李氏 등도 있다.[41] 이들 조상비의 특징은 混住된 민족 집단이 공통적으로 불교를 숭상하여 하나의 비석을 제작하였다는 점이다. 北周 시대에 제작된 조상비에는 죽은 어머니 세 명(□□南·蓋南花·楊春花)의 명복을 비는 명문이 쓰여져 있다. 이 역시 漢族과 非漢族의 混住를 짐작할 수 있다. 北魏 孝文帝 이래 시행된 漢化 정책이 마을 인구 구성에 영향을 끼쳤고 시대가 흘렀음에도 유지되었음을 알 수 있는 구체적인 사료로써 가치가 높다. 또한 西魏 大統 원년(535)에 제작된 석굴 감실의 명문에서는 고구려인으로 추정되는 인물(全曹掾 蓋天和·知曹掾 似先道彔)이 지방에서 선출된 하급 관리직을 맡고 있다는 사실을 알 수 있다. 이들이 언제까지 자신들을 고구려인으로 인식했는지 현재의 사료로는 알 수 없으나 시간의 흐름에도 고구려인 포로 집단의 계속성이 유지되었다는 사실을 짐작할 수 있다.

다음으로 후자의 경우를 보겠다. 앞서 언급한 高琳과 高英淑의 선조가 있다.

前燕에서 고구려의 質子였던 高欽의 후손인 高琳(497~572)은 正光(520~524) 초에 衞府都督로 起家한 후 元天穆의 휘하에서 邢杲의 반란을 진압하고 梁將 陳慶之와 싸운 공적 등을 거쳐 낙양에 진출하였다. 그의 활동 지역은 邢杲이 반란을 일으킨 靑州 北海郡를 시작으로, 六鎭의 亂이 발발한 북쪽 국경지대와 鄴城 근처의 韓陵山 등으로 당시 주요 격전지에서 활동하였다. 그는 北魏의 분열 후에는 西魏 정권을 따랐고 河橋 전투에서 宇文泰에게 공적을 인정받아 太子左庶子를 제수 받았다. 이후 北周 시대에는 延州刺史, 梁州總管·十州諸軍事, 丹州刺史, 大將軍를 역임하였고 말년에는 衞公直의 副總管으로써 襄州를 지켰다.[42]

高英淑(642~691)의 증조부 高會는 魏에서 金紫光祿大夫·本蕃大首領·金章紫綬·鐵騎朱旗이였고, 조부 高農은 隋에서 雲麾將軍·右武候中郎將·本蕃大首領이었다고 한다.[43] 다만 최근의 연구에서는 高英淑을 거란인으로 보는 견해와 고구려인으로 보는 견해가 있다. 우선 거란인으로 보는 견해는 昌黎 孤竹人을 출자로 하고 있다는 점과 그의 부친 高路가 行師州刺史라는 점을 근거로 든다. 昌黎은 당에 歸附한 거란인들이 주로 본관으로 삼은 지역이며, 師州는 唐朝에서 거란의 기미주가 있던 곳이다. 일본의 모리베 유타카[森部豊]는 당시 營州 부근에 고구려의 별종인 大祚榮 집단이 있어 師州刺史이 그들을 관리 감독했음을 추측하고 어떠한 정치적인 의도가 있었음을 추정하였다.[44]

인, 似先氏 8인), ④西魏 시대에 제작된 陝西省 黃陵縣 香坊村 造像碑(蓋氏 일족, 母는 似先氏), ⑤陝西省 耀縣 韓古村 造像碑 중 北周 시대의 蓋南花 佛教 造像碑(蓋南花)와 隋代에 조성된 鉗耳携 佛教 造像碑(似先法達) 등이 있다. 윤용구, 2021, 앞의 논문에에 근거하여 작성하였다.
또한 唐代에 활동한 似先義逸의 성씨도 造像碑에 보이는 점으로 보아 唐代 이전에 중국으로 들어왔다는 견해가 있다. 그의 일족 중 한명인 似先英問는 武德(618~626) 연간에 右驍衛將軍였다(植田喜兵成智, 2022, 앞의 책, p.139).

41) 『通志』 卷29, 氏族略五 諸方複性條; 姚薇元, 1977, 『北朝胡姓考』, 華世出版社, pp.163-164, pp.293-299; 陳連慶, 1993, 『中國古代小數民族姓氏研究: 秦漢魏晋南北朝少数民族姓氏研究』, 吉林文史出版社, p.163.

42) 『周書』 卷29, 高琳傳, pp.496-497.

43) 『高英淑 墓誌銘』 高會가 관직을 제수 받은 곳이 어느 魏인지는 알 수 없다.

44) 森部豊, 2019, 「唐代営州における契丹人と高句麗人」, 『関西大学東西学術研究所紀要』 52, 関西大学東西学術研究所, p.49.

반면 고구려인으로 보는 견해는 유민 묘지명에서 자주 등장하는 고구려를 의식한 문구가 있다는 점이다. 구체적으로 "高雲□於是滅燕"·"渤海長瀾"·"三韓慕德" 등이 있다. "高□雲於是滅燕"의 경우, 문맥상 高雲이 後燕에 이어 北燕의 왕으로 추대 받은 역사적인 사실을 의미하는 것으로 보이나 행을 바꾸어 雲이 쓰여진 것으로 보아 글자의 추가 여부가 검토되기도 하였다. 이에 대해 한국 학계에서는 銘에서 다시 한번 "渤海源長, 高雲胤昌"을 언급하는 것으로 보아 高英淑의 가문은 高雲의 후예임을 강조한 것으로 보았다.[45]

그런데 시대를 막론하고 중국 내지에서 입지를 넓히는 인물 중 자신의 상황에 따라 자신의 출자를 고치는 사례를 적지않게 발견할 수 있다. 이 경우 본인 및 그의 후손이 지역 내 사회적인 지휘를 획득하기 위한 의도가 내포되어 있다. 애초에 高雲 역시 본인도 高句驪의 支庶이나 스스로 高陽氏의 苗裔임을 주장하였다.[46] 高陽氏는 顓頊를 가리키며 앞서 慕容廆는 棘城를 顓頊의 墟로서 강조한 바 있다. 高英淑 묘지명은 唐의 변경 지역인 營州(지금의 朝陽)에서 제작된 것으로 과거에는 柳城이라는 이름으로 불렸다. 前燕 시대에는 龍城으로 개칭되어 수도로서 기능하였고 北燕까지 慕容氏 정권의 근거지가 되었다. 高英淑을 어떤 종족으로 구분하는가에 대한 문제는 묘지명이라는 단일 근거가 아닌 營州 지역의 시대적 흐름 및 당시의 사회상을 모두 파악한 후에야 겨우 가능할 것으로 보인다.

어찌되었건 두 인물은 자신의 선조가 慕容氏 정권으로 인해 중원으로 들어온 質子 출신의 고구려인임을 강조하는 점에서 공통점을 갖는다.[47] 앞서 설명했듯이 자신의 출자를 고치는 사례가 적지 않기에 이를 문맥 그대로 모두 수용할 수는 없다. 하지만 이 둘은 각기 다른 시간을 살았으나 특히 종족 간 混住가 두드러지는 시대 배경을 가졌다는 점을 들어 적어도 자신의 세력을 확장하기 위해 역사상 어느 정도 지위가 있었고 그 지역 내에서 여전한 영향력을 지닌 고구려 출신 인물을 선조로 이용하였을 가능성이 크다.

지금까지 曹魏부터 後燕까지의 고구려인의 중국 내지로의 강제 이동 사례를 모으고 중국 왕조의 강제 이주 정책을 재정리하였다. 그들은 각 전쟁으로 인해 중국 내지로 강제적으로 이주된 후, 변화하는 정권에 따라 몇 번의 이동을 경험한 것으로 보인다. 주요 목적은 新 도성의 주민 구성, 농경민으로의 전환, 반란 등 在地 세력의 약화 등이 있다.

또한 강제 이주 이후의 행방은 造像碑을 비롯한 사료 등을 통해 단편적이나마 파악할 수 있다. 이들은 漢族과 非漢族의 混住하면서 불교를 숭상한 것으로 보인다. 西魏 시대에는 하급 관리직을 맡은 고구려인 추정 인물이 있는 것으로 보아 그 집단이 사는 마을을 관할하는 인물로써 선출된 것으로 보인다. 그들이 언제까지 고구려 출신이라는 인식을 유지하였는지 조상비 기록만으로는 판단할 수 없으나 어느정도 집단의 계속성은 인정된다.

---

45) 李成制, 2017, 「高句麗 遺民의 遼西지역 世居와 존재양상 – 〈高英淑墓誌〉의 譯註와 분석」, 『중국 고중세사연구』 46, 중국고중세사학회, p.358.

46) 『晉書』 卷124, 慕容雲載記, p.3108.

47) 行狀을 기반으로 작성되는 正史 列傳의 경우 관료의 출자를 위조하였을 확률은 낮아 보인다. 일반적인 경우 관료 본인이 생전에 출자를 위조하였다면 『自』를 넣어 위조임을 분명히 하였다. 하나의 사례로 北魏 시대 孝文昭皇后 高氏의 오빠 高肇이 스스로 勃海蓚人이라 칭했음을 사료에서도 분명히 밝히고 있다.

그런데 후대 왕조에서 공적을 쌓아 본인의 입지를 넓힌 인물의 경우 상당한 시간이 흘렀음에도 자신의 선조가 前燕의 質子였음을 강조하고 있다. 이를 문맥 그대로 받아들이기는 어려우나 개인의 능력을 통해 어느 정도의 위치에 오른 후 자신의 세력 입지를 굳히기 위해 역사상 알려진 실존 인물을 이용한 것으로 보인다.

2. 7세기 이후의 이민족 정책

1) 고구려 멸망 전

　　전국의 군웅을 평정하고 貞觀 2년(628)에 마침내 천하 통일을 완성한 唐太宗은 연이어 貞觀 4년(630)에 東突厥을 정복하고 貞觀 14년(640)에는 麴氏 高昌國를 멸망시켰다. 이때 唐은 획득한 지역을 중국 제도에 맞게 재편하고 그들 首領에게 무관직을 제수하여 군신 관계를 확고히 하였다. 이들 대부분은 唐의 羈縻 정책 하에 원래의 출신 지역으로 돌아가 간접 정치를 실시하였으나, 마지막까지 唐朝에 협력하지 않은 인물은 長安에 구류되어 인질로서 감시되었다. 이는 唐에게 歸附한 首領이 다스리던 지역이 唐朝에 이관되었는가에 대한 여부와 首領의 歸附가 자발적인가 강제적인가에 따라 크게 달라진다. 이 정책은 고구려 멸망 후에도 유효하게 적용되었다. 이는 고구려 멸망 후에 이루어진 寶藏王 高藏의 행적에서도 보여진다.

　　한편 일부 세력은 長安에 남겨져 中央十六衛의 무관으로서 수도를 宿衛하거나 전국에 설치된 折衝府에 배속되어 앞으로 있을 대외 원정에 협력하게 된다. 가장 이른 시기에 고구려인이 唐의 무관직을 제수받은 것은 『舊唐書』·『資治通鑑』·『三國史記』 등 貞觀 19년(645)條 기사에 보이는 "太宗은 傉薩 以下 酋長 三千五百人을 선별하여 戎秩을 제수하고 그들을 內地로 옮겼다."가 있다.[48] 戎秩이란 즉 唐의 武官職을 의미한다. 또한 唐太宗은 遼州(遼東城), 蓋州(蓋牟), 巖州(白巖) 등 三州에서 획득한 약 7만명의 고구려인을 중국 내지로 이주시켰다.[49] 그들이 구체적으로 어느 지역에 안치되었는지 알 수 없다.

　　또한 이때 무관직을 제수 받은 고구려인 또한 그 행방을 한동안 알 수 없었다. 그런데 최근 중국에서 출토된 묘지명의 기록을 통해 그들의 사후 행적을 단편적이나마 추적할 수 있게 되었다. 고구려가 멸망하기 이전에 唐에서 활동한 것으로 보이는 인물은 高支于, 高文恊, 高乙德 등이 있다.

　　우선 그들이 제수받은 초기 관직을 보겠다. 『高提昔 墓誌銘』에 의하면 高提昔의 祖父 高支于는 易州刺史

---

48) 『舊唐書』 卷199上, 東夷 高麗傳, p.5325.
　　『資治通鑑』 第198卷, 唐紀14 貞觀 19年條, pp.6226-6227.
　　『三國史記』 卷第21, 高句麗本紀 寶藏王 4年條.
　　그런데 동기사에는 이때 北部傉薩 高延壽와 南部傉薩 高惠眞가 각각 鴻臚卿와 司農卿을 임명받았다고 한다. 이들이 받은 관직은 모두 문관직으로 鴻臚卿은 외국 사신 등의 접대를 담당하는 鴻臚寺의 장관이며 司農卿은 조정의 창고를 관리하는 司農寺의 장관이다. 太宗은 이들에게 실무를 동반하지 않는 명목적인 직위를 내린 것으로 보인다. 이후 高延壽은 자신이 제안한 계책이 좌절되자 항복을 한탄하며 울화로 사망하였고, 高惠眞는 장안에 들어간 후의 소식을 알 수 없다.
49) 『資治通鑑』 第198卷, 唐紀14 貞觀 19年條, "凡征高麗, 拔玄菟·橫山·蓋牟·磨米·遼東·白巖·卑沙·麥谷·銀山·後黃十城, 徙遼·蓋·巖三州戶口入中國者七萬人."

를 역임하였고 그의 부친 高文恊은 高提昔의 사망 당시(674) 宣威將軍 右衛 高陵府 長上 折衝都尉였다고 한다.[50] 高文恊이 언제부터 折衝府에 배속되었는지 알 수 없으나 從四品上 武散官인 宣威將軍을 제수받은 것으로 보아 상당 기간 折衝府에서 군사 활동을 한 것으로 보인다.

그리고 高乙德은 高宗 龍朔 원년(661)에 唐軍에게 포로로 잡혔다. 그의 묘지명에 의하면 이듬해인 龍朔 2년(662) 右衛 藍田府 折衝 長上가 되었고 總章 원년(668)에는 고구려 공략에 참여하여 그 공로로 檢校本土東州長史가 되었다.[51]

高文恊과 高乙德의 공통점은 모두 中央十六衛의 右衛에 소속되어 長安 지역 내에 설치된 折衝府에 배속되었다는 점이다.[52] 이는 668년 이후에 折衝府로 편입된 고구려 지배층과 비슷한 성격을 띠고 있다.

2) 고구려 평양성 공략 전후

다음으로 역대 최대 규모의 중국 내지 유입이 발생한 總章 원년(668) 9月 이후의 사례를 정리하겠다. 앞서 설명했듯이 唐은 고구려의 수도 平壤城을 함락시킨 후 平壤에 安東都護府를 설치하여 그들을 간접 통치하고자 하였다. 그러나 故地의 고구려인들은 唐의 체제에 불복하여 고구려 부흥운동을 전개하였고, 이에 唐朝는 그곳의 약자를 제외한 인구를 중국 각지에 이주시켰다. 이때 唐朝의 강제 이주 목적은 고구려 집단을 在地 세력으로부터 분리하고 唐에 의한 고구려 영역 지배 체제를 강화하기 위함이다.

그런데 『舊唐書』는 "高麗의 戶二萬八千二百를 내지로 들이고 萊·營 二州에서 배를 태워 차례로 江·淮以南 및 山南·幷·涼州 以西 諸州의 空閑處에 안치하였다."고 한다고 였고,[53] 『資治通鑑』에서는 "高麗의 戶三萬八千二百을 江·淮以南 및 山南·京西諸州의 空曠한 땅에 안치하였다."고 하였다.[54] 이 시기 고구려인 강제 이주 규모의 상이함이 보인다. 이는 후대에 筆寫할 때 발생한 誤記 보인다.

한편 문헌 사료 및 墓誌銘을 통해 알려진 고구려 멸망 당시 중국 내지로 들어간 인물은 平壤城 함락을 기준으로 크게 세 개의 유형으로 구분된다. 첫 번째 유형은 平壤城의 함락 이전에 唐의 고구려 원정에 협력한 것이다. 대표적인 인물은 泉男生, 泉獻誠, 高玄, 李他仁 등이 있다. 두 번째 유형은 平壤城이 함락되기 직전에 협력 혹은 투항한 것이다. 高鐃苗, 高牟 등이 대표적이다. 마지막으로 세 번째 유형은 平壤城이 함락된 후 포로가 된 것이다. 고구려의 마지막 왕 高藏을 시작으로 泉男産, 泉男建, 南狄, 南于 등 고구려의 중앙 귀족

---

50) 「高提昔墓誌銘」, "祖支于, 唐易州刺史·長岑縣開國伯·上柱國. 父文恊, 宣威將軍·右衛·高陵府長上折衝都尉·上柱國. 往以貞觀年中, 天臨問罪, 祖乃歸誠款塞, 率家宿庭, 爰宣忠規, 載班淸級, 因玆裔族茂京都. 夫人卽長上折衝之元女也."

51) 「高乙德 墓誌銘」, "大唐龍朔元年, 天皇大帝, 勅發義軍, 問罪遼左. 公率兵敵戰, 遂被生擒. 聖上捨其拒抗之怒, 許以歸降之禮. 二年蒙授右衛藍田府折衝長上. 至總章元年, 高麗失政東土, 歸命西朝, 勅以公奉國盡忠, 令檢校本土東州長史."

52) 『舊唐書』卷38, 地理1 關內道 京兆府, "京兆府 隋京兆郡, 領大興·長安·新豐·渭南·鄭·華陰·藍田·鄠·盩厔·始平·武功·上宜·醴泉·涇陽·雲陽·三原·宜君·同官·華原·富平·萬年·高陵 二十二縣."

53) 『舊唐書』第5 高宗本紀下 總章二年條, "五月庚子, 移高麗戶二萬八千二百, 車一千八十乘, 牛三千三百頭, 馬二千九百匹, 駝六十頭, 將入內地, 萊·營二州般次發遣, 量配於江·淮以南及山南·幷·涼以西諸州空閑處安置."

54) 『資治通鑑』唐紀 第201卷, 唐紀17, "高麗之民多離叛者, 勅徙高麗戶三萬八千二百於江·淮之南, 及山南·京西諸州空曠之地, 留其貧弱者, 使守安東."

및 지방관이 있다.

다음은 각 유형의 최초 관직을 보겠다. 첫 번째 유형으로 분류한 泉男生(634~679)은 아버지 淵蓋蘇文가 사망한 후 그 뒤를 이어 莫離支가 되었다. 그러나 그의 동생 泉男産·泉男建의 견제로 인한 권력 다툼이 심화되었고, 그 싸움에서 패배한 泉男生는 乾封 원년(676) 아들 泉獻誠을 唐에 보내 來降 의사를 밝혔다. 고구려를 탈출한 후에는 平壤城 공략에 선봉에 섰다. 그 공적으로 右衛大將軍을 제수받았다.[55] 高玄(642~690)은 泉男生의 휘하에 있던 인물이다. 이후 平壤城 공격에 선봉에 섰고 그 공로로 宜城府 左果毅都尉摠管에 제수되었다.

그리고 李他仁(609~675)은 李勣에게 투항하기 직전 두만강 일대에 위치한 柵城을 근거지로 고구려의 12주와 말갈 37부를 통솔했던 인물이다. 乾封(676~677) 연간에 고구려 공략에 밀려 唐에게 투항하였다. 이후 그는 平壤城 공략에 참전하여 그 공으로 右戎衛將軍을 받았다. 泉男生와 李他仁의 공통점은 平壤城 공략에 참여하였다는 점과 자신의 근거지에서 상당한 지배력을 갖고 있었던 점이다. 이들은 이후 唐朝의 편에 서서 安東都護府의 안무와 柵城 주변의 반란을 진압하는 직책을 맡게 된다.

두 번째 유형으로 구분된 高鐃苗(?~673)은 唐의 平壤城 공략 당시 李勣과 內應하여 그 공적으로 左領軍 員外將軍을 제수받았다. 하지만 員外將軍으로 보아 實職官이 아닌 가능성이 있다. 묘지명의 내용으로 보아 唐에 들어가 얼마 지나지 않아 암살당한 것(桃門衆鬼)으로 추정된다. 高牟(640~674)는 그 시기는 알 수 없으나 긴급 문서를 의미하는 白囊을 갖고 귀순하였다. 그런데 이후 그의 행적은 군사로서의 활동보다는 禁獵令을 어긴 高牟에게 시비를 건 禁酒令을 어긴 校尉와의 다툼이 더 알려져 있다.[56]

이 밖에 묘지명에 쓰여진 기록만으로는 판단할 수 없는 인물이 있다. 高足酉(626~695)와 高質(626~697) 등이 이에 해당한다. 선행 연구에서는 이들은 고구려 멸망 이전에 관직을 제수 받았을 것이라는 대략적인 추정이 있다.[57] 그런데 平壤城 함락 전후로 투항한 고구려 지배층이 혼재되었을 가능성을 배제할 수 없다. 앞서 太宗은 傉薩 以下 酋長 三千五百人을 선별하여 戎秩을 제수한 바 있다.

그런데 高足酉·高質·高玄·高牟 등은 앞서 말한 高文恊·高乙德과 비슷한 행보를 보이고 있다는 점에서 특기할 만 하다. 이들은 總章 원년(668) 이후의 관직 제수에서 모두 무관직을 제수받았다.

高足酉는 總章 원년(668)에 明威將軍 守右威衛 眞化府 折衝都尉를 제수 받았다가 守左威衛 孝義府 折衝都尉로 옮겨지고 이듬해에 雲麾將軍 行左武衛 翊府中郎將으로 승진한다. 高質은 總章 2년(669) 4月에 明威將

---

55) 泉獻誠은 아버지 泉男生의 來降 의사를 전하고 右武衛將軍를 임명 받았다고 한다(『泉獻誠 墓誌銘』). 그런데 얼마 지나지 않아 衛尉正卿로 옮겨진 것으로 보아 임시적인 임명으로 추정된다. 泉男生의 사후에는 아버지의 봉작을 승계하였고 이후 守右衛大將軍員外置同正員와 右羽林衛上下에 임명되었다.

56) 樓正豪, 2013, 「高句麗遺民 高牟에 대한 考察」, 『한국사학보』 53, 고려사학회.

57) 李文基, 2001, 「高句麗 遺民 高足酉 墓誌의 檢討」, 『역사교육논집』 26, 경북대학교; 拜根興, 2001, 「高句麗 遺民 高足酉 墓誌銘」, 『중국사연구』 12, 중국사연구회; 拜根興, 2003, 「高句麗 遺民 高足酉 墓誌銘 考釋」, 『碑林集刊』 9, 西北大學出版社; 拜根興, 2009, 「高句麗 遺民 高性文·高慈 父子 墓誌의 考證」, 『충북사학』 22, 충북사학회. 高質의 아들 高慈는 고구려의 멸망을 예견하고 당에 귀순하였다고 하였다(『高質 墓誌銘』).

軍 行右威衛 翊府左郎將을 제수 받았다가 곧바로 雲麾將軍 行左威衛 翊府中郎將으로 승진한다. 이때부터 高足酉와 高質의 관품과 소속이 동일해졌다. 다시 말하자면 唐朝는 總章 2년(669)을 기점으로 고구려인으로 구성된 군사 집단을 본격적으로 기획하고 하나의 군단으로써 출신이 같은 두 사람을 中央十六衛에 배속시켰을 것이다.

또 다른 사례로는 조금 시간이 흘렀지만 泉獻誠·高玄과 高足酉·高玄의 관직 제수를 들 수 있다. 垂拱 2년 (686) 2月에 泉獻誠과 高玄이 각각 神武軍 大總領과 神武軍 總領이 되었고, 天授 원년(690)에는 高足酉와 高玄이 각각 行左豹韜衛 大將軍와 左豹韜衛 翊府中郎將이 제수받았다. 高玄은 고구려 멸망 전부터 泉男生의 휘하에 있었다.

이는 고구려 출신의 장군이 개인적인 능력에 의해 각 지역에서 군공을 쌓아 唐朝에서 승진한 것이 아닌 唐朝가 의도했던 고구려 군사 집단이 7세기 말엽에도 유지되어 각종 대외 원정 등의 전투에서 승리를 얻어낸 공적으로 무관직의 官品이 올라간 것임을 충분히 예상할 수 있다.[58] 또한 唐의 관직 제도에서는 三品 이상의 관료의 자제에게 恩蔭의 특권이 주어지는데 묘지명 등에서 유민 2세대가 이러한 특권으로 관직에 진출한 사례가 많이 보이는 것도 어쩌면 당연한 이야기였다.

마지막 세 번째 유형으로 高藏(보장왕)·泉男産·泉男建이 있다. 高藏은 고구려의 정치가 본인에 의한 것이 아니었다는 이유로 司平太常伯 員外同正을, 泉男産은 항복 하였다는 이유로 司宰少卿를 제수 받았다. 하지만 끝까지 저항한 泉男建은 黔州로 유배 보내진다. 高藏은 員外同正으로 보아 실제 업무를 수반하지 않은 官品으로서 제수한 것으로 보인다. 泉男産은 앞서 貞觀 19년(645)에 高延壽와 高惠眞가 받았던 九寺의 직책이다. 이처럼 高藏과 泉男産이 문관직을 제수 받은 것은 그들을 長安에 久留하고 唐朝의 신하로 두기 위한 명목적인 직위로 보인다.

그런데 高藏은 儀鳳 2년(677)에 고구려의 마지막 왕으로서 故地를 통치할 수 있는 자격을 부여 받는다. 唐朝는 기존의 강압적인 羈縻 정책에서 방식을 바꿔 高藏을 중심으로 한 간접 통치책인 羈縻 정책으로 선회하고자 한 것이다. 이때 앞서 중국 각지에 分置되었던 고구려인을 다시 故地로 돌아오게 된다. 하지만 얼마 지나지 않아 高藏이 모반을 하려던 계획이 발각되었고, 高藏는 邛州로의 유배형에 취해져 그 곳에서 죽었다. 또한 고구려 땅으로 돌아올 수 있었던 被支配層도 병약한 자만 安東城傍에 남아 河南·隴右 諸州로 재안치 된다.[59]

앞서 唐朝에게 지배 영역을 빼앗기고 복속 당한 首領은 당시의 협력 여부에 따라 唐의 羈縻 체제로 편입된 원래의 지역에서 지방 장관(都督·刺史)으로서 활동할 것인지, 명목적인 官品을 제수받아 인질로서 長安에 구류되는지의 여부가 달라진다고 하였다. 또한 그 首領이 다스렸던 지역이 唐朝에 제대로 이관되었는지에 대한 판단도 있다.

高藏은 平壤城 함락 후에 포로가 되었으나, 安東都護府를 중심으로 한 고구려 故地 지배가 신라 등의 견

---

58) 植田, 2022, 앞의 책, pp.195-202.
59) 『舊唐書』 卷199上, 東夷 高麗傳, p.5328.

제로 인해 제대로 시행되지 못한 점을 들어 高藏의 요동 복귀를 주도한 것으로 보인다. 이 시기에 신라에서 고구려의 왕족 安勝에게 高句麗王에 封하고 金馬渚에 도읍하게 한 것도 큰 영향을 끼쳤을 것으로 보인다. 이로써 신라와 당은 冊封을 둘러싼 명분 싸움이 발발하게 된다.[60] 즉, 당에 있어 고구려의 마지막 왕 高藏의 존재는 실제 그 지역을 안무할 수 있는 정치가로 인식한 것 보다는 고구려 故地를 차지할 수 있는 명분적인 존재로만 남아있는 것이다. 『舊唐書』高麗傳의 마지막 기사에는 高藏의 사후 그의 자손이 고구려 왕족의 봉작을 승계하였으나 突厥 및 靺鞨에게 故地를 빼앗겨 결국 고구려는 명맥이 끊어지게 되었다고 한다. 이는 唐朝가 고구려 故地에 대한 영향력을 상실하였음을 의미한다.[61]

지금까지 7세기 이후에 唐으로 들어온 고구려인 포로 집단의 초기 관직 제수 유형을 알아보았다. 이상의 내용을 표로 정리하면 아래와 같다.

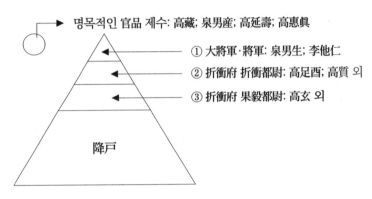

표 1. 7세기 고구려인 무관직 피라미드
안현선, 2018의 표를 대폭 수정함

---

60) 植田, 2022, 앞의 책, pp.245-261; 정원주, 2018, 「唐의 고구려 지배정책과 安勝의 行步」, 『한국고대사 탐구』 29, 한국고대사탐구회.

61) 고구려 왕 高藏, 그리고 백제 왕 義慈 등은 唐朝가 앞으로 그들 故地를 차지 할 수 있는 정통성을 지닌 상징적인 인물이다. 이후 渤海 등 故地 내 백제 혹은 고구려의 후예를 표방하는 새로운 왕조의 출현을 미연에 막거나 혹은 그들 왕조가 앞으로 唐에 복속할 수 있는 단서를 제공한다. 또한 각 열전에 따르면 백제 왕 義慈는 사후 陳叔寶 墓側에 묻혔고 고구려 왕 高藏은 詰利可汗의 오른쪽에 葬地를 마련하였다고 한다. 백제는 일찍이 華北의 정권보다는 江南을 수도로 하는 국가와 교역을 계속하고 있었고, 고구려는 突厥과 함께 唐의 북방 경계를 위협하는 거대한 존재였다. 당에 있어 이들을 정복하였다는 것은 唐朝가 天下統一을 달성하였다는 吉兆를 상징하는 것이며 그간 혼란이 지속되던 中華의 안정을 표현하는 수단으로도 볼 수 있다(안현선, 2018, 「唐朝における朝鮮半島系遺民－特に唐朝からの官職授与を中心に－」, 『人文論究』 第67卷 第4号, 関西学院大学, pp.133-134에서 附言).

[참고] 돌궐 유민과의 비교

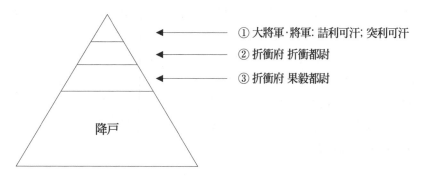

표 2. 7세기 돌궐인 무관직 피라미드
안현선, 2018의 표를 대폭 수정함

본 피라미드에서 상위에 올라갈 수록 故地에서 높은 신분으로 구분된다. 삼각의 틀은 무관직을 제수 받은 것으로 돌궐 유민과 비교하면 돌궐의 首領은 일괄적으로 장군호를 수여받았다. 그런데 고구려의 경우, 명목적인 관직 수여와 무관직을 구분하였고 장군호를 제수 받은 인물은 고구려 故地를 안무할 수 있는 최고 권력자가 동원되었다. 반면 安東都護府 운용에 해당하지 않는 인물은 중국 각 지역에 설치한 折衝府에 배속되거나 中央十六衛에 소속되어 장안에서 宿衛하기도 하였다. 이는 돌궐 유민의 사례와 동일하다. 참고로 황실을 宿衛를 하던 中郎將 阿史那結社率이 賀邏鶻의 모반 계획에 결탁하여 太宗을 암살하려다 실패에 그친 사건이 있다.

어찌되었건 앞선 중국 왕조의 對 이민족 정책과는 다르게 唐朝는 일관되게 그들 세력을 군사력으로 이용하고 있음을 미루어 짐작할 수 있다. 원래 고구려의 지배층이었던 그들은 唐에 복속되자 折衝府를 중심으로 한 군사 집단에 배치되었고 이후 각종 대외 원정에 참가하게 된다. 이는 北魏의 한화 정책에 의해 원래의 집단이 와해된 후 지방의 무관에서 시작하여 개인적인 능력을 통해 수도로 진출할 수 있었던 양상과는 다른 모습을 보이고 있다. 반면 고구려 故地는 처음부터 唐의 羈縻 지배가 정상적으로 작동하지 않았고, 신라와의 冊封을 둘러싼 명분 싸움이 전개되자 고구려 마지막 왕 高藏을 이용하기도 하였다.

한편 고구려 멸망 당시 중국 내지로 강제적으로 이주된 戶口는 安東都護府의 정책 변화에 따라 이동을 번복하였다. 결과적으로 그들은 중국 각지의 空閑地에 배치되어 그 곳에서 주로 농업을 전개하였을 것으로 추정된다. 그러다 이후 긴박해지는 대외 전쟁에서 唐의 군사가 부족하자 唐朝는 세금 부담을 감면해주는 募兵 제도로 전환하여 그들 戶口의 전쟁 참전을 유도하기도 하였다. 高宗-則天武后 시기의 모습(원래의 지배층)과 玄宗 시기의 모습(원래의 지배층의 후손과 노예 출신)이 다른 모습을 보이고 있는 것도 이러한 영향이 있는 것으로 생각된다.

IV. 맺음말

지금까지 3세기 중반부터 7세기 말까지 발생한 고구려인의 중국 내지로의 이주를 각 중국 왕조가 실천한 이민족 활용 정책을 비교 검토하였다. 그동안의 글을 요약하면 다음과 같다.

曹魏~西晉 시대에 발생한 고구려인 포로 집단의 강제 이주는 고구려의 세력을 약화시키기 위한 목적이 강하다. 毌丘儉의 고구려 원정과 慕容廆의 河城 습격이 크게 성공함에 따라 고구려의 세력은 크게 좌절되었다. 또한 慕容廆은 당시 東夷校尉 崔毖와 요서-요동 지역을 둘러싼 대립에서 승기를 쥐어 東晉에게 그곳의 지위 명분(地方官)을 인정받게 되었다.

前燕~後燕 시대에 발생한 강제 이주의 목적은 스스로 燕王의 자리에 오른 慕容氏 정권이 東晉에게 인정받고 동방의 고구려보다 중화식 지배 질서에서 우위에 있음을 강조하기 위함이다. 하지만 慕容皝 시기는 강력한 군사력과 책략을 바탕으로 고구려의 복종까지 성공할 수 있었으나, 慕容盛 시기에는 오히려 고구려의 반격에 실패하여 慕容皝 시기에 맺어졌던 상하 관계는 원래의 대등한 관계로 돌아가는 계기가 되었다.

曹魏~前燕까지 중국 내지로 옮겨진 고구려인 포로 집단은 중국 정부가 지정한 지역에서 생활을 영위하였다. 그러나 이후, 인구 밀집 등의 문제와 새로운 도성으로의 이전이 제시되면서 이들도 각 지역의 주민 구성에 동원되었다. 처음 棘城과 龍城에서 시작된 그들의 이동은 서쪽 경계의 각 城와 中山, 鄴城 등으로 남하하게 된다.

한편 北魏 시대에도 도성의 주민 구성에 동원되었다. 다만 수도 平城이 북쪽에 위치함에 따라 중원으로 남하한 집단이 다시 북쪽으로 이동하게 된다. 이때 주로 옮겨지는 세력은 본디 敵性이 강한 分子로 구분된 집단이다. 이에 대한 목적은 지방에 서의 반란을 억제하고 그들은 회유와 통제를 원활히 하기 위함이다.

北魏의 분열 이후 중원의 혼란이 지속된 상황 속에도 여전히 그 지역에 잔류한 집단도 있다. 北魏 시대부터 隋代에 걸쳐 제작된 造像碑에는 고구려인 추정 집단이 유지되고 있음을 짐작할 수 있다. 또한 자신의 세력의 입지를 굳히기 위해 자신의 선조를 慕容氏 정권으로 인해 중원으로 들어온 質子 출신의 고구려인임을 강조하는 경우도 있다. 北魏부터 北周까지 무관직을 제수한 高琳과 營州 지역에서 강력한 세력을 유지한 것으로 보이는 高英淑 가문이 그러하다. 시대를 막론하고 본인과 후손의 출세를 위해 자의적으로 출자를 고치는 사례가 적지 않기에 이를 문맥 그대로 수용할 수는 없다. 그러나 종족 간 混住가 두드러지는 시대 배경 속에서 오랜 기간 동안 공을 들여 쌓아 올린 자신의 세력을 유지 시키기 위해 역사상 실존 인물을 인용한 것으로 보인다.

그러다 7세기에 접어들면 唐朝의 대외 원정에서 패배한 고구려가 멸망함에 따라 지금까지 없었던 역대 최대 규모의 강제 이주가 발생하게 된다. 이때는 피지배층뿐만 아니라 원래의 지배층도 중국 내지로 다수 유입되었다. 唐朝는 앞선 왕조의 정책과는 다르게 일관되게 그들을 군사적으로 이용하려고 하였다. 원래 그들의 지위에 맞게 관직 제수에 위계를 세우되 고구려 故地를 안무할 수 있는 親唐的인 인물이 최고 지위에 올랐다. 그 아래 계급으로는 中央十六衛에 소속되어 황궁을 宿衛하는 郎將, 折衝府에 배치되어 군사 훈련을 하는 折衝都尉와 그 하위의 果毅都尉가 있다. 이들은 멀지 않은 시기부터 唐의 대외 원정에 참가 하여 전쟁에서 얻은 공적이 쌓여 그들의 자손은 恩蔭의 특권을 얻게 되었다.

한편, 명목적인 官品을 수여 받은 인물도 있다. 특히 고구려의 마지막 왕 高藏에게 내린 官品은 唐朝에 있어 매우 중요한 목적을 갖고 있다. 그동안 唐朝가 고구려 왕에게 外臣으로서 제수해온 명목적인 지위 명분(地方官)에서 조정 내의 관료에게 제수해왔던 문산관 및 문관직을 명목적으로 부여함으로써 고구려의 상징인 고구려 왕을 황실 내부의 군신 관계로 만드는 內臣으로의 전환을 수립한 것이다.

| 투고일: 2024.11.10. | 심사개시일: 2024.11.27. | 심사완료일: 2024.12.10. |

참고문헌

1. 한국어 문헌

김진한, 2020, 『고구려 후기 대외관계사 연구』, 한국학중앙연구원출판부.

김영관, 2012, 「百濟 滅亡後 扶餘隆의 行蹟과 活動에 관한 再考察」, 『백제학보』 7, 백제학회.

김영관, 2012, 「백제 유민들의 당이주와 활동」, 『한국사연구』 158, 한국사연구회.

김현숙, 2001, 「中國 所在 高句麗遺民의 動向」, 『한국고대사연구』 23, 한국고대사연구회.

김현숙, 2004, 「고구려 붕괴 후 그 유민의 거취 문제」, 『한국고대사연구』 33, 한국고대사연구회.

여호규, 2012, 「4세기-5세기 초 고구려와 慕容'燕'의 영역확장과 지배방식 비교」, 『한국고대사연구』 67, 한국고대사학회.

윤용구, 2014, 「중국 출토 고구려 백제 유민 묘지명 연구 동향」, 『한국고대사연구』 75, 한국고대사연구회.

윤용구, 2021, 「북위대 낙랑·고구려인 이주민 – 평성 출토 문자자료를 중심으로 – 」, 『동서인문』 제17호, 경북대학교 인문학술원.

이도학, 2010, 「당에서 재건된 백제」, 『인문학논총』 15-1, 경성대학교 인문과학연구소.

이동훈, 2018, 「위진남북조시기 중국의 코리안 디아스포라 고조선 고구려 부여계 이주민 집단 연구」, 『한국사학보』 제72호, 고려사학회.

이동훈, 2019, 『고구려 중후기 지배체제 연구』, 서경문화사.

이문기, 2001, 「高句麗 遺民 高足酉 墓誌의 檢討」, 『歷史教育論集』 26, 경북대학교.

이성제, 2017, 「高句麗 遺民의 遼西지역 世居와 존재양상 –〈高英淑墓誌〉의 譯註와 분석」, 『중국 고중세사연구』 46, 중국고중세사학회.

임기환, 2004, 『고구려 정치사 연구』, 한나래.

박세이, 2014, 「4세기 慕容 鮮卑 前燕의 성장과 고구려의 대응」, 『한국고대사연구』 제73호, 한국고대사학회.

拜根興, 2009, 「高句麗 遺民 高性文·高慈 父子 墓誌의 考證」, 『忠北史學』 22, 충북사학회.

정원주, 2018, 「唐의 고구려 지배정책과 安勝의 行步」, 『한국고대사 탐구』 29, 한국고대사탐구회.

정호섭, 2017, 「고구려史에 있어서의 이주와 디아스포라」, 『先史와 古代』 제53호, 한국고대사학회.

2. 일본어 문헌

安賢善, 2018, 「唐朝における朝鮮半島系遺民―特に唐朝からの官職授与を中心に―」, 『人文論究』 第67巻 第4号, 関西学院大学.

植田喜兵成智, 2018, 「韓国学界における遺民墓誌研究の現状―最近刊行された資料集の比較を中心に」, 『韓国朝鮮の文化と社会』 17, 風響社.

植田喜兵成智, 2022, 『新羅·唐関係と百済·高句麗遺民―古代東アジア国際関係の変化と再編』, 山川出版社.

川本芳昭, 2022, 『世界秩序の変容と東アジア』, 汲古叢書.

窪添慶文, 2020, 『北魏史 洛陽遷都の前と後』, 東方選書.

志野敏夫, 1985, 「漢の衛士と「饗遣故衛士儀」, 『文学研究科紀要』, 早稲田大学大学院

田村實造, 1985, 『中國史上の民族移動期』, 創文社.

中西竜也·増田知之 편저, 2023, 「よくわかる中国史」, 『ミネルヴァ書房』.

西田祐子, 2022, 『唐帝国の統治体制と「羈縻」『新唐書』の再検討を手掛かりに』, 山川出版社.

朴漢濟, 1991, 「北魏洛陽社会と胡漢体制ー都城区画と住民分布を中心にー」, 『お茶の水史学』, お茶の水大学.

森部豊, 2019, 「唐代営州における契丹人と高句麗人」, 『関西大学東西学術研究所紀要』52, 関西大学東西学術研究所.

森部豊, 2021, 「唐朝の羈縻政策に関する一考察 ー唐前半期の営州都督府隷下「羈縻府州」を事例として」, 『東洋史研究』第80巻 第2号, 東洋史研究会.

福島恵, 2017, 『東部ユーラシアのソグド人: ソグド人漢文墓誌の研究』, 汲古叢書.

三崎良章, 2012, 『五胡十六国 中国史上の民族大移動』, 東方書局.

3. 중국어 문헌

常楽, 2014, 「高句丽与北魏交渉関係研究」, 延辺大学.

王連龍, 2018, 「十六国時期高句丽移民族 群研究」, 『唐代史研究』21.

姜維東, 2016, 『高句丽歴史編年』, 科学出版社.

馮雅蘭, 2019, 「2-6 世纪高句丽境内的人员流动研究」, 『博物馆研究』年第2期(总第146期).

拝根興·严可, 2023, 「魏晋南北朝时期高句丽移民研究的现状与展望」, 『陕西历史博 物馆论丛』第30辑.

拝根興·严可, 2024, 「高句丽对三燕的认知嬗变——以双方往来人员为中心」, 『地域文化研究』2024-03.

拝根興, 2012, 『唐代高麗百濟移民研究 - 以西安洛陽出土墓志為中心』, 中國社会科学出版社.

拝根興, 2003, 「高句麗 遺民 高足酉 墓誌銘 考釋」, 『碑林集刊』9, 西北大學出版社.

兪鹿年, 2008, 『北魏職官制度考』, 社会科学文献出版社.

殷憲, 2008, 「蓋天保墓博銘考」, 『北朝研究』6, 科学出版社.

殷憲, 2010, 「北魏《申洪之墓銘》及几个相關問題」, 『云岡文化研究』第24卷 第1期,山西大同大學.

李憑, 2004, 「北魏天興元年的高麗移民及其狀態」, 『魏晋南北朝史文集』.

姚薇元, 1977, 『北朝胡姓考』, 華世出版社.

侯旭東, 2008, 「北魏申洪之墓志考釈」, 『"1-6世紀中国北方辺疆·民族·社会国際学術研討会"論文集』, 科学出版社.

〈Abstract〉

The Migration and Activities of the Goguryo People in China from the 3rd to 7th Centuries: Raising
Issues Focusing on the Policy of the Chinese Dynasties towards Different Ethnic Groups

An Hyunsun

This article synthesizes the migration of Goguryeo groups into China from literary and archaeologi-
cal sources and compares the immigration policies practiced by different Chinese dynasties.

All of the migrations of Goguryeo groups into China from the 3rd to 7th centuries were forced mi-
grations that occurred during conflicts with the Chinese dynasties. However, the regions where they
were buried differed between dynasties. First, a group of Goguryeo people brought into China in the
middle area of the Wei Dynasty were buried in Xing yáng, a defensive stronghold east of the capital
Luoyang. The next forced migration of Goguryeo groups occurred in the 4th century, and they were
buried in Longcheng and Jicheng, the main bases of the Moyongbu regime, along with groups such as
the Buyeo, Wubenbu, and Duanbu, which were conquered by Morongbu forces at the same time. How-
ever, some of them were later relocated by the policies of the Former Yan mor onghywang to the west-
ern border area of the province and the new capital zhongshang and Yecheng. In addition, at the end of
the 4th century, the Goguryo groups loeated at Shandong area were relocated again to another area.
Emperor Daowu of Northern Wei conquered Zhongshan, the capital of the Later Yan, and relocated
the Han, Moyongbu, and Goguryeo groups in the six provinces of Shandong to his capital, Pingcheng.
Finally, after the fall of Goguryeo, the ruling and ruled classes of Goguryeo were separated. The ruling
class was divided and relocated to undeveloped land in various parts of China, while the ruling class,
with the exception of a few, were given government positions in the Tang dynasty and made their home
in the Chang'an area.

Meanwhile, the activities of the Goguryeo people in the interior of China are centered on the ruling
class of their homeland. The Goguryeo who were sent as hostages to the Former Yan were not merely
hostages, but served in the emperor's entourage, establishing a vassal relationship with the emperor. In
the later Northern Wei period, they maintained their power in China as leaders of a certain number of
Goguryeo groups, but their position was greatly reduced after Emperor Xiaowen of Northern Wei's Ha-
nization policy.

In the Tang Dynasty, Goguryeo's activities can be broadly categorized into two types. The first group, represented by 泉男生 and 李他仁, was responsible for pacifying the Goguryeo homeland, while the second group, represented by 高質 and 高足酉, was assigned to the Tang's Central Sixteen Armies and mobilized for various foreign expeditions. Their activities were concentrated until the end of the 7th century, and their descendants were granted the privilege of benefit appointments by their father's official rank. This is similar to the behavior of not only the Goguryeo, but also the Dolguk, Malgal, Sogdians, and Baekje, who were major non-Han peoples at the time.

▶ Key words: Goguryo People in China, Various control non-China people, relocation

백제 사비기 물자의 유통과 관리 체계[*]
– 부여 부소산성과 쌍북리 일원 발굴 자료를 중심으로 –

이병호[**]

I. 머리말
II. 부소산성 북문지와 쌍북리 일대 발굴 자료의 검토
III. 주변 국가와의 비교를 통한 백제 외경부
IV. 맺음말

〈국문초록〉

이 글은 부소산성과 쌍북리 일대 발굴에서 드러난 유물과 유구를 분석하여 백제 사비기 물자의 유통과 관리 체계를 밝히기 위해 작성되었다. 2장에서는 부소산성 북문지와 쌍북리 일대에서 발굴된 유물과 유구를 재검토하였다. 사비기 왕성으로 추정되는 부소산성은 북문이 정문으로 인식될 만큼 북문지 일대가 중시되었다. 부소산성 추정 북문지 주변 조사에서는 많은 기와와 토기, 중국제 도자기와 벼루, 자물쇠, 저장수혈 등이 발견되어 이곳에서 다양한 물자의 유통과 관리가 이루어졌음을 유추할 수 있다. 2023년 북나성 북문지가 발견됨으로써 사비도성의 북쪽에는 부소산성 북문과 더불어 금강과 연결되는 또 다른 출입구가 더 있는 것이 확인되었다. 북나성 북문지 안쪽의 쌍북리 일대는 다수의 저장수혈과 대형 항아리, 가야토기와 신라 토기, 중국 동전, 일본 스에키, 자물쇠, 구구단·논어·꼬리표 목간 등이 출토되어 금강 수로를 통해 도성 내부로 물자가 유입되어 저장, 관리되는 물류의 거점이었음을 알려주고 있다.

3장에서는 사비기 물자의 수취와 창고 운영을 담당한 내경부·외경부의 직무를 신라와 일본의 사례를 참고하여 좀 더 추정해 보았다. 외경부 목간이 발견된 쌍북리 일원에서는 목간과 함께 청동기와 유리, 칠기 제작과 관련된 공방의 흔적이 발견되었다. 외경부에서 물자의 수취와 관리뿐 아니라 수공업 생산을 수행한 증거로 해석된다. 내경부와 외경부는 그 소재지의 차이뿐 아니라 왕실재정과 국가재정을 분담한 것으로 생

---

[*] 이 논문은 2021년도 대한민국 교육부와 한국연구재단의 인문사회분야 신진연구자지원사업의 지원을 받아 수행된 연구임 (NRF-2021S1A5A8063398).
[**] 동국대학교 문화재학과 부교수

각된다. 신라의 경우 622년 內省이 설치되면서 왕실재정과 국가재정이 구분되며, 조세의 수취와 창고 관리 업무는 調部와 倉部에서 담당하였다. 내경부와 신라의 내성, 외경부와 신라 조부·창부의 대응 관계가 상정된다. 일본의 경우 大藏省과 內藏寮에서 공납품의 수취와 관리를 담당했는데 천황과의 관계에서 전자는 외경부, 후자는 내경부와 유사했을 것으로 추정된다. 대장성·내장료에서는 수공업 생산 활동이 이루어졌는데 이는 백제 외경부 주변에서 공방의 흔적이 확인되는 현상과 유사하다. 쌍북리 일대는 왕궁과 가깝고 수륙 교통의 요지였기 때문에 외경부 같은 중앙행정 관서가 입지하게 된 것으로 보인다.

▶ 핵심어: 扶蘇山城, 北羅城, 倉庫, 外椋部, 大藏省, 交通路

I. 머리말

백제의 물자 유통에서 가장 중요한 비중을 차지하는 租稅 수취에 관해서는 『三國史記』 백제본기와 『周書』 백제전, 『舊唐書』 백제전, 『隋書』 고구려전 등 문헌기록을 바탕으로 백제에도 租와 調, 力役에 관한 수취가 있었고, 그것이 사비 천도 이후 22부사제와 5방제가 성립되면서 전국적인 세제로 확립된 것으로 이해되고 있다.[1] '熊津市'나 '都市部'라는 기록이 있어 도성에는 물품의 매매와 교역이 이루어지는 시장도 있었을 것으로 추정되지만 구체적인 위치나 교역품에 관해서는 내용을 알기 어렵다.[2] 고고학 분야에서는 토기나 기와, 철기, 금속공예품, 중국·일본에서 수입한 외래계 유물 등 물질 자료를 중심으로 그 생산과 유통, 분포 양상 등에 관한 검토가 이루어졌다. 그중 토기나 철기, 금속공예품, 중국제 도자기 등의 생산과 유통에 관한 문제는 백제의 고대국가 형성 과정이나 지방통치 체제의 확립 과정이라는 문제와 관련지어 연구되었다.[3]

토기나 기와 등의 물질 자료를 수공업 생산 체제와 관련시켜 보려는 시도가 없지 않지만,[4] 백제의 물자 유통이나 관리 체계에 관해서는 문헌사료에 관한 연구와 고고학 자료에 관한 연구가 서로 별개인 것처럼 다루어진 것이 사실이다. 그러나 최근 부여 부소산성과 쌍북리 일대에서는 이를 새롭게 파악할 여지가 있는 문자자료들이 출토되어 주목된다. 예를 들어 부소산성 내부의 궁녀사 일대에서는 乙巳年(645) 지방인 牟尸山에서 대형 항아리인 '甒'을 만들어 도성에 공납한 것으로 추정되는 토기 명문이 확인되었다.[5] 부소산

---

1) 양기석, 2005, 『백제의 경제생활』; 김영심, 2005, 「백제 5방제 하의 수취체제」, 『역사학보』 185; 김기흥, 2007, 「토지제도와 조세제도」, 『백제의 사회경제와 과학기술』(백제문화사대계연구총서 11).

2) 노중국, 2010, 「물자 유통과 稱量 위반자의 처벌」, 『백제사회사상사』, pp.265-275.

3) 대표적인 사례 연구로 다음을 참조. 한신대학교 학술원, 2004, 『한성기 백제의 물류시스템과 대외교섭』; 한신대학교 학술원, 2008, 『백제 생산기술의 발달과 유통체계 확대의 정치사회적 함의』; 이한상, 2009, 『장신구 사여체제로 본 백제의 지방지배』; 土田純子, 2014, 『백제토기 동아시아 교차편년 연구』; 김종만, 2019, 『백제토기의 생산유통과 국제성』.

4) 대표적인 사례 연구로 다음을 참조. 김창석, 2007, 「백제 왕실수공업의 성립과 생산체제」, 『백제연구』 45; 최영희, 2016, 「백제 사비기의 조와계통과 생산체제」, 『백제연구』 63; 이병호, 2020, 「백제의 기와 제작기술과 생산체제의 변화」, 『선사와 고대』 64.

성 동남쪽에 자리한 雙北里 일대에서는 280-5번지에서 佐官貸食記와 外椋卩 목간, 328-2번지에서 九九段 목간, 56번지 유적에서 論語와 外椋宮 목간 등이 발견되어 이 일대에 사비기 백제 중앙행정 관서인 외경부와 관련된 시설이 있었을 가능성이 제기되었다.[6]

이러한 신출토 문자자료들은 부소산성의 위상이 단순히 도피성이나 후원이 아니라 王城이었을 가능성이 새롭게 부각되고 있는 연구 분위기와 맞물려 부소산성 북문지와 북나성 북문지, 북포 일대가 사비기 물자 유통의 중심지 중 하나였을 가능성을 제기하고 있다. 이와 더불어 쌍북리 일대에 외경부가 존재했다면 내경부와 어떤 차이가 있고, 사비기 왕궁이나 중앙행정관서에서 물자의 관리는 어떻게 이루어졌을지에 관한 문제를 새롭게 제기하고 있다.

이에 II장에서는 부소산성 북문지와 북나성 북문지, 쌍북리 일대에서 이루어진 고고학적 발굴 성과를 정리·분석하고자 한다. 기존에 발굴한 자료들 가운데 물자의 유통이나 관리 체계와 관련된 자료를 중심으로 정리할 것이며 을사년명 토기나 외경부 목간을 연구하는 과정에서 미처 검토하지 못한 자료들을 폭넓게 정리·소개하고자 한다. III장에서는 백제 사비기 중앙행정 관서 중에서 물자의 유통이나 창고제와 관련된 내경부·외경부의 문제를 신라를 비롯한 일본·중국의 사례를 참고하여 양자에 어떤 직무 구분이 있었는지를 추정해 보고자 한다.

II. 부소산성 북문지와 쌍북리 일대 발굴 자료의 검토

사비기의 물자 유통을 검토할 때 부소산성과 북문지 일대는 매우 중요하다. 『翰苑』에서 인용한 括地志의 "百濟王城, 方一里半, 北面, 累石爲之"라는 짧은 기사는 부소산성과 북문의 중요성을 잘 보여주고 있다. 이 기사에 나오는 '한 변의 길이 1리 반'의 크기는 부소산성의 규모와 거의 일치한다. 그로 인해 일찍부터 부소산성이 백제 왕성이라는 주장이 제기되었다.[7] 그러나 부소산성 내부에 왕궁이 건립될 만한 평탄지가 부족하기 때문에 사비기의 왕궁은 부소산 남쪽의 관북리나 쌍북리 일대 등 평지에서 찾아야 한다는 주장이 더 많은 지지를 받고 부소산성은 후원이나 도피성 정도로 이해되었다.

그렇지만 공주 공산성 내부에서 대규모 건물지군 조사가 이루어지고 이에 관한 연구가 심화되면서,[8] 공산성과 부소산성이 입지나 규모가 매우 비슷하기 때문에 부소산성의 위상에 대해서도 재검토할 필요성이

---

5) 김대영, 2021, 「부여 부소산성 신출토 명문토기」, 『목간과 문자』 26; 이병호, 2021, 「부여 부소산성 출토 토기 명문의 판독과 해석」, 『목간과 문자』 26; 방국화, 2021, 「부여 부소산성 출토 토기 명문의 검토-동아시아 문자자료와의 비교」, 『목간과 문자』 26.

6) 김창석, 2021, 「부여 쌍북리 출토 목간을 통해 본 사비도성의 관부 공간과 유교」, 『백제학보』 32; 이병호, 2023, 「부여 쌍북리 56번지 목간의 제작시기와 유적의 성격」, 『목간과 문자』 30.

7) 서정석, 2002, 『백제의 성곽』, pp.122-127.

8) 이현숙, 2018, 「백제 웅진성의 조사성과와 웅진왕도의 경관」, 『백제문화』 59; 이현숙, 2023, 「백제 웅진기 건물지의 평면변화와 위계」, 『호서고고학』 55; 이현숙·천승현, 2023, 「백제 웅진기 건물지의 구조분석」, 『호서고고학』 56.

제기되었다. 그 과정에서 2020년 국립부여문화재연구소의 부소산성 내부에 관한 시굴 조사는 많은 시사점을 주었고 새로운 논의가 이루어지는 계기가 되었다. 부소산성 내부 재난방재시스템 구축 사업의 터파기 과정에서 군창지와 궁녀사 부근에서 사비기 생활 흔적이 드러났고, 부소산성 내부에도 다수의 건물이 존재한 것을 확인하게 된 것이다.[9]

2022년 국립부여문화재연구소에서 개최한 학술대회에서 『괄지지』의 기사에 대해 "백제의 왕성은 사방이 1리 반이고, 北面하고, 돌을 쌓아 축조했다"라고 해석하는 것이 더 적절하다는 의견이 제시되었다.[10] 이 기사에 나오는 사방 1리 반인 성곽은 부소산성 말고는 달리 상정하기 어렵기 때문에 부소산성이 백제왕성에 해당하며, 과거 北面을 북쪽 면은 돌을 쌓아 축조했다고 해석한 것에 대해 '北面하다'로 해석하여 북쪽을 정면으로 하다거나 北向한 모습을 가리키는 의미로 해석하였다. 642년에 편찬된 『괄지지』는 624~630년대 백제의 정세를 반영한 역사서로 추정되고 있어,[11] 7세기 전반 중국인들은 백제의 왕성이 부소산성이고, 부소산성은 북쪽이 정면인 석축 성곽으로 인식하고 있었음을 확인할 수 있다.

그런데 '北面'에 관해 새로운 관점이 제시되기 전, 부소산성의 정문을 북문으로 보아야 한다는 견해가 이미 제기된 바 있다. 차용걸은 사비도성은 나성이라는 외곽성이 있기 때문에 외부에서 부소산성 남쪽의 성문을 통과해서 내부로 진입하기 위해서는 반드시 나성 성문과 부소산성 성문 등 2개소를 통과해야 하지만, 북문의 경우 나성 성문과 부소산성 성문의 기능을 겸하게 되므로 정문으로 볼 수 있고, 부소산성 북문의 입지는 공산성 공북루와 매우 유사하다고 주장하였다.[12] 北面을 북면한다거나 북향한다는 의미로 해석하는 견해와 부소산성 북문의 중요성을 확인시켜 주는 중요한 견해라 할 수 있다.

한편 필자는 2020년 궁녀사 주변 유구에서 출토된 '乙巳年'명과 '北舍'명 토기를 분석하면서 해당 토기들이 궁녀사 주변에서 발견된 배경과 관련하여 북문지가 부소산성 내부로 물자가 유통되는 길목에 해당하는 중요한 장소였기 때문에 지근 거리에 있는 궁녀사 주변에서 이러한 토기가 출토되었을 것으로 추정한 바 있다.[13] 다만 당시에는 명문토기의 분석에 집중하고 지면이 부족하여 관련되는 내용을 자세하게 논의하지 못하였기에 이를 보완·설명하고자 한다.

주지하는 것처럼 부소산성 궁녀사 주변에서 발견된 대형토기 파편에는 "乙巳年三月十五日 牟尸山菊作瓨"이라는 명문토기가 발견되었다. 이 명문에 관해 필자는 "을사년(645) 3월 15일, 牟尸山의 菊이 瓨을 만들었다"로 해석하였다. 이때의 牟尸山은 토기를 제작한 장소를 가리키는 지명으로 충남 예산군 덕산면을 가리키는 견해와[14] 전남 영광군 영광읍으로 비정하는 견해가 있다.[15] 백제의 중앙이 아닌 지방에서 제작한

9) 김대영, 2021, 「부여 부소산성 신출토 명문토기」, 『목간과 문자』, 26, pp.150-152.
10) 이병호, 2022, 앞의 논문; 여호규, 2023, 「괄지지에 나타난 백제 사비 도성의 공간구조와 부소산성의 성격」, 『백제문화』 67.
11) 정동준, 2013, 「翰苑 백제전 인용 括地志의 사료적 성격」, 『동아시아 속의 백제 정치제도』, pp.370-372.
12) 차용걸, 2019, 「부소산성과 백제산성의 방어체계 연구」, 『부여 부소산성 기록화 사업Ⅱ: 부소산성과 백제산성』, pp.54-55.
13) 이병호, 2021, 앞의 논문, pp.188-189.
14) 위의 논문, p.174.

토기라는 점은 모두 동의한다. 菊은 토기를 제작한 陶工을 가리키며, 瓺은 대형토기를 가리키는 器種名이라 할 수 있다. 대형토기에 이러한 문자를 음각으로 적은 이유는 지방 특산물인 이 토기를 현물로 貢納하면서 누가 언제 調를 받쳤는지를 드러내기 위한 것으로 보인다.

부소산성에서 북문지로 추정되는 지역은 1979년도에 상수도 공사에 따른 取水場을 건설하면서 주변 79m가 완전히 파괴되어 조사가 불가능하다. 그로 인해 1998년도에는 취수장의 서쪽 담장과 접한 서쪽 성벽구간, 2000년부터 2002년까지는 추정 북문지에서 동쪽으로 연결되는 북성벽과 능선 정상부에 형성된 평탄지 등을 발굴하였다. 그중 추정 북문지의 서쪽 성벽에 대한 발굴에서는 폭 약 6.5m, 높이 약 1.5m의 판축부와 그 외벽의 石築 시설이 확인되었다.[16] 석축은 할석을 이용해서 쌓았는데 잔존 최고 높이는 1.8m 정도였다(도면 1). 석축 하부 다짐층에서 상당량의 백제 기와편과 토기편이 출토되어 백제 때 축조된 것이 명확해졌다. 발굴보고서에서는 판축과 석축이 함께 맞물려 있어 판축과 석축을 동시에 쌓아 구축한 것으로 보았다. 다만 체성부와 체성부의 석축 사이에 백제 기와편이 출토되고 있어 다른 구간에 비해 상대적으로 늦게 성벽이 축조된 것으로 판단하였다.[17] 백제 때 축조한 부소산성의 성벽들은 기본적으로 정연한 판축성

도면 1. 부소산성 북쪽 성벽(DTr 외성벽)

---

15) 방국화, 2021, 앞의 논문, p.200.
16) 국립부여문화재연구소, 2000, 『부소산성 발굴조사 중간보고Ⅳ』, pp.10-38.
17) 김대영·최지원, 2022, 「부소산성 성벽의 변천과정 연구」, 『백제학보』 42, pp.170-172.

벽이지만 북문지 일대에서만 석축으로 조성되었다. 그로 인해 괄지지의 기사를 "北面은 돌로 쌓아 축조하였다"하면서 북문지 일대는 석축 성벽을 쌓은 것으로 이해한 것이다. 그러나 이는 정확한 한문 문장 해독이 아니며, 사비도성을 방문한 중국 사신이 부소산성은 북문이 정면이고, 그 주변에 있었던 석축 성벽을 보고 그 같은 기록을 남긴 것으로 보아야 한다는 반론이 제기되었다.[18]

추정 북문지에서 동쪽으로 연결되는 능선의 정상부에 관한 조사에서는 주거지와 저장 수혈, 저수조 등이 발견되었다.[19] 주거지의 경우 나지구에서 8기, 다지구에서 3기가 발견되었지만 대부분 통일신라시대에 속한다. 다만 주거지 내부에서 그보다 선행하는 수혈 유구가 발견되어 백제 때부터 저장을 위한 공간으로 활용된 것을 짐작할 수 있다. 특히 나지구에서는 평면 원형에 단면 복주머니 형태의 수혈 18기와 2기의 원형 저수조가 발견되었다. 부소산성 내부에서는 군창지와 동문지 일대에서도 저장용 수혈이 발견됐지만 북문지 나지구에서 가장 많은 수혈이 발견되었다. 이러한 대형수혈은 한성기부터 창고시설로 사용된 것으로 풍납토성이나 공산성에서도 확인된 바 있다.[20] 공산성 수목 정비사업 부지에 대한 2020년도 발굴에서는 47기의 원형 구덩이가 발견되어,[21] 부소산성 북문지 일대에서 발견된 수혈과 비교할 여지를 제공해 주고 있다.

추정 북문지 주변 발굴에서는 많은 기와류와 토기류, 금속기 유물이 출토되었다. 그중 기와류는 연화문 수막새와 파문, 소문 수막새가 발견되었다(도면 2-1~3). 소문이 절대다수를 차지하며, 다량의 암키와·수키와와 도장이 날인된 인장와가 함께 발견되었다. 출토 기와는 부소산성 서문지와 동문지, 남문지 등지에서 출토된 기와류와 비교할 때 별다른 차이가 없다.[22] 부여나 공주 지역에서 발견되는 소문수막새는 7세기 전엽 이후에 제작된 것으로 알려져 있어,[23] 백제 마지막 단계의 모습을 보여주는 것으로 생각된다.

토기류의 경우 완, 전달린토기 등 회백색토기와 외반호, 직구호, 삼족토기, 뚜껑 등의 회청색경질토기, 인화문토기와 편병, 외반호, 자배기 등 통일신라시대 토기류가 있다. 북문지 주변에서 발견된 회백색토기류와 회청색경질토기는 부소산성 내부에서 발견된 같은 기종의 토기류와 비교할 때 별다른 차이가 없다.[24] 다만 2020년 궁녀사 주변 조사에서 발굴된 것과 동일한 '北舍'가 찍힌 토기(도면 2-4)가 북문지 서쪽 A 트

18) 여호규, 2023, 앞의 논문, pp.116-118. 여호규는 '王所都城'이나 '(王)城下'라는 표현이 함께 사용되고 있는 것에 주목하여 부여를 방문한 중국 사신이 북문을 거쳐 부소산성으로 들어간 다음, 성곽 위에서 남쪽 시가지를 내려다보았을 것으로 추정하였다. 또 백종오는 부소산성 북쪽 성벽 부분 및 이곳과 연결되는 북나성의 연접 구간을 지칭하는 북쪽 성벽들을 가리킨다는 견해를 제시하여 참고된다. 백종오, 2023, 「부여 부소산성의 축성법과 문자자료의 편년적 위치」, 『고고학』 22-1, pp.84-87.

19) 국립부여문화재연구소, 2003, 『부소산성 발굴조사 중간보고V』, pp.205-211; 국립부여문화재연구소, 2021, 『부소산성(1981~2002)』, pp.159-170 및 pp.199-207.

20) 소재윤, 2012, 「백제 왕실(국영) 창고시설의 특징과 운영」, 『문화재』 45; 김왕국, 2016, 「백제 한성기 저장시설 확산의 동인」, 『백제연구』 63; 류미나, 2018, 「호서지역 백제시대 수혈유구 용도에 관한 검토」, 『선사와 고대』 55; 김왕국, 2021, 「백제 웅진·사비기 저장시설의 운영 양상과 그 배경」, 『백제학보』 35.

21) 공주대박물관, 2020, 「사적 제12호 공산성 수목정비사업부지 내 유적 발굴조사 약보고서」.

22) 최맹식, 2007, 「부소산성의 기와」, 『부소산성』, pp.174-208.

23) 이병호, 2014, 「7세기대 백제 기와의 전개 양상과 특징」, 『백제문화』 50, p.287.

24) 김종만, 2007, 「부소산성의 토기」, 『부소산성』, pp.243-259.

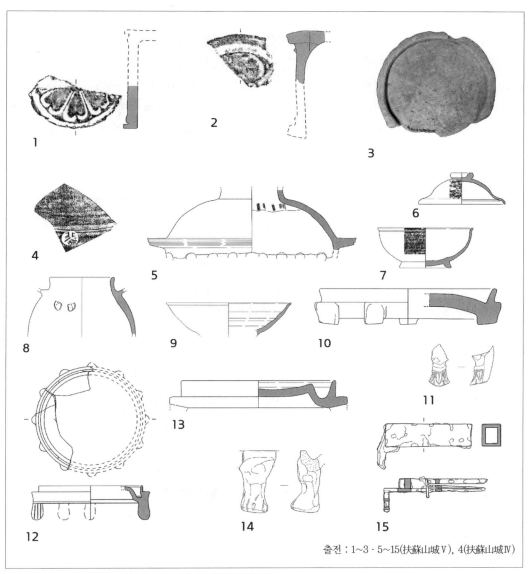

출전 : 1~3 · 5~15(扶蘇山城Ⅴ), 4(扶蘇山城Ⅳ)

도면 2. 부소산성 북문지 일대 각종 출토유물(축적부동)

렌치에서 발견된 점이나 관북리유적이나 화지산유적, 능산리사지, 왕궁리유적 등지에서 발견된 바 있는 연통토기(도면 2-5)가 추정 북문지 가지구 수로에서 발견된 점은 주목된다.[25] 이러한 토기류를 사용한 건물의 격이 비교적 높았음을 시사하기 때문이다. 북문지 일대에서는 통일신라시대에 속하는 인화문토기(도면

---

25) 연통토기에 관해서는 다음을 참조. 김용민, 2002, 「백제 煙家에 대하여」, 『문화재』 35; 김규동, 2002, 「백제 토제 연통 시론」, 『과기고고연구』 8.

2-6·7)도 발견되는데 부여 지역에서 발견되는 인화문토기들과 마찬가지로 660년 직후에 속하는 토기로 생각된다.[26] 백제 멸망 직후에도 이 일대가 중요시되었음을 짐작할 수 있다.

추정 북문지 주변에서 출토된 유물 중 중국제 도자기와 벼루, 자물쇠 등도 주목된다. 중국제 도자기로는 青瓷耳付罐과 黑褐釉盌, 중국제 벼루와 벼루다리 등이 있다(도면 2-8~11). 청자이부관과 흑갈유완 등은 군창지나 동문지 일대에서 유사한 유물이 출토된 바 있다.[27] 부여 지역에서는 傳 부여 출토 청자벼루와 부소산 광장에서 발견된 중국제 벼루 파편 1점이 알려져 있을 뿐인데,[28] 비록 파편이지만 북문지 일대에서 2점의 중국제 벼루가 발견되었다(도면 2-12~14). 2020년 궁녀사 주변 조사에서도 중국제 백자벼루 다리 파편 1점이 발견된 바 있다. 이 백자벼루 다리 파편은 화지산유적 출토 백자벼루와 매우 유사해서 7세기 전엽 이후에 속하는 자료이다.[29] 북문지 일대에서는 가지구와 나지구에서 백제에서 제작한 토제 벼루 2점이 더 발견되었다(도면 2-13·14). 이러한 자료들은 중국제 도자기나 벼루를 사용할 정도로 높은 위상을 가진 사람들이 문서행정을 실시했음을 알려주고 있다.

한편 나-5호 주거지에는 잠금쇠와 잠금통이 발견(도면 12-15)되고, 2개소의 방형주거지에서도 잠글쇠와 자물통이 발견되는데 통일신라시대에 속하는 것으로 알려져 있지만,[30] 사비기에 속하는 열쇠도 함께 발견되었다. 이러한 자료들은 창고의 관리와 관련된 유물이라는 점을 시사한다.

추정 북문지 주변 발굴에서는 사비기 문지가 발굴되지는 않았지만 동문지나 남문지, 서문지 일대와 유사한 성벽 구조가 확인되고, 또 그와 구별되는 석축 시설과 다수의 저장수혈, 저수시설이 확인되었다. 출토 토기와 기와, 금속유물, 중국제도자기 등은 북문지 주변에 군창지 일대나 다른 부소산성 성문처럼 격이 높은 국가시설이 있었음을 알려주고 있다. 특히 다양한 형태의 벼루와 열쇠가 저장용 수혈 주변에서 발견되는 현상은 다양한 물건의 저장과 관리, 그에 수반되는 문서행정이 실시되었음을 짐작케 한다.

이상의 검토에서 부소산성 추정 북문지는 부소산성에서 정문 역할을 하는 가장 중요한 장소였고, 그 주변에서 확인된 각종 유물과 유구들은 북문지 주변에 다양한 물자가 유통되거나 저장, 관리되는 시설이 있었음을 알려주고 있다. 그렇다면 부소산성 추정 북문지와 북나성은 어떻게 연결되어 쌍북리 일대로 물자가 유통되게 했을지에 대해 좀 더 검토해 보기로 하자.

앞서 언급한 것처럼 현재의 금강부여취수장 위치가 부소산성 북문지로 추정되고 있다. 1970년대 후반 취수장 건립 시 이곳까지 백마강 물줄기가 들어왔을 정도로 완만한 계곡을 형성하고 있었는데 인위적인 복토 작업을 거쳐 현재와 같은 모습으로 변형되었다.[31] 도면 3-1의 1947년 촬영한 항공사진을 보면 취수장이

26) 이동헌, 2011, 「통일신라 개시기의 인화문토기」, 『한국고고학보』 81, pp.191-193.

27) 부소산성 내부에서 발견된 중국 도자기에 관해서는 다음을 참조. 정상기, 2007, 「부소산성의 자기」, 『부소산성』, pp.272-285.

28) 김연수, 1994, 「전 부여 발견 중국청자 벼루에 대하여」, 『고고학지』 6, p.102.

29) 화지산유적의 백자벼루에 관해서는 다음을 참조. 이병호, 2024, 「기와의 분석을 통해 본 부여 화지산 유적의 성격」, 『백제학보』 47, p.50.

30) 이형원, 2005, 「삼국~고려시대 열쇠·자물쇠의 변천과 성격」, 『백제연구』 45, p.132 및 p.136.

31) 국립부여문화재연구소, 2000, 앞의 책, p.9.

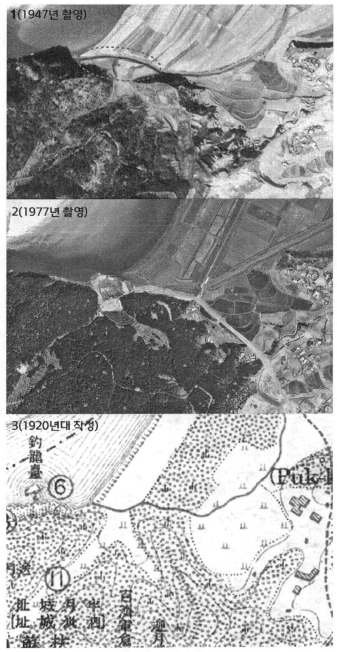

1(1947년 촬영)

2(1977년 촬영)

3(1920년대 작성)

도면 3. 부소산성 북문지와 북나성 일대 항공사진과 지도

건립되기 전, 동북쪽에서 흘러 내려오는 가증천이 추정 북문지 부근에서 완만한 경사를 이루며 약간의 공터를 형성한 다음 금강과 합류하고 있는 것을 확인할 수 있다. 이에 반해 도면 3-2의 1977년 촬영 항공사진을 보면 취수장을 건립하면서 가증천과 추정 북문지 사이의 공터를 없애고 금강과 곧바로 연결되도록 변형시킨 것을 확인할 수 있다. 이 과정에서 인위적인 복토 작업이 이루어져 현재와 같은 모습이 되었을 것이다.

도면 4는 청산성 일대에서 부소산성으로 연결되는 북나성 성벽에 관한 현재까지의 발굴 성과를 보여주는 자료이다. 그중 2022년 10차 조사에서 북나성의 북문지로 추정되는 유구가 확인된 점이 주목된다.[32] 북문지는 동쪽 성체만 확인되고 서쪽 부분은 조선시대 수로로 인하여 유실된 채 발견되었지만, 바깥쪽이 넓고 안쪽이 좁아지는 모양을 하였을 것으로 추정되며 바닥에는 잡석을 깔았다. 그런데 북나성 북문지의 서쪽에 관한 11차 발굴에서는 북나성 성벽과 관련한 시설이 전혀 확인되지 않았고 수로와 밭 경작 유구, 건물지 등만 확인되었다.[33]

---

32) 백제역사문화연구원, 2023, 「부여 나성(북나성) 10차 발굴조사 약식보고서」.
33) 백제역사문화연구원, 2024, 「부여 나성(북나성) 11차 발굴조사 약식보고서」.

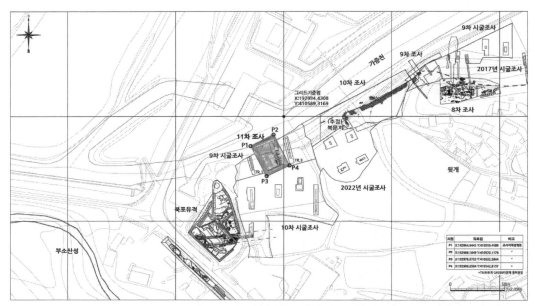

도면 4. 부여 북나성 북문지 일대 발굴조사 현황도(백제역사문화연구원, 2024)

　　11차 발굴 장소와 부소산성 사이에 자리하는 북포유적에 관한 과거 조사에서도 북나성 성벽은 발견되지 않았다.[34] 북포유적에서는 건물지와 경작지, 제사유구, 도로유구, 枝葉敷設 시설 등이 확인되었을 뿐이다. 북포 유적 발굴보고서에서는 이 지역이 北浦나 後浦로 불렸기 때문에 포구와 관련될 가능성을 언급했지만 구체적인 유구는 확인되지 않았다. 부소산성과 북나성이 어떻게 연결되었는지에 관한 정확한 자료는 추가적인 발굴이 필요한 실정이다.[35] 다만 현재까지의 조사 결과 부소산성 북문과 북나성 북문이 별도로 존재하였다는 점을 확인한 것은 중요한 성과라 할 수 있다. 과거 부소산성 북문이 북나성 북문의 기능을 겸한 것으로 추정한 것은 잘못이다. 이 일대는 금강에서 부소산성 내부로 물자가 유통되는 성문과 쌍북리 일대로 반입되는 성문이 좁은 장소에 따로 설치될 만큼 중요한 곳이었다고 할 수 있다.

　　부소산성 추정 북문지와 북나성 북문지 내부의 쌍북리 일대에서는 다수의 저장용 원형수혈과 함께 대형 항아리, 신라·가야토기 파편, 목간 등이 출토되었다. 청산성 일대에서는 한성기 말부터 웅진기까지 사용한 것으로 보이는 원형수혈 14기와 방형수혈 5기가 발견된 바 있다.[36] 그런데 그 주변 구릉지와 평지에서도 이러한 저장수혈이 다수 발견되고 있다(도면 5). 쌍북리 325·325-3유적에서 원형수혈 13기,[37] 325-10·5

---

34) 충청문화재연구원, 2009, 『부여 쌍북리 현내들·북포유적』.

35) 이와 관련하여 지금까지 북나성 성벽으로 추정해 오던 곳보다 더 북쪽의 가증천 또는 그보다 더 북쪽에 성벽과 포구가 존재할 가능성이 제기되었다. 도면 3-3 일제강점기 지도를 참고하면 성벽이나 성문 시설 없이 곧바로 포구로 연결되었을 가능성도 없지 않다. 향후 발굴 경과를 좀 더 지켜보아야 할 것이다.

36) 백제고도문화재단, 2017, 『부여나성-북나성Ⅴ·Ⅵ: 청산성 정상부 건물지 조사』, pp.353-355.

37) 한국문화재재단, 2020, 「부여 쌍북리 325, 325-3번지 유적」, 『2018년도 소규모 발굴조사 보고서』.

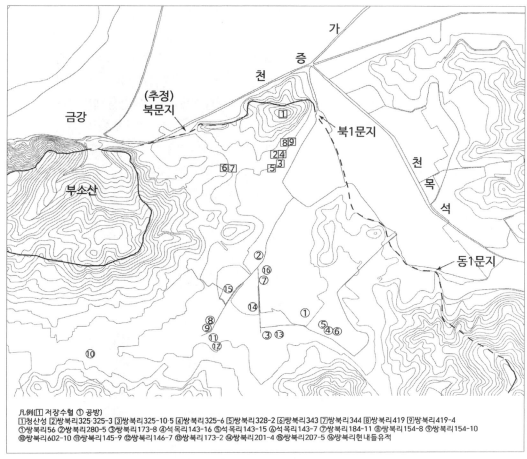

도면 5. 부여 쌍북리 일대 저장수혈과 공방 관련 유적 분포도

유적에서 수혈유구 7기,[38] 325-6유적에서 수혈유구 3기,[39] 328-2유적에서 수혈유구 3기,[40] 343유적에서 수혈유구 4기,[41] 344유적에서는 1문화층 6기, 2문화층 2기, 3문화층 2기 등 10기,[42] 419유적의 상부 문화층에서 2기, 하부 문화층에서 2기,[43] 419-4유적에서 수혈유구 2기[44] 등이 발견된 것이다. 수혈 내부에서 일부 토기가 발견되는 경우가 있어 웅진기 말까지 소급시켜 볼 수 있는 사례가 있지만 사비기 전기에 속하

---

38) 한국문화재재단, 2022, 「부여 쌍북리 325-10번지 유적」, 『2020년도 소규모 발굴조사 보고서』.

39) 한국문화재재단, 2021, 「부여 쌍북리 325-6번지 유적」, 『2019년도 소규모 발굴조사 보고서』.

40) 한국문화재재단, 2013, 「부여 쌍북리 328-2번지 유적」, 『2011년도 소규모 발굴조사 보고서』.

41) 한국문화재재단, 2019, 「부여 쌍북리 343번지 유적」, 『2017년도 소규모 발굴조사 보고서』.

42) 한국문화재재단, 2020, 「부여 쌍북리 344번지 유적」, 『2018년도 소규모 발굴조사 보고서』.

43) 한국문화재재단, 2020, 「부여 쌍북리 419번지 유적」, 『2018년도 소규모 발굴조사 보고서』.

44) 한국문화재재단, 2023, 「부여 쌍북리 419-4번지 유적」, 『2021년도 소규모 발굴조사 보고서』.

는 경우가 많고, 상하층에서 수혈이 발견되는 경우는 후기까지 계속해서 사용되었음을 보여주고 있다.

그중 쌍북리 328-2유적은 구구단 목간이 발견된 곳으로 유명하다. 저장시설과 구구단 목간이 함께 발견되었다는 것은 구구단 목간의 수학적인 측면이나 주술적인 측면뿐 아니라 실제 물품의 출납과 관련된 사무처리와 관련된 실용적인 측면과도 깊은 관련이 있다는 점을 시사한다.[45] 쌍북리 344유적의 주거지 내부에서는 높이 82.1㎝에 달하는 대형 항아리가 발견되었다.[46] 이 대형 항아리는 부소산성 내부 궁녀사 부근에서 발견된 '을사년'명 토기와 기형이나 크기, 타날문이 매우 비슷하다. 주거지 인근에 2기의 수혈유구가 발견된 점을 고려할 때 이 대형 항아리 역시 저장 기능과 관련이 깊다는 것을 짐작할 수 있다.

쌍북리 325-3유적에서는 백제가 아닌 가야나 신라토기로 추정되는 고배 대각편이 발견되었다(도면 6-1). 발굴보고서에서는 배신의 형태가 경주 덕천리 56호묘와 유사하고, 나팔형의 대각에 2단으로 삼각투

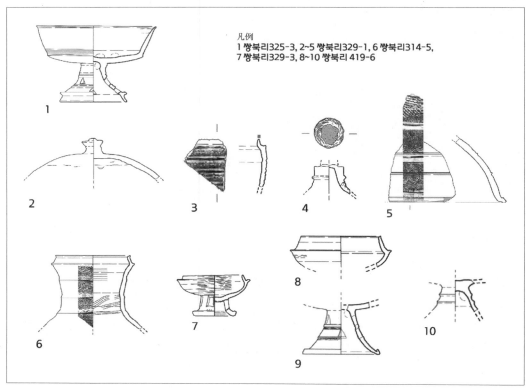

凡例
1 쌍북리325-3, 2~5 쌍북리329-1, 6 쌍북리314-5,
7 쌍북리329-3, 8~10 쌍북리 419-6

도면 6. 부여 쌍북리 일대에서 발견된 가야토기와 신라토기(축적부동)

---

45) 구구단 목간에 관해서는 다음을 참조. 정훈진, 2016, 「부여 쌍북리 백제유적 출토 목간의 성격」, 『목간과 문자』 16; 윤선태, 2018, 「백제의 구구단 목간과 술수학」, 『목간과 문자』 18; 김영관, 2020, 「곱하기와 나누기를 배운 흔적-구구단 목간」, 『목간으로 백제를 읽다』.
46) 한국문화재재단, 2020, 『부여 쌍북리 344번지 유적』, pp.28-29.

창이 엇가려 뚫려 있어 소가야 양식의 특징을 보인다고 하였다.[47] 백제 토기가 아닌 가야나 신라 계통의 토기라는 것은 분명하다. 그런데 쌍북리 일대에서는 더 많은 수량의 가야토기와 신라토기가 발견되었다.[48] 쌍북리 329-1번지에서는 뚜껑편과 토기구연부편, 고배의 대각편, 기대의 대각편 등이 출토되었다(도면 6-2~5).[49] 쌍북리 314-5번지에서는 장경호의 구경부편이 발견되었고(도면 6-6),[50] 329-3번지에서는 단각 고배편이 발견되었다(도면 6-7).[51] 쌍북리 419-6번지에서는 고배의 배신과 대각 파편이 발견되었다(도면 6-8~10).[52]

부여 지역에서 발견된 가야토기와 신라토기는 일부 웅진기까지 소급되는 것도 섞여 있지만 대부분 6세기 중엽 이후에 속하는 것으로 판단된다.[53] 쌍북리 525-1유적에서는 대가야계 토기 뚜껑과 기대편이 발견되어 사비기 초기 왕궁의 위치를 검토하는데 중요한 자료가 되고 있다.[54] 신라 인화문토기의 경우도 쌍북리 602-10유적과 북포유적에서 멸망기 이전인 7세기 전반에 속하는 자료들이 출토되었다.[55] 이처럼 북나성 안쪽의 쌍북리 일대에서는 부여 지역에서 가장 많은 가야토기와 신라토기가 발견되며, 쌍북리 280-5유적과 현내들유적에서는 소수지만 일본 스에키도 함께 발견되었다.[56] 이러한 가야토기와 신라토기, 스에키 등 외래계 토기들은 사비 천도 이후 가야나 신라, 왜와의 교류를 증명하는 자료라 할 수 있지만, 그러한 토기편들이 북나성과 쌍북리 일대에서 자주 발견되는 현상은 이 일대가 그러한 물자가 유통되는 길목이었음을 시사하는 것으로 볼 수 있다.

쌍북리 일대는 부여 지역에서 가장 많은 목간이 발견되었다. 북포유적과 현내들유적, 뒷개유적, 328-2유적, 280-5유적, 184-11유적, 184-16유적, 201-4유적, 173-8유적, 173-5유적, 석목리 143-16유적, 석목리 143-7유적 등지에서는 문서나 구구단, 논어 목간뿐 아니라 다수의 꼬리표 목간이 함께 발견되었다.[57] 이처럼 쌍북리 일대는 웅진기까지 소급되는 다수의 저장수혈과 대형 항아리, 신라토기·가야토기·일본 스에키, 다량의 목간과 공방의 흔적, 중국동전(상평오수전·오수전·개원통보), 자물쇠 등이 출토되어 북나성 북문지 방면에서 다양한 물자가 유입되어 저장, 관리되고 있던 중요한 장소였음을 다시 한번 더 확인할 수

47) 한국문화재재단, 2020, 「부여 쌍북리 325, 325-3번지 유적」, p.165.
48) 쌍북리 일대에서 발견된 가야·신라 토기에 관해서는 다음을 참조. 심상육, 2023, 「사비도성의 축조시기」, 『백제 성왕의 사비 천도와 도성축조』, pp.50-52.
49) 백제고도문화재단, 2021, 『부여 쌍북리(329-1번지 일원) 진출입로 부지 내 유적』.
50) 한국문화재재단, 2015, 「부여 쌍북리 314-5번지 유적」, 『2015년도 소규모 발굴조사 보고서』.
51) 가경고고학연구소, 2021, 「부여 쌍북리 329-3번지 유적」, 『2019년도 소규모 발굴조사 보고서』.
52) 한국문화재재단, 2019, 「부여 쌍북리 419-6번지 유적」, 『2017년도 소규모 발굴조사 보고서』.
53) 부여 지역 가야토기와 신라토기에 관한 정리는 다음을 참조. 심상육, 2023, 「사비도성의 축조 시기」, 『백제 성왕의 사비 천도와 도성 축조』, pp.50-52.
54) 김대영, 2020, 「부여 관북리 유적의 변천과정과 사비도성의 전개」, 『백제학보』 34, p.49.
55) 土田純子, 2014, 『백제토기 동아시아 교차편년 연구』, pp.154-156.
56) 土田純子, 2010, 「백제유적 출토 왜계유물에 대한 검토」, 『백제와 주변세계』, pp.307-310.
57) 정동준, 2015, 「쌍북리 출토 문자자료」, 『한국고대문자자료연구 백제(상)』, pp.295-333; 윤재석 편저, 2022, 『한국목간총람』, pp.109-167; 국립부여박물관, 2023, 『나무에 쓴 백제 이야기』, pp.18-23.

있었다.

부소산성 추정 북문지와 그 주변 및 궁녀사 일대에 관한 발굴 결과 북문지 일대가 부소산성 내부로 물자가 유통되거나 저장, 관리되던 중요한 장소였다고 할 수 있다. 또 북나성 북문지와 그 안쪽의 쌍북리 일대에 관한 발굴 결과 이 일대에 사비도성에서 사용하는 물자의 유통이나 저장, 관리와 관련된 다양한 유물과 유구가 확인되었다. 부소산성 북문지와 북나성 북문지 일대는 금강의 수운을 활용한 수로 교통의 요지였기에 이 같은 자료들이 발견되었다. 부소산성 추정 북문지 주변에서 저장수혈이 발견되고, 궁녀사 일대에서 '을사년'명 대형 항아리가 발견되며, 쌍북리 280-5유적과 56유적에서 '외경부' 관련 목간이 발견된 배경은 이러한 사비기 도성의 물자 유통과 교통로의 문제가 배경이 깔려 있었다.

III. 주변 국가와의 비교를 통한 백제 외경부

부여 지역에서 목간이 발견된 장소는 쌍북리 일대가 가장 출토 빈도가 높다. 그런데 쌍북리 일대에서 목간이 발견된 유적 주변에서는 도가니나 슬래그, 숫돌처럼 공방의 흔적이 다수 확인되고 있다. 쌍북리 56유적에서는 2기의 공방지에서 爐 시설과 13점의 도가니가 발견되었고, 280-5유적에서는 3점의 도가니와 철 슬래그가 발견되었다.[58] 쌍북리 173-8유적에서는 청동용해로와 40여 점의 도가니가 발견되었다.[59] 석목리 143-16유적에서는 도가니와 철제집게, 철 슬래그가 발견되었으며, 석목리 143-15유적에서는 2기의 노 시설과 도가니, 143-7유적에서도 노가 부설된 공방지와 소토가 발견되었다.[60] 그밖에 쌍북리 184-11, 154-8, 154-10, 602-10, 145-9, 146-7, 173-2, 201-4, 207-5, 현내들유적 등지에서 도가니와 숫돌이 발견되었다(도면 5 참조).[61]

쌍북리와 일부 석목리 일대에서 목간과 함께 공방 관련 흔적이 다수 발견된 것에 대해 쌍북리 일원이 조선시대에 北浦로 불렸기 때문에 5부 중 北部, 즉 後部였을 가능성이 높고, 쌍북리 일대의 공방은 후부에서 금속제품을 직접 생산한 흔적이며, 이곳에서 출토된 목간은 공방에 물자를 납품하거나 거래하면서 발생한 것으로 파악한 견해가 제기되었다.[62] 이 일대가 5부 가운데 후부에 해당하는지에 관한 문제는 별도로 논의한다고 하더라도, 도성의 행정구역이나 체계인 5부에서 자체적으로 생산 기능을 가진 관서를 운영할 수 있

---

58) 울산발전연구원 문화재센터, 2020, 『부여 쌍북리 56번지 유적』; 백제문화재연구원, 2011, 『부여 쌍북리 280-5유적』.

59) 동방문화재연구원, 2013, 『부여 사비119안전센터 신축부지내 쌍북리 173-8번지 유적』.

60) 백제고도문화재단, 2019, 『부여 석목리 143-16번지 유적』; 백제고도문화재단, 2022, 「부여농협 밭작물공동경영체육성사업 품질관시설 증축공사부지 내 유적 약식보고서」; 가경고고학연구소, 2023, 「부여 석목리(143-15번지 일원) 농협산지유통시설 주차장부지 내 유적 발굴조사 약식보고서」; 금강문화유산연구원, 2019, 『부여 석목리 143-7번지 유적』.

61) 부여 쌍북리·석목리 일대의 소규모 발굴에서 발견된 공방 관련 자료에 관해서는 다음을 참조. 이화영·최형운·성정용, 2024, 「사비도성 내 수공업 공방의 양상과 외경부」, 『호서고고학』 59, pp.96-101.

62) 심상육, 2023, 「부여 지역 백제 목간의 발굴 현황과 분포」, 『목간과 문자』 63, p.63.

었을지에 관해서는 의문이 남는다. 쌍북리 280-5유적과 56유적에서 외경부 목간이 발견된 점에 주목하면, 이 일대의 공방은 5부에 소속된 것이라기보다는 외경부라는 중앙행정관서와 관련시켜 보는 것이 더 타당할 것이다.

그런데 쌍북리 56유적에서는 청동이나 유리 생산뿐 아니라 칠기의 생산과 관련된 공방이 공존했을 가능성이 있다. 이 유적의 하층에 관한 조사에서는 완형의 목제따비, 목제가래와 더불어 붓 1점이 출토되었다.[63] 붓대는 평평하고 납작한 나무로 제작되었는데 초필 부분은 거의 남아 있지 않지만 안료가 일부 남아 있어, 옻칠을 하는데 사용한 붓이었음을 짐작할 수 있다. 쌍북리 280-5유적에서는 옻칠한 盌 2점과 盤 1점이 출토되었고, 현내들유적에서는 옻칠한 상자(漆函), 쌍북리 154-10유적에서는 옻칠을 한 뚜껑(漆蓋) 2점이 출토되었다.[64] 세 유적에서는 모두 도가니가 발견되어 청동기나 유리의 생산과 더불어 칠기도 함께 생산되었을 가능성을 보여주고 있다.[65]

필자는 과거 쌍북리 280-5유적과 56유적에서 출토된 외경부 목간에 관한 검토 과정에서 곡물 저장과 관련된 외경부에서 불을 활용하는 도가니와 노 같은 공방 시설이 함께 발견되는 현상을 설명하기가 쉽지 않았다. 해당 유적에서 출토된 목간에 기재된 철과 면, 곡물의 보존과 관리를 위한 창고시설과 불을 사용하는 공방은 공존하기 어렵다고 생각했기 때문이다.

그런데 경주 황남동 376번지 일대에서 발견된 仲椋·下椋이 적힌 목간의 경우도 주변에서 爐址와 슬래그, 燒土 등 공방의 흔적과 함께 발견되어 椋과 공방이 서로 밀접하게 연관되어 있음을 확인시켜 준다.[66] 창고 관련 목간과 생산 관련 공방이 서로 밀접한 관계를 갖고 있음을 짐작할 수 있다. 그로 인해 쌍북리 일대에 도성의 물자유통과 관련된 행정 官府나 그 부속시설이 있었고, 이를 지원하는 수공업 공방이 존재한 것으로 보는 견해가 제기되기도 했다.[67] 이렇게 보면 쌍북리 280-5유적이나 56유적 일대에서 발견된 다수의 건물지들은 외경부에 부속된 창고건물 자체라기 보다는 외경부라는 중앙행정관서의 관청이나 부속시설에 해당하며, 그 주변에서 철과 면, 쌀의 교환이나 출납, 관리와 더불어 청동이나 유리, 칠기의 제작과 같은 생산 활동이 함께 이루어졌다고 보는 것이 자연스럽다.

한편 쌍북리 280-5유적과 56유적 인근에 사비기 중앙행정기구의 하나인 외경부와 관련된 시설이 있었다고 하면 內椋部와 어떤 차이가 있었는지가 문제시된다. 먼저 내경부와 외경부의 차이는 그 명칭에서 왕궁 내부에 위치하는지 외곽에 위치하는지의 차이, 나아가 왕실 창고와 국용 창고의 차이, 內倉 재정과 外倉

---

63) 울산발전연구원 문화재센터, 2020, 『부여 쌍북리 56번지 유적』, pp.326-327.

64) 복천박물관·국립가야문화재연구소, 2016, 『목기-생활의 지혜』, pp.82-86; 백제고도문화재단, 2014, 『부여 쌍북리 154-10번지 사비 공방구 유적』.

65) 부여 능산리사지와 부소산성, 궁남지 유적에서는 칠을 담았던 용기가 출토되었다. 부여 지역에서 출토된 칠용기나 칠토기는 성분이 매우 비슷해서 특정 지역이나 집단에서 국가에 공헌한 것으로 추정되고 있다(김종만, 2007, 『백제토기의 신연구』, pp.123-125). 쌍북리 일대에서 이러한 옻을 활용한 칠기를 제작했을 가능성을 상정할 수 있다.

66) 동국대 경주캠퍼스박물관, 2002, 『경주 황남동 376 통일신라시대 유적』, pp.90-91.

67) 김창석, 2021, 「부여 쌍북리 출토 목간을 통해 본 사비도성의 관부 공간과 유교」, 『백제학보』 32, pp.68-70.

재정의 차이 등을 예상해 볼 수 있다.[68] 그런데 백제의 내경부·외경부처럼 왕실 재정과 국가 재정, 왕실 창고와 국가 창고를 구분하여 운영하고 있는 모습은 신라나 일본의 창고제에 관한 논의에서도 확인되고 있어 이를 잠시 살펴볼 필요가 있다.

신라 창고제의 정비 과정은 稟主의 위상 변화와 內省 설치 문제 등과 밀접한 관련이 있다.[69] 신라 국가의 공적인 재정을 담당하는 관직으로 수입과 지출을 모두 관장하던 품주는 진평왕 6년(584) 調府가 설치되면서 貢賦의 수취에 관한 업무를 따로 관장하게 된다. 여기에서 공부는 비단이나 布 등 섬유제품과 각 지방의 특산물이나 공예품을 가리킨다. 조부는 경덕왕대에 관직명을 바꿀 때 大府로, 그 관원인 舍知를 司庫로 바꾼 바 있다.[70] 조부의 기능이 당 大府寺와 유사했음을 짐작할 수 있다. 당 대부시는 국가의 財貨를 관장하며, 貢賦의 수취, 백관의 俸秩을 담당하는 관사로 舍知를 司庫로 바꾼 것에서 조부가 곡물 이외의 물품을 보관하는 庫를 별도로 관리했음을 짐작할 수 있다.[71]

진평왕 44년(622)에는 內省이 설치되면서 왕실 관련 기구가 내성 산하로 일원화되며 이때 왕실창고와 국용창고가 제도적으로 분리된다.[72] 품주의 재정업무는 이제 곡물 수취와 보관, 지출에 집중된다. 그 뒤 품주 조직은 진덕왕 5년(651) 執事部가 설치되면서 폐지되고, 기존에 품주가 수행하던 재정 관련 업무는 倉部가 설치되어 전담하게 된다.[73] 창부는 경덕왕대 官名을 唐風으로 개명하는 과정에서 舍知를 司倉으로 바꾸었다. 또 『新唐書』 동이전 신라조에는 '司農卿'이라는 이름이 등장하는데 같은 책에는 大府令도 열거되어 있다. 사농경은 창부의 장관인 倉部令, 대부령은 조부의 장관으로 가리키는 것으로 생각된다.[74] 사농시가 맡은 업무는 창고 관리와 출납, 백관의 녹봉 지급, 조회와 제사 등에 필요한 물품의 저장과 공급 등을 맡고 있었다.[75]

창부의 업무는 중국 당나라 관제 중 戶部의 업무와 완전히 일치하지 않았기 때문에 경덕왕 대에 그 이름

---

68) 정동준, 2013, 「22부사체제의 성립과 지방통치」, 『동아시아 속의 백제 정치제도』, pp.204-205.

69) 이기백, 1974, 「稟主考」 『신라정치사회사연구』; 김창석, 2001, 「신라 창고제의 성립과 조세 운송」, 『한국고대사연구』 22; 이경섭, 2001, 「신라 상대의 품주와 내성」, 『한국고대사연구』 22; 전덕재, 2005, 「신라 중앙재정기구의 성격과 변천」, 『신라문화』 25.

70) 『삼국사기』 잡지 직관(상), "調府, 眞平王六年置. 景德王改爲大府, 惠恭王復故. 令二人, 眞德王五年置. 位自衿荷至太大角干爲之. 卿二人, 文武校勘 026王十五年加一人. 位與兵部大監同. 大舍二人, 眞德王置. 景德王改爲主簿, 惠恭王復稱大舍. 位自舍知至奈麻爲之. 舍知一人, 神文王五年置. 景德王改爲司庫, 惠恭王復稱舍知. 位自舍知至大舍爲之. 史八人, 孝昭王四年加二人. 位與兵部史同."

71) 전덕재, 2005, 「신라 중앙재정기구의 성격과 변천」, 『신라문화』 25, pp.85-86.

72) 김창석, 2001, 「신라 창고제의 성립과 조세 운송」, 『한국고대사연구』 22, p.239.

73) 『삼국사기』 잡지 직관(상), "倉部, 昔者倉部之事, 兼於稟主, 至眞德王五年, 分置此司. 令二人, 位自大阿湌至大角干爲之. 卿二人, 眞德王五年置. 文武王十五年加一人. 景德王改爲侍郎, 惠恭王復稱卿. 位與兵部大監同. 大舍二人, 眞德王置. 景德王改爲郎中, 惠恭王復稱大舍. 位與兵部大舍同. 租舍知一人, 孝昭王八年置. 景德王改爲司倉, 惠恭王復故. 位與弩舍知同. 史八人, 眞德王置, 文武王十一年加三人. 十二年加七八, 孝昭王八年加一人, 景德王十一年加三人, 惠恭王加八人."

74) 石上英一, 1974, 「古代における日本の税制と新羅の税制」, 『古代朝鮮と日本』, pp.245-246.

75) 『唐六典』 권19 司農寺, "邦國倉儲委積之政令, 總上林太倉太仓鉤盾, 導官四署與諸監之官屬, 謹其出納而修其職務, 少卿爲之貳. 凡京都百司官吏祿, 皆仰給焉給焉. 凡朝會祭祀供御所須及百官常料, 則率署監所貯之物以供其事."

을 채택하지 않았다. 하지만 궁예 정부와 고려 초기의 大龍部 등을 참고하면,[76] 조세의 수취와 저장, 출납과 관리의 녹봉을 지급하는 업무를 관장한 것으로 추정된다. 그런데 신라는 창부를 설치한 다음 남산신성에 長倉을 축조하는 등 창부·조부와 별도로 도성 주변의 성곽에 대규모 창고를 설치하는 창고 제도를 정비하였다.[77]

이상의 검토에서 신라에서는 당나라 대부시와 비슷하며 貢賦의 수취와 庫를 운영하는 조부와 당나라 사농시나 호부와 비슷하며 조세의 수취와 倉을 운영하는 창부, 왕실 재정의 운영을 담당하는 내성 등이 있었고, 통일기를 전후하여 남산신성이나 부산성 등지에 대규모 창고를 설치하는 등 제도를 정비하고 있는 것을 확인할 수 있다.

일본 고대 중앙재정 관사의 중핵을 이루는 것이 大藏省과 內藏寮이다. 養老令에서는 대장성과 내장료의 담당 업무를 〈표 1〉과 같이 규정하고 있다. 대장성은 調, 내장료는 供御物을 주로 취급하지만 〈표 1〉에서 보는 것처럼 ①④는 공납품, ②③은 생산품에 해당한다.[78] 대장성과 내장료에서는 諸國이나 諸番에서 공납품을 받아 관리할 뿐만 아니라 각종 기물을 생산하고 있는 모습이 주목된다.

표 1. 일본 대장성과 내장료의 직무 분담 내용

구분	①	②	③	④	⑤
大藏省	諸國調	錢金銀珠玉銅鐵	骨角齒羽毛漆, 帳幕權衡度量, 賣買估價	諸方貢獻雜物	기타
內藏寮		金銀珠玉寶器	錦綾雜綵氈褥	諸番貢獻奇瑋之物	기타

대장성은 당나라 관제에서 창고의 관리와 출납의 실무 관사인 大府寺나 司農寺의 담당 업무와 유사하며, 내장료는 천자나 백관이 필요로 하는 기물을 만드는 일을 담당하던 少府監에 대응하는 것으로 이해되고 있다.[79] 대장성과 내장료는 椋子를 사용하는 관사에서 분화된 것으로, 당나라에서 少府가 大府로 개칭되어 大府寺와 少府監으로 분립하는 과정과 유사한 과정으로 성립되었을 가능성이 있다. 대장성·내장료는 수공업 관사적 성격을 함께 가지고 있어 당나라 제도와 반드시 일치하지는 않는다. 하지만 당나라 대부시·사농시와 신라 조부·창부, 일본 대장성 등이 직무적으로 유사성이 높다는 것을 확인할 수 있다. 또 신라 내성과 일본 내장료의 직무는 당나라 관제와 대응시켜 볼 때 반드시 일치하지 않는 것도 분명하다.

일본 고대 관료 기구의 성립에 백제의 官制가 많은 영향을 미쳤으며, 그로 인해 내경부와 외경부의 관계가 내장료와 대장성의 관계에 대응할 것이라는 견해가 제기된 바 있다.[80] 앞서 언급한 대로 일본 내장료와

76) 전덕재, 2005, 「신라 중앙재정기구의 성격과 변천」, 『신라문화』 25, p.83.

77) 김창석, 2001, 「신라 창고제의 성립과 조세 운송」, 『한국고대사연구』 22, pp.241-243.

78) 平野邦雄, 1969, 『大化前代社會組織の研究』, pp.180-181.

79) 石上英一, 1978, 「大藏省成立史考」, 『日本古代の社會と經濟(上卷)』, pp.222-229 및 pp.236-237.

80) 鬼頭清明, 1978, 「日本の律令官制の成立と百濟の官制」, 『日本古代の社會と經濟(上卷)』, p.209.

대장성은 물품의 수납과 창고 기능을 수행하면서도 전자는 천황을 위해, 후자는 百官에게 공급하는 수공업 생산 기능을 담당하는 차이가 있었다. 이를 참고할 때 왕실 재정이나 왕궁 부근에 존재한 것으로 추정되는 백제 내경부가 일본 내장료에 대응하고, 국가재정이나 왕궁 밖에 존재한 것으로 추정되는 외경부가 일본 대장성에 대응한 것으로 보는 것은 수긍이 되는 측면이 있다. 일본 대장성과 내장료의 직무 내용은 외경부로 추정되는 쌍북리 일대에서 청동이나 철, 유리, 칠기 등 수공업 생산의 흔적이 확인된 발굴 성과를 이해하는 데 도움을 준다. 백제 외경부의 경우 일본의 대장성처럼 곡물의 수납이나 관리 기능 이외에 금은 제품이나 구슬, 청동기, 철기, 골각기, 칠기 등 수공업 생산 활동이 함께 이루어진 것으로 볼 수 있기 때문이다.

필자는 기존 논문에서 외경부에서 쌀이나 철, 면을 취급하고 있는 점은 신라 조부와 유사하고, 내경부는 신라 倉部처럼 쌀이나 곡물을 취급했을 가능성이 높다고 추정한 바 있다.[81] 그러나 이는 지나치게 성급한 결론으로 수정이 불가피하다. 백제 내경부와 외경부의 구분을 그 명칭에서 왕실재정과 국가재정을 분담한 것으로 볼 수 있다면, 백제 내경부는 신라 내성, 외경부는 신라 조부·창부와 대응하는 것으로 보는 것이 더 합리적이다. 신라의 창부·조부는 모두 국가 재정의 운영과 관련된 관사이기 때문에 왕실 재정과 관련된 신라 내성이나 백제 내경부와는 구분해서 보아야 할 것이다. 다만 신라 국가의 대형 창고군이 도성 외곽의 성곽에 별도로 운영되고 있는 모습은 쌍북리 56유적 주변에서 발견된 다수의 건물지들이 외경부 관할 창고 자체가 될 수 없다는 필자의 주장과 부합한다. 백제 역시 외경부 관할 창고는 도성 외곽의 성곽에 있었을 것으로 보아야 할 것이다.

한편 백제 내경부의 위치에 관해서는 현재로서는 별다른 단서를 찾을 수 없다. 다만 부소산성 북문의 중요성이나 그와 연결된 궁녀사 주변에서 調의 수취와 관련되는 것으로 추정되는 을사년명 토기가 출토된 점을 고려하면, 북문지와 궁녀사 주변 지역의 어딘가에 내경부와 관련된 중앙행정 관서가 위치했을 가능성은 충분히 예상할 수 있지 않을까 한다.[82]

부여 쌍북리는 부소산성의 동남쪽에 위치하며 청산성의 남쪽, 금성산 북쪽의 넓은 평지에 자리하고 있다. 이 지역은 공주에서 부여로 진입하고자 할 때 반드시 거쳐야 하는 육로 교통의 요지에 해당하며, 부소산성 북문과 북나성 북문 등 금강과 연계된 수로 교통과도 밀접하게 연관되어 있다. 그로 인해 쌍북리 280-5유적이나 56유적 주변에 외경부가 입지한 것으로 생각된다. 외경부에서는 도성 내 곡물의 수취와 저장, 관리를 담당했을 뿐 아니라 철이나 청동, 유리, 칠기 등의 생산에도 관여하였다. 이러한 외경부의 직무는 일본 大藏省과 매우 유사하고, 신라 창부·조부와도 상통한다고 정리할 수 있다.

쌍북리 일대의 물류시스템을 검토할 때 일본 滋賀縣 西河原遺蹟에서 出擧나 椋과 관련된 목간이 함께 출토된 사례를 참고할 필요가 있다. 이곳에서 출토된 목간에는 米를 출납할 때 사용한 荷札, 稻·米의 관리, 특

---

81) 이병호, 2023, 「부여 쌍북리 56번지 목간의 제작시기와 유적의 성격」, 『목간과 문자』 30, p.113.

82) 궁녀사 주변 지역이 부소산성 북문지와 서문지가 연결되는 길목에 해당하기 때문에 물자를 보관하거나 지원하는 공간을 추정하는 견해가 제기되어 함께 참고된다. 김대영, 2023, 「백제 사비기 왕성(부소산성)의 공간과 공산성」, 『고대 왕성의 공간과 공산성』(공산성 왕궁유적 복원고증연구 종합분석을 위한 전문가 집중토론회), p.109.

히 출거에 관한 기록, 稻의 운반을 지시하는 문서 등이 포함되어 있는데 이 일대가 수륙 교통의 결절점이라는 점이 창고 운영이나 관리에서 무엇보다 중요한 배경이 되었을 것으로 생각되고 있다.[83] 수륙 교통의 요지인 부여 쌍북리 280-5유적과 56유적에서 창고나 출거와 관련된 목간이 출토되는 현상을 설명할 때 참고된다.

백제 사비기 도성의 물자 유통은 쌍북리 일대 이외에도 또 다른 교통의 요지에서 다원적으로 운영되었을 가능성이 있다. 예를 들어 부여 동남리 49-2번지 유적에서 출토된 목간에 관한 최근 연구에서는 목간이 출토된 유적이 왕포천을 활용한 물자 유통과 관련된 업무를 수행하던 관청일 가능성이 제기되었다.[84] 또 부소산성을 경계로 쌍북리 반대편에 해당하는 구아리 일원에 나루터가 있었을 가능성을 완전 배제하기 어렵다. 향후 관련 자료와 연구의 증가를 기대한다.

IV. 맺음말

이상 부소산성과 쌍북리 일대 발굴에서 드러난 유적과 유물을 재검토하면서 백제 사비기 물자의 유통과 관리 체계의 한 측면을 살펴보았다. II장에서는 부소산성 추정 북문지와 쌍북리 일대에서 이루어진 발굴 성과를 재검토하였다. 먼저 『括地志』 기사에 대한 재검토 결과, 사비기 王城으로 추정되고 있는 부소산성에 관한 최근의 연구 동향을 설명하면서 부소산성의 경우 북문이 정문으로 인식될 만큼 중요한 장소였음을 확인하였다. 부소산성 추정 북문지는 금강취수장 설치로 인해 발굴이 이루어지지 못했다. 그러나 추정 북문지 주변에 관한 발굴에서는 다량의 기와와 토기, 중국제 도자기와 벼루, 자물쇠, 저장수혈 등이 발견되어 다양한 물자의 유통과 보관, 관리가 이루어졌음을 확인할 수 있었다. 부소산성과 북나성이 어떻게 연결되었는지에 관해서는 현재까지의 발굴 성과만으로 명확하게 알 수 없지만, 2023년 북나성 북문지가 발견됨으로 인해 부소산성 북문과 별도로 금강과 연결되는 중요한 출입문이 존재한 것이 확인되었다. 북나성 북문지 남쪽에 자리한 쌍북리 일대에서는 다수의 저장수혈과 대형 항아리, 가야토기와 신라토기, 중국동전, 일본 스에키, 자물쇠, 구구단·논어·꼬리표 목간 등이 출토되어 이 일대가 도성 내부로 물자가 유입되어 저장, 관리되는 물류의 거점이었음을 알려주고 있다.

III장에서는 사비기 물자의 수취나 창고 운영을 담당한 내경부·외경부의 직무에 대해 신라와 일본의 유사 사례를 참고하여 그 담당 업무를 좀 더 검토해 보았다. 외경부 목간이 발견된 쌍북리 일원에서는 목간과 함께 청동이나 유리, 칠기 제작과 관련된 공방의 흔적이 발견된다. 이는 외경부에서 물자의 수납이나 관리

---

83) 市大樹, 2010, 「西河原遺跡群の性格と木簡」, 『飛鳥藤原木簡の研究』, pp.553-566.

84) 이용현, 2023, 「백제 왕도 출납 문서의 일례-부여 동남리 49-2유적 목간 1·2의 분석 시론」, 『백제학보』 43; 윤선태, 2023, 「부여 동남리 49-2번지 출토 백제 목간의 재검토」, 『목간과 문자』 30; 김창석, 2023, 「부여 동남리 49-2번지 출토 백제 목간의 내용과 용도-목간 1·2를 중심으로」, 『한국고대사연구』 111.

와 더불어 수공업 생산 활동이 함께 이루어졌음을 알려준다. 내경부와 외경부의 차이는 그 소재지의 차이 뿐 아니라 왕실 재정과 국가재정을 분담한 것으로 생각된다. 신라의 경우 622년 內省이 설치되면서 왕실과 국가재정이 구분되며, 조세의 수취와 창고 관리 업무는 調部와 倉部에서 담당하였다. 내경부와 신라의 내성, 외경부와 신라 조부·창부의 대응 관계를 상정할 수 있다. 고대 일본의 경우 內藏寮와 大藏省에서 물품의 수납과 창고 기능을 수행했는데 전자는 천황을 위해, 후자는 백관에게 공급하는 수공업 생산 기능을 담당하는 차이가 있어 전자는 내경부, 후자는 외경부와 업무가 유사했을 것으로 추정된다. 대장성과 내장료에서는 금은 제품이나 청동기, 철기, 칠기 등 수공업 생산 활동이 이루어졌는데 이는 외경부 주변에서 다양한 수공업 공방이 발견되는 현상과 유사하다. 쌍북리 일대는 왕궁과 연접해 있고, 수륙 교통의 요지에 해당하기 때문에 외경부와 같은 관청 시설이 입지하게 된 것으로 생각된다. 부여 지역에서는 쌍북리 이외에도 동남리나 구아리 등 교통의 요지에서 다원적으로 물자의 유통과 관리가 이루어졌을 것으로 추정된다.

투고일: 2024.04.25.   심사개시일: 2024.06.10.   심사완료일: 2024.11.13.

156 _ 한국목간학회『목간과 문자』33호(2024. 12.)

참고문헌

가경고고학연구소, 2021, 「부여 쌍북리 329-3번지 유적」, 『2019년도 소규모 발굴조사 보고서』.

가경고고학연구소, 2023, 「부여 석목리(143-15번지 일원) 농협산지유통시설 주차장부지 내 유적 발굴조사 약식보고서」.

공주대박물관, 2020, 「사적 제12호 공산성 수목정비사업부지 내 유적 발굴조사 약보고서」.

국립부여문화재연구소, 2000, 『부소산성 발굴조사 중간보고Ⅳ』.

국립부여문화재연구소, 2003, 『부소산성 발굴조사 중간보고Ⅴ』.

국립부여문화재연구소, 2021, 『부소산성(1981~2002)』.

국립부여박물관, 2023, 『나무에 쓴 백제 이야기』,

금강문화유산연구원, 2019, 『부여 석목리 143-7번지 유적』.

김종만, 2007, 『백제토기의 신연구』, 서경문화사.

김종만, 2019, 『백제토기의 생산유통과 국제성』, 서경문화사.

동국대 경주캠퍼스박물관, 2002, 『경주 황남동 376 통일신라시대 유적』.

동방문화재연구원, 2013, 『부여 사비119안전센터 신축부지내 쌍북리 173-8번지 유적』.

백제고도문화재단, 2014, 『부여 쌍북리 154-10번지 사비 공방구 유적』.

백제고도문화재단, 2017, 『부여나성-북나성Ⅴ·Ⅵ: 청산성 정상부 건물지 조사』.

백제고도문화재단, 2019, 『부여 석목리 143-16번지 유적』.

백제고도문화재단, 2021, 『부여 쌍북리(329-1번지 일원) 진출입로 부지 내 유적』.

백제고도문화재단, 2022, 「부여농협 밭작물공동경영체육성사업 품질관시설 증축공사부지 내 유적 약식보고서」.

백제문화재연구원, 2011, 『부여 쌍북리 280-5유적』.

백제역사문화연구원, 2023, 「부여 나성(북나성) 10차 발굴조사 약식보고서」.

백제역사문화연구원, 2024, 「부여 나성(북나성) 11차 발굴조사 약식보고서」.

복천박물관·국립가야문화재연구소, 2016, 『목기-생활의 지혜』.

서정석, 2002, 『백제의 성곽』, 학연문화사.

양기석, 2005, 『백제의 경제생활』, 주류성.

울산발전연구원 문화재센터, 2020, 『부여 쌍북리 56번지 유적』.

윤재석 편저, 2022, 『한국목간총람』, 주류성.

이한상, 2009, 『장신구 사여체제로 본 백제의 지방지배』, 서경문화사.

정동준, 2013, 『동아시아 속의 백제 정치제도』, 지식산업사.

충청문화재연구원, 2009, 『부여 쌍북리 현내들·북포유적』.

土田純子, 2014, 『백제토기 동아시아 교차편년 연구』, 서경문화사.

한국문화재재단, 2013, 「부여 쌍북리 328-2번지 유적」, 『2011년도 소규모 발굴조사 보고서』.

한국문화재재단, 2015, 「부여 쌍북리 314-5번지 유적」, 『2015년도 소규모 발굴조사 보고서』.

한국문화재재단, 2019, 「부여 쌍북리 343번지 유적」, 『2017년도 소규모 발굴조사 보고서』.

한국문화재재단, 2019, 「부여 쌍북리 419-6번지 유적」, 『2017년도 소규모 발굴조사 보고서』.

한국문화재재단, 2020, 「부여 쌍북리 325, 325-3번지 유적」, 『2018년도 소규모 발굴조사 보고서』.

한국문화재재단, 2020, 「부여 쌍북리 344번지 유적」, 『2018년도 소규모 발굴조사 보고서』.

한국문화재재단, 2020, 「부여 쌍북리 419번지 유적」, 『2018년도 소규모 발굴조사 보고서』.

한국문화재재단, 2021, 「부여 쌍북리 325-6번지 유적」, 『2019년도 소규모 발굴조사 보고서』.

한국문화재재단, 2022, 「부여 쌍북리 325-10번지 유적」, 『2020년도 소규모 발굴조사 보고서』.

한국문화재재단, 2023, 「부여 쌍북리 419-4번지 유적」, 『2021년도 소규모 발굴조사 보고서』.

한신대학교 학술원, 2004, 『한성기 백제의 물류시스템과 대외교섭』, 학연문화사.

한신대학교 학술원, 2008, 『백제 생산기술의 발달과 유통체계 확대의 정치사회적 함의』, 학연문화사.

김규동, 2002, 「백제 토제 연통 시론」, 『과기고고연구』 8.

김기흥, 2007, 「토지제도와 조세제도」, 『백제의 사회경제와 과학기술』(백제문화사대계연구총서11), 충청남도역사문화연구원.

김대영, 2020, 「부여 관북리 유적의 변천과정과 사비도성의 전개」, 『백제학보』 34.

김대영, 2021, 「부여 부소산성 신출토 명문토기」, 『목간과 문자』 26.

김대영, 2023, 「백제 사비기 왕성(부소산성)의 공간과 공산성」, 『고대 왕성의 공간과 공산성』(공산성 왕궁유적 복원고증연구 종합분석을 위한 전문가 집중토론회), 공주대역사박물관.

김대영·최지원, 2022, 「부소산성 성벽의 변천과정 연구」, 『백제학보』 42.

김연수, 1994, 「전 부여 발견 중국청자 벼루에 대하여」, 『고고학지』 6.

김영관, 2020, 「곱하기와 나누기를 배운 흔적-구구단 목간」, 『목간으로 백제를 읽다』, 사회평론아카데미.

김영심, 2005, 「백제 5방제 하의 수취체제」, 『역사학보』 185.

김왕국, 2016, 「백제 한성기 저장시설 확산의 동인」, 『백제연구』 63.

김왕국, 2021, 「백제 웅진·사비기 저장시설의 운영 양상과 그 배경」, 『백제학보』 35.

김용민, 2002, 「백제 煙家에 대하여」, 『문화재』 35.

김종만, 2007, 「부소산성의 토기」, 『부소산성』, 부여군.

김창석, 2001, 「신라 창고제의 성립과 조세 운송」, 『한국고대사연구』 22.

김창석, 2007, 「백제 왕실수공업의 성립과 생산체제」, 『백제연구』 45.

김창석, 2021, 「부여 쌍북리 출토 목간을 통해 본 사비도성의 관부 공간과 유교」, 『백제학보』 32.

김창석, 2023, 「부여 동남리 49-2번지 출토 백제 목간의 내용과 용도-목간 1·2를 중심으로」, 『한국고대사연구』 111.

노중국, 2010, 「물자 유통과 稱量 위반자의 처벌」, 『백제사회사상사』, 지식산업사.

류미나, 2018, 「호서지역 백제시대 수혈유구 용도에 관한 검토」, 『선사와 고대』 55.

방국화, 2021, 「부여 부소산성 출토 토기 명문의 검토-동아시아 문자자료와의 비교」, 『목간과 문자』 26.

백종오, 2023, 「부여 부소산성의 축성법과 문자자료의 편년적 위치」, 『고고학』 22-1.

소재윤, 2012, 「백제 왕실(국영) 창고시설의 특징과 운영」, 『문화재』 45.

심상육, 2023, 「부여 지역 백제 목간의 발굴 현황과 분포」, 『목간과 문자』 63.

심상육, 2023, 「사비도성의 축조시기」, 『백제 성왕의 사비 천도와 도성축조』(백제학연구총서 22), 한성백제
    박물관.

여호규, 2023, 「괄지지에 나타난 백제 사비 도성의 공간구조와 부소산성의 성격」, 『백제문화』 67.

윤선태, 2018, 「백제의 구구단 목간과 술수학」, 『목간과 문자』 18.

윤선태, 2023, 「부여 동남리 49-2번지 출토 백제 목간의 재검토」, 『목간과 문자』 30.

이경섭, 2001, 「신라 상대의 품주와 내성」, 『한국고대사연구』 22.

이기백, 1974, 「稟主考」, 『신라정치사회사연구』, 일조각.

이동헌, 2011, 「통일신라 개시기의 인화문토기」, 『한국고고학보』 81.

이병호, 2014, 「7세기대 백제 기와의 전개 양상과 특징」, 『백제문화』 50.

이병호, 2020, 「백제의 기와 제작기술과 생산체제의 변화」, 『선사와 고대』 64.

이병호, 2021, 「부여 부소산성 출토 토기 명문의 판독과 해석」, 『목간과 문자』 26.

이병호, 2022, 「백제 사비 도성 내 부소산성의 위상」, 『백제학보』 30.

이병호, 2023, 「부여 쌍북리 56번지 목간의 제작시기와 유적의 성격」, 『목간과 문자』 30.

이병호, 2024, 「기와의 분석을 통해 본 부여 화지산 유적의 성격」, 『백제학보』 47.

이용현, 2023, 「백제 왕도 출납 문서의 일례-부여 동남리 49-2유적 목간 1·2의 분석 시론」, 『백제학보』 43.

이현숙, 2018, 「백제 웅진성의 조사성과와 웅진왕도의 경관」, 『백제문화』 59.

이현숙, 2023, 「백제 웅진기 건물지의 평면변화와 위계」, 『호서고고학』 55.

이현숙·천승현, 2023, 「백제 웅진기 건물지의 구조분석」, 『호서고고학』 56.

이형원, 2005, 「삼국~고려시대 열쇠·자물쇠의 변천과 성격」, 『백제연구』 45.

이화영·최형운·성정용, 2024, 「사비도성 내 수공업 공방의 양상과 외경부」, 『호서고고학』 59.

전덕재, 2005, 「신라 중앙재정기구의 성격과 변천」, 『신라문화』 25.

정동준, 2015, 「쌍북리 출토 문자자료」, 『한국고대문자자료연구 백제(상)』, 주류성.

정상기, 2007, 「부소산성의 자기」, 『부소산성』, 부여군.

정훈진, 2016, 「부여 쌍북리 백제유적 출토 목간의 성격」, 『목간과 문자』 16.

차용걸, 2019, 「부소산성과 백제산성의 방어체계 연구」 『부여 부소산성 기록화 사업II: 부소산성과 백제산
    성』, 부여군.

최맹식, 2007, 「부소산성의 기와」, 『부소산성』, 부여군.

최영희, 2016, 「백제 사비기의 조와계통과 생산체제」, 『백제연구』 63.

土田純子, 2010, 「백제유적 출토 왜계유물에 대한 검토」, 『백제와 주변세계』(성주탁교수 추모논총), 진인진.

鬼頭淸明, 1978, 「日本の律令官制の成立と百濟の官制」, 『日本古代の社會と經濟(上卷)』, 彌永貞三先生還曆
    紀念會.

石上英一, 1974, 「古代における日本の稅制と新羅の稅制」, 『古代朝鮮と日本』, 龍溪書舍.

石上英一, 1978, 「大藏省成立史考」, 『日本古代の社會と經濟(上卷)』, 彌永貞三先生還曆紀念會.

市大樹, 2010, 「西河原遺跡群の性格と木簡」, 『飛鳥藤原木簡の硏究』, 塙書房.

平野邦雄, 1969, 『大化前代社會組織の硏究』, 吉川弘文館.

〈Abstract〉

A Study on the Logistics and Management System of Baekje's Sabi Period:
Based on the excavation data of Busosanseong and Ssangbuk-ri in Buyeo

Lee, Byongho

This paper was written to reveal the logistics and management system from the Baekje Sabi period by analyzing the data revealed in the excavation of the remains of *Busosanseong*(扶蘇山城) and Ssangbuk-ri(雙北里) in Buyeo.

In Chapter Ⅱ, the relics and relics unearthed in the northern gate of Busosanseong and the area of Ssangbuk-ri were analyzed. The northern area of Buso Mountain, which is believed to be the fortress of the Sabi Capital, was so important that the northern gate of *Busosanseong* was recognized as the main gate. In the survey around the northern gate of *Busosnaseong*, many tiles and earthenware, chinese-made ceramics and ink slabs, locks, and storage blood were found, indicating that the distribution and management of various goods were carried out. With the discovery of the northern gate of *Buknaseong* in 2023, it was confirmed that there was one more entrance to the north of Sabi Capital along with the northern gate of *Busosanseong*. In the northern area of Ssangbuk-ri inside the northern gate of *Buknaseong*(北羅城), a number of storage water vessels, large jars, Gaya and Silla earthenware, Chinese coins, locks and wooden tablets were excavated, indicating that it was a place where goods were introduced into the capital city through the Geumgang waterway and stored and managed.

In Chapter Ⅲ, the duties of *Oegyeongbu*(外椋部) and *Negyeongbu*(內椋部) department in charge of receiving goods from the Sabi period and operating warehouses were further analyzed by referring to the cases of Silla and Japan. In the area of Ssangbuk-ri, where the wooden tablets of the *Oegyeongbu* was discovered, traces of workshops related to the production of bronze, glass, and lacquerware were found along with the wooden tablets. It is interpreted as evidence of the production of handicrafts as well as the receipt and management of goods in *Oegyeongbu*. The difference between *Negyeongbu* and *Oegyeongbu* is thought to have shared not only the difference in the location, but also the royal and national finances. In the case of Silla, with the establishment of *Nesung*(內省) in 622, royal and state finances are divided, and it seems that *Jobu*(調府) and *Changbu*(倉部) were in charge of receiving taxes and managing warehouses. The corresponding relationship between Negyungbu and Nesung of Silla, and *Oegyeongbu* and *Jobu·Changbu* of Silla is assumed. In the case of Japan, *Dejangsung*(大藏省, *Okurasho*) and

Nejangryeo(內藏寮, *Kuraryo*) were in charge of receiving and managing public goods, and it is estimated that the former was similar to *Oegyeongbu* and the latter was similar to *Negyeongbu* in relation to the emperor. Handmade production activities were carried out in *Dejangsung* and *Nejangryeo*, which is similar to that of Baekje *Oegyeongbu*. Since the area of Ssangbuk-ri is close to the royal palace and was the main points of waterways and overland transportation hub, it seems that the central administrative office such as *Oegyeongbu* was located.

▶ Key words: *Busosanseong*, *Buknaseong*, Warehouse, *Oegyeongbu[外椋部]*, *Okurasho[大藏省]*, transportation hub

入唐 百濟 遺民과 그 후손들의 혼인과 가족 관계

– 高句麗 遺民과의 비교 –

박지현[*]

〈국문초록〉

　이 글은 660년 이후 入唐한 백제 유민과 그 후손들의 혼인에 따른 가족구성원의 변화를 고구려 유민의 사례와 비교 검토한 것이다. 백제 유민이 당에 정착하던 초기에는 위태로운 唐內 입지와 문화적 차이로 인해 당인과의 혼인은 잘 이루어지지 않았고, 동질성이 강하고 정치기반의 필요성이라는 서로의 조건이 일치했던 백제 유민들 사이에서 혼인이 성사되었다. 그러다 시간이 흐르면서 백제 유민들이 당 사회에 적응, 동화되기 시작하고 정치적 지위도 상승한 이들이 나타나기 시작했다. 이들은 새로운 동맹자를 찾아 백제 유민 외부에서 혼인 상대를 물색하였다. 내부에서 혼인함으로써 서로가 서로의 姻戚이 되어 더 이상의 혼인이 어려워지고 기반 형성에 기여하는 측면도 약화되자 백제 유민 간의 혼인은 사라져 갔다고 생각된다. 백제 유민과 唐人이 혼인하여 낳은 자녀들은 문화적·종족적 속성이 부모 양쪽에 속한다. 그러나 순수한 백제 유민이 더 이상 당 사회에 유입될 수 없기에 세대를 거쳐 계속 당인 배우자를 맞이하게 되므로 이들은 점차 백제인으로서의 문화적·종족적 속성을 상실해 갔다. 모국인 백제가 이미 소멸했다는 점도 백제인으로서의 속성을 유지하기 어렵게 하는 요인이었다. 따라서 백제 유민의 후손들은 점차 당인으로 변모하여 당 사회에 동화되어 갔다고 생각된다.

▶ 핵심어: 재당 백제 유민, 재당 고구려 유민, 묘지, 혼인, 동화, 가족구성

---

* 경북대학교 사범대학 역사교육과 강사

I. 머리말

그동안 入唐한 百濟 遺民들에 대한 관심은 기록에 나타난 인물들, 즉 주로 관직 생활을 한 이들에게 집중되어 왔다. 당의 관인이 된 백제 유민들은 그들이 지니고 있던 入唐 시의 배경과 개인적인 역량 등을 기반으로 官歷을 형성하고, 그것을 후손들에게 물려주었다. 이들이 당에서 관인으로서 성공적인 관력을 형성할 수 있었던 배경으로 한 가지 더 고려해 보아야 할 것이 있는데, 바로 그들의 私的인 인간관계에서 비롯된 인적 기반이다.

가족을 동반한 경우가 그렇지 않은 경우에 비해 새로운 거주지 사회에 적극적으로 참여하고 안정적인 정착을 위해 더욱 노력한다는[1] 현대 이주민의 정착 양상을 고려한다면 입당한 백제 유민의 가족관계는 상당히 흥미롭다. 唐에서 살아간 백제 유민에 관한 기록 자체가 매우 적기 때문에 일반화하기는 어렵지만, 묘지를 남길 정도로 당에서 관인으로서 성공한 이들은 모두 친족과 함께 입당하였고, 후손들 역시 5품 이상의 관직에 올랐으며, 혼인하여 다시 자손을 남겼다.

혼인은 인적 기반을 형성하는 가장 대표적인 방식이며 시기를 막론하고 강한 결속력을 가지는 사회적 계약이다. 당의 백제 유민들에게 지역적 기반은 全無했다고 해도 과언이 아니므로, 혼인은 이들이 자신들의 지지기반을 형성할 수 있는 가장 확실한 방법이었을 것이다. 뿐만 아니라 가족은 사회의 가장 기초적인 단위로, 생산과 재생산의 단위이며 한 개인이 처음으로 경험하는 사회이다. 따라서 가족이 어떻게 구성되는지는 한 개인이 성장할 때 1차적으로 접하는 사회문화적 배경을 형성한다는 점에서 매우 중요하다.

이에 이 글에서는 660년 백제 멸망 이후 당으로 이주한 백제 유민들의 가족 구성이 입당 당시부터 시기적으로 어떻게 변화하였는지를 검토함으로써 그들의 당에서의 적응과 정착의 일면을 살펴보고자 한다. 검토할 수 있는 사례가 매우 한정적인 까닭에 비슷한 맥락에서 당으로 이주해서 정착한 고구려 유민의 사례도 비교 자료로 활용하고자 한다.

II. 百濟 遺民의 入唐 시 가족 구성

문헌에서 확인되는 入唐 당사자들은 대부분 백제에서 어느 정도 정치적 지위를 지니고 있던 남성들이다. 따라서 이들은 기혼이었을 가능성이 높지만 남성들의 혼인은 나이에 구애받지 않았다는 점에서 당에서 재혼했을 가능성도 염두에 두어야 한다. 또한 入唐 시 가족들을 동반했다면 그중에 혼인 적령기를 맞이한 자녀가 있었을 수도 있다. 그러나 문헌을 통해 가족관계를 일부나마 확인할 수 있는 사례는 백제 왕실에 불

---

1) 윤인진, 2004, 『코리안 디아스포라』, 고려대학교출판부, p.42. 해외 유학과 가족 이민이 대표적인 사례가 될 것이다. 유학생은 귀국을 염두에 두고 있으므로 그들은 학위 취득이라는 목표 달성을 위해 필요한 정도로만 새로운 거주지 사회에 적응한다. 그러나 가족과 함께 이주하여 완전한 정착을 목표로 한다면 거주지 사회에 최대한 녹아들기 위해 노력하게 될 것이다.

과하며, 나머지는 묘지 기록이 주된 자료로 활용되고 있다.

묘지에는 墓主에 관한 다양한 정보가 기록된다. 묘주의 이름과 本籍·家系, 官歷과 성품, 묘주의 사망과 매장에 관한 정보, 銘辭 등이 묘지의 구성 요소로 제시되고 있지만,[2] 이 요소들 전부가 꼭 묘지에 기록되는 것은 아니며 개별 묘지마다 차이가 있다. 묘주의 가족 관계와 관련된 부분은 家系로, 묘주의 先代에 대해 서술하고 있다. 묘주의 배우자 및 자녀들에 관한 정보는 묘주의 사

표 1. 묘지에 기록된 禰氏의 가계

禰軍墓誌[3]	禰寔進墓誌[4]	禰素士墓誌[5]	禰仁秀墓誌[6]
禰福			
禰譽	禰譽多		
禰善	禰思善	禰善	禰善
禰軍	禰寔進	禰寔進	禰寔進
		禰素士	禰素士
			禰仁秀

망 및 장례를 서술하는 부분에서 확인된다. 합장묘일 경우 부부묘지가 만들어지기도 한다. 「禰仁秀墓誌」가 부부묘지에 해당한다고 할 수 있는데, 예인수는 727년에 臨洮軍의 관사에서 사망하였고 부인 若干氏는 739년 사위의 별장에서 사망하였는데, 그 아들 適이 750년에 長安縣 高陽原에서 부모의 장례를 마쳤다고 기록하고 있다. 따로 만들어져 있던 부모의 무덤을 합치면서 묘지를 제작한 것으로 보인다. 또한 묘지의 내용을 비교한 결과 묘주 간의 혈연 관계가 확인되기도 한다. 예군과 예식진은 묘지에 기록된 선조의 이름을 통해 형제관계임이 밝혀진 경우이다(표 1).[7]

묘지가 발견된 경우는 일부나마 가계를 복원하는 것이 가능하다. 특히 백제 왕족은 다른 백제 유민에 비해 상대적으로 『三國史記』를 비롯한 문헌에서 그 이름을 찾아볼 수 있는 경우가 많은 편이다. 『三國史記』 百濟本紀에 따르면[8] 660년 소정방은 귀환하면서 의자왕과 함께 왕자 孝·隆·演·泰를 京師로[9] 압송하였다.[10]

---

2) 唐代墓誌의 誌文은 통상 題, 序, 銘의 세 부분으로 구성된다(撰者名과 紀年이 들어간 묘지도 있다). 題는 1~2행이고, 銘은 말미에 운문으로 새겨진다. 실제로는 지문의 대부분은 고인의 관력·업적·생애를 기술한 序이다. 일반적인 당대묘지의 경우, 序는 대체로 ①집안에 근거한 發辭 ②先祖의 기술 ③묘주의 출생시부터의 자질 ④묘주 생전의 사적과 관력 ⑤묘주의 성품과 인덕 ⑥죽음의 경위 ⑦유족의 슬픔과 매장으로 구성된다(石見淸裕, 2015, 「唐代墓誌の古典引用をめぐって」, 『中國古典硏究』 57, 中國古典硏究會, p.3).

3) 「禰軍墓誌」, "曾祖福 祖譽 父善 皆是本藩一品 官號佐平."

4) 「禰寔進墓誌」, "祖左平譽多 父左平思善 幷蕃官正一品"

5) 「禰素士墓誌」, "祖善隨任萊州刺史 父寔進入朝爲歸德將軍·東明州刺史·左威衛大將軍."

6) 「禰仁秀墓誌」, "隨末有萊州刺史禰善者 … 泊子寔進 世官象賢也. … 寔進生素士 襲父封仕至左武衛將軍. 君諱仁秀 卽武衛府君之長子也."

7) 박지현, 2024, 「唐·日本의 百濟 遺民 比較 硏究」, 서울대학교 대학원 박사학위논문, p.89

8) 『三國史記』 卷28, 百濟本紀6 義慈王20年, "於是 王及太子孝與諸城皆降 定方以王及太子孝·王子泰·隆·演及大臣將士八十八人·百姓一萬二千八百七人 送京師."

9) 소정방이 의자왕 등 백제 포로들을 바치는 의례를 한 곳은 東京인 洛陽이다.

10) 소정방이 당으로 압송한 백제 왕족의 구성과 인원에 대해서는 『삼국사기』 백제본기 외에도 『삼국사기』 신라본기, 『三國遺事』, 『舊唐書』·『新唐書』, 『日本書紀』, 「大唐平百濟國碑銘」 등 여러 자료에 기록되어 있으며, 자료마다 조금씩 기록에 차이가 보인다. 이 글에서는 唐에 도착한 백제 왕족과 당에서의 혼인관계에 초점을 맞추고 있으므로, 의자왕의 아들들의 이름이 기록된

압송된 왕자들 중에서는 隆만이 묘지가 남아있어 생몰년을 확인할 수 있다. 또한 이때 의자왕의 손자 세대도 당으로 함께 이동했던 것으로 추정된다. 嫡孫[11] 또는 태자의 아들로[12] 기록된 扶餘文思는 의자왕이 떠난 사비성에서 항복에 관한 정치적 견해를 피력하며 扶餘泰와 대립하였고, 결국 백성들을 이끌고 성문을 나가 소정방에게 항복하였다. 이러한 그의 행동이 사비성을 함락시키는 데 상당한 역할을 한 만큼 그 역시 소정방과 함께 당으로 갔을 가능성이 높으며, 정치적 행보로 보아 660년 당시 적어도 10대 후반 이상의 나이였을 것으로 생각된다. 부여문사의 아버지와 같은 세대인 부여융이 660년에 46세였으므로 이때 부여융의 형제에게 장성한 자녀가 있을 가능성이 충분하다는 점 역시 660년 당시 부여문사의 연령대를 추정하는데 간접적인 근거가 된다.

부여문사와 형제 관계로 추정되는 인물로 扶餘文宣이 있다. 부여문선은 『新唐書』 突厥傳에 보이는데, 698년 돌궐 정벌에 子總管으로 참여했다고 한다.[13] 凌迪知의 『萬姓統譜』(1579)에서는 부여문선을 부여융의 아들이자 司膳卿[14] 左衛大將軍 樂浪君公이라고 기록하고 있지만[15] 그 근거 자료가 무엇인지는 알 수 없다. 부여문선이 부여문사와 같은 세대라면 그도 660년에 의자왕을 필두로 당으로 온 백제 왕족 중 한 명일 수 있다.[16]

부여문사, 부여문선과 같은 세대인 또 다른 인물은 부여융의 손녀인 嗣虢王妃 扶餘氏의 묘지에서 그녀의 아버지로 기록된 扶餘德璋인데, 그는 이 묘지 외에는 자료를 찾을 수 없다. 가족관계는 묘지에서 신뢰할 만한 정보라는 점에서[17] 부여덕장의 관력을 차치하더라도 부여융-부여덕장-사괵왕비 부여씨로 이어지는 계

『삼국사기』 백제본기를 대표적인 자료로 제시하였다.

11) 『舊唐書』 卷83, 列傳33 蘇定方, "其王義慈及太子隆奔于北境 定方進圍其城. 義慈次子泰自立爲王 嫡孫文思曰 王與太子雖並出城 而身見在 叔總兵馬 即擅爲王 假令漢兵退 我父子當不全矣. 遂率其左右投城而下 百姓從之. 泰不能止. 定方命卒登城建幟 於是泰開門頓顙."

12) 『三國史記』 卷28, 百濟本紀6 義慈王20年, "太子子文思謂王子隆曰 王與太子出 而叔擅爲王 若唐兵解去 我等安得全. 遂率左右 縋而出 民皆從之. 泰不能止."

13) 『新唐書』 卷215上 列傳140上 突厥上 "時中宗還自房陵 爲皇太子 拜行軍大元帥 以納言狄仁傑爲副 文昌右丞宋玄爽爲長史 左肅政臺御史中丞霍獻可爲司馬 右肅政臺御史中丞吉頊爲監軍使 將軍扶餘文宣等六人爲子總管."

14) 司膳寺의 장관. 光祿寺가 龍朔 2년(662)에 司宰寺로 바뀌었다가 咸亨 연간에 다시 복구되고, 이후 光宅 元年(684)에 司膳寺로 바뀌었다가 神龍 元年(705)에 복구되었다. 따라서 사선경은 684년~705년 사이에 사용되었던 명칭이다. 국가의 酒醴, 膳羞를 관장하는 업무를 담당하며, 품계는 의자왕의 衛尉卿, 부여융의 司稼卿과 마찬가지로 從3品에 해당한다.

15) 『萬姓統譜』 卷140, 諸方複姓 夫餘, "夫餘寬生璋號帶方郡王 生義慈唐拜帶方郡王金紫光祿大夫 生隆熊州都督帶方郡王 生文宣司膳卿左衛大將軍樂浪君公."

16) 『唐六典』에 따르면 70세가 되면 관직에서 물러나는 것이 원칙이었다(『唐六典』 卷2, 尙書吏部, "年七十以上應致仕 若齒力未衰 亦聽釐務."). 이 원칙에 따르면 부여문선은 698년에 69세 이하여야 하고, 그렇다면 그의 출생연도의 상한은 630년이 된다. 부여융이 615년에 태어났고 그가 의자왕의 첫째 아들일 가능성이 높으며(의자왕이 재위 4년에 그를 태자로 책봉하였다는 『삼국사기』의 기록), 의자왕의 아들이 많았다는 점에서 부여문선이 당으로 끌려온 백제 왕자 13명에 포함되었을 가능성도 완전히 배제할 수는 없다.

17) 묘지는 자료의 성격상 기록된 내용을 활용할 때 신중해야 한다. 그러나 생몰년이나 나이와 같은 정보는 과장하거나 윤색할 필요가 없으며 이러한 정보를 알고 있는 가족과 친족들이 장례 중에 묘지를 볼 수 있어서 내용 조작이 어렵다는 점에서 정확도가 높은 정보라고 할 수 있다.

보 자체는 사실로 볼 수 있다. 따라서 그 역시 같은 세대인 부여문사 등과 함께 입당했을 가능성이 있다.

마지막으로 의자왕의 曾孫인 扶餘敬이 있다. 『舊唐書』百濟傳에서는 682년 부여융이 사망한 후 그 손자인 敬이 帶方郡王을 襲封했다고 기록하고 있다.[18] 부여융의 아들로 확실한 인물은 부여덕장뿐인데, 부여융-부여덕장-부여경으로 이어지는 계보가 성립할 가능성은 낮다. 『唐六典』에 따르면 봉작의 승습은 嫡子-嫡孫-嫡子의 同母弟-庶子-嫡孫의 同母弟의 순서로 이루어진다.[19] 따라서 부여융의 아들이 아닌 손자가 봉작을 습봉하는 것은 嫡子가 이미 사망했거나 죄를 짓거나 병이 있어서 嫡孫이 습봉했거나, 嫡子·嫡孫·嫡子의 同母弟·庶子가 모두 없어서 嫡孫의 同母弟가 습봉하는 상황을 상정해야 한다. 嫡子·嫡孫·嫡子의 同母弟·庶子가 모두 습봉이 불가능할 확률은 매우 낮으므로 부여경은 嫡孫으로 대방군왕을 습봉했다고 추정된다.

부여융의 아들로 확실한 이는 부여덕장뿐이다. 그러나 그가 부여융의 적자였다면 682년 전에 그가 사망했거나, 살아있지만 죄를 짓거나 병이 있었기에 그의 嫡子이자 부여융의 嫡孫인 부여경이 아버지 대신 부여융의 봉작을 승습한 것이 된다. 그런데 「사괵왕비부여씨묘지」에 따르면 사괵왕비 부여씨가 690년에 태어났으므로 부여덕장은 682년에 살아 있었다. 그리고 같은 묘지에서 부여덕장은 '皇朝請大夫 故渭州刺史'라고만 서술하고 있다. 부여덕장이 690년에 딸을 얻었으므로 682년에 습봉이 불가능할 정도로 병이 깊었다고 보기 어렵고, 죄를 지었다면 그의 딸이 당의 황족과 혼인하지는 못했을 것이다. 이러한 모든 정황을 종합해보면 부여덕장은 부여융의 적자가 아니며, 따라서 부여경의 아버지도 아니었다고 생각된다.

부여융의 적자일 가능성이 있는 인물은 부여문사이다. 『舊唐書』에서 부여문사를 嫡孫으로 기록하면서 동시에 부여융을 태자라고 하고 있는데, 이때는 아직 의자왕이 항복하기 전이었다. 『구당서』의 기록에 따르면 의자왕-부여융-부여문사-부여경으로 이어지는 계보를 상정할 수 있게 된다. 그런데 『三國史記』 백제본기에서는 의자왕과 함께 웅진으로 간 태자가 부여효로 되어 있으며, 태자의 아들 부여문사가 같이 사비에 남아있던 왕자 부여융과 이야기를 나누는 장면을 묘사하고 있다. 이러한 기록의 상이함 때문에 부여융과 부여문사의 관계를 밝히는 것은 의자왕의 태자 문제가 먼저 해결되어야만 가능하다. 여기서 그 문제를 해결하기에는 적절하지 않을 것이다.[20] 다만 만약 부여융의 적자를 부여문사, 적손을 부여경으로 본다면 부여융이 615년에 태어났으므로 물리적으로 부여경이 660년 이전에 태어나 백제에서 당으로 이동하는 것은 가능했다는 사실을 언급해두고자 한다.[21] 이상의 서술을 종합해 보면 660년 入唐했다고 추정할 수 있는 백제 왕실의 구성원은 〈그림 1〉과 같다.[22]

---

18) 『舊唐書』卷199上, 列傳149上 東夷 百濟, "時百濟本地荒毁 漸爲新羅所據 隆竟不敢還舊國而卒. 其孫敬 則天朝襲封帶方郡王 授衛尉卿. 其地自此爲新羅及渤海靺鞨所分 百濟之種遂絶."

19) 『唐六典』卷2, 尙書吏部, "諸王公侯伯子男若無嫡子及罪疾 立嫡孫. 無嫡孫 以次立嫡子同母弟. 無母弟 立庶子. 無庶子 立嫡孫同母弟 …"

20) 학계에서는 아직 일치된 견해에 이르지 못하고 있으며, 이와 관련한 논쟁도 여전한 상황이다. 백제 멸망과 맞물리면서 의자왕의 아들들에 대해서는 『三國史記』뿐만 아니라 『日本書紀』의 기록들도 함께 종합해서 보아야 하는 상황이다. 이에 여기서 의자왕의 태자 문제에 관해 논의한다면 논점이 흐려질 우려가 있어서 언급하지 않고자 한다.

21) 부여융이 630년대에 아들 부여문사를 얻었다면, 부여문사가 660년 이전에 혼인하여 자식을 두기에 충분하다.

22) 부여문사와 부여문선이 누구의 아들인지 불확실하므로 계보를 연결하지 않고 부여덕장과 같은 세대에 표시하였다. 또한 부

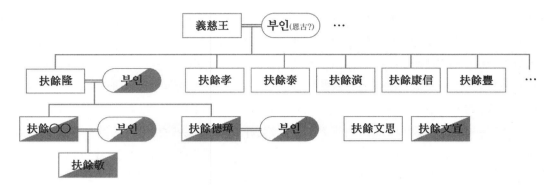

그림 1. 660년 入唐한 백제 왕족

　　왕족 이외에 당으로 이동할 때 가족을 동반한 것이 확실한 경우는 禰寔進과 難武이다. 예식진은 입당할 때 아들인 禰素士와 함께였으며, 형인 禰軍도 함께 당으로 향했다. 「禰寔進墓誌」에는 자손에 관한 서술이 없지만, 「禰素士墓誌」를 통해 예소사의 아버지가 예식진이며 예소사가 660년 이전에 태어난 사실을 알 수 있게 되었다.[23] 아들인 예소사를 동반했다면 예식진의 부인도 함께 당으로 향했을 가능성이 높을 것이다. 난무는 그의 아들인 「難元慶墓誌」를 통해 熊津都督府 휘하 支潯州刺史 등을 역임한 것이 확인된다. 지심주는 백제부흥운동이 진압된 후 백제 故土를 1도독부 7주 51현 체제로 재편하면서 설치되었으므로[24] 묘지의 기록대로 난무가 지심주자사를 역임했다면 난무가 당으로 간 것은 아무리 빨라도 663년 11월 이전이 될 수 없다.[25] 그런데 「난원경묘지」에 따르면 묘주인 난원경은 663년에 출생했다.[26] 따라서 난무가 663년 이후 백제 고토에서 당으로 옮겨갔다면 아들인 난원경과 함께 이동한 것이 되며, 난무의 부인도 함께였을 것

여경의 아버지가 부여문사라고 확정하기 어렵기에 부여경의 아버지는 미상으로 표시하였다. 〈그림 1〉과 앞으로 제시될 가계도 그림의 범례는 아래와 같다.

23) 박지현, 2024, 앞의 논문, pp.90-91. 「예소사묘지」에서는 예소사가 15세에 아버지(예식진)의 관직으로 말미암아 당의 유격장군이 되었다고 하였다. 예식진은 672년에 사망하였으므로 예소사는 아무리 늦어도 658년 이전에는 태어났다고 보아야 한다. 「예소사묘지」의 "年十五授遊擊將軍 長上父宿衛近侍"를 예소사가 부친과 함께 숙위했다고 해석하여 예소사의 출생연도를 646~658년 사이로 추정하는 견해(김영관, 2012, 「中國 發見 百濟 遺民 祢氏 家族 墓誌銘 檢討」, 『新羅史學報』 24, pp.113-114), 예소사가 15세의 나이로 유격장군을 받은 시기가 부친 예식진이 좌위위대장군에 임명된 672년 전후일 것으로 보아 그의 출생 시점을 657~659년으로 판단하는 견해(최상기, 2016, 「백제 멸망 이후 예씨(祢氏) 일족의 위상-묘지명(墓誌銘)과 관련 문헌의 종합적 검토를 통해」, 『역사와 현실』 101, p.81)도 있다.

24) 박지현, 2013, 「熊津都督府의 성립과 운영」, 『한국사론』 59, pp.101-109

25) 『三國史記』 新羅本紀에서는 663년 당군과 함께 백제부흥군의 거점성인 임존성을 공격하던 문무왕이 임존성이 함락되지 않자 11월 4일에 군사를 돌려 돌아왔다고 기록하고 있다. 따라서 흑치상지의 항복으로 당군이 임존성을 차지하게 된 것은 그 이후라고 보아야 할 것이며, 백제부흥운동의 종료 시점도 11월 4일 이후에 두어야 한다. 그러면 유인궤의 전후복구사업은 아무리 빨라도 663년 11월 4일 이후부터 이루어졌을 것이고, 난무가 지심주자사를 역임할 수 있었던 시점도 그 이후로 보아야 한다.

26) 난원경은 723년 61세의 나이로 사망하였으므로, 그의 출생연도는 663년이 된다.

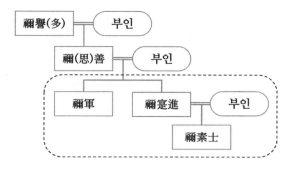
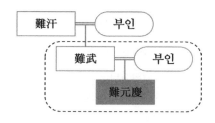

그림 2. 660년 入唐한 禰氏 일가　　　　　　　　　　　　　그림 3. 663년 이후 入唐한 難氏 일가

이다.[27] 그 외 黑齒常之와 陳法子는 자녀가 있었지만 그들이 백제에서 출생했는지는 불확실하다.

668년 李勣에 의해 당으로 가게 된 고구려 왕족의 상황은 어땠을까. 평양성을 함락한 이적은 寶藏王을 비롯하여 男産, 男建 등을 당으로 압송하였다. 이때 헌부례가 치러진 장소는 장안 含元殿이었으며, 고종의 명에 의해 보장왕은 昭陵과 함원전에서 두 차례에 걸쳐 헌부례를 치렀다. 백제의 경우 660년 소정방이 끌고 간 백제인의 구성과 규모에 대해 간략하지만 명시적으로 기록되어 있어 입당시점을 명확히 알 수 있는 사례들이 있지만, 고구려는 그렇지 않다. 먼저 보장왕이 남산에게 98명의 수령을 딸려 이적의 진영에 보내어 항복 의사를 표명하자 이적은 이들을 당군의 진영에서 예를 갖추어 접대했다고 한 기록이 있다. 이후 남산 등이 돌아갔다는 기록이 없고 함원전에서 고종이 남산에게 司宰少卿을 내렸으므로 남산이 당으로 간 것은 확실하다. 그렇다면 함께 이적의 진영에 갔던 98명의 수령들도 당으로 갔을 가능성이 높다고 생각된다.

668년 남산이 보장왕의 항복 의사를 밝힌 후에도 남건은 평양성을 지키며 저항했는데, 이때 당군이 평양성을 함락시키는 데 결정적인 역할을 한 인물이 信誠이다. 신성은 烏沙와 饒苗를 이적에게 보내어 내응하기를 청하였다. 이때 饒苗는 중국에서 묘지가 발견된 高饒苗일 것으로 추정되고 있다.[28] 신성은 함원전에서 銀靑光祿大夫를 받았으므로 당으로 간 것이 확인된다. 신성과 요묘의 사례로 보아 오사 역시 당으로 갔을 가능성이 높다고 생각된다.

신성의 내응으로 평양성을 함락한 이적은 왕과 남건 등을 붙잡았다고 한다. 그 외 다른 이름은 확인되지 않으며 함원전 헌부례에서도 보장왕, 남생, 남산, 신성, 남건만 보일 따름이다. 이는 포로들을 압송하고 황

---

27) 난원경의 조부인 難汗은 「難元慶墓誌」에 따르면 入唐하여 웅진도독부 長史를 역임했다고 한다. 이때의 웅진도독부가 660년 7월 멸망 직후 설치된 5도독부 중 하나인지, 아니면 663년 백제부흥운동이 진압된 후 재정비된 1도독부 7주 51현 체제의 웅진도독부인지는 불확실하다. 다만 '入唐' 이후 그의 관직이 웅진도독부 장사에 그치고 있는 한편, 그의 아들인 難武는 支潯州諸軍事·守支潯州刺史에서 忠武將軍 行右衛翊府中郞將으로 옮기고 있다. 즉 난한은 당이 백제 영역 지배를 위해 남겨두었던 관리였고, 이후 어느 시점에 난원경 일가가 당으로 옮겨갔을 가능성을 상정해 볼 수 있는 것이다

28) 김영관, 2009a, 「高句麗 遺民 高饒苗 墓誌 檢討」, 『한국고대사연구』 56, pp.384-388. 김수진은 『三國史記』에는 '饒苗'로 성이 보이지 않는 점을 언급하며 그가 入唐 후 고씨를 모칭했을 가능성을 제기하기도 하였다(김수진, 2017, 「唐京 高句麗 遺民 研究」, 서울대학교 대학원 박사학위논문, pp.90-92).

제에게 바칠 때 의자왕과 함께 왕자들이 언급되었던 백제의 사례와는 다른 양상이다.

보장왕과 함께 입당한 왕족에 대해서는 다음의 자료를 참고하여 추적해 볼 수 있다.

> [6년] 겨울 12月 왕이 둘째 아들 莫離支 任武로 하여금 [당에] 들어가 사죄하게 하니 황제가 허락하였다.[29]
>
> [25년] 왕이 태자 福男[신당서에서는 男福이라 한다]을 보내어 入唐하여 泰山의 제사를 모시게 하였다.[30]

『三國史記』 고구려본기에 따르면 보장왕에게는 적어도 2명의 아들이 있었다. 재위 6년(647)에 莫離支에 올라 있던 둘째 아들 高任武와 재위 25년(665) 고종의 태산 봉선에 참여했던 태자 高福男이 그들이다. 그런데 677년 보장왕이 고종에게 받은 朝鮮王의 봉작은[31] 686년 보장왕의 손자인 高寶元에게 이어지고 있다(朝鮮郡王).[32] 앞서 제시한 봉작의 승습 순서에 따르면 고보원은 보장왕의 嫡孫이어야 하므로 태자였던 고복남의 아들이었을 가능성이 높다. 무후는 698년에 고보원을 다시 충성국왕으로 봉하고 안동 옛 부를 통치하게 하였는데, 고보원이 가지 않자 '降王子 德武'를 안동도독으로 삼아 보냈다.[33] 이때 '降王'은 보장왕을 가리키므로[34] 高德武는 고복남, 고임무와 함께 왕의 또 다른 왕자가 된다. 그리고 「高震墓誌」에서는 고진의 祖父를 '藏'(보장왕), 父를 '連'으로 기록하고 있다. 高連을 포함하면 보장왕에게는 적어도 4명의 아들이 있었던 것으로 생각된다. 高德武와 高連이 고구려 멸망 이전에 태어나 668년 보장왕과 함께 당으로 갔을지, 아니면 보장왕이 당으로 간 이후 얻은 아들인지는 알 수 없다. 보장왕이 647년에 장성하여 막리지가 된 아들을 두고 있었으므로 이를 기준으로 대략 추정해 보면 보장왕은 600년 무렵 태어나 620년 무렵에 혼인했을 것이다. 따라서 보장왕이 668년 이후 당에서 고덕무와 고연을 얻었다면 그들의 생모는 고복남, 고임무의 생모일 수는 없다.[35]

다만 「고진묘지」에 기록된 고연과 고진의 관직을 그대로 취신하기는 어렵다. 「고진묘지」에서는 고진의

---

29) 『三國史記』卷22, 高句麗本紀10 寶藏王6年, "冬十二月 王使第二子莫離支任武 入謝罪 帝許之."

30) 『三國史記』卷22, 高句麗本紀10 寶藏王25年, "王遣太子福男[新唐書云男福] 入唐侍祠泰山."

31) 『三國史記』卷22, 高句麗本紀10, "儀鳳二年丁丑歲 春二月 以降王爲遼東州都督 封朝鮮王 遣歸遼東 安輯餘衆 東人先在諸州者 皆遣與王俱歸."

32) 『三國史記』卷22, 高句麗本紀10, "垂拱二年 以降王孫寶元爲朝鮮郡王."

33) 『三國史記』卷22, 高句麗本紀10, "至聖曆初 進左鷹揚衛大將軍 更封忠誠國王 賜統安東舊部 不行. 明年以降王子德武爲安東都督 後稍自國."

34) 『新唐書』卷220, 列傳145 東夷 高麗, "垂拱中 以藏孫寶元爲朝鮮郡王. 聖曆初 進左鷹揚衛大將軍 更封忠誠國王 使統安東舊部 不行. 明年 以藏子德武爲安東都督 後稍自國. 至元和末 遣使者獻樂工云."

35) 남생이 28세에 막리지가 되었으므로 고임무도 20대에 막리지에 올랐을 수 있다. 647년에 20대인 둘째 아들이 있었으므로 보장왕이 620년 무렵에는 혼인했을 것으로 본다면 보장왕은 600년 무렵에 태어났을 것이다. 그러면 그는 668년에 60대 후반 ~70대의 고령이었을 것이지만, 남성이기 때문에 당에서 자녀를 본다는 것이 완전히 불가능한 일만은 아니다. 그러나 여성의 연령은 임신·출산에 결정적인 요소이며, 620년 무렵에 20대였던 부인이 668년 이후에 자손을 생산하는 것은 불가능하다.

관직을 開府儀同三司 工部尙書 特進 右金吾衛大將軍 安東都護라고 하였지만, 고진의 넷째 딸인 고씨부인의 묘지에서는 부친의 관직을 定州別駕로 기록하였다.[36] 고연 역시 「고진묘지」에는 雲麾將軍 右豹韜大將軍 安東都護라고 되어 있지만 「고씨부인묘지」에는 朝鮮郡王으로만 되어 있다. 두 묘지명에서 고진의 관직이 품계상 차이가 나게 서술된 것은 고진이 사망한 후 관직이 추증되었기 때문이거나,[37] 후손들이 선조의 관직을 과장하여 서술했던 것에서 기인했을 가능성이 있다.[38] 「고씨부인묘지」의 기록도 유의해야 하는데, 앞서 살펴보았듯이 686년 조선군왕은 보장왕의 적손인 고보원에게 이어졌다. 이는 고복남이 686년에 사망한 상태였을 가능성이 높다는 의미인 동시에, 고복남의 同母弟 아닐 수도 있는 고연에게 조선군왕 봉작이 이어졌을 가능성은 매우 낮다는 의미이기도 하다.

표 2. 묘지에 기록된 高連·高震의 관직 비교

	高震墓誌	高氏夫人墓誌	비고
高藏	開府儀同三司 工部尙書 朝鮮郡王 柳城郡開國公	朝鮮王	
高連	雲麾將軍 右豹韜大將軍 安東都護	朝鮮郡王	686년 고보원이 조선군왕 습봉
高震	開府儀同三司 工部尙書 特進 右金吾衛大將軍 安東都護 郯國公 上柱國	定州別駕	

4명의 아들 외에도 보장왕에게 딸이 있었던 사실을 밝힌 연구가 발표된 바 있다. 이 연구에서는 「泉毖墓誌」의 "卽開府儀同三司 朝鮮王高藏之外孫 太子詹事 太原公王暐之子壻"라는 구절에 천착하여 王暐의 출신에 대한 조사를 통해 그가 고종의 외손임을 밝힘으로써, 「천비묘지」의 해당 구절을 '개부의동삼사 조선왕 고장의 외손으로 태자첨사 태원공 왕위의 사위'로 해석하는 당위성을 확보하였다.[39] 왕위가 고종의 외손인 동시에 보장왕의 외손이 될 수 없기 때문이다. 이러한 논증을 바탕으로 한 후속 연구로 천비의 아버지인 泉(玄)隱과 보장왕의 딸 사이의 혼인에 관한 검토도 진행되었다.[40] 천(현)은의 아버지인 泉獻誠은 來俊臣에 의해 '謀反'의 죄로 무고당하여 사망하는데, 모반죄는 당사자뿐만 아니라 16세 이상의 아들도 함께 교수형에 처하게 되어 있음에도 천헌성의 아들 3명이 모두 살아남은 것으로 보아 692년에 그들이 15세 이하였고, 천(현)은은 678년 이후에 태어난 것으로 추정하였다. 그리고 보장왕은 682년에 사망하였으므로 그의 딸은 적

---

36) 定州는 上州이므로, 정주별가는 從4品下에 해당하는 관직이 된다. 그러나 773년 고진이 사망한 후 778년에 작성된 고진의 묘지명에서는 그의 관품이 從1品인 開府儀同三司로 기록된 것이다.

37) 이문기, 2002, 「고구려 보장왕 증손녀 고씨부인묘지의 검토」, 『역사교육논집』 29, 역사교육학회.

38) 송기호는 2007년 논문에서 "고진의 묘지문에 보이는 화려한 관직은 과거 고구려 왕실의 후예임을 추상시키는 허명에 불과한 것이다."라고 서술하였다. 이 문장이 내포하고 있는 의미가 '추증'인지, 아니면 추증받은 것도 아니며 그저 그 후예들의 과장된 서술이라는 것인지는 판단하기 어렵다(송기호, 2007, 「고구려 유민 고씨부인 묘지명」, 『한국사론』 53, 서울대학교 국사학과).

39) 김수진, 2022a, 「泉毖의 장인, 太原公 王暐의 출자에 대한 새로운 이해」, 『고구려발해연구』 74.

40) 김수진, 2022b, 「8세기 전반 泉氏 가문의 정치·사회적 復元과 婚姻」, 『규장각』 61.

어도 682년 이전에는 출생했다고 보고 천(현)은과 보장왕 딸의 혼인 시점을 추정하는 등의 연구가 이루어졌다.[41] 678년 이후에 태어난 천(현)은과 혼인했다면 그 딸이 668년 이전에 태어났을 가능성은 거의 없으므로

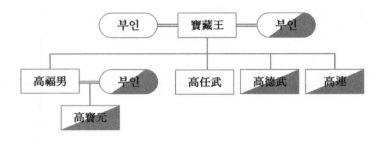

그림 4. 668년 入唐한 고구려 왕족

이적과 함께 장안으로 향한 보장왕과 그 가족은 최대로 보아 〈그림 4〉와 같았을 것으로 생각된다.

고구려 왕족 이외에 고구려 유민들 중 가장 잘 알려진 가문은 泉氏(淵氏)일 것이다.[42] 666년 남생이 아들 헌성과 함께 당에 항복하고 668년 이적이 평양성을 공략했을 때 남산이 항복하였고 남건도 결국 사로잡혀 장안으로 가게 되었다. 남생은 평양성을 떠나 지방을 순행하던 중 남건과 남산과의 사이가 틀어지면서 평양성으로 돌아가지 못하고 국내성에 머무르다가 당에게 항복하였다.[43] 이때 아들 헌성이 당에 항복 의사를 전하였다고 하고 있으므로 남생과 헌성은 함께 入唐한 것이 확실하지만, 남생 부인의 거취는 확인하기 어렵다. 남건이 평양성에 남아 있던 남생의 다른 아들인 獻忠을 죽였다는 기록으로 보아[44] 그녀가 평양성 내에 남아있었다면 668년에 살아있었을 가능성은 낮을 것이다.

남산의 경우 아들인 光富가 남산이 사망한 701년에 18세였다는 기록이 「泉男産墓誌」에서 확인된다.[45] 따라서 광부는 남산이 당에 온 이후에 얻은 아들이다. 남산이 사망할 때의 나이는 63세로, 따라서 그는 639년에 태어났으며 당으로 온 668년에는 30세였다. 따라서 기혼이었을 가능성이 높다. 그런데 광부는 684년에 태어났으므로, 어쩌면 그의 생모는 남산이 고구려에 있을 때 혼인한 부인이 아닐 수도 있다.[46] 남건은 黔

---

41) 당 태종은 627년 조서를 내려 남자는 20세 이상, 여자는 15세 이상으로 혼인 연령을 규정하였다(『唐會要』卷83, 嫁娶, "貞觀元年二月四日詔曰 … 宜令有司 所在勤勉 其庶人男女之無室家者 並仰州縣官人 以禮聘娶 皆任其同類相求 不得抑取 男年二十女年十五以上 …"). 천(현)은과 보장왕 딸 사이에서 708년 천비가 태어났다면, 고대의 가임기를 고려했을 때 보장왕 딸은 708년에 아무리 많아도 30대였을 것이다. 이는 곧 보장왕 딸이 680년 이후에 태어났다는 것이 되고, 보장왕이 80대에 딸을 얻은 것이 된다. 물론 불가능한 일은 아니지만, 상당히 희귀한 사례일 것이다.

42) 『삼국사기』에는 성을 '淵'이라 하고 있으나, 『구당서』 등에서는 성을 생략하고 이름으로만 지칭하고 있다. 묘지에서는 '泉'으로 성을 쓰고 있는데 당 고조 李淵을 避諱한 것이다. 이 글에서는 묘지 자료를 중점적으로 다루고 있으므로 성을 붙여서 지칭할 경우에는 '泉'을 사용하였다.

43) 『三國史記』卷22, 高句麗本紀10 寶藏王25年, "蓋蘇文死 長子男生代爲莫離支. 初知國政 出巡諸城 使其弟男建·男産留知後事. 或謂二弟曰 男生惡二弟之逼 意欲除之 不如先爲計. 二弟初未之信. 又有告男生者曰 二弟恐兄還奪其權 欲拒兄不納. 男生潛遣所親 往平壤伺之 二弟收掩得之. 乃以王命召男生 男生不敢歸. 男建自爲莫離支 發兵討之 男生走 據國内城 使其子獻誠 詣唐求哀."

44) 『三國史記』卷49, 列傳9 蓋蘇文 男生, "出按諸部 而弟男建·男産知國事. 或曰, 男生惡君等逼己 將除之. 建·産未之信. 又有謂男生 將不納君. 男生遣諜往 男建捕得 即矯王命召之. 男生懼不敢入 男建殺其子獻忠."

45) 「泉男産墓誌」, "通直郞襄城縣開國子泉光富年十八"

46) 남산의 나이로 미루어보아 그의 부인도 668년에 20대 후반이었다. 따라서 684년에는 40대였을 수도 있으며, 당시 40대에 임신하여 무사히 출산에 이르는 것은 쉽지 않았을 것이다.

州로 유배되었으며, 그의 부인이나 자식에 관한 기록은 찾을 수 없다.

이들 외에 천씨(연씨) 가문의 일원으로 당에 온 사람이 1명 더 있는데 바로 천헌성의 祖母이자 남생의 모친, 즉 연개소문의 부인이다. 「천헌성묘지」에는 헌성이 부친상을 당하고 슬퍼하여 몸을 상하게 하니 조모가 단식하여 그를 설득했

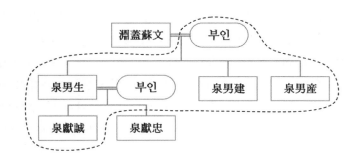

그림 5. 666~668년 入唐한 泉(淵)氏 일가

다는 일화가 기록되어 있으며, 682년에는 조모상을 당했다는 사건도 기록되어 있다. 따라서 남생의 모친(연개소문의 부인)도 당으로 이주했음을 알 수 있다. 이주의 시점으로는 668년이 가장 가능성이 높을 것이다.

고구려 왕족과 천씨 일가 외에 당으로의 이주가 문헌에서 확인되는 인물은 信誠과 饒苗, 烏沙이다. 이 중 요묘는 묘지가 발견된 高鐃苗와 동일인으로 추정되어 그의 입당 시점이 668년임을 알 수 있다. 그러나 신성과 오사는 더 이상의 기록이 없다.

현재 당으로 이주한 고구려 유민 연구도 백제 유민과 마찬가지로 묘지 자료에 기대어 이루어지고 있다. 그런데 한 가지 유의할 점은 백제의 경우와 달리 고구려인은 668년 이전에도 당으로 이주했던 것이 확인된다는 점이다.[47] 645년 당 태종의 고구려 정벌 때 다수의 고구려인들이 포로로 당 내지로 끌려갔으며, 지배층 중에서도 항복하여 당으로 간 이들이 있었다. 문헌에서는 高延壽, 高惠眞 등의 이름이 확인되며,[48] 「高提昔墓誌」에서는 高提昔의 부친 高文恊이 貞觀 연간 태종이 정벌에 나서자 항복했다는 내용이 보인다.[49] 또한 660년 백제 정벌에 성공한 당이 이어서 고구려 정벌에 나섰을 때에도 항복한 고구려인들이 있었다. 「高乙德墓誌」에는 묘주 高乙德이 龍朔 元年(661) 고종이 고구려를 공격했을 때 대적해 싸웠으나 생포되었고 고종이 투항을 허락하여 당의 관인이 되었다고 서술하고 있다.[50] 또 「高玄墓誌」에서는 묘주 高玄이 남생을 따라 당으로 왔다고 하였다.[51] 고구려인의 당 이주는 645년, 661년, 666년, 668년 등 여러 차례에 걸쳐 진행되었던 것이다.

---

47) 백제인도 멸망 이전에 당으로 이주했을 가능성도 완전히 배제할 수는 없다. 連雲港市에서 발견된 무덤 자료를 바탕으로 멸망 이전 백제인들의 이주를 논하는 연구도 발표된 바 있다(박순발, 2013, 「連雲港 封土石室墓의 歷史 性格」, 『백제연구』 57).

48) 『三國史記』 卷21, 高句麗本紀9 寶藏王4年, "延壽·惠眞帥其衆三萬六千八百人 請降. 入軍門拜伏請命 … 高延壽·高惠眞請於帝曰 奴旣委身大國 不敢不獻其誠. 欲天子早成大功 奴得與妻子相見. … 徙遼·盖·巖三州戶口 入中國者七萬人. 高延壽自降後 常憤歎 尋以憂死 惠眞竟至長安."

49) 「高提昔墓誌」, "父文恊, 宣威將軍·右衛高陵府長上折衝都尉·上柱國. 往以貞觀年中 天臨問罪 祖乃歸誠款塞 率旅寅庭 爰賞忠規 載班淸級 因兹徙裔 族茂京都."

50) 「高乙德墓誌」, "曁以 大唐龍朔元年 天皇大帝 勅發義軍 問罪遼左. 公率兵敵戰 遂被生擒. 聖上捨其拒抗之愆 許以歸降之禮. 二年蒙授右衛藍田府折衝長上."

51) 「高玄墓誌」, "公志懷雅略 有先見之明 弃彼遺甿 從男生而仰化 慕斯聖教 自東徙而來王. 因而家貫西京 編名赤縣."

넓게 보면 645년 당 태종의 고구려 공격은 고구려 멸망 과정의 한 부분이므로 이때 항복한 이들도 고구려 '유민'으로 보는 것은 일견 타당하다. 그러나 이 글에서 초점을 맞추고 있는 부분은 '가족 관계'이다. 645년에 입당한 이들과 668년에 입당한 이들 사이에는 한 세대 정도의 차이가 존재하며, 이 시간적 격차는 그들이 혼인을 통해 새로운 가족 관계를 형성하기에 충분하다. 예를 들어 645년에 입당한 고구려인들이 당에 정착하여 자녀를 얻었다면, 그들은 당인으로 성장하여 668년 무렵에는 이미 혼인 연령대에 이르렀을 수도 있다. 이미 20여 년 간 당 사회에서 살아왔던 고구려인들과 668년에 막 당에 도착한 고구려인들은 그 적응의 격차가 매우 클 수밖에 없었을 것이다. 이에 여기서는 백제 유민의 비교 자료로써 668년 이적의 평양성 함락을 계기로 당으로 들어온 고구려인들의 가족관계에 집중해 보고자 한다.[52]

묘지를 통해 668년 이적이 이끄는 당군의 고구려 공격을 계기로 당에 온 것으로 볼 수 있는 인물은 高質, 李他仁이다.[53] 高鐃苗의 경우 묘지에서는 入唐 시점을 추정할 만한 단서가 없지만 『三國史記』를 통해 668년임이 확인되었다. 그러나 「高鐃苗墓誌」의 내용은 매우 소략한 편으로 그의 배우자나 자녀는 물론이고 선대에 대한 언급도 보이지 않아서 가족관계를 살펴볼 수 없다. 이타인은 그들과 연결된 다른 고구려 유민의 묘지가 발견되지 않았지만, 고질은 아들인 高慈의 묘지가 함께 발견되어 검토가 상대적으로 용이하다.

「高質墓誌」에서는 묘주 고질이 형제와 함께 당에 항복하였고 형제들이 모두 벼슬을 얻었다고 하였다. 「高慈墓誌」에서도 묘주 고자의 아버지가 형제들과 함께 당에 항복하였다는 내용이 확인된다. 그리고 두 묘지에서 모두 고질이 고려가 망할 것을 예견하고 항복했다고 하였고, 그가 처음 당에서 받은 관직은 明威將軍 行右威衛翊府左郎將, 그 시점은 669년 4월 6일로 기록하고 있다. 이와 같은 입당 과정의 서술 맥락은 그

표 3. 高質의 가계

高質墓誌	高慈墓誌
高密	高密
高峀	
高式	高式
高量	高量
高質(字:性文)	高文
	高慈(字:智捷)
	高嵩德

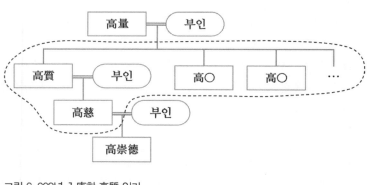

그림 6. 668년 入唐한 高質 일가

---

52) 남생은 666년에 당에 항복했으며 이적의 출정은 666년 11월에 결정되어 667년 2월 이적이 이끄는 당군이 요하를 건넜다. 남생의 항복과 고구려의 멸망은 긴밀하게 연결되어 있으며 666년 항복한 남생은 향도로써 668년 고구려 정벌에 참여했다가 정벌이 끝난 후 보장왕 등과 함께 장안으로 향하였으므로 668년에 입당한 사례와 거의 동일하다고 판단하였다.

53) 고족유도 668년에 입당했을 가능성이 높은 편이다. 초임관이 항복한 이민족 蕃將들에게 일반적으로 주어지는 折衝都尉(明威將軍 守右威衛眞化府折衝都尉)였으며, 이를 제수받은 시점이 668년이기 때문이다.

가 668년 고구려 멸망을 목전에 맞이하여 형제들과 함께 항복했음을 의미한다. 또한 「고자묘지」에서는 고자의 사망 정황을 서술하면서 그가 磨米城에서 아버지와 함께 전사했으며, 고자의 아들 嵩德이 아버지의 관직을 이어받고 장례를 치렀음을 기록하고 있다.

고질은 697년에 72세의 나이로, 고자는 같은 해 33세의 나이로 사망하였다. 이 정보를 기반으로 추적해 보면 고질은 626년에 출생하여 665년에 40세의 나이로 아들 고자를 얻었다. 고질의 항복 시점이 668년이었으므로 고자는 고구려에서 태어났고, 4살 때 아버지를 따라 당으로 온 것이 된다.

「李他仁墓誌」에 따르면 이타인은 柵州都督으로 있을 때 英公의 출정을 알고 亡國을 미리 판단하여 휘하의 무리를 거느리고 투항했다고 한다.[54] 영공은 곧 英國公 李勣을 말하며, 영공이 평양을 함락시켰다는 내용이 이어지고 있어 이타인의 항복 시점은 668년이 확실하다 하겠다. 이타인은 675년에 67세의 나이로 사망했으며, 아들 乙孫과 遵武가 장례를 치렀다. 장례를 치를 때 을손은 右威衛 平皐府 果毅, 존무는 右驍衛 安信府 果毅라는 관직을 지니고 있었다는 점에서 을손과 존무의 연령대를 짐작할 수 있다. 따라서 이타인의 두 아들은 668년 이전에 고구려에서 태어났음을 알 수 있다.

III. 百濟 遺民의 혼인과 가족 구성원의 변화

당에서 살아가는 동안 유민들의 가족 구성은 어떻게 변화했을까. 먼저 의자왕의 후손들을 살펴보자. 의자왕의 후손들 중 혼인 상대자를 알 수 있는 경우는 부여덕장의 딸 2명과, 조금 맥락을 달리해서 살펴보아야겠지만 부여풍의 딸이 있다. 부여덕장의 두 딸 중 동생은 「사괵왕비부여씨묘지」의 주인공으로, 이 묘지를 통해 부여덕장의 존재가 확인되었음은 이미 앞에서 밝힌 바 있다. 사괵왕비 부여씨는 李邕의 둘째 부인으로, 李邕의 첫째 부인은 韋皇后의 여동생인 嵩國夫人이었는데 710년 위황후 일족이 숙청될 때 李邕은 직접 부인의 머리를 베어 바침으로써 생존할 수 있었다.[55] 이옹이 그 후 맞아들인 부인이 부여씨로, 「사괵왕비부여씨묘지」에서는 두 사람 사이에서 李巨를 비롯하여 다섯 명의 아들이 있었다고 기록하고 있다.[56] 이옹과 부여씨 사이에서 태어난 아들 李巨는 虢王의 봉작을 이어받았으며, 『舊唐書』 列傳에서 그의 이름을 확

---

54) 「李他仁墓誌」, "大摠管英公 三秦推轂 万里授柯 奉皇帝之新書 遵廟堂之上略. 公辯亡有預 見梁水之一星 處須知歸 識魏軍之百日. 遂率所部 效欸轅門."

55) 김영관, 2009b, 「百濟 義慈王 曾孫女 太妃 扶餘氏 墓誌」, 『백제학보』 창간호, pp.127-129

56) 두 사람의 혼인 시점에 대하여 張蘊·汪幼軍는 710년 이후라고 하였으며(張蘊·汪幼軍 저/劉占鳳 譯, 2008, 「唐『故虢王妃扶餘氏墓誌』考」, 『목간과 문자』 2, p.229), 김영관은 이옹이 사망했을 때 장자 이거가 '年在總角'으로 기록되어 있다는 점을 근거로 711년에 혼인하고 712년에 이거가 태어났다고 보았다(김영관, 2009b, 앞의 논문, p.128). 그러나 정병준은 '年在總角'만을 근거로 727년에 이거가 16세였다고 보기 어렵다는 점을 지적하며 이옹의 상황으로 보아 711년 이후에 혼인이 이루어졌다고 보는 것이 적절하다고 하면서 시점을 확정하지 않고 있다(정병준, 2023, 「唐代 嗣虢王 李邕과 王妃 夫餘氏」, 『중국사연구』 145, p.138). 필자 역시 정병준의 접근 방식에 동의한다. 그러나 부여씨가 711년에 22세였고, 장자 이거를 포함하여 5명의 아들을 출산했으므로 그녀의 가임기간을 고려한다면 711년에서 그리 멀지 않은 시점에 혼인하였을 것이다.

인할 수 있다.

李巨는 그 증조부가 虢王 鳳으로 高祖의 열네 번째 아들이다.[57] 鳳의 손자인 邕이 虢王을 이어받았으며, 巨는 곧 邕의 둘째 아들이다. … 巨의 어머니는 扶餘氏로 吉溫의 嫡母의 여동생으로 … [58]

위의 사료에 따르면 이거는 이옹의 둘째 아들임에도 봉작을 이어받은 것을 보아 첫째 아들(嫡子)는 사망했거나 어머니의 사건으로 봉작을 받지 못하는 상황이었던 것으로 생각된다. 그리고 위 사료를 통해 이거의 어머니인 부여씨에게 언니가 있었으며 그녀는 吉溫의 아버지인 吉琚와 혼인하였음을 알 수 있다. 다만 사괵왕비 부여씨의 자매가 길온의 '嫡母'라고 표현하고 있으므로, 그녀가 길온의 친모는 아니었던 것으로 보인다. 吉琚는 正4品上 天官侍郎인[59] 吉頊의 동생으로만 기록에 남아 있다.[60] 吉頊과 吉溫은 모두 『舊唐書』 酷吏列傳에 입전되어 있으며, 각각 측천무후와 현종의 측근으로 당 정계의 핵심적인 인물이었다.

부여풍의 딸은 가장 최근에 그 존재가 알려진 인물이다. 2021년 중국 학계에 조인본과 그의 부인인 부여씨의 합장 묘지가 소개되었고, 국내에는 2022년에 알려졌다. 묘지에서는 부여씨 부인을 의자왕의 손녀이

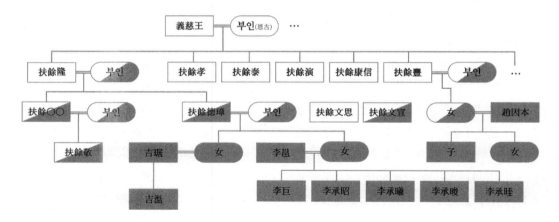

그림 7. 在唐 의자왕 후손들

---

57) 고조 이연의 열다섯 번째 아들이라고도 한다(『舊唐書』 卷64, 列傳14 高祖二十二子 虢王鳳, "虢王鳳 高祖第十五子也."). 그런데 여기서 고조의 아들 22명 중에는 太宗 李世民이 빠져 있고, 長子 李建成 다음으로 三子 衛王 李玄霸가 기록되고 있다. 李世民이 빠져 있는 상태에서 鳳은 14째이므로, 실제로 李世民을 포함한 고조의 아들들 중에서는 15째가 된다.

58) 『舊唐書』 卷112, 列傳62 李巨, "李巨 曾祖父虢王鳳 高祖之第十四子也. 鳳孫邕 嗣虢王 巨即邕之第二子也. … 巨母扶餘氏 吉溫嫡母之妹也 …"

59) 吏部侍郎. 光宅元年(684)에 吏部侍郎을 天官侍郎으로 개칭하였다가 神龍 연간에 원래대로 되돌렸다(김택민 주편, 2003, 『譯註 唐六典 上』, 신서원, pp.149-153).

60) 『舊唐書』 卷186下, 列傳136下 酷吏下 吉溫, "吉溫 天官侍郎頊弟琚之孽子也."

자 부여풍의 딸로 기록하고 있다.[61] 묘지에 따르면 부여풍의 딸은 729년 83세의 나이로 사망하였으므로 647년에 태어난 것이 되며, 조인본은 690년 63세의 나이로 사망하였으므로 628년에 태어났다. 따라서 두 사람 간의 나이 차는 19년에 달하는데, 그것이 조인본과 부여씨부인 사이의 자녀로는 嗣子 1명과 딸 1명만이 언급된[62] 까닭일지도 모르겠다.

사괵왕비 부여씨는 660년 의자왕 일가가 당으로 이주하고 30년 후에 태어났다. 이는 적어도 그녀의 생모와 부여덕장이 당에서 혼인했음을 의미한다.[63] 그러나 그것이 사괵왕비 부여씨의 생모가 당인임을 의미하지는 않는데, 660년 같이 당으로 온 백제 유민이거나 그 후손이었을 가능성도 배제할 수 없기 때문이다. 실제로 당에서 정착한 백제 유민들 사이의 혼인이 이루어진 사례가 확인된다. 바로 흑치상지의 中女와 勿部珣 간의 혼인이다.[64] 두 사람의 혼인은 「大唐勿部將軍功德記」(이하 「功德記」)에서 물부순과 함께 706년 천룡산에 방문한 낙랑군부인이 黑齒氏 大將軍 燕國公의 中女라고 서술하고 있는 것을 통해 확인되었다. 「功德記」에는 부부의 관직을 지닌 아들들과 사위들의 이름이 기록되어 있다. 이는 곧 706년에 두 사람 사이에는 장성한 아들, 딸이 있었다는 것을 의미하며, 두 사람은 680년 전후에는 혼인한 상태였을 것이다. 그런데 흑치상지는 당에 온 663년에 34세다. 흑치상지의 부인에 대해서는 알려진 바가 없지만, 그가 일찍 혼인하여 자녀를 두었다 해도 그 자녀들이 660년 이전에 혼인연령에 도달했을 가능성은 낮다.[65] 따라서 그의 中女와[66] 물부순 간의 혼인은 당으로 온 이후에 이루어졌다고 보아야 할 것이다.[67]

---

61) 「趙因本扶餘氏夫人墓誌」, "夫人扶餘氏皇朝帶方王義慈之孫帶方太子豊之▨ ▨▨其順 婺降其華 四德有聞 三星在候 暉暎閭里 言歸我公 亦既有 …"

62) 이 묘지는 그 구성이 조금 독특한데, 부여씨부인이 사망한 후 그 장례를 주도한 딸 천수군부인에 관한 서술이 긴 편이다. 그 배경을 부부의 嗣子가 부여씨부인보다 먼저 세상을 떠났고 부여씨부인의 장례와 부부의 합장, 묘지의 제작을 딸 천수군 부인이 주도했기 때문으로 보기도 한다(장병진, 2022, 「백제 부여풍 후손의 행적에 관한 새 자료-조인본, 부여씨 부부의 묘지명」, 『역사와 현실』 123, p.238).

63) 부여덕장이 백제에서 혼인한 부인이 함께 당으로 왔다고 할지라도 여성의 가임기를 고려하면 690년에 사괵왕비 부여씨를 낳는 것은 불가능하다고 보아야 한다. 660년 이전에 혼인했다면 690년에는 나이가 적어도 45세 이상이었을 것이기 때문이다.

64) 물부순에 관한 정보는 「大唐勿部將軍功德記」에 전한다. 비에서는 물부순의 내력을 '本枝東海'라고 기록하고 있다. 이때 東海는 한국(Marylin M. Rhie 著/文明大 譯, 1980, 「天龍山 第21石窟과 唐代碑銘의 硏究」, 『佛敎美術』 5), 동방(송기호, 1992, 「珣將軍功德記」, 『譯註韓國古代金石文 1 고구려·백제·낙랑』, 駕洛國史蹟開發硏究院), 일본(윤용구, 2003, 「중국출토의 韓國古代 遺民 資料 몇 가지」, 『한국고대사연구』 32; 윤선태, 2008, 「珣將軍功德記」, 『百濟史資料譯註集 韓國篇』) 등으로 추정되었는데, 그의 성씨가 '勿部'라는 점을 고려하면 물부순은 일본 출신일 가능성이 높다. 일본 출신인 그가 당으로 오게 된 계기에 대해서는 그가 백제에 거주하고 있던 왜계 백제 관료였으며 660년에 소정방에 의해 당으로 오게 되었다고 보거나(윤용구, 2003, 앞의 논문), 백제부흥운동을 지원하러 왔던 왜군의 장수였으며 백제부흥운동을 진압한 당군에게 항복했거나 혹은 사로잡혀 당으로 오게 되었다고 보기도 한다(박지현, 2024, 앞의 논문, pp.95-97).

65) 唐代에 남성들은 대체로 20세의 성인이 되어 혼인하는 경우가 많았고, 여성의 경우 14~19세 사이에 혼인한 경우가 많았다고 한다(김수진, 2022b, 앞의 논문, p.330)

66) 이때 中女의 의미를 딸 셋 중의 중간(上-中-下)로 보고 흑치준을 포함한 흑치상지의 자녀가 1남 3녀일 것으로 보기도 하였다(바이건싱 지음/구난희·김진광 옮김, 2019, 『당으로 간 고구려·백제인』, 한국학중앙연구원출판부, p.208). 적어도 中女라는 표현은 그녀보다 먼저 태어난 여자 형제가 있었다는 사실을 알려준다는 점에서 흑치상지가 入唐하던 663년에 그녀의 나이가 혼인연령에 도달할 정도는 아니었다는 추론을 뒷받침한다.

최근 「功德記」에서 주목되었던 부분은 물부순과 흑치부인의 사위에 대해 서술한 부분이다. 비문 마지막 부분에 보이는 '彌義'로 읽어왔던 그의 이름을 '禰義'로 읽을 수 있다는 견해가 제기되면서 그가 660년 당에 항복한 禰氏 일가의 후손이었을 가능성이 함께 언급된 것이다.[68]

표 4. 「大唐勿部將軍功德記」의 글자 비교표

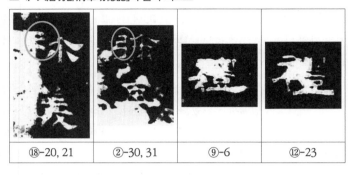

| ⑱-20, 21 | ②-30, 31 | ⑨-6 | ⑫-23 |

「功德記」의 다른 곳에 보이는 '弥'의 자형과 비교하면 사위의 姓에 해당하는 18행 20번째 글자의 부수는 '弓'과는 다른 모양으로 보인다. 「功德記」에는 '示'를 부수로 하는 '禮'로 읽는 글자가 두 곳에 있는데, 현재 탁본상 해당 글자가 선명하게 보이지 않아서 직접적으로 비교하기는 어렵다. 또한 사위의 이름이 '禰義'일지라도, 後漢시기 禰衡이라는 인물이 있으므로 禰義가 백제 유민과는 관련이 없는 唐人이었을 수 있다는 점도 고려해야 한다.

그러나 당에 정착해야 했던 백제 유민들의 상황을 고려한다면 물부순과 흑치부인이 백제 예씨 일가의 일원을 사위로 맞아들였을 가능성도 충분하다. 그 배경으로는 먼저 이제 막 당에 정착한 백제 유민들이 적절한 혼인 상대를 구하기가 쉽지 않았으리라는 점을 들 수 있다. 백제 유민들이 여타의 당인 관인들에 대해 비교우위를 얻을 수 있는 요인은 거의 없었다. 반대로 언어, 생활습관, 문화 등 양가의 결합을 저해하는 장애물은 다수 존재했다. 즉 외부인이었던 백제 유민들이 입당 직후 당의 관인과 혼인으로 맺어지기에는 어려운 환경이었다.

이러한 환경은 백제 유민들로 하여금 그들 내부에서 혼인상대를 찾게 하였다. 사회적 지지기반이 전무했던 백제 유민들에게 혼인은 세력을 형성할 수 있는 중요한 방법 중 하나였다. 혼인은 양 집안이 각각 지니고 있던 인맥을 하나로 합치는 효과를 가져온다. 따라서 당인 관료 집안과의 혼인은 그들이 확보하고 있던 인적 기반을 백제 유민도 누릴 수 있게 한다는 점에서 당 사회에서 가장 빠르게 지지기반을 형성할 수 있는 수단이었다. 그러나 그것이 거의 불가능했던 백제 유민들은 서로 간의 혼인을 고려할 수밖에 없었다.

그러나 이러한 혼인 경향성은 오래 지속되지 않았던 것으로 보인다. 당의 관인으로 안정적으로 정착하고 당에서의 생활에 적응하면서 백제 유민과 그 후손들은 거의 당인과 같은 면모를 지니게 되었다. 당에서 태어나 성장하면서 당의 문화와 관습, 언어를 체득한 백제 유민의 후손들은 당인과 구분되지 않았으며, 법

---

67) 흑치부인의 나이에 대해서 707년에 중년이었을 것으로 추정하기도 하였다(박현규, 2000, 「天龍山石窟 제15굴 勿部珣將軍功德記」, 『서강인문논총』 25, pp.53-54).

68) 李成市, 2013, 「天龍山勿部珣功德記にみる東アジアにおける移動」, 『仏教文明と世俗秩序 : 国家・社会・聖地の形成』, 勉誠出版, pp.251-253; 박초롱, 2019, 「禰氏一族의 백제 이주와 성장」, 『목간과 문자』 23, pp.130-132; 王连龙, 2019, 「《大唐勿部将军功德记》研究」, 『社会科学战线』 2019-10, p.124 및 p.131

적으로도 당인과 동일한 위치에 서게 되었다.[69] 이에 정치적 입지가 더해지면서 入唐 당사자였던 그들의 선대와는 달리 당의 관인 집안과 結緣하는 사례가 늘어나게 되었을 것으로 생각된다.

「難元慶墓誌」에 따르면 그의 부인인 丹徒縣君 甘氏는 左玉鈐衛大將軍 甘羅의 장녀로, 734년 5월에 67세의 나이로 사망하였다고 한다. 甘氏는 일찍부터 중국 역사상에 보이는데,[70] 잘 알려진 인물로는 吳 孫權의 휘하에 있던 甘寧이 있다. 甘羅에 대한 자세한 정보는 알 수 없지만 현재로서는 그와 백제 유민 사이에는 어떤 접점이 발견되지는 않는다. 따라서 난원경과 감씨부인의 혼인은 여타의 당인 관료 집안에서처럼 중매를 통해 양가의 정략적인 이해관계를 고려하여 진행되었던 것으로 보인다.

예인수의 혼인도 이러한 추정을 뒷받침한다. 예인수는 675년에 출생하였으므로 그 역시 사괵왕비 부여씨나 난원경과 마찬가지로 당인으로서 성장하였을 것이다.[71] 예인수의 부인은 河南 若干氏로, 綏州刺史 祁陀의 딸이었다. 若干氏는 北魏 神元帝 때 다른 部의 여러 姓과 함께 內地로 들어온 姓으로, 북방 유목민족에서 비롯한다.[72] 若干氏 부인의 집안이 언제 내지로 이주하였는지는 알 수 없지만 적어도 예인수의 혼인 상대가 백제 유민 후손을 벗어난 범주였다는 점은 분명하다. 앞서 살펴본 부여융의 손녀들도 당에서 태어나 성장하여 당인과 혼인하였다.[73]

백제 유민 후손들의 혼인 범위가 점차 확장되었던 배경으로는 혼인 적령기의 男女가 절대적으로 부족했다는 점도 지적할 수 있다. 당에서는 일부 친족 범위에서는 혼인이 금지되었다. 『唐律疏議』에는 同姓 및 服制를 기준으로 혼인이 불가한 범위를 규정하고 있다.[74] 흑치상지의 中女와 물부순이 혼인하고, 그 사이에서 태어난 딸과 禰義가 혼인하면서 흑치씨와 물부씨, 예씨는 姻戚 관계로 맺어졌다. 이로써 이후 이들 세 집안 사이에서 혼인이 이루어지기는 쉽지 않았다.[75] 또한 이미 결속이 이루어졌으므로 이들 집안 사이에서 다시 혼인관계를 형성하는 것은 정치·사회적 기반을 확장시키는데 효과적이지 않았다. 그리고 백제 유민들은

---

69) 당에서는 경내로 들어온 內附者들에게 세금 혜택을 주었다. 이는 경제적 기반이 없던 이들의 안정적 정착을 위한 조처로 보인다(이기천, 2019, 「唐 前期 境內 異民族 支配 硏究」, 서울대학교 대학원 박사학위논문, p.91). 그러나 내부한 뒤에 낳은 자식은 곧바로 백성과 같게 하고 蕃胡로 대해서는 안된다고 규정하고 있다(石見淸裕, 1998, 「唐の內附異民族對象規定」, 『唐の北方文帝と國際秩序』, 汲古書院).

70) 甘氏는 夏 시기의 侯國이었는데 甘伯(周), 甘茂·甘羅(秦) 등이 확인된다(慕容翊 編撰, 1985, 『中國古今姓氏辭典』, 黑龍江人民出版社, p.57).

71) 예소사의 부인, 즉 예인수의 어머니에 대한 정보는 확인되지 않는다. 만약 그의 어머니가 백제와 무관한 당인 여성이었다면 예인수는 당인으로서의 문화적 습성을 더욱 많이 지니고 있었을 것이다.

72) 慕容翊 編撰, 1985, 앞의 책, p.170; 충청남도역사문화연구원 편, 2016, 『중국 출토 百濟人 墓誌 集成 원문역주편』, 충청남도역사문화연구원, p.259

73) 그녀들의 혼인에는 백제 왕족의 후손이라는 신분적 배경이 작용했을 가능성도 있다. 당시 당 경내에 들어와 있던 이민족 번장의 후손들 중에는 당 황실과 혼인한 사례가 종종 보인다. 契苾何力은 宗室女인 臨洮縣主와 혼인하였고, 그의 아들인 契苾明 역시 황족 李神通의 손녀와 혼인했다(마치, 2011, 『唐代蕃將』, 三秦出版社, p.169).

74) 『唐律疏議』182條 戶婚33 同姓爲婚; 183條 戶婚34 嘗爲祖免妻而嫁娶 등.

75) 규정을 살펴보면 혼인 금지 대상의 범위가 袒免親, 緦麻親, 小功親으로 상당히 넓다. 부계 친족에 대해서 더욱 엄격하게 규정되어 있지만 姻戚과 外戚 중에서도 혼인이 불가한 상대가 존재하였으므로, 혼인이 중첩될수록 혼인이 가능한 상대는 계속 줄어들 수밖에 없었을 것이다.

660년에서 672년 사이 단기간에만 당에 유입되었으므로[76] 혼인 상대를 백제 유민과 그 후손들 중에서만 선택하는 것은 갈수록 어려워졌고, 얻을 수 있는 실익도 점차 줄어들었다.

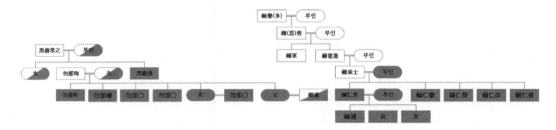

그림 8. 黑齒-勿部-禰씨의 결합

고구려 유민들은 어떠했을까. 먼저 보장왕의 딸과 천(현)은의 혼인을 보자. 보장왕의 딸과 천(현)은은 모두 당에서 태어났다. 보장왕은 당에 온 후 혼인한 부인에게서 딸을 얻었고, 천헌성은 고구려에서 태어나 성장기를 보낸 후 당으로 와서 혼인하여 천(현)은을 비롯하여 3명의 아들을 얻었다. 보장왕 딸의 생모와 천헌성의 부인(천헌은의 생모)은 함께 고구려로 온 유민이었을지, 아니면 그 이전에 당에 와서 살고 있었던 고구려인인지, 아니면 당인인지 알 수 없다. 그러나 보장왕 딸과 천(현)은은 당에서 태어나 성장기를 보냈으므로, 사괵왕비 부여씨나 예인수와 같은 문화적 배경을 갖고 있었다고 생각된다. 이 두 사람의 혼인이 무주 정권에 의해 주도되었다고 보는 견해도 있다.[77] 이들 사이에서 태어난 천비는 태원군공 왕위의 딸과 혼인하였다. 그리고 보장왕의 손자였던 고진은 眞定 侯氏와 혼인하여 자녀를 두었다. 넷째 딸은 慈丘縣令 邵公과 결혼하여 아들 다섯 명을 낳았다.

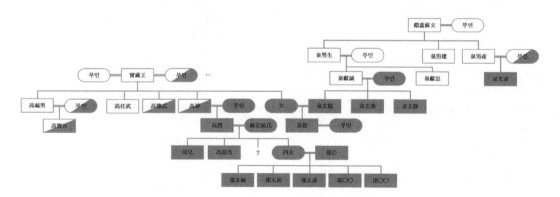

그림 9. 고구려 왕족과 泉(淵)씨의 결합

---

76) 사비에 있던 웅진도독부가 폐치되는 시점을 하한으로 설정하였다.
77) 김수진, 2022b, 앞의 논문, pp.329-333

보장왕의 딸은 682년 이전에 태어나 같은 고구려계인 천(현)은과 혼인하였고, 손자였던 고진은 701년에 태어나 당인과 혼인하였다. 아버지 대에 당으로 온 것으로 추정되는 고흠덕은 677년에 태어나 733년에 57세의 나이로 사망하였는데, 부인으로 太原 王氏와 河南 程氏를 두었으며 高崇節과 高遠望을 얻었다(「高欽德墓誌」,「高遠望墓誌」).[78] 고원망이 697년에 태어났고 천비가 708년에 태어났으므로 고흠덕과 태원 왕씨·하남 정씨, 천(현)은과 보장왕 딸의 혼인 시점은 엇비슷했을 것으로 생각된다. 그러나 한쪽은 고구려계와 당인, 다른 한쪽은 고구려계와 고구려계가 맺어진 혼인이었다.[79]

백제 유민과 고구려 유민의 혼인을 직접적으로 비교하기는 어렵다. 앞서 언급했듯이 백제 유민은 같은 백제계 중에서 혼인할 수 있는 상대가 절대적으로 부족했다. 그러나 고구려 유민의 경우 이전부터 당에 들어와 있던 고구려인이 있었고, 고구려 멸망 이후에도 요동 등지에서 고구려계 사람들이 계속 유입될 수 있는 여지도 있었다. 즉 같은 고구려계 중에서 혼인 상대자를 찾는 것이 백제 유민에 비해 상대적으로 수월했을 것이다. 다만 같은 고구려계와의 혼인이 선호되었을지는 알 수 없다. 앞서 언급했듯이 혼인은 정치·사회적 기반을 형성하는 중요한 수단 중 하나였으므로, 점차 혼인관계의 폭을 확대하는 것이 유리했을 것이기 때문이다.

또한 고구려 유민의 묘지가 백제 유민의 그것에 비해 많이 발견되었기는 하지만, 고구려 유민 간의 혼인이라고 볼 수 있는 사례는 거의 없다. 가능성이 있는 것은 고제석의 경우인데, 그녀의 묘지에 그녀의 남편이 '泉府君'으로 기록되어 있기 때문이다. 고제석은 649년에 태어났는데, 부친 고문협은 정관 연간에 당으로 귀순했다. 태종이 649년에 사망했으므로, 고제석은 고문협이 당에 귀순한 후에 태어난 것이 된다. 묘지에 따르면 그녀는 26세의 나이로 결혼했으나(675년) 얼마 지나지 않아 곧바로 사망했다. 만약 그녀의 남편인 천부군이 연개소문의 후손이라면 그녀는 당에서 태어나 668년 이후 입당한 고구려 유민과 혼인한 사례가 될 것이다.

IV. 맺음말

이상에서 660년 이후 入唐한 백제 유민의 가족관계를 고구려 유민의 사례와 비교하면서 살펴보았다. 백제 유민이 당에 정착하던 초기에는 위태로운 唐內 입지와 문화적 차이로 인해 당인과의 혼인은 잘 이루어지지 않았고, 동질성이 강하고 정치기반의 필요성이라는 서로의 조건이 일치했던 백제 유민들 사이에서 혼인이 성사되었다. 그러다 시간이 흐르면서 백제 유민들이 당 사회에 적응, 동화되기 시작하고 정치적 지위

---

78) 또 다른 고구려 유민 묘지인 「高遠望墓誌」에서는 고회-고천-고흠덕-고원망으로 이어지는 가계를 서술하고 있다. 이를 종합하면 고흠덕은 숭절과 원망이라는 아들 둘을 두었던 것으로 보인다. 그런데 「고원망묘지」에서는 고원망이 고흠덕의 장자라고 하였는데, 「고흠덕묘지」에서는 고숭절을 嗣子로 표현하고 있어 주의를 요한다.

79) 무주 정권에 의해 주도된 혼인이었기 때문일까.

도 상승한 이들이 나타나기 시작했다. 이들은 새로운 동맹자를 찾아 백제 유민 외부에서 혼인 상대를 물색하였다. 내부에서 혼인함으로써 서로가 서로의 姻戚이 되어 더 이상의 혼인이 어려워지고 기반 형성에 기여하는 측면도 약화되자 백제 유민 간의 혼인은 사라져 갔다고 생각된다. 백제 유민과 唐人이 혼인하여 낳은 자녀들은 문화적·종족적 속성이 부모 양쪽에 속한다. 그러나 순수한 백제 유민이 더 이상 당 사회에 유입될 수 없기에 세대를 거쳐 계속 당인 배우자를 맞이하게 되므로[80] 이들은 점차 백제인으로서의 문화적·종족적 속성을 상실해 갔다.[81] 모국인 백제가 이미 소멸했다는 점도 백제인으로서의 속성을 유지하기 어렵게 하는 요인이었다. 따라서 백제 유민의 후손들은 점차 당인으로 변모하여 당 사회에 동화되어 갔다고 생각된다. 다만 당인들의 백제 유민들에 대한 인식, 이민족과의 혼인에 대한 사회의 태도가 혼인의 성사 여부에 영향을 주었을 가능성도 함께 고려해야 한다. 선대가 백제인, 즉 이민족이라는 출신 배경이 백제 유민 후손들의 운신의 폭을 좁혔을 가능성이 충분하기 때문이다. 다만 이 글은 백제 유민과 그 후손들의 혼인 양상의 변화와 이에 따른 백제 유민 사회 구성원의 변화에 초점을 맞추고 있으므로, 이민족에 대한 당 사회의 인식 문제는 추후에 별고를 통해 다루고자 한다.

| 투고일: 2024.11.09. | 심사개시일: 2024.11.27. | 심사완료일: 2024.12.09. |

---

80) 马馳, 2011, 앞의 책, p.175

81) 입당 당사자가 아닌, 당에서 태어난 백제 유민의 후손들에게 자신들이 백제인이라는 의식이 있었는지에 대해서는 단정지어 말하기는 어렵다. 선대의 묘지를 작성한 후손들이 선대가 백제 출신임을 묘지에 기록하고 있는 것은 그들이 백제인이라는 의식이 있었기 때문이라기보다는 백제인이었던 선대의 입당 과정을 서술하는 것이 자신들의 출세에 유리했기 때문이었을 것으로 생각되기 때문이다(박지현, 2024, 「墓誌에 기록된 百濟 遺民의 入唐 관련 서술에 대한 검토」, 『中央史論』 61). 물론 이것만으로 백제인으로서의 정체성 문제를 판단하기는 어려우므로 추후 별도의 논고에서 다룰 기회가 있기를 기대한다.

김택민 주편, 2003, 『譯註 唐六典 上』, 신서원.

바이건싱 지음, 구난희·김진광 옮김, 2019, 『당으로 간 고구려·백제인』, 한국학중앙연구원출판부.

윤인진, 2004, 『코리안 디아스포라』, 고려대학교출판부.

충청남도역사문화연구원 편, 2016, 『중국 출토 百濟人 墓誌 集成 원문역주편』, 충청남도역사문화연구원.

马驰, 2011, 『唐代蕃将』, 三秦出版社.

慕容翊 編撰, 1985, 『中國古今姓氏辭典』, 黑龍江人民出版社.

김수진, 2017, 「唐京 高句麗 遺民 研究」, 서울대학교 대학원 박사학위논문.

김수진, 2022a, 「泉毖의 장인, 太原公 王暐의 출자에 대한 새로운 이해」, 『고구려발해연구』 74.

김수진, 2022b, 「8세기 전반 泉氏 가문의 정치·사회적 復元과 婚姻」, 『규장각』 61.

김영관, 2009a, 「高句麗 遺民 高鐃苗 墓誌 檢討」, 『한국고대사연구』 56.

김영관, 2009b, 「百濟 義慈王 曾孫女 太妃 扶餘氏 墓誌」, 『백제학보』 창간호.

김영관, 2012, 「中國 發見 百濟 遺民 祢氏 家族 墓誌銘 檢討」, 『新羅史學報』 24.

Marylin M. Rhie 著/文明大 譯, 1980 「天龍山 第21石窟과 唐代碑銘의 研究」, 『佛教美術』 5, 동국대학교 박물관.

박순발, 2013, 「連雲港 封土石室墓의 歷史 性格」, 『백제연구』 57.

박지현, 2013, 「熊津都督府의 성립과 운영」, 『한국사론』 59.

박지현, 2024, 「唐·日本의 百濟 遺民 비교 연구」, 서울대학교 대학원 박사학위논문.

박지현, 2024, 「墓誌에 기록된 百濟 遺民의 入唐 관련 서술에 대한 검토」, 『中央史論』 61.

박초롱, 2019, 「禰氏一族의 백제 이주와 성장」, 『목간과 문자』 23.

박현규, 2000, 「天龍山石窟 제15굴 勿部珣將軍功德記」, 『서강인문논총』 25.

송기호, 1992, 「珣將軍功德記」, 『譯註韓國古代金石文 1 고구려·백제·낙랑』, 駕洛國史蹟開發研究院.

송기호, 2007, 「고구려 유민 고씨부인 묘지명」, 『한국사론』 53.

윤선태, 2008, 「珣將軍功德記」, 『百濟史資料譯註集 韓國篇』, 충청남도역사문화연구원.

윤용구, 2003, 「중국출토의 韓國古代 遺民資料 몇 가지」, 『한국고대사연구』 32, 한국고대사학회.

이문기, 2002, 「고구려 보장왕 증손녀 고씨부인묘지의 검토」, 『역사교육논집』 29.

장병진, 2022, 「백제 부여풍 후손의 행적에 관한 새 자료-조인본, 부여씨 부부의 묘지명」, 『역사와 현실』 123.

정병준, 2023, 「唐代 嗣虢王 李邕과 王妃 夫餘氏」, 『중국사연구』 145.

최상기, 2016, 「백제 멸망 이후 예씨(禰氏) 일족의 위상-묘지명(墓誌銘)과 관련 문헌의 종합적 검토를 통해」, 『역사와 현실』 101.

王连龙, 2019, 「『大唐勿部将军功德记』研究」, 『社会科学战线』 2019-10.
石見清裕, 2015, 「唐代墓誌の古典引用をめぐって」, 『中國古典研究』 57, 中國古典研究會.
石見清裕, 1998, 「唐の內附異民族對象規定」, 『唐の北方文帝と國際秩序』, 汲古書院.
李成市, 2013, 「天龍山勿部珣功德記にみる東アジアにおける移動」, 『仏教文明と世俗秩序：国家·社会·聖地の形成』, 勉誠出版.

〈Abstract〉

A Study on Marriages and Family Members of Baekje Refugee in Tang China
- comparing with Goguryeo Refugee -

PARK, Jihyun

This article examines the changes in family composition due to marriages between Baekje refugees and their descendants who entered Tang after 660, compared to the case of Goguryeo refugees. The contents of the epitaph left by the refugees were used as data. In the early days when Baekje refugees settled in Tang, marriages with Tang people were not common due to their precarious position in Tang and cultural differences. Instead, marriages took place among Baekje refugees who had strong homogeneity and shared the same conditions of needing a political base. However, marriages among Baekje refugees did not last long. Since the influx of Baekje refugees into Tang was a temporary phenomenon that occurred immediately after the fall of Baekje, Baekje refugees gradually became each other's in-laws. This also meant that social foundations could no longer be developed through marriages among Baekje refugees. Therefore, descendants of Baekje refugees gradually began to marry Tang people. The children born between Baekje refugee(or their descendant) and Tang people had cultural and ethnic characteristics belonging to both parents, but as they continued to intermarry with Tang people over the generations, their cultural and ethnic characteristics as Baekje people faded. The disappearance of their homeland, Baekje, was also a factor that made it difficult to maintain their characteristics as Baekje people. Therefore, it is thought that the descendants of Baekje refugees gradually transformed into Tang people and assimilated into Tang society.

▶ Key words: Baekje Refugee, Goguryeo Refugee, Epitaph Text, Marriage, Family Composition, Assimilation

논 문

신라의 군사 관련 令 조문 복원

- 병력 규모에 따른 지휘관 배치에 대한 규정을 대상으로 -

최상기*

〈국문초록〉

신라의 율령은 제정 이후 필요한 부분만 변경, 집성하는 방식으로 정비가 이루어졌다. 군사력 운용과 관련된 규정도 이러한 방식에 힘입어, 긴박해지는 7세기의 국제 정세에 대응한다는 취지 아래 唐令의 형식에 따라 신라의 고유한 용어를 사용해 조문이 수정되었다고 여겨진다. 한편 일본의 「大寶軍防令」과 「養老軍防令」은 唐의 군방령만 전범으로 삼았다는 인식이 일반적이었다. 그러나 『淨御原令』과 『大寶律令』을 편찬하던 7세기 후반에 일본과 당의 관계는 단절되었고, 당령의 해석과 적용에 필요한 기술과 정보는 신라로부터 전해졌다. 또한 『養老令』은 『大寶令』을 거의 그대로 계승했으므로, 「養老軍防令」에 나타나는 당령과의 차이 중 상당수는 『淨御原令』 편찬 단계에서 신라 영의 영향을 받은 결과라고 할 수 있다. 따라서 「養老軍防令」과 당 군방령을 비교해 도출한 차이점을 신라의 사례와 함께 검토함으로써, 신라의 군사 관련 令 조문을 복원할 수 있다. 지휘부의 구성 방식을 제시한 당 군방령과 「養老軍防令」의 조문을 비교하면, 전자가 사무 관인의 정원과 두 구간으로 구분한 병력 규모를 서술한 반면, 후자는 지휘관 전체의 정원을 규정하고 병력 규모도 세 구간으로 나눴다. 특히 중국에서 사례를 찾기 어려운 副將軍이 「養老軍防令」의 조문에 사용되었는데, 이는 신라에서 문헌은 물론 「慶州 興德王陵 碑片」에서도 확인할 수 있다. 신라의 부장군은 1개 부대의 책임자인 장군을 보좌하는 지위이자 군사제도에서 공식적으로 사용하는 용어로서 일본에 도입되었다고 추정된다. 아울러 3개의 부대를 함께 투입할 경우 이들을 총괄하는 大將軍을 배치한다는 「養老軍防令」 조문의 실제 사례도 신라에서 확인할 수 있다. 「養老軍防令」은 당령과 달리 3천 명 이상 5천 명 미만의 병력 규모

* 충북대학교 역사교육과 교수

구간을 추가했다. 이는 일본에서 독립적으로 전쟁을 수행할 수 있는 최소 규모가 3천 명이었음을 의미하는데, 신라에서도 3천 명은 중요하게 취급된 단위였다. 병력 규모가 확인되는 기사에서 신라군 3천 명의 출진 사례가 가장 큰 비중을 차지하며, 6세기 중반 三千幢의 설치는 이 무렵부터 신라군이 3천 명을 기준으로 규격화되었음을 보여준다. 특히 「高仙寺 誓幢和尙碑」의 音里火三千幢主는 하대까지 3천 명이라는 단위가 갖는 중요성이 사라지지 않았음을 보여준다. 또한 신라는 3천 명 외에 1만 혹은 5천 명을 편성 단위로 사용했고, 1개 부대의 내부를 1천 명 단위로 구성했다. 이상의 내용을 토대로 지휘부 구성에 대한 신라의 令 조문을 '凡將帥出征 兵滿一萬人以上 將軍一人 副將軍二人 (大官大監)(二人) … (五千人以上 減 …) 三千人以上 減 … 各爲一軍 每惣三軍 大將軍一人'으로 복원했다.

▶ 핵심어: 군사제도, 律令, 軍防令, 副將軍, 大將軍, 병력 규모, 三千幢

I. 머리말

동서고금을 막론하고 사회의 규정은 구성원이 사고와 행동을 결정할 때 고려하는 기준으로 작용한다. 律令은 전근대 동아시아 사회의 대표적인 公的 규정으로, 그 제정부터 운용까지 전체 체계가 형성되면서 국가 운영의 기본적인 틀로 자리 잡았다. 특히 한국의 고대국가에서 율령은 국왕 중심의 일원적인 지배체제를 정비할 때 핵심적인 수단이 되었으므로, 중등 역사교육에서도 율령의 반포와 의의는 중요하게 다뤄지고 있다.

다만 한국 고대의 율령 중 온전한 형태로 전해지는 조문이 단 하나도 없고, 문헌 및 일부 문자 자료를 통해 율령의 반포 사실과 소수의 용어를 확인할 수 있을 뿐이라는 점은 연구의 진전을 방해하는 근본적인 한계다. 이로 인해 한국 고대사에서는 율령의 구체적인 내용을 연구 대상으로 삼는 대신, 고대 각국이 율령을 수용한 경로와 조문을 제정하는 방식의 규명에 집중하는 경향이 상대적으로 강하다.[1] 물론 사료에 남아 있는 흔적과 주변국의 사례를 활용해 한국 고대의 율령을 복원하려는 시도 역시 일각에서 이어지고 있다.[2] 이는 연구 기반의 확대라는 점에서 큰 의의가 있지만, 율령 체계의 유통과 관련된 국제 관계에 대해서는 추가적인 검토가 필요하다고 생각한다. 문물과 정보의 이동 배경이 되는 국제 관계는 주변국의 율령을 이용하는 정도를 결정하는 근거가 되기 때문이다.

---

[1] 대표적인 연구 성과로 김창석, 2010, 「신라 法制의 형성 과정과 율령의 성격 - 포항 중성리신라비의 검토를 중심으로 -」, 『한국고대사연구』 58, 한국고대사학회; 홍승우, 2011, 「韓國 古代 律令의 性格」, 서울대학교 국사학과 박사학위논문; 정병준, 2015, 「韓國 古代 律令 硏究를 위한 몇 가지 提言 - 近來의 '敎令制說'을 중심으로 -」, 『동국사학』 59, 동국대학교 동국역사문화연구소; 한영화, 2018, 「신라 상대의 王命과 "國法"의 성립 과정」, 『역사와 담론』 85, 호서사학회 등을 들 수 있다.

[2] 최근에 중국 왕조와 고대 일본의 學令을 비교 검토함으로써 신라의 학령을 복원(재현)하려는 시도가 있었다(정호섭, 2020, 「신라 영(令)의 편목(篇目)과 학령(學令)의 재현」, 『한국사연구』 191, 한국사연구회).

한편 고대국가의 지배체제가 정비되는 와중에 군사 분야에서도 다양한 규정이 마련되었을 것이다. 급변하는 전쟁 상황에 대응하기 위해서는 현장에서의 임기응변도 중요하지만, 유사시 신속하고 정확하게 군사력을 운용하기 위한 규정이 사전에 제도화되었음을 간과하면 안 된다. 군사제도를 국가의 안전 보장을 주임무로 하는 제도로서 합법적인 권위 및 軍令權과 軍政權을 가지고 군인을 조직, 편성, 동원해 이들을 교육, 훈련하고 작전을 관리하는 체계라고 정의할 때,[3] 군사제도로 분류할 수 있는 규정이 율령의 일부로 제정되었음은 분명하다.

지금까지 신라의 군사제도에 관한 연구는 대부분 『三國史記』 職官志 武官條(이하 무관조라고 칭함)에 근거했고, 신라의 정치체제 및 지방제도와 결합해 많은 성과를 거두었다. 그러나 이와 별개로 무관조에 서술된 軍官 관련 내용이 국가 규정의 어떤 영역에 속했을지 고려할 필요가 있다. 실체가 어느 정도 확인되는 唐과 고대 日本의 율령에서 군사 조직의 편성과 유지 방식을 비롯해, 전쟁을 치르는 데 필요한 다양한 절차를 규정한 편목이 軍防令이다.[4] 그런데 신라의 율령이 주변국의 그것과 동일했다고 단정할 수 없지만, 무관조를 통해 알 수 있는 군관의 명칭과 관등의 범위, 일부 의장 등은 職員令, 官品令(官位令), 衣服令에서 다루는 대상이다. 즉, 무관조의 내용은 군사와 관련되었지만 일반 행정제도에 속한 것으로 군사제도 자체와는 거리가 있으므로,[5] 이것만으로 신라의 군사력 운용 방식을 파악하기에는 한계가 있다.

선행 연구는 무관조에 제시된 將軍 등 군관의 명칭이 신라의 군방령에 사용되었다고 인정하는 선에 머물렀다.[6] 이와 관련해 당과 고대 일본의 군방령에서는 각급 군관으로 조직된 지휘 계통에 대한 조문을 확인할 수 있다. 군사력의 규모에 따라 통솔에 적합하도록 지휘부를 차등적으로 구성해야 한다는 관념은 일찍부터 등장했을 것이다.[7] 물리적으로 개인이 통제할 수 있는 인력의 범위에는 한계가 있기 때문이다. 신라 조정은 주변국과의 전쟁이 격화되면서 전체 병력을 일정한 단위로 분할 편성해 효율성을 제고시켰으므로,[8] 투입하는 병력의 규모에 상응해 지휘부를 구성하는 규정도 마련했다고 여겨진다.

---

3) 이강언 외, 2012, 『(수정증보판) 최신 군사용어사전』, 양서각, p.79. 이는 근대적 정의지만, 그 근본 취지와 개념의 구성은 보편성을 갖는다고 생각한다.

4) 본래 晉令에 軍戰, 軍水戰, 軍法, 梁令에 軍吏, 軍賞 등의 편목이 있었다(井上光貞 외 校注, 1976, 『律令』, 東京: 岩波書店, p.619). 군방령이라는 명칭은 6세기 隋의 『開皇令』에서 처음 나타나며, 唐令으로 이어졌다(『唐六典』 卷第6, 尙書刑部 郎中, "凡令二十有七 … 十三曰軍防 … 隋開皇命高熲等撰令三十卷 … 十六宮衛軍防"). 한편 군방령 외에 宮衛令, 關市令, 捕亡令, 獄官令 등에도 군사력의 운용과 관련된 조문이 있다. 다만 이들은 이미 조직된 군사력을 전제로 특정한 공간에서 정해진 목표를 달성하기 위해 만들어진 규정이므로 군방령과 차이가 있다.

5) 필자는 무관조가 신라의 군사제도를 연구할 때 중요한 자료임을 부정하지 않는다. 다만 사료의 성격에 대한 충분한 숙고 없이 표면에 드러난 내용에만 의지하면, 역사적 실상에서 멀어지는 결과를 초래할 수 있다. 무관조의 성격과 전거 자료 등에 대해서는 현재까지 논의가 진행 중이며 신라의 공적 규정과 분명히 관련이 있는 만큼, 이에 대한 연구는 차후의 과제로 삼겠다.

6) 전봉덕, 1956, 「新羅의 律令攷」, 『논문집』 4, 서울대학교, pp.343-344; 이인철, 1994, 「新羅律令의 篇目과 그 內容」, 『정신문화연구』 17-1, 한국학중앙연구원, pp.148-149.

7) 『通典』 卷148, 兵1 立軍, "周制 萬二千五百人爲軍 軍將皆命卿 二千五百人爲師 師帥皆中大夫 五百人爲旅 旅帥皆下大夫 百人爲卒 卒長皆上士 二十五人爲兩 兩司馬皆中士 五人爲伍 伍皆有長"

8) 최상기, 2013, 「6-7세기 신라 六停의 戰時 운용」, 『한국사론』 59, 서울대학교 국사학과, p.52.

이 글에서는 戰時에 신라군의 지휘부 구성 방식을 규정하는 슈 조문을 복원하고자 한다. 이를 위해 우선 문헌에 나타난 전쟁의 양상으로부터 관련 규정을 역으로 추적할 것이다. 『삼국사기』 등의 6-7세기 기사에는 신라군 지휘부의 직제와 병력의 규모가 비교적 상세하게 나타나는데, 이들 중 상당수는 규정에 의해 이루어진 결과로 판단되기 때문이다. 이 과정에서 전후 맥락을 알 수 없어 지금까지 살펴보지 않았던 단편적인 금석문을 통해, 후대의 문헌 기록이 갖는 실효성을 뒷받침할 것이다.

아울러 중국 왕조만이 아니라 일본의 관련 규정도 적극적으로 활용하겠다. 기존에는 신라가 당의 율령을 그대로 모방했을 것이라는 선험적 전제에 의지하는 경우가 많았다. 신라가 당으로부터 여러 문물을 수용했음은 주지의 사실이다. 다만 7세기 후반 당과의 충돌로 인해 일본과의 우호가 강화되었을 때 신라에서 유학한 인물들이 8세기 이후 일본의 중앙집권적 체제 정비에 참여했다는 점도 유의해야 한다. 당과 일본의 영조문을 비교해 추출한 공통점과 차이점을 신라의 사례에 적용하면 유의미한 결과를 얻을 수 있을 것이다.

이러한 연구 방법을 바탕으로, II장에서는 본격적인 조문 복원에 앞서 그것이 가능한 일인지 확인하겠다. 신라 율령의 제정 및 운용 방식과 唐制의 수용 정도, 『大寶律令』을 비롯한 일본 율령의 편찬 과정 등을 당시의 국제 관계를 고려하면서 검토하고, 특히 신라의 규정이 일본의 율령에 영향을 미쳤을 가능성을 구체적으로 살펴볼 것이다. III장에서는 우선 지휘부 안에서 직무에 따라 세부적으로 구분되었던 장군의 서열과 명칭을 정리하고, 이어서 전쟁에 동원된 신라군의 규모를 구간별로 분류해 편제 단위를 추정하겠다. 그리고 이들이 下代까지 유지되었을 뿐만 아니라 일본의 군방령 조문에도 반영된 신라 영의 구성 요소였음을 규명하고, 이를 바탕으로 조문을 복원하겠다. 본 연구를 통해 신라의 율령과 군사제도는 물론, 고대 동아시아의 지식과 제도 교류에 대한 이해의 폭을 넓힐 수 있기를 기대한다.

II. 신라와 일본의 율령 편찬과 7세기의 국제 관계

신라 율령의 존재를 부정하는 일부 견해를 제외하면, 法興王 이후 신라에서 성문법으로 볼 수 있는 율령이 제정, 시행되었음을 인정하는 입장이 일반적이다.[9] 「울진 봉평리 신라비」, 「단양 신라 적성비」에서 확인되는 奴人法과 佃舍法, 智證麻立干 5년(504)에 제정해 반행했다고 하는 喪服法 등은 6세기에 신라에서 '法'으로 부르는 공적 규정을 마련했음을 알려준다.[10] 이러한 '法'은 1개 이상의 조문을 가졌을 가능성이 높으므로, 당시의 규정은 취지에 따라 '某某法' 형식의 명칭을 갖는 편목으로 설정되었을 것이다. 나아가 太宗武烈王의 理方府格 수정 지시와 文武王의 遺詔에 등장하는 律令格式을 감안하면, 이 무렵 신라의 규정 체계에

---

9) 이하 II장의 내용은 최상기, 2021, 「신라 영의 복원 가능성에 대한 시론」, 『한국고대사를 바라보는 다양한 시선』, 진인진을 수정, 요약한 것이다.

10) 「울진 봉평리 신라비」, "其餘事種種奴人法"; 「단양 신라 적성비」, "使法赤城佃舍法爲之"; 『三國史記』 卷4, 新羅本紀4 智證麻立干 5年(504), "制喪服法頒行"

서 사용하는 편목의 명칭이 '法'에서 '律' 또는 '令'으로 변경되었다고 할 수 있다.

율령을 정비하던 초기에는 전통적인 관습과 규범, 고구려 및 남북조시대 중국 왕조 등의 규정이 영향을 미쳤을 것이다. 한편 中代에는 전반적으로 우호 관계를 유지한 당으로부터 율령의 형식과 내용을 그대로 수용했다고 보는 견해가 많다. 그러나 근래 6세기 중반 이래 하대까지, 신라에서는 국왕이 개별 안건에 대해 敎 형식으로 반포한 규정이 단행법령이 되고 다시 이들을 집성해 법전으로 삼는 방식이 이어졌다고 보는 견해가 제기되었다.[11] 즉, 신라는 율령의 일괄 편찬 및 폐기 방식을 도입하는 대신, 수정이나 신규 제정의 수요가 발생할 때마다 格 혹은 式의 형태로 율령을 편찬했다는 것이다.

신라 율령의 편찬 방식이 갖는 이러한 특징은, 조문의 자체 수정 및 외부로부터의 수입에 유리하게 작용했다고 생각한다. 특히 일부 규정에 변동이 발생했을 때 양형 기준을 비롯해 전체 구조를 재검토해야 하는 율에 비해, 각 편목의 취급 분야가 비교적 분명하게 구분되는 영에서 그 효과가 컸을 것이다. 물론 戶令이나 賦役令처럼 사회 구성원의 파악 및 수취와 관련된 규정은 사회경제적 토대와 밀접하게 관련되었으므로 빈번하게 수정하기 어렵다.

다만 공적 규정 중에는 신속하게 변경할 수 있는 부분도 존재했는데, 대표적으로 사회 상층부의 서열이나 군사력의 운영과 관련된 규정은 지배층 내부의 동향 및 국제 관계에 따라 곧바로 수정되었을 것이다. 대표적인 사례로 眞德王 2년(648)에 김춘추가 당에 다녀온 후 중국의 衣冠을 착용했다고 하므로,[12] 관복에 대한 규정은 당의 衣服令을 참고해 바꿨다고 보아야 한다. 신라의 五廟制도 중국의 禮制를 수용한 결과이며,[13] 孝昭王 시기에는 貞觀禮에 근거해 국가 의례를 정비함으로써 시기는 물론 王京 일대의 공간구성도 재편되었다.[14] 文武王 11년(671)의 「答薛仁貴書」에 나타나듯이 7세기 후반에 신라는 군사적 역량을 총동원해야 했으므로, 지휘부와 병력의 효율적인 편성과 운영을 위한 규정도 그에 맞춰 재정비되었을 것이다. 병역은 거시적으로 力役에 속하지만 상비군 체제를 갖추기 위해서는 그로부터 독립할 필요가 있었고,[15] 군사력이 근본적으로는 사회의 생산력에 좌우되지만 병력 동원의 규모는 군사적 수요에 의해 위로부터 인위적으로 지정되었기 때문이다.[16]

그렇다면 신라는 당의 최신 조문을 전적으로 모방했을까. 법령 조문은 규정의 취지, 사용된 용어, 서술 형식 등으로 구성된다. 이들 중 수입된 조문의 취지는 신라의 내부 요건에 따라 달라졌을 가능성이 있다. 본래 관복에 대한 규정은 관인의 지위 표시가 목적이었지만, 진덕왕 시기에 받아들인 당의 衣冠制는 신라의 고유한 골품 및 관등과 연동되었다.[17] 복원된 당의 戶令과 「養老戶令」을 비교하면 당에서는 戶를 관인의

---

11) 홍승우, 2011, 앞의 논문, pp.211-212 및 pp.243-265.

12) 『三國史記』卷5, 新羅本紀5 眞德王 2년(648), "遣伊湌金春秋及其子文王朝唐 … 春秋又請改其章服 以從中華制 於是 內出珍服 賜春秋及其從者"; 同 3년(649), "始服中朝衣冠".

13) 나희라, 2003, 『신라의 국가제사』, 지식산업사, pp.180-181.

14) 여호규, 2002, 「新羅 都城의 空間構成과 王京制의 성립과정」, 『서울학연구』 18, 서울시립대학교 서울학연구소, pp.61-67.

15) 直木孝次郎, 1968, 『日本古代兵制史の研究』, 東京: 吉川弘文館, p.189.

16) 高橋崇, 1965, 「軍団の兵士と兵器」, 『古代學』 12-1, 古代學協會, p.69.

충원 단위로 인식했지만, 일본에서는 토지의 반급 대상이자 조세의 수취 단위로 보았다. 이로 인해 양자의 계수 관계에도 불구하고, 당과 일본의 令典에서 호령이 차지하는 위치에 차이가 발생했다고 한다.[18] 서술 형식은 중국의 선진 문물을 받아들인다는 측면에서 수용 정도가 가장 높았을 것이다. 단편적이지만 무관조의 표제어인 '凡軍號'에 사용된 '凡'이 당과 일본 율령의 개별 조문에서 서두에 사용하는 글자이므로 그 내용이 신라의 법전류에 근거했을 것이라는 추정은 방증이 된다.[19]

한편 신라의 상황에서 비롯된 규정의 취지가 일찍부터 확립된 만큼, 서술 형식은 唐令의 그것을 받아들이면서도 중요한 법적 용어는 크게 달라지지 않았던 듯하다. 景德王 시기의 관직 명칭 변경에서 주요 대상은 대부분 장, 차관이 아니라 3, 4등관인 大舍와 舍知에 그쳤다는 점도,[20] 이러한 추정을 뒷받침한다. 그러므로 7세기 중반 이후 신라의 군사 관련 영 조문 중 상당수는 당시의 긴박한 정세에 대응하는 취지 아래 신라의 고유한 군사 용어를 당령의 형식에 맞춰 서술하는 방향으로 수정되었을 것이다.

신라의 군사 관련 규정이 이렇게 정비되었다면, 「養老軍防令」을 비롯한 고대 일본의 영과는 어떤 관계일까. 현재 체제와 조문을 상세하게 알 수 있는 일본의 영은 大寶 원년(701)에 완성된 『大寶令』과 天平寶字 원년(757)에 시행된 『養老令』이다.[21] 양자 모두 시간이 흐르면서 법전은 사라졌지만, 『양로령』은 그 주석서인 『令義解』와 『令集解』에 편목별 조문 대부분이 수록되어 있어 복원이 가능하다.[22] 『대보령』은 『영집해』에 인용된 기존의 각종 주석 중 『대보령』의 주석서였던 '古記'를 통한 복원이 이루어졌지만, 「大寶軍防令」은 일부 문헌에 소수의 逸文만 남아 있고 『영집해』의 여러 판본에서 군방령이 사라진 상태라 다른 편목에 비해 복원이 쉽지 않다. 단, 『양로령』은 『대보령』 조문의 字句 수정 및 편찬 당시의 정치적, 사회적 상황에 대응하는 格 성격의 수정으로,[23] 『대보령』의 형식적 수정이 대부분이었다.[24] 그러므로 「대보군방령」과 「양로군방령」이 크게 달랐다고는 생각하기 어렵다.[25]

---

17) 전덕재, 2000, 「7세기 중반 관직에 대한 관등규정의 정비와 골품제의 확립」, 『한국 고대의 신분제와 관등제』, 아카넷, pp.312-318.

18) 기요하라노 나츠노 저/이근우 역주, 2014, 『영의해 역주 상』, 세창출판사, pp.xvi-xviii.

19) 홍승우, 2015, 「『三國史記』 職官志 武官條의 기재방식과 典據資料」, 『사학연구』 117, 한국사학회, p.192.

20) 이영호, 2014, 『신라 중대의 정치와 권력구조』, 지식산업사, p.128.

21) 『續日本記』 卷2, 大寶 元年(701) 8月 辛酉, "詔贈從五位下調忌寸老人正五位上 以預撰律令也"; 『續日本記』 卷20, 天平寶字 元年(757) 5月 丁卯, "又勅曰 頃年 選人依格結階 人人位高不便任官 自今以後 宜依新令"; 『養老律令』은 본래 元正天皇 養老 2년(718)에 藤原不比等이 편찬했으나 그의 사망으로 시행이 멈춰졌다가, 37년 후에 비로소 시행되었다. 일본 학계에서는 天智朝에 시행했다고 하는 『近江令』을 일본 율령의 시원으로 보지만, 『近江令』 및 이어서 시행된 『淨御原令』은 일부 내용을 제외하면 구체적인 조문을 알 수 없다(井上光貞, 1976, 「日本律令の成立とその注釋書」, 『律令』, 東京: 岩波書店, pp.756-764; 한영화, 2010, 「7-9세기 신라와 일본의 율령에 대한 연구동향 고찰」, 『고대 동아시아 재편과 한일관계』, 경인문화사, pp.228-230).

22) 黑板勝美, 1976, 「凡例」, 『(新訂增補 國史大系 普及版) 令義解』, 東京: 吉川弘文館, p.1; 黑板勝美, 1985, 「凡例」, 『(新訂增補 國史大系 普及版) 令集解 1』, 東京: 吉川弘文館, p.1.

23) 坂本太郎, 1969, 「大寶令と養老令」, 『日本史籍論集』, 東京: 吉川弘文館, p.17.

24) 瀧川政次郎, 1931, 『律令の研究』, 東京: 刀江書院, pp.555-560.

25) 『대보령』의 복원 단서가 거의 없는 상태에서 「대보군방령」과 「양로군방령」의 조문이 다르다는 명확한 근거가 없는 한, 양자를 같다고 간주하는 전제를 임시로 설정하지 않으면 8세기 전반 일본의 율령 군제를 검토하는 것은 거의 불가능하다(吉永匡

「대보군방령」과 「양로군방령」의 복원은 당 군방령과의 비교 연구로 이어졌다. 당의 군방령은 『唐令拾遺』 및 『唐令拾遺補』에서 각각 40개 조와 7개 조가 복원되었고, 이들은 주로 『開元 7年令』과 『開元 25年令』의 조문으로 추정된다. 한편 『대보령』은 당의 『永徽令』을 수용해 편찬했음이 확실시된다. 『양로령』은 편찬 시점을 기준으로 하면 『영휘령』부터 『開元 3年令』까지,[26] 시행 시점을 기준으로 하면 天平勝寶 6年(754)에 전해진 『개원 25년령』까지 참조할 수 있었다.[27] 결과적으로 일본과 당의 군방령에서 조문 간 대응 관계를 고찰하는 것이 가능해진다. 문제는 그 과정에서 신라 영의 역할을 고려하지 않았다는 점이다. 각 영의 세부 적인 대응 관계는 차치하고, 일본의 군방령이 당 군방령의 내용과 형식을 유일한 전범으로 삼았다는 인식은 일본 학계에서 공유되고 있다. 이에 따라 양자의 공통점은 당을 중심으로 하는 세계 질서의 보편성으로, 차이점은 일본의 고유한 특질을 반영한 결과로 해석되었다.[28]

그러나 7세기 중반~8세기 초반 동아시아의 국제 관계를 감안하면, 일본의 군방령에서 나타나는 특징 중 일부는 신라의 영과 연결될 가능성이 크다. 왜와 신라의 외교 관계는 650년대에 이르기까지 유지되었다. 舒明 5년(633)에 당의 사신이 돌아간 이후 한동안 단절되었던 왜와 당의 교섭은 皇極 4년(644)에 왜가 신라 를 통해 表를 전달하면서 재개되었고,[29] 白雉 5년(654)의 遣唐使는 新羅道를 이용해 파견되었다.[30] 신라도 백제와 고구려의 압박을 받고 있었으므로, 왜와의 관계 개선을 쉽게 포기하지 않았다. 당에서 유학한 왜의 학생과 승려가 신라 送使의 도움으로 귀국하는 경우가 많았고, 善德王은 倭王 舒明의 사망을 애도하고 皇極 의 즉위를 축하하는 사신을 파견했다.[31] 특히 大化改新 이후 高向玄理의 요청으로 大化 3년(647)에 신라에 서 김춘추를 왜에 파견했던 일은 양국 조정의 입장을 잘 보여준다.[32]

650년대에 접어들면서 국제 관계는 급변했다. 백제는 義慈王 12년(652)에 보낸 사신을 마지막으로 당과 의 관계를 단절했고,[33] 당의 경고를 무시하며 계속 신라를 공격했다. 왜와의 교섭에서 성과를 얻지 못한 김

史, 2016, 『律令國家の軍事構造』, 東京: 同成社, p.138의 주석 14).

26) 吉永匡史, 2016, 앞의 책, p.92.

27) 松本政春, 2002, 『律令兵制史の研究』, 大阪: 清文堂, p.14.

28) 최상기, 2020, 「新羅 將軍制 연구」, 서울대학교 국사학과 박사학위논문, p.20.

29) 『舊唐書』卷199上, 列傳149上 倭國, "貞觀五年 遣使獻方物 太宗矜其道遠 敕所司無令歲貢 又遣新州刺史高表仁持節往撫之 表仁無 綏遠之才 與王子爭禮 不宣朝命而還 至二十二年 又附新羅奉表 以通起居"; 『日本書紀』卷23, 舒明天皇 5년(633) 正月 甲辰, "大唐 客高表仁等歸國 送使吉士雄摩呂 黑摩呂等 到對馬而還之"

30) 『日本書紀』卷25, 白雉 5년(654) 2월, "遣大唐押使大錦上高向史玄理【或本云 夏五月 遣大唐押使大華下高玄理】大使小錦下河邊臣 麻呂 副使大山下藥師惠日 判官大乙上書直麻呂 宮首阿彌陀【或本云 判官小山下書直麻呂】小乙上崗君宜 置始連大伯 小乙下中臣間 人連老【老 此云於伊】田邊史鳥等 分乘二船 留連數月 取新羅道泊于萊州 遂到于京奉覲天子"

31) 『日本書紀』卷24, 皇極天皇 元年(642) 3월 辛酉, "新羅遣賀騰極使 與弔喪使"

32) 『日本書紀』卷25, 大化 2년(646) 9월, "遣小德高向博士黑麻呂於新羅而使貢質"; 同 3年(647) 是歲, "新羅遣上臣大阿飡金春秋等 送 博士小德高向黑麻呂 小山中中臣連押熊 來獻孔雀一隻 鸚鵡一隻 仍以春秋爲質 春秋美姿顏善談咲"; 여기에서는 김춘추를 質로 삼 았다고 했지만, 그 직후인 진덕왕 2년(648)에 당에 파견되었으므로 質의 표면적 의미에 구애될 필요 없이 사신으로 이해하면 될 것이다. 한편 『日本書紀』에서는 김춘추의 관등을 大阿飡이라고 했지만, 『삼국사기』에 따르면 그는 선덕왕 11년(642)에 이 미 伊飡이었다.

33) 『三國史記』卷28, 百濟本紀6 義慈王 12年(652), "遣使入唐朝貢"

춘추는, 고구려와의 전쟁에서 패배를 경험한 후 신라의 전략적 역할에 주목한 당 태종과의 협상을 통해 신라와 당의 군사 동맹을 성사시켰다. 양국의 제휴는 당의 의관제에 맞춰 바꾼 관복을 착용한 신라 사신의 방문을 통해 왜에 알려졌을 것이다.[34] 왜는 삼국이 모두 협력을 요구하는 상황에서 분명한 입장을 표명하는 대신, 양면 외교 정책을 유지했다.[35] 그러나 백제 침공이 결정되면서 왜의 위치도 정해졌다. 신라는 齊明 3년(657)에 왜가 당으로 사신과 유학생을 파견하면서 요청한 협조를 거절했고,[36] 당은 제명 5년(659)에 귀국하려는 왜의 사신단을 억류했다.[37] 이후의 정세는 태종무열왕 7년(660)의 백제 멸망과 天智 2년(663)의 백강구 전투로 이어졌고, 여기에서 왜군이 대패하면서 왜는 신라와 당 연합군의 침공을 의식하며 서일본 일대에 대규모 방어 체제를 구축할 수밖에 없었다.[38]

왜의 예상과 달리, 고구려 멸망을 전후로 시작된 신라와 당의 충돌은 신라와 왜의 관계를 극적으로 반전시켰다. 당과의 전면전에 앞서 배후의 안전을 확보하기 위해 신라는 천지 7년(668) 왜에 사신을 파견해 우호를 타진했고, 왜도 대량의 선물을 제공하며 호응했다.[39] 두 나라의 밀착 관계는 聖德王 시기에 신라와 당의 관계가 회복될 때까지 상당 기간 유지되었다. 그리고 이 시기에 일본에서 天武와 持統의 통치 아래 소위 '율령 국가'의 기반을 마련했다는 점에 주목해야 한다.[40] '일본'이라는 고대국가의 체제를 규정한 것은 701년에 완성된 『대보율령』이었고, 다음 해에 파견한 견당사의 목적 중 하나도 일본에서 처음으로 편찬한 체계적 율령 법전을 당에 보이는 것이었다고 추정된다.[41] 그리고 『대보율령』은 天智朝의 『近江令』이 單行法令群에 대한 총칭이었던 것과 달리 백제 및 신라의 제도와 구별되는, 당의 율령제를 체계적으로 받아들이는 과정의 일환으로 편찬된 율과 영을 완비한 법전으로 받아들여졌다.[42]

이러한 관점은 일부 수긍할 수 있다. 하지만 『淨御原令』과 『대보령』의 편찬 기간을 포함해 659년부터 702년의 견당사 파견까지 40년이 넘는 시간 동안, 일본과 당의 교섭이 단절되었던 사실을 간과하면 안 된다.[43] 반면 이 기간에 신라에서 일본으로는 27회, 일본에서 신라로는 11회의 빈번한 사신 왕래가 확인된

---

34) 『日本書紀』 卷25, 白雉 3年(652) 是歲, "新羅貢調使知万沙湌等 著唐國服泊于筑紫 朝庭惡恣移俗 訶嘖追還"

35) 노태돈, 2009, 『삼국통일전쟁사』, 서울대학교 출판부, pp.145-146.

36) 『日本書紀』 卷25, 齊明天皇 3年(657) 是歲, "使使於新羅曰 欲將沙門智達 間人連御廐 依網連稚子等 付汝國使令迸到大唐 新羅不肯聽送 由是沙門智達等還歸"

37) 『日本書紀』 卷26, 齊明天皇 5年(659) 7月, "伊吉連博德書曰 … 事了後 勅旨 國家來年必有海東之政 汝等倭客不得東歸 遂逗西京 幽置別處 閉戶防禁 不許東西困苦經年"

38) 연민수, 2003, 「統一期 新羅와 日本關係 - 公的 交流를 중심으로」, 『강좌 한국고대사 4』, 가락국사적개발연구원, p.213.

39) 『日本書紀』 卷27, 天智天皇 7年(668) 9月 癸巳, "新羅遣沙喙級湌金東嚴等進調"; 同 9月 丁未, "中臣內臣使沙門法弁秦筆賜新羅上臣大角干庾信船一隻 付東嚴等"; 同 9月 庚戌, "使布勢臣耳麻呂賜新羅王輸御調船一隻付東嚴等"; 同 11月 辛巳朔, "賜新羅王絹五十疋 綿五百斤 韋一百枚 付金東嚴等 賜東嚴等物各有差"

40) 연민수, 2003, 앞의 논문, p.217.

41) 吉田孝, 1983, 『律令國家と古代の社會』, 東京: 岩波書店, p.25.

42) 위의 책, pp.28-29.

43) 天智 3년(664)에 옛 백제 영역의 熊津都督府가 왜 조정과 교섭했지만(『日本書紀』 卷27, 天智天皇 3年條), 이는 백강구 전투 등에서 사로잡힌 왜군 포로의 송환과 그에 대응하는 군수품 요청 등 군사적 목적이 강한 일시적 접촉이었다. 특히 이때 郭務悰 등이 전한 劉仁願의 牒書는 天子의 서신이 아니라는 이유로 구두로 전해졌고, 사신의 입경도 허용되지 않았다(『善隣國寶記』

다.[44] 나아가 이 시기에 일본 조정은 다수의 학문승을 신라에 보내 유학시켰다. 이들이 습득한 신라의 문물이 일본의 불교계에 많은 영향을 미쳤음은 이미 밝혀졌다.[45] 일본의 유학승에 대한 접대와 통제 및 이들과 신라인의 교류를 왕실이 주도적으로 관리하기 위해 685년 무렵 內省 예하에 倭典을 재설치한 점을 감안하면, 당시 신라도 일본과의 문물 교류에 적극적이었다고 여겨진다.[46] 그러므로 일본의 유학승을 통해 신라의 각종 규정과 그 운영 방식이 일본에 전해졌다고 추정해도 큰 무리는 없을 것이다.

일본의 율령 편찬 과정에도 이러한 추정을 적용할 수 있다. 『永徽律令』은 永徽 2년(651)에 완성, 시행되었다.[47] 일본은 백치 4년(653)과 5년(654)에 견당사를 파견했으므로,[48] 법전 자체는 직접 수입했을 것이다. 그런데 『영휘율령』을 전범으로 삼은 『정어원령』은 持統 3년(689)에 완성되었다.[49] 앞에서 언급했듯이 650년대 후반에 당 및 신라와 왜의 관계는 단절되었고, 그로부터 10여 년이 지난 후 신라와의 교류만 재개되었다. 그렇다면 시기적으로 『정어원령』의 편찬을 당의 율령과 직접 연결하는 것은 곤란하다.

당시 왜에서 당의 율령 체제를 소화하기 위해 참조할 수 있는 유일한 사례는 신라였다.[50] 백제 멸망 과정에서 왜로 이주한 백제계 지식인이 일본의 율령에 미친 영향력도 상정할 수 있지만,[51] 7세기 후반 일본의 율령 편찬에 참여한 인물들은 출신과 별개로 당에 파견되었다 귀국할 때 신라를 경유하면서 신라의 율령과 관련된 정보를 수집했다고 추정된다.[52] 태종무열왕 원년(654)에 理方府令으로 하여금 살피게 한 율령은 『영휘율령』으로 여겨지며, 그 과정에서 율령의 개별 조문을 세밀하게 연구했을 것이다.[53] 그러므로 신라에서 유학했거나 사신으로 신라를 방문했던 인물들을 통해 당 율령의 해석에 필요한 지식과 실제 운용을 위한 기술 등이 일본에 전해졌을 개연성은 충분하다. 『정어원령』에서 규정한 4등관제는 당과 무관하며, 진덕왕 5년(651)부터 神文王 5년(685)까지 시행한 신라의 4등관제[令-卿-大舍-史]를 모방했을 가능성이 크다는 사실은 대표적 사례다.[54]

『정어원령』의 체제와 운용에 미친 신라의 영향을 인정할 수 있다면, 다음 단계의 『대보령』과 『양로령』은 어떠했을까. 『대보령』은 『정어원령』과 동일하게 『영휘령』을 참조했을 뿐만 아니라, 여기에서 나타나는 중국 율령과의 차이점은 『정어원령』에서 비롯되었다고 여겨진다.[55] 아울러 일본 군방령의 주요 대상인 軍團,

---

卷上, 天智天皇 3年條).

44) 연민수, 2003, 앞의 논문, pp.266-268의 표 1-3, 1-4, 2-1, 2-2를 참조했다.

45) 위의 논문, pp.222-223.

46) 이현주, 2015, 「新羅 倭典의 성격」, 서울대학교 국사학과 석사학위논문, pp.37-42.

47) 『舊唐書』 卷4, 本紀4 高宗 上 永徽 2年(651), "閏月辛未 頒新定律令格式於天下"; 김택민·임대희 주편, 1994, 『譯註 唐律疏議(Ⅰ) - 名例編 -』, 한국법제연구원, pp.18-19.

48) 『日本書紀』 卷25, 白雉 4年(653) 5月 壬戌條 및 同 5年(654) 2月條.

49) 『日本書紀』 卷30, 持統 3年(689) 6月 庚戌, "班賜諸司令一部廿二卷"

50) 李成市, 2004, 「新羅文武·神文王代の執權政策と骨品制」, 『日本史研究』 500, 日本史研究會, pp.42-44.

51) 김영심, 2022, 『백제의 이주지식인과 동아시아 세계』, 지식산업사, pp. 290-293.

52) 연민수, 2003, 앞의 논문, pp.223-224.

53) 大隅淸陽, 2008, 「大寶律令の歷史的位相」, 『日唐律令比較硏究の新段階』, 東京: 山川出版社, pp.225-226.

54) 鈴木靖民, 2008, 「日本律令の成立と新羅」, 『日唐律令比較硏究の新段階』, 東京: 山川出版社, p.242 및 p.247.

節刀, 防人, 點兵率 등에 대한 조문에서 『정어원령』과 『대보령』의 계승 관계를 인정할 수 있는 만큼,[56] 두 영의 체제는 기본적으로 동일했다고 생각한다. 따라서 앞에서 서술한 『대보령』과 『양로령』의 계승 관계를 함께 고려하면, 『양로령』에서 확인되는 당령과의 차이점 중 일부는 『정어원령』의 편찬 시 신라 율령의 영향을 받아 발생한 결과가 『대보령』을 거쳐 이어진 것이라는 가정을 세울 수 있다.

『양로령』과 복원된 당령의 각 편목을 비교하면, 대응하는 조문 사이에서 이상의 가정을 뒷받침하는 사례를 확인할 수 있다. 우선 學令의 算學 교재에 대한 조문이다.

> [A-1] 무릇 算經은 孫子, 五曹, 九章, 海島, 六章, 綴術, 三開重差, 周髀, 九司를 각각 1經으로 삼는다. 학생은 經을 나누어 業을 익힌다.[57]
>
> [A-2] 算學生의 과업은 孫氏와 五曹는 합쳐서 1년을 한도로 하고, 九章과 海島는 합쳐서 2년을 한도로 하고, 周髀와 五經笇은 합쳐서 1년을 한도로 하고, 記遺와 三等數는 합쳐서 1년을 한도로 하고, 夏侯陽의 笇術과 張丘建의 笇術은 합쳐서 2년을 한도로 한다.[58]

양자를 비교하면 일본에서는 당의 산학 교재에 포함되지 않는 六章, 三開重差, 九司도 사용했음을 알 수 있다.[59] 그런데 육장과 삼개중차는 신라의 國學에서 사용한 교재였다.[60]

> [A-3] 國學. … 神文王 2년에 설치했다. … 혹은 算學博士나 助教 1명을 뽑아 綴經, 三開, 九章, 六章을 가르쳤다.[61]

[A-3]에 제시된 국학의 산학 교재 중 三開는 [A-1]의 삼개중차를 가리킨다고 여겨지며, 육장은 명칭이 일치한다. 이들에 대해서는 『영집해』에 '高氏'가 저술했다는 주석이 남아 있을 뿐이므로,[62] 편찬 주체와 시

---

55) 吉田孝, 1983, 앞의 책, p.29.

56) 『정어원령』과 『대보령』의 군방령 조문 검토와 관련해 軍團에 대해서는 松本政春, 2003, 『奈良時代軍事制度の硏究』, 東京: 塙書房, pp.320-321, 節刀에 대해서는 北啓太, 1993, 「律令國家における將軍について」, 『日本律令制論集 上』, 東京: 吉川弘文館, pp.494-495, 防人에 대해서는 野田嶺志, 2010, 『日本古代軍事構造の硏究』, 東京: 塙書房, pp.84-85, 點兵率에 대해서는 和田一博, 1979, 「律令軍団制と点兵率」, 『藝林』 28-1, 藝林會, p.13 등을 참조할 수 있다.

57) 『養老學令』, 算經, "凡算經 孫子五曹九章海島六章綴術三開重差周髀九司 各爲一經 學生分經習業"

58) 「復元 唐 學令(開元 7年令)」, 7條, "笇學生課業 孫氏五曹共限一年 九章海島共限二年 周髀五經笇共限一年 記遺三等數共限一年 夏侯陽張丘建笇術共限二年"(仁井田陞, 1964, 『(復刻板) 唐令拾遺』, 東京: 東京大學出版會, p.267)

59) [A-1]의 綴術도 [A-2]의 교재에 포함되지 않지만, 『唐令拾遺補』에서 綴術과 緝古를 算學 교재에 포함하는 조문을 추가로 제시했다(仁井田陞 著/池田溫 編輯代表, 1997, 『唐令拾遺補 -附唐日兩令對照一覽』, 東京: 東京大學出版會, pp.565-566).

60) 井上光貞 외 校注, 1976, 앞의 책, p.596에서도 당에서는 사용하지 않는 六章과 三開重次가 신라 국학의 산학 교재에 포함되었음을 지적했다.

61) 『三國史記』 卷38, 雜志7 職官上 國學, "… 神文王二年置 … 或差算學博士若助教一人 以綴經三開九章六章敎授之"

62) 『令集解』 卷15, 學令 第11 算經, "六章【釋云 六卷 高氏也 古記无別】 … 三開重次【釋云 三卷 高氏也 古記无別】 …"

점을 알기 어렵다.[63] 다만 이와 별개로 당에서 두 책을 교재로 사용하지 않은 것과 달리, 7세기 후반 신라에서 이들을 교육과정에 포함시켰다는 것만큼은 분명하다. 신라에서 국학을 설치한 신문왕 2년(682)은 앞에서 서술했듯이 신라에서 유학한 일본의 학생과 승려를 통해 각종 문물이 일본에 전해졌고, 그것이 일본의 지배체제 정비에 많은 영향을 미친 시기였다. 일본의 학령 편찬자는 당령만이 아니라 신라의 교육 관련 규정을 분명히 참조했을 것이고, [A-1]은 당과 신라의 산학 교재를 자신들의 필요에 맞춰 적절하게 조합한 결과로 볼 수 있다. 다음은 假寧令의 관인 휴가에 대한 조문이다.

> [B-1] 무릇 京에 있는 諸司는 모두 6일마다 휴가 1일을 준다.[64]
> [B-2] 매월 10일마다 휴가 1일을 준다.[65]

일본에서는 6일 근무에 하루의 휴가를 지급하도록 했는데[六假], 이는 당에서 10일 근무에 하루의 휴가를 준 것[旬假]과 다르다. 六假 규정은 漢晉 이래의 것이었고,[66] 晉에서는 육가 규정에 따라 휴가의 최대 일수를 60일로 제한했던 것 같다.[67] 그런데 관인의 최대 휴가 일수를 60일로 제한한다는 것은, 60일을 초과할 경우 관직에서 물러나야 한다는 의미다.

> [B-3] 教를 내려, 內外官으로 휴가를 청해 60일을 채운 자는 解官하도록 했다.[68]

신라에서는 경덕왕 17년(758)에 휴가 일수가 60일을 넘으면 관직에서 물러나도록 했다. 이 한도는 漢晉 시기의 육가 규정과 관련된 것으로, 신라의 관인 휴가가 이미 육가를 원칙으로 정착된 상황이었으므로 당령과 다르게 제정 혹은 수정된 결과일 것이다. 그러므로 「養老假寧令」의 조문인 [B-1]도 신라 율령과의 관계 속에서 정착했다고 추정된다.[69]

---

63) 六章과 三開重次를 중국의 算術書을 백제에서 재편집한 것으로 추정하거나(김용운·김용국, 2009, 『한국수학사』, 살림출판사, pp.142-143), 北魏의 高允이 저술한 것으로 추정하기도 한다(長田直樹, 2018, 「大学寮算科の教科書」, 『数学史研究』 229, 日本数學史學會, p.35)[이상의 내용은 한국사데이터베이스 한국고대사료DB(https://db.history.go.kr/ancient/main.do)의 『三國史記』 卷38, 雜志7 職官上 國學條의 註583 및 585에서 재인용]. 양자 모두 당과의 관련성을 상정하지 않는다는 점은 동일하다.

64) 「養老假寧令」, 給休假, "凡在京諸司 每六日 並給休仮一日"

65) 「復元 唐 假寧令(開元 7, 25年令)」, 1甲條, "每月旬 並給休仮一日"(仁井田陞, 1964, 앞의 책, p.732); 한편 『天聖令』 및 그에 근거해 새로 복원한 唐令에서도 [B-2]의 내용은 동일하게 유지되었다(天一閣博物館·中國社會科學院歷史研究所天聖令整理課題組 校證, 2006, 『天一閣藏明鈔本天聖令校證 附唐令復原研究 下冊』, 北京: 中華書局, p.600; 김택민·하원수 주편, 2013, 『천성령 역주』, 혜안, pp.384-386).

66) 池田溫, 1983, 「東亞古代假寧制小考」, 『Proceeding of the Conference on Sino-Koran-Japanese Cultural Relations』, pp.461-464(홍승우, 2011, 앞의 논문, p.245에서 재인용).

67) 홍승우, 2011, 앞의 논문, p.245.

68) 『三國史記』 卷9, 新羅本紀9 景德王 17年(758), "下教 內外官請暇滿六十日者 聽解官"

지금까지 확인한 것처럼 『양로령』과 당령 사이에서 나타나는 차이점 중에는, 신라의 관련 규정과 연결되는 부분이 적지 않다.[69] 이는 당령과 비교했을 때 『양로령』의 조문에서만 확인할 수 있는 내용 중 일부는, 7세기 후반의 『정어원령』 편찬 단계부터 신라 영의 영향을 받은 결과로 소급될 수 있다는 앞에서의 가정을 증명한다고 생각한다. 이러한 결론을 토대로 다음 장에서는 「양로군방령」의 지휘부 구성에 대한 조문과 그에 대응하는 당령의 조문을 검토해 차이점을 분석하고, 그것을 문헌과 금석문을 통해 알 수 있는 신라의 양상과 연결해 해당 조문에 대한 복원을 시도하겠다.

III. 지휘부 구성을 위한 신라 令 조문의 복원

1. 將軍의 역할 구분과 「興德王陵碑片」의 副將軍

전쟁이 발생하면 국가는 사태 해결에 필요한 규모의 군사력을 투입하며, 그에 적합한 수준으로 지휘부를 구성한다. 물론 실제로 동원되는 군사력은 대개 그 시대의 정치적 상황이나 사회경제적 기반 등 현실의 조건에 따라 결정된다. 하지만 군사 조직을 일정한 단위로 편성해 통솔한다는 원칙은 현재까지 이어지고 있다. 병력 규모에 따른 지휘부의 구성 방식은 효율적인 지휘를 위한 기준이 되기 때문이다. 이에 대한 당과 일본의 규정을 제시하면 아래와 같다.

> [C-1] 무릇 將帥가 출정할 때 병사가 1만 명 이상을 채우면 長史, 司馬, 倉曹, 冑曹, 兵曹參軍 각 1명을 둔다. 5천 명 이상이면 사마를 줄인다.[71]
>
> [C-2] 무릇 將帥가 출정할 때 병사가 1만 명 이상을 채우면 將軍 1명, 副將軍 2명, 軍監 2명, 軍曹 4명, 錄事 4명이고, 5천 명 이상이면 부장군과 군감 각 1명, 녹사 2명을 줄이며, 3천 명 이상이면 군조 2명을 줄여서, 각각 1軍을 이룬다. 총 3軍마다 大將軍 1명이다.[72]

두 나라 모두 출정하는 부대의 규모를 일정 구간으로 구분하고, 규모가 줄어들수록 지휘부 구성원의 숫

---

69) 홍승우, 2011, 앞의 논문, p.246.

70) 「養老醫疾令」에서 醫生 등을 선발할 때 庶人은 13-16세에 해당하는 자를 뽑도록 한 것과, 전공과목으로 角法을 채택하지 않고 鍼生 교육을 7년으로 정한 것이 신라의 영향이었다고 보는 견해가 있다(이현숙, 2002, 「신라 중대 醫療官僚의 역할과 지위변화」, 『사학연구』 68, 한국사학회, pp.25-27).

71) 「復元 唐 軍防令(開元 7年令)」, 12條, "諸將帥出征 兵滿一萬人已上 置長史司馬倉曹冑曹兵曹參軍各一人 五千人已上 減司馬"(仁井田陞, 1964, 앞의 책, p.372).

72) 「養老軍防令」, 將帥出征, "凡將帥出征 兵滿一萬人以上 將軍一人 副將軍二人 軍監二人 軍曹四人 錄事四人 五千人以上 減副將軍監各一人 錄事二人 三千人以上 減軍曹二人 各爲一軍 每惣三軍 大將軍一人"

자를 줄였다는 점은 동일하다. 하지만 양자는 세부적인 측면에서 크게 다르다. [C-1]은 병력을 지휘하는 군관을 제외하고, 長史 이하 사무 관인의 숫자만 제시했다. 당 전반기까지 전쟁 수행을 담당한 行軍의 지휘부는 별도의 규정에 따라 구성되었고,[73] 1개 행군의 책임자는 行軍總管, 복수 행군의 총책임자는 行軍大總管이었다.[74] 반면 [C-2]는 1개의 전쟁 수행 조직[1軍]을 책임지는 장군부터 행정 실무를 처리하는 錄事까지 지휘부 전체의 구성 방식을 규정했고,[75] [C-1]과 달리 말미에 복수의 조직[3軍]을 총괄하는 大將軍의 배치 사항도 덧붙였다. 이로 인해 「양로군방령」의 '대장군'을 일본에서 독자적으로 고안한 용어로 간주하기도 한다.[76]

그러나 대장군은 물론 [C-2]의 고위 지휘관인 장군과 副將軍이 모두 일찍부터 신라에서 확인되므로, 이 조문은 신라의 관련 규정을 참고하면서 만들어졌을 가능성이 크다. 中古 이후 신라가 치른 전쟁을 살펴보면, 다수의 장군과 여러 부대가 함께 출진한 사례를 적지 않게 확인할 수 있다. 장군은 신라의 대표적인 지휘관으로, 무관조에 기본 정보가 상세하게 서술되어 있다.[77] 그런데 무관조에서 알 수 있는 장군이 '將軍' 하나인 것과 달리,[78] 新羅本紀 등 『삼국사기』의 다른 부분에서는 장군의 서열 차이를 보여주는 대장군, 장군, 부장군이 등장한다. 일단 대장군은 장군보다 상위, 부장군은 장군보다 하위의 직책이었음을 짐작할 수 있다. 이들의 역할은 구체적으로 무엇이었을까.

우선 하나의 지휘부에 복수의 장군이 배치되었다면, 조직 구조의 특성상 그 안에서 '正' 역할의 장군과 '副' 역할의 장군이 구분되었을 것이다. 부장군은 명칭을 통해 '正' 역할의 장군을 보좌[副]하는 장군이었다고 여겨지는데, 실제로 부장군은 여러 장군이 함께 출진하는 기사에서 확인된다.

> [D-1] 왕이 大將軍 龍春과 舒玄, 副將軍 庾信을 보내 고구려의 낭비성을 침공했다.[79]

---

73) 『通典』 卷148, 兵1 令制附, "每軍 大將一人 別奏八人 傔十六人 副二人 分掌軍務 奏儀減大將牛 判官二人 典四人 總管四人 二主左右虞候 二主左右押衙 傔各五人 子將八人 委其分行陳 辨金鼓及部署 傔各二人 執鼓十二人 吹角十二人 司兵司倉司騎司冑城各一人 每隊五十人 押官一人 隊頭一人 副二人 旗頭一人 副二人 火長五人 六分支甲 八分支頭牟 四分支戟 一分支弩 一分支棒 三分支弓箭 一分支槍 一分支排 八分支佩刀"

74) 이는 文武官이 임명되었을 때의 職名이다. 황실 인물이 行軍의 책임자로 임명될 경우의 명칭은 行軍(大)元帥였다(『唐六典』 卷5, 尙書兵部 兵部郎中, "凡親王總戎則曰元帥 文武官總統者則曰總管").

75) [C-2]에 제시된 군관 중 실제로 병력을 지휘하는 것은 將軍부터 軍監까지며, 軍曹와 錄事는 사무 관인이다(『令義解』, 軍防令 第17 將帥出征, "謂 軍曹者 大主典也 錄事者 小主典也"). 한편 군감 예하에는 각국의 軍團에서 동원된 大毅와 少毅 등이 배치되어 일선에서 병사들을 지휘했지만, 군감 이상과 대의 이하의 사이에는 중앙 파견관과 지방 임용관이라는 엄연한 경계가 존재했다. 지휘부는 어디까지나 중앙에서 파견한 장교단으로 제한되었다(吉永匡史, 2016, 앞의 책, pp.96-97).

76) 野田嶺志, 1984, 『律令國家の軍事制』, 東京: 吉川弘文館, p.109.

77) 『三國史記』 卷40, 雜志9 職官下 武官 諸軍官 將軍.

78) 무관조의 花 항목에서 大將軍, 上將軍, 下將軍의 의장[花]을 구분했으므로, 신라의 장군이 3단계로 분화되었다고 할 수 있다(이문기, 1997, 『新羅兵制史硏究』, 일조각, p.309). 그러나 花 항목의 내용은 전후 맥락과 전거 자료를 알기 어렵고, 상장군은 花 항목 외에 金庾信傳에서만, 하장군은 花 항목에서만 확인할 수 있다. 이들에 대한 분석은 차후의 과제로 삼고, 여기에서는 제외하겠다.

79) 『三國史記』 卷4, 新羅本紀4 眞平王 51年(629), "王遣大將軍龍春舒玄副將軍庾信 侵高句麗娘臂城"

[D-2] (庾信이) 副將軍 仁問, 眞服, 良圖 등 9명의 장군과 함께 군사를 거느리고 군량을 싣고
　　　고구려의 경계 안으로 들어갔다.[80]

　사료에서 부장군은 모두 그 위의 장군을 따르는 형태로 나타나며 단독으로 출진하는 모습은 찾을 수 없는데, 이는 부장군의 성격을 추정할 때 시사하는 바가 크다.[81] 또한 부장군이 직접 등장하지 않지만, 태종무열왕 8년(661)의 지휘부 구성을 통해서도 그 직무를 가늠할 수 있다.

[D-3] 백제의 남은 적이 와서 사비성을 공격했다. 왕이 伊湌 品日을 大幢將軍으로 삼고, 迊
　　　湌 文王, 大阿湌 良圖, 阿湌 忠常 등이 보좌하게 했다. 迊湌 文忠을 上州將軍으로 삼고,
　　　阿湌 眞王이 보좌하게 했다.[82]

　[D-3]에서 文王, 良圖, 忠常, 眞王의 직명을 명시하지 않았지만 이들의 역할이 大幢將軍과 上州將軍의 보좌[副]였던 이상, 각각 大幢의 부장군과 上州의 부장군으로 임명되었을 것이다. 나아가 삼국통일전쟁 말기까지 반복적으로 [D-3]과 같은 방식의 지휘부 구성이 이루어졌으므로,[83] '正' 역할의 장군과 그를 보좌하는 부장군으로 지휘부를 구성하도록 하는 규정이 늦어도 7세기 중반 무렵에는 마련되어 꾸준히 작동했다고 할 수 있다.

　물론 부장군은 어디까지나 직무에 따른 명칭이고, 官制의 측면에서는 장군으로 분류되었던 것 같다. [D-2]에서 이미 부장군 仁問 등 9명을 묶어서 장군이라고 했고,[84] 같은 사건을 서술한 문무왕 2년조에서도 김유신 휘하의 이들을 부장군이라는 표현 없이 장군으로만 표기했기 때문이다.[85] 무관조에서 장군의 임명을 위한 관등 요건만 서술하고 부장군에 대한 언급은 전혀 없는 것도, 출진 시 일괄 장군으로 임명한 다음

---

80) 『三國史記』 卷42, 列傳2 金庾信中, "與副將軍仁問眞服良圖等九將軍 率兵載粮 入高句麗之界"
81) [D-1]과 같은 사건을 서술한 『삼국사기』의 김유신전에서는 유신이 中幢幢主라고 했다(『三國史記』 卷41, 列傳1 金庾信上, "庾信時爲中幢幢主"). 그러나 부장군과 중당당주는 당시 김유신의 지위와 역할을 다른 측면에서 나타낼 뿐, 충돌하는 관계가 아니다. 전자가 '正' 역할의 장군을 보좌하는 장군을 가리킨다면, 후자는 전체 신라군을 구성하는 여러 단위 중 中幢의 지휘관이었음을 의미한다. 즉 낭비성 전투 당시 김유신은 지휘부에서 다른 장군들을 보좌함과 동시에, 지휘부에서 결정한 작전에 따라 중당의 병력을 지휘했다고 할 수 있다(최상기, 2020, 앞의 논문, p.175의 각주 99).
82) 『三國史記』 卷5, 新羅本紀5 太宗武烈王 8年(661), "百濟殘賊 來攻泗沘城 王命伊湌品日爲大幢將軍 迊湌文王大阿湌良圖阿湌忠常等副之 迊湌文忠爲上州將軍 阿湌眞王副之"
83) 『삼국사기』의 문무왕 원년조와 8년조가 대표적이다.
84) 『삼국사기』의 김유신전에서는 [D-2]에 이어 유신이 다른 장수와 병졸들에게 장군으로 불렸다고 했다(『三國史記』 卷42, 列傳1 金庾信中, "諸將卒皆曰 願奉將軍之命 不敢有偸生之心"). 그렇다면 '正' 역할의 장군인 유신 아래에 9명의 장군이 부장군으로 배치된 셈인데, [C-2] 및 [D-3]을 비롯한 신라의 사례에서 장군 아래에 1~2명의 부장군을 배치한 것과 상당히 다른 모습이다. 이는 당시 신라군의 출진 목적이 전쟁 수행이 아니라 곡식을 실은 2천여 대의 수레를 동반할 정도의 대규모 군량 수송이었으므로, 일반적인 경우와는 다른 방식으로 지휘부와 병력을 편성한 결과로 추정된다.
85) 『三國史記』 卷6, 新羅本紀6 文武王 2年(662), "王命庾信與仁問良圖等九將軍 以車二千餘兩 載米四千石 租二萬二千餘石 赴平壤"

당사자의 지위와 역할에 따라 '正' 역할의 장군과 부장군을 구분했기 때문일 것이다.[86]

단, 부장군은 일반적인 수준을 넘어 일정한 법적 성격을 갖는 용어였다고 생각한다. 9세기 중반에 제작된 「慶州 興德王陵 碑片」에서 아래의 짧은 銘文을 확인할 수 있다.

[D-4] 副將軍을 제수하다.[87]

현재 '興德王陵碑'의 전체 내용과 [D-4]의 전후 맥락을 알기 어렵지만, 일단 신라에서 공식적으로 작성된 비문에 부장군이라는 용어가 사용되었다는 점은 간과할 수 없다.[88] 興德王 시기에 누군가를 부장군으로 임명해야 했던 군사적 사건은 찾기 어렵다.[89] 대신 선왕이었던 憲德王 14년(822)에 발생한 김헌창의 난이 주목된다. 당시 신라 조정은 6-7세기의 전쟁과 동일하게 다수의 지휘관으로 지휘부를 구성하고 복수의 부대를 출진시켰는데,[90] 명목상의 진압 주체는 헌덕왕이었지만 실질적으로는 副君의 위치에 있었던 흥덕왕이 진압의 전체 과정을 주도했을 가능성이 크다.[91] 그렇다면 '흥덕왕릉비'에 새겨진 그의 업적에 김헌창의 난을 진압한 일이 포함되면서, [D-4]도 이와 관련해서 등장했을 것이다.[92] 부장군은 신라의 국가 제도에서 공식적으로 사용하는 용어로서, 하대에도 신라군의 지휘부는 '正' 역할의 장군과 그를 보좌하는 부장군으로 구성되었다고 할 수 있다.

부장군에 이어, 신라의 대장군은 [C-2]의 대장군과 관련이 있을까. 신라의 경우 평시에도 존재하는 최고위 무관으로서의 대장군과, 위에서 살펴본 장군 및 부장군 등과 함께 군령권을 행사하는 대장군이 공존했던 듯하다.[93] 전자는 지휘부 구성과 관계없는 상임 관직이므로 제외하고, 후자의 사례를 제시하면 아래와 같다.

---

86) 신라에서 장군은 부장군의 상위에서 1개 부대를 책임지는 '正' 역할의 장군만 제한적으로 가리키는 경우와, 앞의 수식어와 관계없이 모든 장군을 포괄하는 경우 등 다층적으로 사용되었다(최상기, 2020, 앞의 논문, p.180).

87) 「慶州 興德王陵 碑片」, "除副將軍"

88) 최상기, 2020, 앞의 논문, p.177.

89) 흥덕왕 3년(828)에 淸海鎭을 설치했고 9년(834)에 크게 열병했지만, 부장군을 포함한 장군이 전쟁에 임해 군령권 행사를 위해 임명된다는 점을 고려하면 [D-4]와는 거리가 있다.

90) 『三國史記』 卷10, 新羅本紀10 憲德王 14年(822), "遂差員將八人 守王都八方 然後出師 一吉湌張雄先發 迊湌衛恭波珍湌悌凌繼之 伊湌均貞迊湌雄元大阿湌祐徵等 掌三軍徂征"

91) 이기동, 1997, 『新羅社會史硏究』, 일조각, p.157.

92) 한편 元和 연간(806-820)에 발해의 宣王이 남쪽으로 신라를 평정했다는 기사가 있다(『遼史』 卷38, 志8 地理志2 東京道 東京遼陽府, "興遼縣 … 唐元和中 渤海王大仁秀 南定新羅 北略諸部 開置郡邑 遂定今名"). 선왕의 즉위 시기와 활동 양상을 감안하면 이 사건은 헌덕왕 10-12년(818-820) 사이에 발생했을 것이며, 두 나라의 관계에 큰 변화를 가져오지 않고 단기간에 끝났다고 추정된다(박유정, 2022, 「8세기-9세기 초 渤海-新羅의 경계와 충돌」, 『한국고대사연구』 108, 한국고대사학회, pp.306-311). 흥덕왕은 헌덕왕 11년(819)에 上大等으로 임명되었는데[『三國史記』 卷10, 新羅本紀10 憲德王 11年(819), "上大等金崇斌卒 伊湌金秀宗爲上大等"], 양국의 충돌 시 그가 수행한 역할은 알 수 없다.

93) 최상기, 2020, 앞의 논문, pp.181-184.

[E-1] 왕이 大將軍 龍春과 舒玄, 副將軍 庾信을 보내 고구려의 낭비성을 침공했다.[94]

[E-2] 백제의 將軍 殷相이 무리를 거느리고 와서 석토성 등 일곱 성을 공격해 함락시켰다. 왕이 大將軍 庾信과 장군 陳春, 竹旨, 天存 등에게 명해 나아가 막게 했다.[95]

[E-3] 또 太子와 大將軍 庾信, 將軍 品日과 欽春 등에게 명해 정예 군사 5만 명을 거느리고 그에 호응하도록 했다.[96]

[E-4] 金庾信을 大將軍으로, 仁問, 眞珠, 欽突을 大幢將軍으로 … 慰知를 罽衿大監으로 삼았다.[97]

[E-5] 大角干 金庾信을 大摠管으로, 角干 金仁問, 欽純, 天存, 文忠과 迊湌 眞福, 波珍湌 智鏡, 大阿湌 良圖, 愷元, 欽突을 大幢摠管으로, … 阿湌 日原과 興元을 罽衿幢摠管으로 삼았다.[98]

[E-6] 이때 長槍幢이 홀로 다른 곳에 진영을 설치했다가, 唐兵 3천여 명과 마주쳐 사로잡아 大將軍의 진영으로 보냈다.[99]

대장군 아래에 복수의 장군과 부대가 존재한 점과 관련해, 신라의 전쟁 수행 방식을 고려할 필요가 있다. 신라는 5세기까지 변경 지역을 따라 조밀하게 건설한 산성으로 방어선을 구축하고 이를 중심으로 전쟁을 수행했지만, 6세기부터 다수의 부대를 필요한 만큼 연합 편성해 전쟁 지역에 투입하기 시작했다.[100] 이러한 방식에서는 동원된 각 부대를 총괄하는 존재가 요구되며, [E-1]-[E-6]에서 볼 수 있는 대장군이 그에 부응해 마련된 지위였다.

특히 [C-2]에서 三軍에 대장군 1명을 둔다고 했는데, [E-3]의 대장군 김유신이 지휘한 전체 신라군이 '三軍'으로 불렸다.[101] 물론 3군은 보통명사로서 군대 자체를 의미하거나, 大軍을 상징하기도 한다. 그러나

---

94) 『三國史記』 卷4, 新羅本紀4 眞平王 51年(629), "王遣大將軍龍春舒玄副將軍庾信 侵高句麗娘臂城"

95) 『三國史記』 卷5, 新羅本紀5 眞德王 3年(649), "百濟將軍殷相率衆來 攻陷石吐等七城 王命大將軍庾信將軍陳春竹旨天存等, 出拒之". 같은 사건을 서술한 百濟本紀의 의자왕 9년조에서는 김유신의 지위를 將으로, 김유신전에서는 장군으로 표기했다.

96) 『三國史記』 卷5, 新羅本紀5 太宗武烈王 7年(660), "又命太子與大將軍庾信將軍品日欽春等 率精兵五萬應之". 같은 사건을 서술한 百濟本紀의 의자왕 20년조와 김유신전에서는 김유신의 지위를 장군으로 표기했다.

97) 『三國史記』 卷6, 新羅本紀6 文武王 元年(661), "以金庾信爲大將軍 仁問眞珠欽突爲大幢將軍 … 慰知爲罽衿大監"

98) 『三國史記』 卷6, 新羅本紀6 文武王 8年(668), "以大角干金庾信爲大摠管 角干金仁問欽純天存文忠迊湌眞福波珍湌智鏡大阿湌良圖愷元欽突爲大幢摠管 … 阿湌日原興元爲罽衿幢摠管". 현재 대부분의 『三國史記』 역주본은 壬申本 『三國史記』의 '以大角干金庾信大幢爲大摠管'에서 '大幢爲'를 '爲大幢'으로 勘校해 당시 김유신이 大幢大摠管이 되었다고 번역했다. 그러나 이 구절에 대응하는 [E-4]의 해당 부분[以金庾信爲大將軍]과 비교하면 '大幢'은 衍字일 가능성이 높으므로(최상기, 2020, 앞의 논문, p.104의 각주 17), 여기에서는 大摠管(=대장군)으로 표기했다.

99) 『三國史記』 卷43, 列傳3 金庾信下, "時長槍幢獨別營 遇唐兵三千餘人 捉送大將軍之營". 같은 사건을 서술한 신라본기의 문무왕 12년조에서는 당시 대장군 아래의 지휘관으로 大阿湌 曉川, 沙湌 義文과 山世, 阿湌 能申과 豆善, 一吉湌 安那含과 良臣 등을 열거했다.

100) 최상기, 2013, 앞의 논문, pp.46-47.

101) 『三國史記』 卷5, 新羅本紀5 太宗武烈王 7年(660), "三軍見之 慷慨有死志 鼓噪進擊 百濟衆大敗"

[E-3]에서 장군이라고 한 品目을 左將軍으로도 표기했으므로,[102] 당시 신라군은 실제로 左軍, 中軍, 右軍 등 3개의 軍으로 편성되었다고 보아야 한다. 즉, 신라에서도 三軍에 대장군 1명을 배치하도록 정해져 있었던 셈이다.[103] 물론 대장군도 무관조에 별도로 명칭과 관등 요건을 서술하지 않았으므로, 앞에서 살핀 부장군처럼 관제 측면에서 장군이되 그 안에서 직무에 따라 구분된 지위였을 것이다. 결과적으로 장군과 부장군 및 대장군을 중심으로 지휘부를 구성하는 방식은 하대까지 [C-2]의 「양로군방령」처럼 신라의 영 조문으로 존재하면서,[104] 戰時에 실효성을 발휘했다고 보아야 한다.

2. 병력 규모의 구간과 「高仙寺 誓幢和上碑」의 三千幢

당과 일본의 지휘부 구성을 위한 규정에서 나타나는 또 다른 차이는 병력 규모에 따라 구분되는 구간이다. [C-1]에서 지휘부를 다르게 구성하는 병력 규모를 1만 명 이상 및 5천 명부터 1만 명 미만까지의 두 구간으로 설정한 것과 달리, [C-2]에서는 거기에 3천 명부터 5천 명 미만까지의 구간을 추가했다. 이것은 당에서 독립적으로 전쟁을 수행할 수 있는 최소 병력을 5천 명으로 본 것과 달리, 일본에서는 그 기준을 3천 명으로 낮췄음을 의미한다고 해석할 수 있다. 두 조문의 차이는 근본적으로 당과 일본의 인구 규모 및 국가의 동원 능력 등에서 온 것이겠지만, 특별히 3천 명을 선택한 데에는 신라의 令 조문이 영향을 미쳤을 가능성이 있다.

신라에서 3천 명이 공식적으로 사용하는 병력 단위였음을 알려주는 중요한 근거는 三千幢의 존재다. 삼천당은 무관조에서 통일 이후 신라의 대표적 군사 기구인 10停의 이칭이었다고 하며,[105] 諸軍官 항목에서 '三千幢主-三千監-三千卒'의 통솔 구조를 확인할 수 있다.[106] 軍號 중 상당수가 무관조에만 그 명칭을 남긴 것에 비해 삼천당은 7세기 중반에 실제로 전쟁을 수행한 사례를 확인할 수 있고,[107] 7세기 후반에 편성된

102) 『三國史記』卷5, 新羅本紀5 太宗武烈王 7年(660), "左將軍品日喚子官狀"
103) [E-1]에서 대장군을 龍春과 舒玄 2명으로 보면서 六軍[三軍*2]이 투입되었다고 해석할 수 있다. 그러나 『삼국사기』의 김유신전에 따르면, 당시 신라군의 지휘관 5명 중 용춘보다 관등이 높은 인물이 서현을 포함해 3명이나 존재했다(『三國史記』卷41, 列傳1 金庾信上, "王遣伊飡任末里波珍飡龍春白龍蘇判大因舒玄等 率兵攻高句麗娘臂城"). 낭비성 전투 시 신라군에 대장군이 배치되었다면, 이들 중 가장 높은 관등을 가졌던 伊飡 任末里가 그 지위를 맡았을 것이다. [E-1]은 태종무열왕 春秋와 밀접한 관계가 있는 자들만 제시한 결과, 역사적 사실에서 다소 거리가 멀어졌을 가능성이 높다.
104) 이와 관련해 景文王 12년(872)에 작성된 「경주 황룡사 9층목탑 금동찰주본기」에서 朴居勿이 '侍讀右軍大監兼省公'이라고 했는데, 여기에서의 우군도 3군의 하나였다고 추정된다(전덕재, 1997, 「新羅 下代 鎭의 設置와 性格」, 『군사』 35, 국방부 군사편찬연구소, pp.50-51). 단, 하대의 3군이 戰時에만 편성되는 조직인지 平時에도 존재하는 조직인지에 대해서는 추가적인 검토가 필요하다. 한편 [D-4] 외에 다른 「경주 흥덕왕릉 비편」의 명문에서 '格式'이 확인된다. 이는 율령을 토대로 하는 규정 체제가 중대 이후에도 꾸준히 유지되었음을 시사한다. 신라 말까지 格과 式을 통해 율령법을 보완했고, 행정령 및 격과 식에는 신라 중대 이래의 법제가 깊은 영향을 끼쳤다고 추정된다(김창석, 2020, 『왕권과 법』, 지식산업사, pp.290-293).
105) 『三國史記』卷40, 雜志9 職官下 武官 凡軍號, "十停【或云三千幢】一曰音里火停 … 十曰伊火兮停 衿色綠 並眞興王五年置". 다만 이 기사만으로는 10정과 삼천당의 관계를 정확히 알 수 없다. 이들에 대한 분석은 차후의 과제로 삼겠다.
106) 『三國史記』卷40, 雜志9 職官下 武官 諸軍官, "三千幢主 音里火停六人 … 共六十人 著衿 位自舍知至沙飡爲之 … 三千監 音里火停六人 … 共六十人 著衿 位自舍知至大奈麻爲之 … 三千卒 百五十人 位自大奈麻已下爲之"
107) 『三國史記』卷47, 列傳7 驟徒, "太宗大王時 … 道玉語其徒曰 … 乃詣兵部 請屬三千幢 遂隨軍赴敵場"

新三千幢도 그 명칭을 고려하면 삼천당을 전범으로 편성되었을 것이다.[108] 삼천당의 구체적인 역할과 성격은 아직 불확실하지만, 이것이 일시적인 조직이 아니라 제도적으로 중요한 의미를 가졌음은 인정할 수 있다.

삼천당이 진흥왕 5년(544)에 처음으로 설치되었다면,[109] 그것은 이 무렵부터 신라의 군사력이 3천 명을 중심 단위로 일정하게 규격화되었음을 의미한다. 삼천당의 명칭에 사용된 '三千'은 무관조의 四千幢과 함께 생각하면,[110] 1개 부대의 규모에서 왔다고 보는 편이 자연스럽다.[111] 실제로 사료에서 3천 명 규모의 신라군이 출진하는 사례를 적지 않게 찾을 수 있고, 이로 인해 중고기 신라에서 3천이라는 숫자가 관념상으로 1명의 장군이 이끄는 단위 부대의 규모로 받아들여졌다고 추정하기도 했다.[112] 또한 근래에는 『삼국사기』에 나타난 출진한 신라군의 병력 규모에서 큰 비중을 차지하는 3천, 5천, 1만 명을 독립 작전이 가능한 단위로 볼 수 있다는 견해도 제기되었다.[113] [C-1]과 [C-2]에서도 이들을 기준으로 병력 규모의 구간을 설정했다는 점에서 시사하는 바가 크다.

아래에서는 『삼국사기』를 비롯해 여러 문헌에서 알 수 있는 신라 및 관련 집단의 군사 활동 중 3천, 5천, 1만 명의 사례를 각각 정리했다.[114]

표 1. 3천 명 규모의 병력 사례

순번	시기	소속	성격	역할	출전
1	소지마립간 8년(486)	신라	丁夫	산성 개축	삼국사기
2	법흥왕 16년(529)	신라	衆	왜와 충돌	일본서기
3	진흥왕 9년(548)	신라	勁卒, 甲卒	백제 구원	삼국사기
4	진흥왕-진평왕	신라	騎兵	述宗公의 임지 부임	삼국유사
5	선덕왕 11년(642)	신라	勇士	김춘추 구출	삼국사기
6	문무왕 10년(670)	신라	精兵	당 공격	삼국사기
7	문무왕 21년(681)	신라	精兵	比列忽 진수	삼국사기
8	민애왕 원년(838)	청해진	馬軍, 馬兵	신라 공격	삼국사기
9	효공왕 10년(906)	고려	兵	沙火鎭 공격	고려사
10	효공왕 14년(910)	후백제	步騎	羅州 공격	삼국사기
11	경명왕 4년(920)	고려	開定軍	鶻巖鎭 평정	고려사, 고려사절요
12	경애왕 2년(925)	후백제	騎	曹物城 공격	삼국사기, 삼국유사
13	태조 19년(936)	고려	步卒	후백제 공격	삼국사기

---

108) 『三國史記』 卷40, 雜志9 職官下 武官 凡軍號, "新三千幢【一云外三千】 一曰牛首州三千幢 … 三曰奈生郡三千幢 十六年置 衿色未詳"; 한준수, 2015, 「신라 통일기 新三千幢의 설치와 운용」, 『한국고대사연구』 78, 한국고대사학회, pp.302-309.

109) 井上秀雄, 1974, 「新羅兵制考 - 職官志兵制の組織を中心として -」, 『新羅史基礎研究』, 東京: 東出版, pp.191-192.

110) 『三國史記』 卷40, 雜志9 職官下 武官 凡軍號, "四千幢 眞平王十三年置 衿色黃黑"

3천 명은 이어서 살펴볼 5천, 1만 명과 비교하면 출현 횟수가 가장 많을 뿐만 아니라, 전쟁 외의 경우도 종종 나타난다. 우선 1번은 지휘의 주체가 장군 실죽이었으므로,[115] 산성의 개축을 위해서지만 출진에 준해 동원되었다고 생각한다. 4, 7, 11번은 鎭守 책임자의 부임으로, 군사적 충돌이 예상되는 지역에 배치하는 병력의 기본 규모가 3천 명이었다고 해석할 수 있다.[116] 5번은 다른 기사에서 고구려에 억류된 김춘추를 구출하기 위해 김유신이 1만 명을 지휘했다고 했지만,[117] 백제의 압박에 시달리던 상황에서 그 정도 규모의 병력을 고구려 방면에 할애할 수 있었을지 의심스러우므로 5번 기사가 더 믿을 만하다고 생각한다.[118] 한편 6번 기사에서 沙湌 薛烏儒가 신라군 1만 명을 이끌었다고 했지만,[119] 이들 중 신라의 정규군은 3천 명이었다고 추정된다. 출진 당시 옛 고구려 영역에서의 원활한 작전 수행을 위해, 문무왕 8년(668)에 사로잡은 고구려 포로 7천 명이 함께 투입되었을 가능성이 높기 때문이다.[120] 아울러 8번과 10번에서는 3천 명이 보다 큰 규모의 부대를 구성하는 단위로도 등장했다. 이러한 점을 감안하면 3천 명은 신라의 군사제도에서 오랜 기간 긴요하게 활용된 병력 규모였다고 할 수 있다.

표 1에서 알 수 있듯이, 7번을 마지막으로 3천 명 규모의 신라군이 전쟁을 수행하는 모습은 사료에 나타나지 않는다. 그러나 3천 명의 중요성을 상징하는 삼천당이 하대에도 존재했다는 사실을, 「高仙寺 誓幢和尙碑」의 명문을 통해 확인할 수 있다.

　　　[F-1] 音里火三千幢主 級湌 高金□이 새기다.[121]

'음리화삼천당주'의 의미는 다양하게 해석되지만, 일반적으로 音里火三千幢(=音里火停)의 三千幢主로 볼 수 있다.[122] 「고선사 서당화상비」는 9세기 哀莊王 시기에 건립되었으므로, 삼천당은 6세기 중반부터 이때까지 장기간 존속한 셈이다. 물론 당시 음리화삼천당이 정말 3천 명으로 편성되었는지, 음리화삼천당주가

111) 이문기, 1997, 앞의 책, p.129. 이와 달리 '三千'을 불교 관련 용어로 간주해 삼천당을 승병 부대로 보는 견해도 있다(이인철, 1989, 「新羅骨品體制社會의 兵制」, 「한국학보」 54, 일지사, pp.184-185).

112) 강봉룡, 1994, 「新羅 地方統治體制 硏究」, 서울대학교 국사학과 박사학위논문, pp.120-121.

113) 이상훈, 2011, 「新羅의 軍事 編制單位와 編成規模」, 「역사교육논집」 48, 역사교육학회, pp.165-176.

114) 관련 집단은 淸海鎭, 後百濟, 泰封, 高麗다. 청해진은 신라의 군사 조직이었으므로, 반란 여부와 관계없이 그 병력은 신라군의 방식대로 편성되었을 것이다. 후백제 역시 견훤 본인이 신라의 군관[裨將]이었고 군사적 기반도 신라의 지방 군사 조직이었으므로(신호철, 1996, 「後百濟甄萱政權硏究」, 일조각, pp.56-57), 신라군의 편제를 차용했을 가능성이 크다. 태봉과 고려 모두 초기에 신라의 제도를 따랐음은 잘 알려져 있다. 한편 고려의 사례는 태조 19년(936)의 일리천 전투까지로 한정했다.

115) 「三國史記」 卷3, 新羅本紀3 炤智麻立干 8年(486), "拜伊湌實竹爲將軍 徵一善界丁夫三千 改築三年屈山二城"

116) 4번은 竹旨의 부친인 述宗公에 대한 것이므로, 6세기 중반의 상황이라고 할 수 있다.

117) 「三國史記」 卷5, 新羅本紀5 善德王 11年(642), "王命大將軍金庾信 領死士一萬人赴之"

118) 「三國史記」 卷41, 列傳1 金庾信上, "春秋入高句麗 過六旬未還 庾信揀得國內勇士三千人"

119) 「三國史記」 卷6, 新羅本紀6 文武王 10年(670), "沙湌薛烏儒 與高句麗太大兄高延武 各率精兵一萬"

120) 이상훈, 2012, 「나당전쟁 연구」, 주류성, p.102.

121) 「高仙寺 誓幢和尙碑」, "音里火三千幢主級湌高金□鐫"

122) 이문기, 1997, 앞의 책, p.142.

실효성이 있는 직위였는지는 추가적인 검토가 필요하다. 하지만 그와 별개로 평시에 기능하는 10개의 停을 각각 삼천당으로도 불렀다면, 이는 3천 명 규모가 신라의 군사제도와 사회 구성원의 관념 속에서 여전히 유의미한 편제 단위로 받아들여지던 상황을 반영한 결과라고 생각한다.

표 2. 5천 명 규모의 병력 사례

순번	시기	소속	성격	역할	출전
1	파사이사금 17년	신라	勇士	가야 공격	삼국사기
2	나해이사금 27년	신라	兵	백제 방어	삼국사기
3	진흥왕 23년(562)	신라	騎	가야 반란 진압	삼국사기
4	민애왕 원년(838)	청해진	兵, 勁卒	신라 공격	삼국사기
5	경애왕 4년(927)	고려	精騎	후백제 공격	삼국사기, 삼국유사, 고려사, 고려사절요
6	경순왕 3년(929)	후백제	甲兵, 甲卒	義城府 공격	삼국사기, 고려사, 고려사절요
7	경순왕 8년(934)	후백제	甲士	고려 공격	삼국사기, 고려사절요

5천 명은 다른 사례에 비해 빈도가 낮다. 또한 초기 기록인 1, 2번을 제외하면, 신라에서 5천 명의 병력만 단독으로 출진한 경우를 찾을 수 없다. 3번의 5천 騎는 가야 지역의 반란을 진압하기 위해 異斯夫가 지휘했던 병력의 일부기 때문이다. 단지 9세기 이후 청해진, 고려, 후백제에서 사용된 경우를 볼 수 있는데, 신라에서는 5천 명이 편성의 기준이 되는 규모가 아니었거나 비교적 늦게 사용되었을 가능성이 있다.

표 3. 1만 명 규모의 병력 사례

순번	시기	소속	성격	역할	출전
1	지마이사금 5년	신라	精兵	가야 공격	삼국사기
2	자비마립간 18년(475)	신라	兵	백제 구원	삼국사기
3	진평왕 25년(603)	신라	兵	고구려 방어	삼국사기
4	진덕왕 원년(647)	신라	步騎	백제 방어	삼국사기
5	흥덕왕 3년(828)	청해진	卒, 人	청해진 설치	삼국사기
6	경명왕 4년(920)	후백제	步騎	신라 공격	삼국사기
7	경애왕 4년(927)	고려	勁兵, 兵	신라 구원	삼국사기, 삼국유사, 고려사, 고려사절요
8	태조 19년(936)	고려	步騎 / (左綱) 馬軍 / (左綱) 步軍 / (右綱) 馬軍 / (右綱) 步軍	후백제 공격	삼국사기, 고려사, 고려사절요

1만 명은 전체 횟수는 5천 명과 비슷하지만,[123] 초기 기사인 1번을 제외하면 신라가 국가 체제를 본격적으로 갖출 무렵부터 지속해서 나타나는 경향을 확인할 수 있다. 5번에서 처음 청해진을 설치할 때 배치된 1만 명이 신라의 정규군이었는지 장보고가 완도 일대에서 직접 모집한 주민인지는 단정할 수 없지만, 그 성격은 차치하고 신라군의 기준에 맞춰 정해진 규모였을 것이다.[124] 특히 7세기부터 1만 명 규모의 병력이 빈번하게 출진하는데, 이 무렵에 전쟁이 격화되면서 1만 명은 3천 명과 더불어 주요 단위로 사용되었다고 추정된다.

한편 3천, 5천, 1만 명 외에 사료에서 1천 명 규모의 병력이 군사 활동에 투입되는 경우도 확인할 수 있으므로, 1천 명이 신라의 군사제도에서 갖는 의미도 생각할 필요가 있다. 해당 사례를 정리하면 아래와 같다.

표 4. 1천 명 규모의 병력 사례

순번	시기	소속	성격	역할	출전
1	남해이사금 11년	신라	六部兵	낙랑 방어	삼국사기
2	파사이사금 15년	신라	騎	가야 방어	삼국사기
3	나물이사금 9년(364)	신라	勇士	왜 방어	삼국사기
4	나물이사금 38년(393)	신라	步卒	왜 방어	삼국사기
5	진흥왕 11년(550)	신라	甲士	도살성, 금현성 진수	삼국사기
6	진평왕 24년(602)	신라	甲卒	백제 방어	삼국사기
7	선덕왕 5년(636)	신라	人	백제 방어	삼국유사
8	태조 19년(936)	고려	(中軍) 步軍	후백제 공격	고려사, 고려사절요
			(中軍) 步軍		
			(中軍) 步軍		

초기 기사인 1, 2번을 제외하면, 1천 명은 전체 부대를 구성하는 예하 단위의 병력으로 등장하는 비율이 상대적으로 높다. 4번은 2백 명의 기병과 1천 명의 보병이 하나의 부대를 이루었고,[125] 5번은 道薩城과 錦峴城을 공략한 신라군 중 진수를 위해 남겨진 병력이었으며,[126] 6번은 阿莫城 전투에 투입된 신라군 중 백제군을 추격한 일부 부대였다.[127] 또한 7번에서는 전체 2천 명의 부대가 1천 명의 두 단위로,[128] 8번에서는

---

123) 기사에 따라 선덕왕 11년(642)과 문무왕 10년(670)에도 신라군 1만 명의 출진이 확인되지만, 실제로는 3천 명 규모였을 가능성이 높다는 점을 앞에서 서술했다.

124) 당의 鎭도 1만 또는 5천 명 규모의 병력으로 구성되었다(『唐六典』 卷5, 尙書兵部 兵部郞中, "凡鎭皆有使一人 副使一人 萬人以上 … 五千人以上 …").

125) 『三國史記』 卷3, 新羅本紀3 奈勿尼師今 38年, "倭人來圍金城 … 王先遣勇騎二百 遮其歸路 又遣步卒一千"

126) 『三國史記』 卷4, 新羅本紀4 眞興王 11年(550), "取二城增築 留甲士一千戍之"

127) 『三國史記』 卷27, 百濟本紀5 武王 3年(602), "解讎不利 引軍退於泉山西大澤中 伏兵以待之 武殿乘勝 領甲卒一千 追至大澤"

一利川 전투에 투입된 고려군 중 中軍의 보병 총 3천 명이 1천 명의 세 단위로 구성되었음을 알 수 있다. 아울러 앞의 세 사례에 비해 그 활동 범위가 넓지 않았다는 점도 1천 명 규모의 병력이 갖는 특징이다.[129) 그러므로 1천 명은 기본적으로 독립적으로 전쟁을 수행하는 부대의 편성 시 사용되는 단위이자, 근접한 적에 대한 요격 등 단기간의 작전에 투입할 수도 있는 병력이었다고 여겨진다. 이와 관련해 신라의 隊는 1천 명으로 편성되었고 전체 부대를 구성하는 동시에 상황에 따라 분리되어 활동할 수 있는 전술 단위였음을 입증한 견해도 방증이 된다.[130)

당과 일본에서도 유사한 모습을 확인할 수 있다. 당에서는 軍鎭의 책임자 휘하에 副將 역할을 하는 子總管이 있었고, 자총관이 지휘하는 1천 명 규모의 단위 병력이 전체 부대를 구성했다.[131) 일본의 경우, [C-2]에 대한 『영의해』의 주석에서 5천 명 이상은 9천 명 이하까지며 3천 명 이상은 4천 명 이하까지를 의미한다고 설명했다.[132) 즉, [C-2]만으로는 3천 명 이상부터 5천 명 미만까지의 구간을 3,000~4,999명으로 해석할 수 있으므로, 그것이 3천 명부터 4천 명까지라는 상세 설명을 덧붙인 것이다. 이는 출진하는 부대의 증편이 대개 1천 명 단위로 이루어졌다는 사실을 암시한다. 5천 명 이상부터 1만 명 미만까지의 구간에 대한 주석에서 9천 명을 한계로 제시한 것도 같은 취지일 것이다.

결국 신라에서는 늦어도 7세기 중반부터 하대까지 1개 부대가 장군 및 그를 보좌하는 부장군의 지휘를 받고, 복수의 부대가 함께 출진할 때는 최고 지휘관으로 대장군을 추가하는 방식이 정비, 사용되었다고 할 수 있다. 또한 3천 명을 기본으로 1만 명 혹은 5천 명이 편성 규모의 기준 단위였으며, 1개 부대는 1천 명 규모의 전술 단위로 구성 및 가감되었다. 이들이 [C-2]의 주요 요소와 대체로 일치한다는 점은 쉽게 알 수 있다. 나아가 이러한 사실은 「양로군방령」의 이 조문이 당령인 [C-1]과 다르게 지휘관 전체의 배치 방식을 규정하고, 3천 명 이상부터 5천 명 미만까지의 구간을 덧붙인 배경에 신라의 관련 영 조문이 있었다는 가정을 충분히 뒷받침한다고 생각한다. 본문에서 검토한 결과를 토대로, 출진하는 부대의 지휘부 구성에 대한 신라의 영 조문을 복원하면 아래와 같다.

凡將帥出征 兵滿一萬人以上 將軍一人 副將軍二人 (大官大監)[133)](二人)[134) …135) (五千人以上 減 …)[136) 三千人以上 減 … 各爲一軍 每惣三軍 大將軍一人

---

128) 『三國遺事』卷1, 紀異 第1 善德王知幾三事, "王急命角干閼川弼呑等鍊精兵二千人 … 二角干旣受命各率千人間西郊"

129) 표 4의 1, 3, 4, 7번이 여기에 해당한다.

130) 최상기, 2013, 앞의 논문, pp.48-50.

131) 『通典』卷149, 兵2 法制, "大唐衛公李靖兵法曰 … 其大總管及副總管 則立十旗以上 子總管則立四旗以上"; 『唐六典』卷5, 尙書兵部 兵部郎中, "凡諸軍鎭每五百人置押官一人 一千人置子總管一人"; 孫繼民, 1995, 『唐代行軍制度研究』, 臺北: 文津出版社, pp.163-167.

132) 『令義解』, 軍防令 第17 將帥出征, "五千人以上【謂 九千人以上也】 … 三千人以上【謂 四千人以上也】 …"

133) 당과 일본 모두 행군총관 또는 장군 외에도 지휘부에 포함되는 군관이 있었다. 이와 관련하여 무관조에 장군 바로 아래의 군관으로 大官大監이 있다. 대관대감은 비록 활동 양상이 전혀 나타나지 않지만, 무관조의 여러 군관 중 장군을 제외하면 유일하게 군사 조직을 '관장[掌]'한다고 서술되었다. 그러므로 여기에서는 장군과 부장군에 이어 대관대감을 조문에 포함시키고

IV. 맺음말

지금까지의 논의를 정리하면 다음과 같다. 신라의 율령은 6세기 초반에 제정된 후, 필요한 부분만 변경, 집성하는 방식으로 정비가 이루어졌다. 군사력의 운용과 관련된 규정은 이러한 방식에 힘입어 상황에 따라 신속하게 수정되었는데, 긴박해지는 7세기의 국제 정세에 대응한다는 취지 아래 당령의 서술 형식에 따라 신라의 고유한 용어를 사용해 조문을 만들었다고 여겨진다. 한편 고대 일본의 「양로군방령」과 「대보군방령」은 오직 당의 군방령만 전범으로 삼아 만들어졌다는 인식이 일반적이었다. 그러나 『대보율령』과 그 이전의 『정어원령』을 편찬하던 7세기 후반에 일본과 당의 관계는 삼국통일전쟁의 발발과 함께 단절되었고, 당 율령의 해석과 적용에 필요한 기술과 정보는 당시 외교적으로 밀착했던 신라로부터 전해졌다. 또한 『양로령』은 『대보령』을 거의 그대로 계승했으므로, 「양로군방령」에서 나타나는 당령과의 차이 중의 상당수는 신라의 令으로부터 영향을 받은 결과라고 할 수 있다. 학령, 가녕령 등 『양로령』의 다른 편목에서 나타나는 당령과의 차이점을 신라 사회에서 발견할 수 있다는 점은 이미 잘 알려져 있다. 따라서 「양로군방령」과 당 군방령을 비교해서 도출한 차이점을 신라의 사례와 함께 검토함으로써, 신라의 군사 관련 영 조문을 복원할 수 있다.

지휘부의 구성 방식을 제시한 당 군방령과 「양로군방령」의 해당 조문을 비교하면, 전체적인 구조는 유사하지만 전자가 사무 관인의 정원과 두 구간으로 구분한 병력 규모를 서술한 반면, 후자는 지휘관 전체의 정원을 규정하고 병력 규모도 세 구간으로 나눴다. 특히 중국에서 사례를 찾기 어려운 부장군이 조문에 포함되었는데, 이는 신라에서 문헌은 물론 「경주 흥덕왕릉 비편」의 명문에서도 확인할 수 있다. 신라의 부장군은 1개 부대의 최고 책임자인 장군을 보좌하는 지위였고, 7세기부터 하대까지 신라의 군사제도에서 공식적으로 사용하는 용어로서 일본에 도입되었다고 추정된다. 아울러 3개의 부대를 함께 투입할 경우 각 부대의 지휘부 위에 대장군을 배치한다는 「양로군방령」 규정의 실제 사례도 신라에서 확인할 수 있다.

일본의 「양로군방령」은 당령과 달리 3천 명 이상 5천 명 미만의 병력 규모 구간을 추가했다. 이는 일본에서 독립적으로 전쟁을 수행할 수 있는 최소 규모가 3천 명이었음을 의미하는데, 신라에서도 3천 명은 중요하게 취급된 편성 단위였다. 병력 규모가 확인되는 기사에서 신라군 3천 명의 출진 사례가 가장 큰 비중을 차지하며, 6세기 중반 삼천당의 설치는 이 무렵부터 신라군이 3천 명을 기준으로 규격화되었음을 보여

괄호를 덧붙였다.

134) [C-2]에 따르면 1만 명 규모의 병력에서 지휘를 담당하는 인원은 총 5명[장군 1명, 부장군 2명, 군감 2명]이다. 이와 관련하여 비록 사료에 정확한 병력 규모는 서술되지 않았지만, 1만 명 이상의 신라군이 투입되었을 가능성이 크면서 지휘부 구성원을 비교적 구체적으로 밝힌 진평왕 24년(602)의 아막성 전투 및 진평왕 51년(629)의 낭비성 전투에서 동일하게 5명의 고위 지휘관이 확인된다. 그러므로 여기에서는 대관대감(추정)의 정원을 2명으로 복원하고 괄호를 덧붙였다.

135) 이 부분은 지휘부 내의 사무 담당 실무관의 명칭과 정원이 들어갈 곳이다. 현재까지 무관조를 비롯해 사료에서 이러한 역할을 맡은 군관 또는 관인을 발견할 수 없으므로, 여기에서는 비워두었다.

136) 앞에서 서술했듯이 신라에서 5천 명은 편성의 기준이 되는 규모가 아니거나 상대적으로 늦게 사용했다고 추정되므로, 여기에서는 괄호를 덧붙였다.

준다. 특히 「고선사 서당화상비」의 명문에 등장하는 음리화삼천당주는 하대까지 3천 명이라는 단위가 갖는 중요성이 사라지지 않았음을 보여준다. 또한 신라 역시 3천 명 외에 1만 혹은 5천 명을 편성 단위로 사용되었고, 1개 부대의 내부를 1천 명 단위로 구성했다.

이 글에서는 이상의 내용을 토대로 지휘부 구성을 규정한 신라의 영 조문을, '凡將帥出征 兵滿一萬人以上 將軍一人 副將軍二人 (大官大監)(二人) … (五千人以上 減 …) 三千人以上 減 … 各爲一軍 每惣三軍 大將軍一人'으로 복원했다. 이는 율령을 비롯해 신라의 다양한 공적 규정 체계를 규명하기 위해 필요한 기초적인 재료를 제공했다는 의의를 갖는다. 차후에는 이러한 작업의 결과물을 토대로, 신라의 영에서 당령과 다른 부분이 나타나는 배경, 당령 이전에 영향을 미친 중국 왕조의 공적 규정 등에 대해서도 연구를 확장하겠다.

투고일: 2024.12.01.　　　심사개시일: 2024.12.02.　　　심사완료일: 2024.12.11.

참고문헌

1. 사료

『三國史記』, 『三國遺事』, 『高麗史』, 『高麗史節要』.

『唐六典』, 『通典』, 『舊唐書』, 『遼史』.

『日本書紀』, 『續日本記』, 『善鄰國寶記』, 『令義解』, 『令集解』.

한국사데이터베이스 한국고대사료DB(https://db.history.go.kr/ancient/main.do).

2. 단행본

기요하라노 나츠노 저/이근우 역주, 2014, 『영의해 역주 상』, 세창출판사.

김영심, 2022, 『백제의 이주지식인과 동아시아 세계』, 지식산업사.

김택민·임대희 주편, 1994, 『譯註 唐律疏議(Ⅰ) - 名例編 -』, 한국법제연구원.

김택민·하원수 주편, 2013, 『천성령 역주』, 혜안.

김창석, 2020, 『왕권과 법』, 지식산업사.

나희라, 2003, 『신라의 국가제사』, 지식산업사.

노태돈, 2009, 『삼국통일전쟁사』, 서울대학교 출판부.

신호철, 1996, 『後百濟甄萱政權硏究』, 일조각.

이강언 외, 2012, 『(수정증보판) 최신 군사용어사전』, 양서각.

이기동, 1997, 『新羅社會史硏究』, 일조각.

이문기, 1997, 『新羅兵制史硏究』, 일조각.

이상훈, 2012, 『나당전쟁 연구』, 주류성.

이영호, 2014, 『신라 중대의 정치와 권력구조』, 지식산업사.

吉永匡史, 2016, 『律令國家の軍事構造』, 東京: 同成社.

吉田孝, 1983, 『律令國家と古代の社會』, 東京: 岩波書店.

松本政春, 2002, 『律令兵制史の硏究』, 大阪: 淸文堂.

松本政春, 2003, 『奈良時代軍事制度の硏究』, 東京: 塙書房.

野田嶺志, 1984, 『律令國家の軍事制』, 東京: 吉川弘文館.

野田嶺志, 2010, 『日本古代軍事構造の硏究』, 東京: 塙書房.

仁井田陞, 1964, 『(復刻板) 唐令拾遺』, 東京: 東京大學出版會.

仁井田陞 著/池田溫 編輯代表, 1997, 『唐令拾遺補 -附唐日兩令對照一覽』, 東京: 東京大學出版會.

井上光貞 외 校注, 1976, 『律令』, 東京: 岩波書店.

天一閣博物館·中國社會科學院歷史硏究所天聖令整理課題組 校證, 2006, 『天一閣藏明鈔本天聖令校證 附唐令 復原硏究 下冊』, 北京: 中華書局.

3. 논문

강봉룡, 1994, 「新羅 地方統治體制 硏究」, 서울대학교 국사학과 박사학위논문.

김창석, 2010, 「신라 法制의 형성 과정과 율령의 성격 - 포항 중성리신라비의 검토를 중심으로 -」, 『한국고 대사연구』 58, 한국고대사학회.

박유정, 2022, 「8세기-9세기 초 渤海-新羅의 경계와 충돌」, 『한국고대사연구』 108, 한국고대사학회.

여호규, 2002, 「新羅 都城의 空間構成과 王京制의 성립과정」, 『서울학연구』 18, 서울시립대학교 서울학연구소.

연민수, 2003, 「統一期 新羅와 日本關係 - 公的 交流를 중심으로」, 『강좌 한국고대사 4』, 가락국사적개발연 구원.

이상훈, 2011, 「新羅의 軍事 編制單位와 編成規模」, 『역사교육논집』 48, 역사교육학회.

이인철, 1989, 「新羅骨品體制社會의 兵制」, 『한국학보』 54, 일지사.

이인철, 1994, 「新羅律令의 篇目과 그 內容」, 『정신문화연구』 17-1, 한국학중앙연구원.

이현숙, 2002, 「신라 중대 醫療官僚의 역할과 지위변화」, 『사학연구』 68, 한국사학회.

이현주, 2015, 「新羅 倭典의 성격」, 서울대학교 국사학과 석사학위논문.

전덕재, 1997, 「新羅 下代 鎭의 設置와 性格」, 『군사』 35, 국방부 군사편찬연구소.

전덕재, 2000, 「7세기 중반 관직에 대한 관등규정의 정비와 골품제의 확립」, 『한국 고대의 신분제와 관등 제』, 아카넷.

전봉덕, 1956, 「新羅의 律令攷」, 『논문집』 4, 서울대학교.

정병준, 2015, 「韓國 古代 律令 硏究를 위한 몇 가지 提言 - 近來의 '敎令制說'을 중심으로 -」, 『동국사학』 59, 동국대학교 동국역사문화연구소.

정호섭, 2020, 「신라 영(令)의 편목(篇目)과 학령(學令)의 재현」, 『한국사연구』 191, 한국사연구회.

최상기, 2013, 「6-7세기 신라 六停의 戰時 운용」, 『한국사론』 59, 서울대학교 국사학과.

최상기, 2020, 「新羅 將軍制 연구」, 서울대학교 국사학과 박사학위논문.

최상기, 2021, 「신라 영의 복원 가능성에 대한 시론」, 『한국고대사를 바라보는 다양한 시선』, 진인진.

한영화, 2010, 「7-9세기 신라와 일본의 율령에 대한 연구동향 고찰」, 『고대 동아시아 재편과 한일관계』, 경 인문화사.

한영화, 2018, 「신라 상대의 王命과 "國法"의 성립 과정」, 『역사와 담론』 85, 호서사학회.

한준수, 2015, 「신라 통일기 新三千幢의 설치와 운용」, 『한국고대사연구』 78, 한국고대사학회.

홍승우, 2011, 「韓國 古代 律令의 性格」, 서울대학교 국사학과 박사학위논문.

홍승우, 2015, 「『三國史記』 職官志 武官條의 기재방식과 典據資料」, 『사학연구』 117, 한국사학회.

高橋崇, 1965,「軍団の兵士と兵器」,『古代學』12-1, 古代學協會.

瀧川政次郎, 1931,『律令の研究』, 東京: 刀江書院.

大隅清陽, 2008,「大寶律令の歷史的位相」,『日唐律令比較研究の新段階』, 東京: 山川出版社.

北啓太, 1993,「律令國家における將軍について」,『日本律令制論集 上』, 東京: 吉川弘文館.

鈴木靖民, 2008,「日本律令の成立と新羅」,『日唐律令比較研究の新段階』, 東京: 山川出版社.

李成市, 2004,「新羅文武·神文王代の執權政策と骨品制」,『日本史研究』500, 日本史研究會.

井上光貞, 1976,「日本律令の成立とその注釋書」,『律令』, 東京: 岩波書店.

井上秀雄, 1974,「新羅兵制考 - 職官志兵制の組織を中心として -」,『新羅史基礎研究』, 東京: 東出版.

直木孝次郎, 1968,『日本古代兵制史の研究』, 東京: 吉川弘文館.

板本太郎, 1969,「大寶令と養老令」,『日本史籍論集』, 東京: 吉川弘文館.

和田一博, 1979,「律令軍団制と点兵率」,『藝林』28-1, 藝林會.

黒板勝美, 1976,「凡例」,『(新訂增補 國史大系 普及版) 令義解』, 東京: 吉川弘文館.

黒板勝美, 1985,「凡例」,『(新訂增補 國史大系 普及版) 令集解 1』, 東京: 吉川弘文館.

⟨Abstract⟩

Restoration of the provisions of Silla's military-related laws

Choi, Sang Ki

It was generally recognized that the ancient Japanese Gunbangryeong(軍防令) was created solely based on the Tang Yulryeong(律令). However, in the latter half of the 7th century, the relationship between Japan and the Tang was severed, and the information necessary for the interpretation and application of the Tang Yulryeong were transmitted from Silla. Many of the differences between Japanese Yulryeong and the Tang Yulryeong can be said to be the result of influence from the Silla Yulryeong. Therefore, by examining the differences along with Silla cases, it is possible to restore the provisions of Silla. Comparing the corresponding articles of Tang and Japan, which presented the composition of the command, while the former describes the number of administrative officials and the size of the troops divided into two sections, the latter stipulates the number of all commanders and divides the size of the troops into three sections. In particular, Bujanggun(副將軍), which is difficult to find examples of in China, is included in the article, which can be confirmed in the cases of Silla. The Bujanggun of Silla was a position that assisted the general, and it is presumed that it was introduced to Japan as a term officially used in Silla. Japanese Gunbangryeong added a troop size range of 3,000 to 5,000. This means that the minimum number of people who could independently wage war in Japan was 3,000, and it was also an important unit of organization in Silla. The cases of the 3,000 Silla army going on an expedition accounts for the largest proportion, and the installation of the Samcheondang(三千幢) in the mid-6th century shows that the Silla army was standardized around this time based on 3,000 people. In particular, the Umlihwasamcheondangjoo(音里火三千幢主) shows that the importance of the 3,000-man unit did not disappear until the later period.

▶ Key words: military system, Yulryeong(律令), Gunbangryeong(軍防令), Bujanggun(副將軍), Daejanggun(大將軍), scale of military force, Samcheondang(三千幢)

양주 대모산성 목간1의 인물 형상에 대한 검토

이재환*

〈국문초록〉

본고는 양주 대모산성 목간1 Ⅰ면의 인물 형상이 어떤 존재를 표현한 것인지 추적해 본 것이다. 아직 목간 전체의 내용을 구체적으로 파악하기는 어렵지만, 일단 '城의 大井'에 (거주하고) 있는 '大龍'이라는 존재에 대한 儀式과 관련된 것임은 인정된다. Ⅴ면 2행에서 '咎'字가 판독되었으며, 다음 글자도 유사한 의미를 가지는 '殃'字일 가능성이 있다. 해당 의식은 大龍에게 '咎殃'을 없애 달라고 기원하는 것이었다고 해석할 수 있겠다.

고대 한반도의 주술 관련 유물에서 확인되는 인물 형상들을 모아 보면, 인간으로 여겨지는 경우 실존 인물을 표현한 것으로 보이는 것도 있으나, 가상의 인격으로 간주할 만한 것이 더 많으며, 假面이나 얼굴 모양 토제품은 보통 神格을 나타낸 것으로 이해된다.

양주 대모산성 목간1의 인물 형상에는 乳頭가 묘사되어 있어서 적어도 상반신은 裸體임을 알 수 있다. 神이나 龍으로 보기에는 어색하다고 여겨진다. 인간을 대신하는 용도를 가진 日本의 人形代 중에는 裸身으로 여겨지는 것들이 있으며, 고대 한반도의 인물 형상 중에서도 창녕 화왕산성 목간4에는 여성이 나체로 그려졌다. 龍에게 바쳐지는 가상의 人格으로서 Ⅳ면에서 '此人'으로 지칭되며 설명이 이어지는 '茂金'이 그려졌을 가능성이 상정된다. 단, '此人' 이하의 내용을 犧牲으로서의 供獻으로 해석할 수 있을지 의문이며, '政

---

* 중앙대학교 역사학과 부교수

開三年'에 '辛亥歲卄六'이라는 인적 사항이 딱 들어맞는 점 또한 가상의 인격으로 파악하는 해석을 주저하게 만든다.

목간의 내용 속에서 찾아지는 또 다른 존재로 '鬼'를 들 수 있다. Ⅴ면 3행의 첫 번째 글자는 기존에 '閑人'의 合字 정도로 추정해 왔으나, '鬼'로 판독하는 것이 가능하다. 鬼는 咎殃의 원인으로 간주되는 존재로서, 咎殃의 소멸을 위해서는 驅逐되어야 한다. 驅逐 이후 封印하기도 하나, 龍에게 잡아먹어 달라고 부탁하는 방식이 日本 奈良縣 平城京跡 左京三條二坊八坪二條大路 濠狀遺構 출토 목간이나 唐代 孫思邈의 『千金翌方』에서 확인된다. 敦煌文書 P3358 護宅神曆卷에 묘사된 鬼들은 상반신이 나체이거나 얼굴과 문자가 뒤섞인 상태로 표현되어, 양주 대모산성 목간1의 인물 형상과 유사성을 보여준다.

▶ 핵심어: 양주 대모산성 목간1, 泰封, 大龍, 咎殃, 人形, 鬼

I. 머리말

지난 2023년 10월 6일, 경기도 양주시 백석읍 대모산 정상부에 조성된 대모산성의 성내 상단부 원형집수시설에서 목간이 1점 발견되었다.[1] 길이 30.8㎝에 달하는 대형의 막대목간으로서, 8면으로 다듬어졌다. Ⅱ면·Ⅲ면·Ⅳ면·Ⅵ면·Ⅶ면에는 1행씩, Ⅴ면에는 3행으로 문자가 서사되고 마지막 Ⅷ면은 비워졌다. 문자가 그림과 뒤섞여 있는 것으로 보이는 Ⅰ면을 제외하더라도, 총 8행에 걸쳐 123字에 달하는 문자가 묵서되어, 지금까지 한반도에서 발견된 목간 중 가장 많은 글자수를 가진다. 특히 묵서 중 '政開'라는 泰封의 연호가 확인되어, 최초의 태봉 목간으로서 큰 관심을 받고 있다.

하지만, 아직 이 목간에 대한 연구는 본격화되고 있지 못한 상태이다. 묵흔이 비교적 선명한 편임에도 불구하고 판독을 확정하기 어려운 문자들이 아직 많이 남아 있으며, 吏讀 표현이라고 생각되는 부분들에 대하여 해독 방안이 제시되지 않은 상태이기 때문이다. 구체적 문맥의 파악에 따라 기존의 판독 일부 또한 바뀔 가능성이 있다. 향후 관련 자료들과의 본격적 비교 검토가 이루어질 것으로 기대된다.

따라서 목간의 전체 내용을 구체적으로 파악하는 것은 이러한 문제들이 어느 정도 해결된 이후로 미뤄두고, 본고는 인상적인 Ⅰ면의 인물 형상에 초점을 맞추어 보고자 한다. 그 정체는 과연 무엇일까? '정답'을 제시하는 것은 애초에 불가능할 수 있겠지만, 가능한 해석을 제기해 두는 것을 목적으로 하여 검토를 진행해 보겠다.

---

1) 해당 발견에 대한 소개는 김병조·고재용, 2024, 「양주대모산성 원형집수시설 출토 목간 – 양주대모산성 13차 발굴조사 –」, 『木簡과 文字』 第32號 참조. 발굴자는 '목간'이라고만 지칭하였으나, 본고에서는 오택현·이재환, 2023, 「백제·신라 목간의 집계와 범례의 제안」, 『木簡과 文字』 第30號, p.240에서 제시한 제안 호칭의 기준에 따라 '양주 대모산성 목간1'로 표기하고자 한다.

II. 양주 대모산성 목간1의 성격

양주 대모산성 목간1의 발견 이후, 2023년 11월 20일부터 21일까지 이틀에 걸쳐 기호문화유산연구원에서 1차 판독을 진행하여 그 결과가 보도를 통해 공개되었으며, 2024년 1월 27일에는 한국목간학회 제43회 정기발표회에서 목간의 소개에 이어 한국목간학회 회원들에 의한 2차 판독이 진행되었다. 두 차례에 걸친 판독회에서 나온 의견을 필자가 정리한 것이 표 1의 판독표이다.[2]

앞서 언급한 것처럼 이 목간은 8개의 면으로 다듬어졌는데, 면의 너비는 균일하지 않아서 Ⅰ면과 Ⅴ면이 넓다. '政開三年'으로 시작하는 본격적인 문자 서사가 좁은 Ⅱ면부터 이루어졌고, Ⅰ면의 오른쪽 면이 비어 있음을 볼 때, 먼저 인물 형상을 그린 뒤 시계 방향으로 돌려 가며 문자를 썼던 것으로 추정된다.[3] 즉, 인물 형상은 이 목간에서 가장 먼저 그려진 것으로서, 단순한 낙서가 아니라 목간의 용도상 중요한 의미를 가지며, 묵서 내용과 깊게 연관된다고 할 수 있겠다.

그렇다면 이 목간은 어떤 성격을 가진 것일까? Ⅱ면에서 政開 3년(916) 4월 9일이라는 날짜와 '城의 大井(城大井)'에 (거주하고) 있는 '大龍'이라는 존재가 확인된다. 城의 大井은 이 목간이 발견된 대모산성의 원형 집수시설을 가리키는 것으로 보인다. '大井'이라는 표현은 해당 집수시설이 보통 우물들보다 특별하게 취급되었음을 짐작케 한다.[4] 이 원형집수시설을 가리킨다고는 볼 수 없지만, 양주 대모산성은 조선 후기에 祈雨祭를 지내는 곳으로 인식되고 있었다.[5] 이 목간이 大井의 大龍에 대한 儀式에 사용되고 최종적으로 大井에 投棄되었음은 분명해 보인다.

大龍에 이어지는 '亦'의 다음 글자는 형태상 '牛'로 보여서, 1차 판독회에서는 뒤에 '肉'이 많이 등장함과 연결시켜 大龍에게 祭需로서 공헌된 '소'로 해석한 바 있으나, '肉'으로 판독했던 글자들은 일괄하여 '內'로 판독이 수정되었다. 아울러 1월의 발표회에서 '牛'를 '中'으로 판독할 수 있다는 의견이 제시되었다.[6] 이를

---

2) 이 판독안은 두 차례의 논의를 정리한 김병조·고재용, 2024, 앞의 논문, p.236의 표 2, 목간 판독안을 일부 수정한 것이다. 단, 수정 또한 논의 당시의 의견을 반영해 둔 것으로, 필자가 이에 동의하는 것은 아니다. 필자의 개인적 판독안은 논의의 흐름에 따라 뒤에서 일부 제시하도록 하겠다.

3) 현재의 면 넘버링도 이와 같은 판단에 따라 1차 판독회에서 결정한 것이다.

4) 고려·조선시대 사료에 등장하는 '大井'은 '開城大井'을 가리킨다. 고려 태조 왕건의 祖母인 龍女가 판 우물로서(『高麗史』 高麗世系, "龍女初來, 卽往開州東北山麓, 以銀盂掘地, 取水用之, 今開城大井是也."), 黃龍으로 化하여 그곳을 통해 西海를 왕래하였다는 전설이 있었다(『世宗實錄』 卷148, 地理志 舊都開 開城, "龍女於宅中堀井, 常由井中往來西海, 戒夫曰: "我將入井, 愼勿見之." 作帝建 後從窓隙窺之, 龍女率女子至井邊, 俱化爲黃龍, 興雲入井. 及還, 責夫曰: "何負約爲? 吾不得在此矣." 遂與女變爲龍, 入井不還."). 朴淵 폭포·德津과 더불어 대표적인 용왕의 거처로서 祈雨의 祭場으로 손꼽혔다.

5) 『京畿誌』 古蹟條, "大母山城, 在州西五里. 邑內面旱, 則祈雨於此."
한편, 조선시대 楊州에 속했던 현재 서울의 광나루(廣津) 아래 위치해 있던 楊津祠는 용왕에 대한 祭場으로서 신라 때 北瀆이라 하여 中祀에 포함되었고, 조선 때도 小祀에 올랐다고 한다(『新增東國輿地勝覽』 卷11, 京畿 楊州牧 祠廟條, "楊津祠.【在廣津下. 有祭龍壇, 春秋降香祝. 新羅時, 稱北瀆. 躋中祀. 今載小祀.】"). 인근 지역들 또한 용 신앙과 관계가 깊었음을 짐작케 한다.

6) 서사 방식에 따라 '中'이 '牛'와 비슷하게 서사될 수 있다고 생각된다. Ⅶ면 第2字의 경우도 1차 판독회에서 '牛'로 읽었으나, '中'으로 판독하는 것 또한 가능해 보인다.

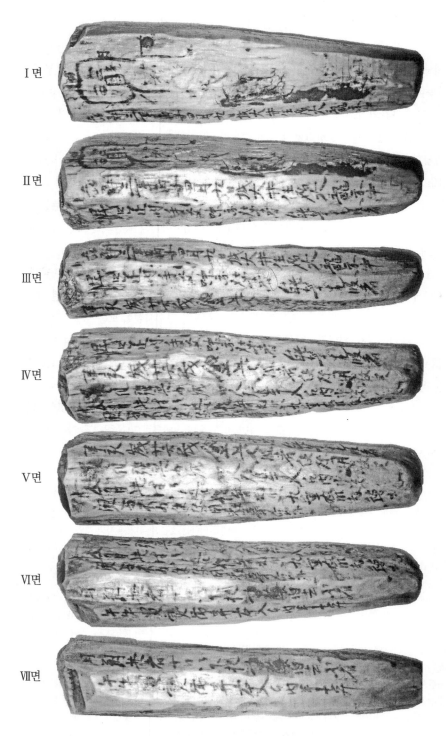

I 면

II 면

III 면

IV 면

V 면

VI 면

VII 면

그림 1. 양주 대모산성 목간 적외선 사진(묵서가 없는 VIII면은 제외)

표 1. 양주 대모산성 목간 판독표

VIII면	VII면	VI면	V면			IV면	III면	II면	I면	
			3행	2행	1행					
	午	月	{[閑][人]}	今	□18]	辛	□9]	政	눈:□1]	1
牛44]	朔	当36]	月31]	此	□19]	亥	口	開	귀:日	2
買	共41]	不	此	時	□20]	歲	送10]	三	우측 뺨:□2]	3
□45]	者	爲	時	以	強	卄	內11]	年	코+입:□3]	4
□46]	十	使	以	昝	□21]	六	手	丙	코:[水]	5
弃	日	弥	昝	從	□22]	茂	爻	子	좌측 뺨:□	6
本	以	用	從	□32]	□23]	登16]	味	四	입:□	7
入	下	教	□37]	□33]	□24]	此	亦	月	우측 가슴:厶	8
斤47]	把	□37]	[九]	史34]	八25]	人	祭12]	九	좌측 가슴:[厶]	9
內48]	□	[九]	□38]	九	在26]	□17]	者	日	□4]	10
牛49]	□	□38]	[如]39]	重	迫27]	者	能	城	□5]	11
弃	內42]	[如]39]	下40]	齋35]	二	使	□13]	大	□6]	12
	去	下40]		教	入	弥	□14]	井		13
	省43]			德	几	用	□15]	住	□	14
				云	內28]	教	者	□7]	□	15
					□29]	矣		大		16
					□30]			龍		17
								亦		18
								□8]		19

1] □ : 눕힌 日 의견이 있었음.
2] □ : 竟 의견이 있었음.
3] □ : 日 의견이 있었음.
4] □ : 如 의견이 있었음.
5] □ : [律] 의견이 있었음.
6] □ : [令] 의견이 있었음.
7] □ : [爲], 在 의견이 있었음. 1월 발표에서 所 의견이 추가됨.
8] □ : 원래 牛로 판독하였으나, 1월 발표회에서 中 의견이 나왔음.
9] □ : 昇, 罜 의견이 있었음.
10] 送 : 逆 의견이 있었음.
11] 內 : 1차 판독회에서 유사한 글자들을 일괄적으로 肉이라고 판독하였으나, 1월 발표회에서는 內 의견이 더 많았음.
12] 祭 : 1월 발표회에서 '在荇'의 두 글자로 보는 의견이 있었음.
13] □ : 等, 筆 의견이 있었음.
14] □ : 主, 至, 生 의견이 있었음.
15] □ : 段, 波/彼, 吸 의견이 있었음. 1월 발표회에서 歸, 汲 의견이 추가됨.
16] 登 : 1월 발표회에서 金 의견이 있었음.

17] □ : 1차 판독안에서 '[孤]'로 제시하였으나, 확실하지 않음. 1월 발표회에서 派 의견이 있었음.

18] □ : [最], [還] 의견이 있었음. 1월 발표회에서 Ⅲ면의 첫 번째 글자와 같은 자라는 의견이 나옴.

19] □ : 〃 의견이 있었음.

20] □ : [化], [几] 의견이 있었음.

21] □ : 惡, 兵 의견이 있었음. 1월 발표회에서 宍, 喪, 畏 의견이 추가됨.

22] □ : 九, 力 의견이 있었음.

23] □ : 歲, 滅 의견이 있었음.

24] □ : 1월 발표회에서 此, 四 의견이 있었음.

25] 八 : 1월 발표회에서 人 의견이 있었음.

26] 在 : 1월 발표회에서 存 의견이 있었음.

27] 在追 : 합해서 祭라는 의견이 있었음.

28] 内 : 1차 판독회에서 유사한 글자들을 일괄적으로 肉이라고 판독하였으나, 1월 발표회에서는 内 의견이 더 많았음.

29] □ : 1월 발표회에서 少, 中, 水 의견이 있었음.

30] □ : 1월 발표회에서 矣 의견이 있었음.

31] 月 : 1월 발표회에서 日 의견이 있었음.

32] □ : [兵], [告], 齋 의견이 있었음.

33] □ : 1차 판독회에서 [幻]로 판독하였으나 확실하지 않음. 1월 발표회에서 相 의견이 있었음.

34] 史 : 1월 발표회에서 只 의견이 있었음.

35] 齋 : 1월 발표회에서 '大元(측천문자 天)' 혹은 '大州'의 두 글자라는 의견이 있었음.

36] 当 : 1월 발표회에서 与 의견이 있었음.

37] □ : 茸, 韋 의견이 있었음. 1월 발표회에서 '矣耳'의 두 글자라는 의견이 나왔음.

38] □ : 日 의견이 있었음. 1월 발표회에서 川 의견이 나왔음.

39] [如] : 1월 발표회에서 内 의견이 있었음.

40] 下 : 1월 발표회에서 外, 不 의견이 있었음.

41] 共 : 1월 발표회에서 '井八' 의견이 있었음.

42] 内 : 1차 판독회에서 유사한 글자들을 일괄적으로 肉이라고 판독하였으나, 1월 발표회에서는 内 의견이 더 많았음.

43] 省 : 1월 발표회에서 '耂者'의 두 글자라는 의견이 있었음.

44] 牛 : 1월 발표회에서 中 의견이 있었음.

45] □ : 夑 의견이 있었음.

46] □ : [停] 의견이 있었음.

47] 斤 : 之, 〃, 凡 의견이 있었음.

48] 内 : 1차 판독회에서 유사한 글자들을 일괄적으로 肉이라고 판독하였으나, 1월 발표회에서는 内 의견이 더 많았음.

49] 半 : 羊 의견이 있었음.

따른다면 '亦中'을 합하여 吏讀的 표현으로서 '-에게'라고 해석할 수 있게 된다. '大龍王'이 등장하는 경주 전 인용사지(現 인왕동 사지) 우물 출토 전인용사지 목간의 내용이 "大龍王中白"으로 시작하여, 大龍王이 主語 가 아니라 '사룀(白)'을 받는 대상으로 나옴을 감안할 때,[7] 양주 대모산성 목간 또한 "大龍에게"로 시작할 가

---

7) 전인용사지 목간에 대해서는 이재환, 2011, 「傳仁容寺址 출토 '龍王' 목간과 우물·연못에서의 제사의식」, 『木簡과 文字』 第7號

능성이 높다고 여겨진다. 즉, 이 목간이 사용된 儀式은 大龍을 대상으로 무언가를 祈願하는 것이었다고 할 수 있겠다.

　의식의 구체적인 성격과 관련하여 Ⅴ면 2행의 '咎'가 주목된다. '咎'는 중국대륙의 자료들에서 殃·禍 등과 더불어 鬼와 같은 존재에 의해 초래되는 災殃을 가리키는 데 자주 사용되었다. 後漢代 鎭墓文에 "移殃去咎"과 "移咎去殃"으로 '咎'와 '殃'이 교차 표현되어,[8] 死者가 化하여 산 자에게 해를 끼치는 '殃'과 비슷한 의미임을 알 수 있다.[9] 甘肅省 武威 磨咀子의 무덤에서 발견된 '松人'이 그려진 木牘에서도 死者가 살아 있는 사람에게 注하여 해를 끼치는 것을 '注咎'라고 표현하였다.[10] 『赤松子章曆』에서는 사람이 죽으면 魂·魄이 흩어져 변화한다는 八殺 중 하나로 언급되기도 하였다.[11] 해당 자료들은 墓葬에 관련된 것들로서 龍을 대상으로 한 儀式에 사용된 양주 대모산성 목간1과 직결시키는 어렵겠지만, 이미 찾아온 '咎'를 종식시키거나 '咎'가 오지 않게 하는 것이 의식의 목적일 것이라는 추정은 가능하리라 생각된다.

　한편, '咎' 다음 글자는 '從'으로 판독했었는데, '殃'의 草書體와도 유사한 면이 있어 보인다. '咎殃'이 단어로서 함께 등장하는 것 또한 위의 맥락에서 벗어나지 않는다. 단, 자형의 일치 여부에 대해서는 판단이 갈릴 수 있어 가능성 정도만 제시해 두고자 한다.[12]

표 2. Ⅴ면 2행 제7자와 '殃'의 자형 비교

Ⅴ면 2행 제7자	[唐]孫過庭, 佛遺孝經	[唐]懷素, 四十二章經

　결국 이 목간의 성격은 산성 大井의 大龍에게 咎殃의 예방 혹은 소멸을 기원하는 의식에 사용된 것으로 파악할 수 있겠다. Ⅰ면의 인물 형상은 그러한 의식과 연관하여 해석해야 할 것이다. 단, 지금까지의 내용 파악만으로는 해당 인물 형상의 성격을 특정하기에 부족하다. 주술적 의식에 사용한 물건에 인물을 표현하는 것은 어떤 맥락에서인지, 그 형상

참조.

8) 光化 2年(179) 殷氏鎭墓文, "移殃去咎, 遠行千里, 移咎除殃, 更到他鄕."(趙晟佑, 2010, 「中世 中國 生死觀의 一面과 道敎 – 殃禍의 觀念을 중심으로 –」, 『中國古中世史硏究』 第25輯, p.197에서 재인용)

9) 趙晟佑, 2024, 「上章 의례를 통해 본 도교 의례 문서의 특징 –鎭墓 기물과 天師道를 보는 한 시각–」, 『木簡과 文字』 第32號, p.78에서 '咎殃'이라는 표현으로 저승에서 고통 받는 묘주에 의해 이승의 가족에게 발생하는 문제를 지칭하였다.

10) "洛子死注咎, 松人當之."(趙晟佑, 2010, 앞의 논문, p.216 및 趙晟佑, 2024, 앞의 논문, p.78 각주 19에서 재인용)

11) 『赤松子章曆』 卷6, "人死之日, 魂魄流散, 化成八殺, 雌雄咎注喪車与昌."(趙晟佑, 2010, 앞의 논문, p.195에서 재인용)

12) 필자는 기존에 Ⅴ면 2행의 제13자에 대한 '齋' 판독안을 받아들여, '九重齋'라는 道敎的 儀式일 가능성을 제시한 바 있었다(李在晥, 2024, 「古代 韓半島 呪術 關聯 遺物에 보이는 人物 形狀에 對하여 –楊州 大母山城 木簡을 中心으로–」, 『第3回 韓·中·日 木簡硏究 國際學術大會 – 東아시아 古代의 呪術과 文字 –』, 韓國木簡學會·中國社會科學院簡帛硏究中心·中國首都師範大學·日本木簡學會, pp.219-220). 그러나 '九重齋'라는 명칭이 道敎의 '齋' 중에는 확인되지 않음이 지적되었다. 아울러 '齋'의 형태로 간주하기에는 세로획이 부족하여 '齋'의 판독 자체를 인정하기 어렵다고 판단하였다. '九重齋'를 전제로 제시했던 견해는 철회하고자 한다.

이 구체적으로 누구 혹은 무엇을 나타내는 것인지 다른 사례들을 살펴볼 필요가 있다.

III. 고대 한반도 주술 유물의 인물 형상

고대 한반도의 주술 관련 유물에서 확인된 인물 형상들을 모아 보면 표 3과 같다.[13] 표 3이 '주술성'이 인정되는 모든 자료들을 정리한 것은 아니다. 樂浪 彩篋塚의 木偶를 비롯하여 신라 무덤에서 발견되는 土偶·土俑과 石人像 및 함평 금산리 방대형고분에서 출토된 인물 형상 埴輪에 이르기까지 墓葬에 사용된 人形들도 주술적 의미를 가진 것임은 분명하고, IV장에서 살필 '柏人'의 사례처럼 양주 대모산성 목간1의 인물 형상과 비교해 볼 만한 요소가 있을 수 있으나, 그 정리와 소개만에도 상당한 공력과 분량이 소요되어야 하기에 논의의 분산을 막기 위해 여기서는 정리하지 않았다.[14] 佛像이나 神將像 등 불교적 도상들도 마찬가지 이유로 일단 정리에 포함시키지 않았다. 아울러 일찍이 儺禮에 사용된 方相氏 假面으로 추정하기도 했다가 지금은 화살통으로 파악하고 있는 호우총 출토 금동 귀면문 화살통의 鬼面이나 귀면문 와당의 鬼面 등도 주술적 희망을 담고 묘사된 것이겠지만, 유물 자체가 주술적인 목적을 주로 가지고 있는 것으로 대상을 제한하였다.

인물 형상이 나타내는 대상으로 우선 '인간'을 상정할 수 있다. 이는 다시 실재하는 특정인을 표현한 것과, 실존하지 않는 가상의 인간을 표현한 것으로 구분된다. 저주나 치병을 목적으로 한 주술 행위에 사용된 물건에 묘사된 인물 형상은 특정인을 나타낼 가능성이 크다. 부여 관북리 '가'지구 백제 연못에서는 목제 인형의 일부가 발견되었는데,[15] 이것에 대해서 'marionette식 인형'의 팔과 다리로서 저주 혹은 '呪禁'에 의한 치료에 사용되었을 것이라는 추정이 제기되어 있다.[16]

일본에서 발견되는 인형들 중 대다수는 大祓儀式 등에서 인간의 '穢れ'를 대신 지워 물에 떠내려 보내는 용도로 사용되었다고 보는 것이 일반적이다. 인형에 묘사된 것은 기본적으로 해당 의식을 행하여 자신의 '穢れ'를 옮겨 보낸 특정 인물의 모습이라고 간주할 수 있겠다. 한반도에도 후대에 인간의 厄을 짚으로 만든 재웅에 옮겨서 버리는 민속이 존재하였음을 감안하면, 고대에 비슷한 방식으로 인형을 사용했을 가능성은

---

13) 李東柱, 2024, 「고대 연못 유물의 주술적 의미」, 『震檀學報』 第一百四十二號, p.18 〈표 5〉에 고대 인형 관련 유물이 정리되어 있어, 참고로 하여 토우 및 얼굴 모양 토제품 등의 사례들을 추가하였다. 단, 해당 표에 제시된 이천 설봉산성 출토 유물의 경우, 발굴자가 '塑造 神將像'으로 규정하고 고려시대에 제작되었을 것으로 추정한 바 있어(박경식·서영일·방유리, 2001, 『이천 설봉산성 2차 발굴조사 보고서(매장문화재연구소 학술조사총서 제6책)』, 단국대학교 매장문화재연구소·이천시, pp.80-81 및 p.307) 제외하였다.

14) 뒤에서 다루는 경주 재매정지 북편 坊 출토 인물형 토우와 서울 아차산성 및 김해 봉황동 한옥생활체험관 및 금관가야 추정 왕궁지 출토 토우 등은 발견지의 성격이 무덤이 아니므로 '墓葬에 사용된 人形'으로 분류되지 않는다. 이에 논의에 포함시켰다.

15) 국립부여문화재연구소, 2009, 『扶餘 官北里百濟遺蹟 發掘報告 III - 2001~2007年 調査區域 百濟遺蹟篇(國立扶餘文化財研究所 學術研究叢書 第50輯)』, p.508.

16) 윤선태, 2016, 「百濟의 '九九段' 木簡과 術數學」, 『木簡과 文字』 第17號, pp.32-33.

표 3. 고대 한반도 주술 유물의 인물 형상(墓葬 관련 유물 제외)

부여 관북리 연못 목제 인형 팔·다리	경주 안압지 목제인형	경주 동궁과 월지 가지구 1호 우물 석제인물조각상	창녕 화왕산성 연지 화왕산성 목간4	하남 이성산성 2차 저수지 목제인물상

하남 이성산성 2차 저수지 목제인면조각품	경주 재매정지 8호 지진구 납인형		경주 재매정지 북편 坊 인물형 토우	서울 아차산성 토우

김해 봉황동 한옥생활체험관 조성부지 토우2·3·4	김해 금관가야 추정 왕궁지 인물형 토우

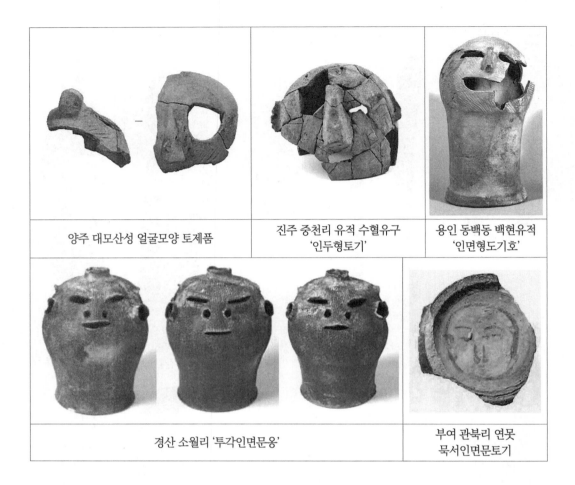

양주 대모산성 얼굴모양 토제품	진주 중천리 유적 수혈유구 '인두형토기'	용인 동백동 백현유적 '인면형도기호'
경산 소월리 '투각인면문옹'		부여 관북리 연못 묵서인면문토기

상정해 볼 만하다. 필자는 우물·연못에서 발견되는 인형들이 인간을 대신하여 龍王에게 바쳐진 공헌품이라고 추정한 바 있으나,[17] 그들 중 일부는 특정인의 厄이나 罪穢를 실어 보내려는 용도로 사용되었을 수도 있겠다. 단, 危害를 가한 직접적 흔적이 보이지 않는 경주 안압지(現 동궁과 월지) 출토 목제 인형 2점의 경우는 검토해 볼 여지가 남아 있지만,[18] 그 밖에 문헌 기록이나 자체 정황상 그와 같은 儀式에 사용되었다고 확정할 만한 유물은 아직 없다고 하겠다.

月池의 동편에 해당하는 동궁과 월지 가지구의 1호 우물에서는 석제 인물조각상이 발견되었다. 머리 부분만 남아 있는데, 상투를 하지 않고 가르마를 탔으며, 부리부리한 눈매를 가지고 있어 西域人으로 보인다

---

17) 이재환, 2011, 앞의 논문, pp.91-97,

18) 金宅圭, 1978, 「IX. 民俗學的 考察」, 『雁鴨池 - 發掘調査報告書』, 文化公報部 文化財管理局, 411-415쪽에서 '長栍'과의 유사성에 대한 지적 및 저주의 모방주술이었을 가능성의 언급과 더불어, 日本 平城宮址 出土 人形과의 비교를 통해서 "개인 자신에게 부정과 재앙이 덮쳤을 때 … 그 木像에게 … 옮겨서 이를 물에 던져 씻어버리고 흘려보내는 呪術物"일 것이라는 추정이 제기된 바 있다.

는 추정이 제기되었다.[19] 서역인임을 인정한다고 해도, 실존 인물인지 서역인의 '이미지'를 형상화한 것인지는 확신하기 어렵다. 무서운 얼굴을 가진 神格일 가능성 또한 남아 있어, 人格이라고 단정짓기도 힘든 상황이다.

창녕 화왕산성 연지 출토 화왕산성 목간4는 한 면에 여성의 裸身이 그려지고 신체 주요 부위에 못자국이 나거나 못이 박힌 채로 발견되어 주목받은 바 있다. 기우제의 暴露儀禮에 사용된 것으로서 인물 그림은 지방 유력자를 형상화한 것이라는 견해와,[20] 刺傷法의 치병 도구이며 인물상은 병에 걸린 지방 유력 가문의 여성이라는 견해가 나왔다.[21] 이에 따르면 실제 인간을 표현한 사례가 될 것이다. 그러나 필자는 인간 희생을 대신하여 龍王에게 공헌된 가상의 인격이라고 추정하고 있다.[22] 국립경주박물관 연결통로부지 우물에서 발견된 어린 아이의 인골이나 경주 동궁 3호 우물에서 나온 4구의 인골의 사례와 같이, 龍을 대상으로 한 주술적 행위에서 실제 인간 희생이 사용된 경우도 있지만, 인형으로 그것이 대체될 경우 실제의 특정인을 가리켜야 할 이유는 사라진다.

하남 이성산성 A지구 2차 저수지에서 출토된 목제인물상 또한 머리에 못을 박은 흔적이 남아 있어,[23] 역시 인간 희생을 대신하여 바쳐진 공헌품으로 여겨진다. 同 저수지에서는 이어진 4차 발굴조사에서도 목제인면조각품이 얼굴을 바닥 모래층으로 향한 채 3조각으로 파손된 상태로 발견되었다.[24] 앞의 목제인물상처럼 입체적인 형태가 아니라 납작하지만, 크기가 작아서 假面으로 사용한 것은 아님이 분명하다. 동일한 의미를 가질 것으로 짐작된다.

경주 재매정지 8호 地鎭具에서 발견된 5개의 납인형은 인간 희생 대체물의 좋은 예이다. 납인형들은 납판을 잘라 사람을 형상화한 것으로, 매납된 壺 내부에 들어 있었다.[25] 地鎭具와 墓葬이라는 맥락상 차이가 있지만 '중국'의 무덤에서 발견 혹은 언급되는 鉛人·錫人을 연상케 한다. 인간을 대신하는 가상의 존재를 묘사하였다는 점은 공통적이라고 여겨진다.

한편, 재매정지 북편 坊 11호 건물지 동편에서는 인물형 토우의 머리 부분이 출토되었다.[26] 얼굴이 꽤 사실적이며, 쓰고 있는 冠帽의 모습이 단석산 신선사의 供養者像과 유사하여 신라 복식 자료로서 주목받고 있다.[27] 단, 실존 인물의 모습인지 가상의 인물을 형상화한 것인지는 확인하기 어렵다. 비슷한 冠帽를 서울 아차산성 A지구 성내부트렌치 출토 토우도 쓰고 있다. 3cm 정도의 소형 토우로서, 머리 한가운데 작은 구멍이 수직으로 뚫려 있어 작은 물체를 끼워 사용한 것으로 보인다.[28] 정확한 용도를 추정하기 어려우나, 머리

19) 국립경주문화재연구소, 2012, 『慶州 東宮과 月池 Ⅰ 발굴조사보고서(학술연구총서 75)』, p.368.
20) 박성천·김시환, 2009, 「창녕 화왕산성 蓮池 출토 木簡」, 『木簡과 文字』 第4號, p.206.
21) 김창석, 2010, 「창녕 화왕산성 蓮池 출토 木簡의 내용과 용도」, 『木簡과 文字』 第5號, p.112.
22) 이재환, 2011, 앞의 논문, pp.92-100.
23) 金秉模·沈光注, 1991, 『二聖山城 〈三次發掘調査報告書〉』, 漢陽大學校·京畿道, pp.151-152.
24) 金秉模·金娥官, 1992, 『二聖山城 〈四次發掘調査報告書〉』, 漢陽大學校·河南市, p.159.
25) 신라문화유산연구원, 2016, 『경주 재매정지 - 유적정비를 위한 학술발굴조사 보고서 -(조사연구총서 제84책)』, pp.146-147.
26) 위의 책, p.333.
27) 위의 책, pp.374-376.

에 冠帽를 쓰고 있어 神格이라기보다는 인간을 묘사하였다고 여겨진다.

김해 봉황동 한옥생활체험관 조성부지 70호 저습지 서편 흑색 목탄퇴적물층에서 30여 점의 토우들이 일괄 출토되었는데, 3점의 인물형 토우가 포함되었다. 남동쪽으로 치우친 곳에 두 팔을 벌린 인물형 토우가 1점은 선 채로, 다른 1점은 절을 하듯이 엎드린 채로 출토되었으며, 허리와 어깨에 휘장을 두르고 있는 또 다른 1점이 모형토기군들로부터 약간 동떨어져 단독으로 출토되었다. 발굴자는 이 土偶群이 제사를 지내는 장면을 연출하고 있다고 보면서 휘장을 두르고 있는 인물은 祭司長, 팔을 벌리고 선 인물은 祖上神으로 간주하였다.[29] 이 추정에 따른다면 神과 인간을 표현한 것이 함께 발견된 것이 된다. 흥미로운 해석이나, 발굴 당시의 상태만으로 팔을 벌린 두 토우가 하나는 서 있고 다른 하나는 "절을 하듯이 엎드렸다"고 서술한 것은 자의적으로 느껴지는 측면이 있다. 두 토우는 형태상 특징이 거의 같으며, '조상신'으로 특정할 수 있을 만한 요소를 찾기 어렵다. 제사장으로 추정한 또 다른 토우의 경우, 인물 형상이 맞는지조차 확정하기 어렵다.

봉황동 토성 내측의 추정 왕궁지 유적에서도 3점의 인물형 토우가 출토되었는데,[30] 한옥생활체험관 조성부지 출토품과 이곳에서 출토된 인물 및 동물형 토우 모두 인위적으로 훼손한 양상을 보이고 있음이 지적되었다.[31] 馬形 토기를 공헌된 것으로 판단한다면, 인물형 토우도 같은 의미로 파악하는 것이 자연스러울 것이다. 이상 인간을 표현한 것으로 여겨지는 형상들은 대체로 실존 인물보다 가상의 인격으로 추정되는 경우가 많다고 하겠다.

물론 인간처럼 생겼다고 해서 모두 人格으로만 볼 수는 없을 것이다. 많은 神格들 또한 인간의 모습으로 상상되어 왔기 때문이다. 양주 대모산성에서는 2019년 진행된 9차 발굴조사 중 동성벽 구간 내벽에 연접하여 조성된 1호 원형수혈 내부에서 얼굴모양 토제품이 출토된 바 있다.[32] 남은 것은 일부뿐이지만, 콧구멍 표현을 감안할 때 얼굴 모양임은 인정 가능하겠다. 잔존 높이 13.8㎝, 잔존 너비 10.7㎝로서, 발굴조사보고서에서는 얼굴에 착용하는 가면이었을 것으로 추정하였다.[33] 가면은 樂舞의 맥락에서는 다른 인격의 표현일 수도 있겠으나, 주술적 祭儀行爲 속에서는 神格을 표현했을 가능성이 상정된다.

진주 중천리의 삼국시대 제사 관련 수혈유구에서 발견된 '人頭形土器'도 콧구멍이 표현되었다는 점에서

---

28) 임효재·최종택·윤상덕·장은정, 2000, 『아차산성 -시굴조사보고서-』, 서울시광진구·서울대학교인문학연구소·서울대학교박물관, p.123.

29) 金漢相·洪性雨·丁太振·姜東沅, 2007, 『金海 鳳凰洞 遺蹟 -金海 韓屋生活體驗館 造成敷地 內 遺蹟 發掘調査 報告書-〈本文·圖面〉』, 慶南考古學研究所, p.124.

30) 민경선·김다빈, 2018, 「금관가야 중심지로서의 봉황동 유적 - 최신 조사 성과를 중심으로」, 『韓國考古學報』 第109輯, p.120.

31) 김다빈·민경선, 2019, 「土偶를 통해 본 金官伽倻 社會의 一面」, 『嶺南考古學』 84號, pp.36-37.

32) 기호문화재연구원 編, 2021, 『양주 대모산성 발굴조사 -8·9차 발굴조사 보고서 합본-(發掘調査報告 第77冊)』, p.64.
이 밖에도 대모산성에서는 3차 발굴조사에서 철제 귀면이, 4차 발굴조사에서 납석제 두상이 출토되었다(文化財研究所·翰林大學校博物館, 1990, 『楊州大母山城 發掘報告書(翰林大學校 博物館 研究叢書 4)』, p.174 및 p.215). 단, 전자는 다른 용도를 가진 물건의 일부일 수 있고, 후자는 神將 등 불교 관련 도상일 수 있어 일단 정리에 포함시키지 않았다.

33) 기호문화재연구원 編, 2021, 앞의 책, pp.465-466.

양주 대모산성의 얼굴모양 토제품과 유사하다. 헬멧처럼 얼굴 전체를 덮어 착용하였던 것으로 추정하기도 한다.[34] 그렇다면 이 또한 가면의 일종으로서 神의 얼굴로 볼 수 있을 것이다. 하지만 '인두형토기'가 사람이 뒤집어 쓰도록 만들어진 것이라고는 확신하기 어렵다. 용인 동백동 백현유적에서 출토된 '人面形陶器壺'도 비슷하게 눈과 입을 뚫어 인면을 표현하였지만 목이 길어 머리에 쓰는 것을 의도하지 않았음이 확인된다.[35]

　　용인 동백동 백현유적 출토 '인면형도기호'와 유사한 것이 경산 소월리 유적에서 출토된 '透刻人面文瓮'이다. 3면에 걸쳐 얼굴이 표현된 것은 다르지만, 눈·코·입이 뚫려 있는 것은 공통적이다. 뚫린 구멍들이 굴뚝과 같은 역할을 했을 것으로 짐작하면서 함께 발견된 시루와 결합되었을 것으로 본 견해가 나와 있다.[36] 용인 동백동 백현유적 출토 '인면형도기호' 또한 透孔을 통해 연기나 香이 배출되었을 것이라는 추정이 있었다.[37] 그렇다면 진주 중천리 '인두형토기'도 사람이 쓰는 것이 아니라 무언가에 올려놓는 것을 의도했을 수 있겠다.

　　이들은 '土器', '壺', '瓮' 등으로 지칭되고 있지만, 구멍이 뚫려 있어 무언가를 담기에 적당하지 않다. 아울러 사람의 얼굴이 인지되도록 놓으면 일반적인 容器와는 반대 방향이 된다. '그릇', 容器의 용도로는 파악하기 어렵다. 양주 대모산성 출토품과 아울러 '얼굴모양 토제품'이나 '인면토제품'으로 통칭하는 것이 적절하다고 판단된다.

　　한편 이들과 마찬가지로 토기에 인면이 묘사되었으나, 바닥 밑면에 묵서되었다는 점에서 차이를 보이는 '墨書人面土器'가 목제 인형 팔·다리가 발견되었던 부여 관북리 '가'지구 연못에서 출토되었다.[38] 앞의 세 인면들과 의미가 유사한지 아닌지는 판단하기 어렵다.[39] 透孔이 없고 먹으로 그렸다는 점에서 日本의 墨書人面土器를 연상케 하지만, 인면이 그려진 위치는 다르다. 日本에서 발견되는 토기에 그려진 '인면'에 대해서는 인간이나 인간과 神이 交感한 모습을 표현하였다고 보는 경우도 있으나, 行疫神이나 國神, 竈神 및 佛 등 神格을 묘사한 것으로 파악하는 견해가 더 많은 듯하다. 단, 구체적으로는 시기·지역별로 차이를 보여 일괄하여 의미를 부여하기는 어렵다고 생각된다. 경산 소월리 '투각인면문옹'에 묘사된 '인면'의 경우 인간(稅吏)으로 보려는 입장이 없었던 것은 아니지만,[40] 土着神으로 보는 견해[41]가 더 받아들여지고 있는 것으로 보인다.[42]

---

34) 이렇게 볼 경우 '土器'라는 호칭은 적절하지 못한 것이 되지만, 일단은 발굴조사보고서의 호칭을 유지해 둔다.

35) 명지대학교박물관, 2010, 『용인 동백동 백현유적 시·발굴조사 보고서』.

36) 이용현, 2021, 「경산 소월리 유적 출토 人面透刻土器와 목간의 기능 - 목간의 기능과 농경의례 -」, 『동서인문』 16호, 경북대학교 인문학술원, p.105.

37) 명지대학교박물관, 2010, 앞의 책.

38) 국립부여문화재연구소, 2009, 앞의 책, p.420.

39) 이재환, 2011, 앞의 논문, p.92에서는 인간 희생의 대체물을 담아 龍王에게 헌납하는 데 사용된 토기일 가능성을 제기한 바 있다.

40) 손환일, 2021, 「「경산소월리출토목간」의 내용과 서체」, 『한국고대사탐구』 34, pp.599-600.

41) 이용현, 2021, 앞의 논문.

IV. 神인가, 人인가?

　이처럼 한반도 고대 주술 유물에 묘사된 인물 형상은 인간으로 여겨지는 경우 실존 인물을 표현한 것으로 보이는 것도 있으나, 가상의 인격으로 간주할 만한 것이 많으며, 가면이나 인면토기의 인면은 神을 나타낸 것으로 이해된다고 하겠다. 그렇다면 양주 대모산성 목간의 인물 형상은 어느 쪽일까? 인면토기의 경우처럼 사실은 '人'이 아니고 '神'이었던 것일까?

　이 인물의 얼굴과 몸에는 문자들이 적혀 있음이 확인된다(그림 2). 아울러 귀나 눈, 코 등도 日 혹은 月과 같은 문자의 형태를 의도한 것처럼 느껴진다. 神聖性을 나타내려는 표현 방식일까? 그런데 몸통 부분을 살펴보면 'ㅿ'字 두 개의 위치는 절묘하게 乳頭를 연상시킨다. 이 인물은 裸體로 그려진 것이다. 하반신은 묘사가 간략하여 확인하기 어렵지만, 적어도 상반신은 옷을 입지 않은 상태로 보인다. '벌거벗은 神'은 조금 어색하지 않은가? 물론 神格 중에도 불교의 仁王처럼 상반신을 노출하는 모습으로 그려지는 경우가 있을 수 있다. 그러나 그 경우에도 이 그림처럼 아예 옷의 묘사가 느껴지지 않는 것은 아니다.

　한편 앞에서 언급하였듯이 목간의 인물은 묵서 내용과 관련된 것임이 분명하다. 내용상 현재까지 확인된 '神格'은 '大龍'이 유일하다. 이 인물이 용일 가능성은 없을까? 여러 동물이 합성된 용의 모습이 구체적으로 규정되는 것은 宋代에 들어서라고 하지만,[43] 그보다 훨씬 앞선 시기에 만들어진 용의 도상들을 보면 긴 꼬리와 긴 목, 긴 주둥이와 뿔 등의 대부분의 특징들은 이미 확립되어 있었음을 알 수 있다. 『論衡』 龍虛에도 "世俗畫龍之象, 馬首蛇尾."라고 하여 긴 머리와 뱀 꼬리 정도는 特記되었다. 그러나 양주 대모산성 목간1의 인물상에서는 그러한 묘사를 찾아볼 수 없다. 우측 아래가 약간 둥글게 말리는 느낌이라 꼬리를 연상시키기도 하지만, 반대편을 보면 간략화된 양 발의 묘사임을 알 수 있다.

　얼굴에서 입처럼 보이는 부분을 코라고 생각되는 부분과 합쳐 멧돼지 코와 같은 모습을 평면적으로 묘사했다고 간주한다면, 용의 코가 돼지 코를 닮아 용이 자신의 코를 못마땅히 여기고 돼지를 싫어하였다는 민간 전승을 떠올릴 수도 있겠다.[44] 그러나 이는 문헌에서는 확인되지 않는 후대의 민속일 뿐으로, 이 목간의 제작 시기까지 소급될지 알 수 없다. 이 그림은 용의 특징을 표현하려는 의도를 가지고 그려지지 않은 것으로 보인다. 『三國遺事』 金庾信條나 眞聖女大王居陀知條 등에서 용이 인간으로 변화할 수 있다는 인식은 쉽게 확인되고, 龍王의 아들이라는 處容이 인간의 모습으로 묘사됨을 감안할 때, 인간의 형상을 한 용의 존재도 상정 가능하다. 하지만 묵서 내용에서 의인화된 '龍王'도 아니고 '大龍'으로만 표현하면서도 모습은 굳이 인간형으로 그렸다고 보기에는 어색하다.

　그렇다면 神, 龍이 아니라 인간을 그린 것일까? 인간을 대신하는 용도를 가진 日本의 人形代 중에는 裸身으로 여겨지는 것들이 있다. 그림 3은 平安京 右京八条二坊 出土 목제 인형으로서, 각각 乳頭와 乳房의 모습

---

42) 손명순, 2023, 「삼국시대 인면투각 토제품에 관한 일고찰」, 『신라문화유산연구』 7.

43) 정연학, 2002, 「용과 중국문화」, 『용, 그 신화와 문화 세계편』, 민속원, pp.42-43.

44) 위의 글, p.43.

그림 2. Ⅰ면의 인물상

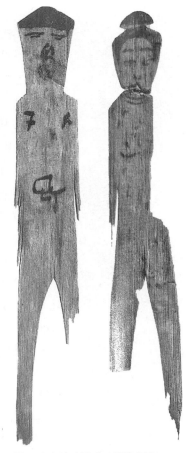

그림 3. 日本의 人形에 묘사된 裸身
(출처: 巽淳一郎, 1996의 第2圖)

이 보여 裸體의 男·女를 묘사한 것으로 보인다.[45] 고대 한반도의 인물 형상 중에서도 창녕 화왕산성 목간4
는 여성의 나신을 그렸음이 확인된다. 앞서 이를 용왕에 바쳐질 인간 희생의 대체로서 가상의 인격일 것이
라고 추정한 바 있다.

　여덟 개의 면을 가지는 목제 막대 형태이며 인물 형상과 함께 긴 문장이 묵서되었다는 양주 대모산성 목
간1의 특징과 유사한 유물이 중국 彭澤縣의 北宋代 石槨墓에서 발견된 바 있다.[46] 길이 35㎝의 柏木 상단부
에는 사람의 머리를 입체적으로 조각하고, 몸체는 8각 막대형으로 다듬어 돌려가며 묵서하였다(그림 4). 저
승으로부터 訴訟의 호출이 있으면 이 柏人이 대신 응할 것이라는 내용을 담고 있다.[47] 상단부의 얼굴은 곧

---

45) 巽淳一郎, 1996, 『日本の美術 361 まじないの世界Ⅱ(歷史時代)』, 至文堂.
46) 彭適凡·唐昌朴, 1980, 「江西發現几座北宋紀年墓」, 『文物』 1980-5, pp.28-29.

그림 4. 柏木人
(출처: 彭適凡·唐昌朴, 1980, p.33)

柏人으로서, 兄弟·家人·戚門 등 生人들을 대신할 가상의 인격이라고 하겠다. 墓葬에 사용된 柏木人이라는 점에서 앞서 살핀 고대 한반도의 사례들과 성격을 달리하지만, 인간을 대신할 가상의 인격이 묘사되었다는 점은 공통된다.

　필자는 이전에 창녕 화왕산성 목간4의 인물상 이마 부분에 적힌 '眞族'이나, 인물 형상은 없지만 大龍王을 대상으로 한 의식에 쓰였다고 본 전인용사지 목간에 보이는 '所貴公'과 '金候公'의 두 [名]者가 공헌된 가상적 인간의 이름일 것으로 추정한 바 있다.[48] 양주 대모산성 목간1에도 비슷한 존재가 그려졌다면, 내용 속에 해당 인격의 이름이 나와 있을 것이다.

　묵서 내용 중 눈에 띄는 인물이 Ⅳ면에 등장한다. 표 1의 판독표에서는 그 이름을 '茂登'으로 판독하였다. 그런데 두 번째 글자에 대해서는 1차 판독회에서 '金'의 가능성이 제기된 바 있었다. 필자 또한 현재는 '登'보다 '金'에 가깝다고 생각하게 되었다. 따라서 인물의 이름은 '茂金'으로 간주하고자 한다.

　'茂金'은 이름에 이어 '此人'으로 지칭되며 설명이 이어지고 있어, Ⅰ면의 그림과 관련된 것으로 보이기도 한다. 그렇다면 '茂金'이 곧 가상의 인간 희생으로서 大井의 大龍에게 바쳐졌다고 해석할 수 있을까? '龍王'을 대상으로 한 제사 의식에 가상의 인간 희생으로 바쳐졌다고 파악한 창녕 화왕산성 목간4의 인물상이 나체로 묘사되었음도 참고가 되는 바이다.

　양주 대모산성 목간1 Ⅰ면의 인물 형상을 용왕 제사에 희생으로 바쳐진 가상의 인격 '茂金'이라고 결론짓는 것도 충분히 가능하다고 생각한다. 하지만 다른 가능성을 배제할 만큼 깔끔한 결론이라고는 느껴지지 않는다. 목간의 구체적 내용 파악이 아직 진행되지 않았다는 한계가 있지만, '此人'으로 이어지는 내용이 희생물로서의 공헌에 관련하여 해석될지는 의문이 들기 때문이다. 이름 앞에 나오는 "辛亥歲卄六"이라는 인적 사항에 관련하여, 1차 판독회에서 "辛亥年生으로서 나이 26세"라고 해석한 뒤, 政開 3년 앞의 辛亥年에 태어났다면 政開 3년에 26세가 됨을 확인한 바 있다. 가상의 인격이라면 이렇게까지 맞출 필요가 있었을까? 혹시 神, 人 외에 다른 가능성은 없을까?

---

47) "唯元祐五年歲次庚午, 癸未朔, 月甲午朔, 二十二日, 江州彭澤縣五柳鄉西域社博士橋東保歿故亡人易氏八郎, 移去蒿里父老. 天帝使者元皇定法, 使人遷葬. 恐呼生人, 明勅柏人一枚, 宜絶地中呼訟. 若呼男女, 柏人當. 若呼口師名字, 柏人當. 若呼家人, 柏人當. 若呼兄弟, 柏人當. 若呼戚門論述, 柏人當. 若呼溫黃疾病, 柏人當. 若呼田蠶二鄴六畜牛羊, 柏[人][當]. 若呼一木二木, 柏人當. 若呼不止, 柏人當. 急急如律令!"(趙晟佑, 2024, 앞의 논문, p.81 각주 31).

48) 이재환, 2011, 앞의 논문.

V. 龍, 鬼를 잡아먹다

묵서 내용과 인물 형상은 연관될 것이므로 다른 존재를 찾는다면 그것이 내용 속에서 확인되어야 한다. 그와 관련하여 주목할 글자가 V면 3행의 첫 번째 글자이다. 이 글자 다음에는 "当不爲使弥用教"라는 내용이 이어진다. "使弥用教"는 III면에서 "茂金此人□者"에 이어 나오는 문구이기도 하다. "使弥用教"의 구체적 해석은 吏讀가 해독된 이후로 미루고자 하나, 茂金은 "使弥用教"하는 것으로 나오는데 반해 V면 3행의 첫 글자는 "使弥用教"를 "해서는 안 되는(当不爲)" 것으로 대비되어 표현되었음에 유의할 필요가 있다. V면 3행 첫 글자의 존재에 대해서는 부정적인 뉘앙스가 느껴진다.

그림 5. V면 3행 제1자

기존에는 이에 대하여 '閑人'이 合字로 쓰여졌다고 판독안이 나왔었다. 그러나 자세히 살펴보면 윗쪽은 '閑'이라기보다 '由'의 형태에 가깝다. 그 아래에 '人'과 같은 형태가 붙어 있는 것이다. '人'의 마지막 획 위쪽에는 희미하지만 점이 찍혀졌던 것으로 볼 만한 흔적도 있다. 이와 가장 가까운 글자는 '鬼'가 된다. "해서는 안 된다"는 부정적 뉘앙스와도 어울리는 의미의 글자이다. 필자는 이 글자를 '鬼'로 판독하고자 한다. 이렇게 보면 人도 神도 아닌 제3의 존재가 묵서 내용 속에서 찾아진 것이 된다.

II장에서 언급한 것처럼 '咎殃'의 원인이 되는 존재가 바로 '鬼'이다. 鬼는 死者의 靈魂을 가리키지만(人鬼), 山水木石 등의 精氣에서 태어난 魑魅魍魎도 '廣義의 鬼'에 속하였다.[49] 雲夢 睡虎地秦簡『日書』甲種의 詰篇에는 刺鬼·丘鬼 등 71種의 鬼怪妖祥이 열거되는데, 서술된 鬼는 대부분 '物老精怪'에 해당한다고 한다.[50] 鬼가 가져오는 재앙은 질병이 대표적으로, 그것을 치유하거나 예방하려면 鬼를 驅逐하지 않으면 안 된다. 이를 위해서는 강력한 힘을 가진 神格의 동원이 필요하다. 疫鬼를 쫓아내는 儺禮에서는 假面을 씀으로써 方相氏의 존재를 설정한다. 나중에는 鍾馗가 그와 같은 역할을 담당하기도 한다.

쫓아낸 鬼는 어떻게 처리해야 할까? 封印하여 땅에 묻는 방법이 있다. 조선시대 민속의 앉은굿에서는 신장대를 흔들어 疫神을 포획한 뒤 '귀신단지'에 넣어 서낭당 앞이나 삼거리에 땅을 파고 묻었다.[51] 儺禮가 조선시대 민간에 들어가 '埋鬼'라고 불리게 된 것도 마찬가지 처리 방식 때문일 것이다. 그보다 더 좋은 방법도 있을 수 있다. 강력한 神格이 鬼를 잡아먹어 없애 버리게 하는 것이다. 그와 같은 방식의 鬼 퇴치가 日本 奈良縣 平城京跡 左京三條二坊八坪二條大路의 濠狀遺構에서 출토된 목간에 나타나는데, 그 내용은 다음과

---

49) 인도에서 死者의 靈을 가리키는 Preta(餓鬼)와 Yakṣa(樹神)이 중국대륙에 들어오면서 '鬼'로 번역되었다(神塚淑子, 1992, 「魔の觀念と消魔の思想」, 『中國古道敎史硏究(京都大學人文科學硏究所硏究報告)』, 吉川忠夫 編, 同朋舍出版, p.93).

50) 李零, 2006, 『中國方術正考』, 中華書局, p.55

51) 안상경, 2009, 『앉은굿 무경』, 민속원, p.61 및 p.123.

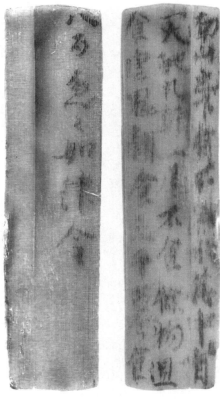

그림 6. 平城京跡 左京三條二坊八坪二條大路 목간
(출처: 木簡庫)

같다(그림 6).[52]

Ⅰ:「南山之下有不流水其中有
　　一大蛇九頭一尾不食余物但
　　食唐鬼朝食三千暮食」

Ⅱ:「八百　急々如律令
　　　　　　　　　　　　　　　」

　九頭一尾의 大蛇가 唐鬼를 아침에 3,000, 저녁에 800씩 잡아먹는다는 내용이다. 天平年間에 유행한 痘瘡과 관련지은 해석이 나온 바 있다. 筑紫로부터 시작된 痘瘡의 유행은 신라를 거쳐간 것일 가능성이 크므로, 그 치료와 관련된 주술적 의식 또한 한반도를 거쳐 건너갔을 수 있다. 이 목간의 내용과 비슷한 치료법이 唐代 孫思邈의 『千金翌方』에 나온다는 것 또한 이미 지적되었다.[53] 禁經上 禁瘧病第八의 '呪瘧鬼法'이 그것이다(그림 7).[54] "朝食三千, 暮食八百." 등의 문구와 전체적인 내용이 흡사하지만, 唐鬼가 瘧鬼로 나오는 등의 차이가 있다.[55] 특히 九頭一尾의 大蛇가 三頭九尾의 龍으로 나오고 있음이 주목된다. 鬼를 잡아먹는 주체가 용이라는 것이다.

　그렇다면 양주 대모산성 목간1에도 용에게 鬼를 잡아먹어 咎殃을 소멸시켜줄 것을 기원하는 내용이 담겨 있을 것으로 유추해 볼 수 있다. "九頭一尾 大蛇"가 나오는 목간과 『千金翌方』의 '呪瘧鬼法'은 전염성 질병

---

52) 해당 목간에 관한 정보와 컬러 및 적외선 사진은 奈良文化財研究所 木簡庫(https://mokkanko.nabunken.go.jp/ja/6AFIUOZ0003370)를 참조.

53) 大形徹, 1996, 「二条大路木簡の呪文」, 『木簡研究』 18.

54) "登高山望海水, 水中有一龍三頭九尾. 不食諸物, 惟食瘧鬼, 朝食三千, 暮食八百. 食之不足, 差使來索. 符藥入五臟, 瘧鬼須屏跡. 不伏去者, 縛送與河伯. 急急如律令."([唐] 孫思邈, 2022, 『千金翼方(國醫典藏影印系列)』, 北京: 人民衛生出版社, p.348).
　　'禁瘧病法'은 '一龍' 대신 '一蟲'이 등장하지만 내용은 거의 비슷하다("將狗上山, 下使入海, 中有一蟲. 不食五穀, 只食瘧鬼. 朝食三千, 暮食八百. 一食不足, 下符更索. 速出速去, 可得無殃. 急急如律令."(같은 책, p.349)).

55) 비슷한 내용이 다양한 방식으로 변용된다. 敦煌에서 發見된 密教 經典 『四方金剛呪』(P3835, S2615)에는 주체가 '東方靑面金剛'으로서 '走誦白虎·邪魔魍魎'만을 '朝食三千 暮食八百'하는 것으로 나온다(坂出祥信, 2009, 『道家·道教の思想とその方術の研究』, 汲古書院, p.300). 한편 『大方廣佛華嚴經十惡品』에는 "佛告迦叶: 破齋者墮餓鬼地獄. 其中餓鬼身長五百由旬, 其咽如侵. 頭如太山, 手如龙爪. 朝食三千, 暮食八百, 一呼三万驱."라는 내용이 보인다.

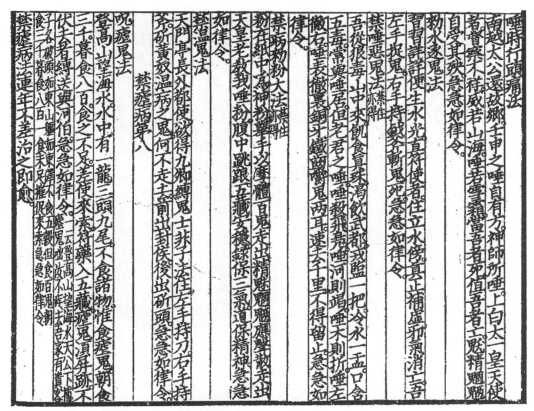

그림 7. 『千金翼方』禁經上 禁瘧病第八의 '呪瘧鬼法'

에 대한 대처법으로서 鬼가 가져오는 재앙이 곧 그 질병이라고 하겠으나, 질병 외에도 다양한 재앙들이 鬼의 咎殃으로 인식되었던 것으로 보인다.[56] 대모산성 목간의 咎殃이 茂金이라는 실존 인물의 질병인지, 城혹은 태봉 전체를 위협하던 전염병인지는 확실히 알기 어렵다. 전쟁이나 旱魃 등 다른 재난적 상황도 상정가능하며, 儺禮의 경우처럼 마을이나 지역의 守護神으로서 龍에게 주기적으로 消咎를 요청하는 의식이었을수도 있기 때문이다.

대모산성 목간1 Ⅰ면의 '人物' 형상을 용이 잡아먹어 없애 주기를 바라는 鬼로 추정할 경우, 문자가 뒤섞인 모습이나 나체의 형상 또한 관련지어 해석하기 쉽다. 符籙과 鬼들의 모습이 함께 묘사된 呪符들을 모아둔 敦煌文書 P3358 護宅神曆卷를 살펴보면 대모산성 목간1의 형상과 유사한 측면이 많다(그림 8). 먼저 상반신이 나체로 나온다는 점이 주목된다. 세 번째 칸의 '盛安心符'에는 大鬼가 惡鬼를 포획하는 그림이 그려져 있는데,[57] 모두 半裸이다. 아울러 첫 번째 칸의 아랫쪽 符와 두 번째 칸의 符 등은 鬼의 얼굴과 문자가 서

---

56) 예컨대 앞의 주문들과 표현이 비슷한 『上淸天心正法』의 救符咒에서는 "吾救靈符 , 化爲東海九頭南蛇, 爲食老鼠之精. 朝食三千, 暮食八百. 欠一不食, 鼠精速走. 吾奉太上律令救."이라고 하여 '東海九頭南蛇'가 '老鼠之精'을 먹는다는 驅鼠의 祈願이 담겨 있다.

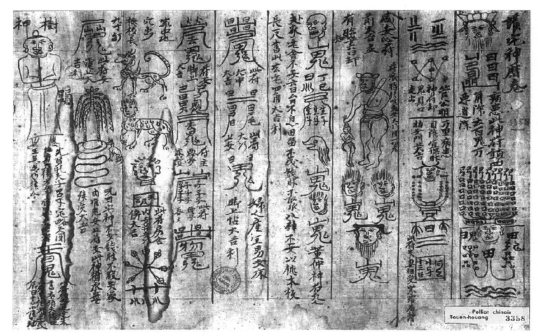

그림 8. P3358 護宅神曆卷

로 연결되며 섞여 있다. 이들은 鬼를 驅逐하는 符들임에도 별도의 神이나 인간의 묘사 없이 鬼만 그려진 경우가 많다. 이에 비추어 볼 때 대모산성 목간1의 인물 형상을 鬼로 파악하는 것도 충분히 가능하다고 판단된다.

VI. 맺음말

지금까지 양주 대모산성 목간1의 Ⅰ면에 그려진 인물 형상이 어떤 존재를 묘사한 것인지 살펴보았다. 乳頭를 가진 裸體로 묘사되었다는 점에서 龍이나 神으로 보기에는 부적절하다. 묵서 중 보이는 '茂金'이라는 인물을 묘사했을 가능성이 있으나, 내용이 이와 연결되는지는 아직 확실하지 않다. 神, 人 외의 또다른 존재로서 '鬼'를 묵서 가운데 새롭게 판독하였다. 咎殃의 소멸을 기원하는 내용과의 연관성, 裸體의 모습 및 문자

---

57) 鬼를 부려 鬼를 調伏시키는 방법은 『抱朴子』에도 나오며, 『太上洞淵神呪經』에 따르면 道軍(天尊)-魔(鬼)王-(小王)-鬼의 指揮 系統이 상정되며 魔(鬼)王은 廣義의 鬼이지만 道士를 도와 疫鬼를 捕獲하고 病을 治癒하는 存在로 묘사된다(神塚淑子, 1992, 앞의 글; 山路直充, 2023, 「下総国府から考える人面墨書土器祭祀」, 『墨書土器と文字瓦―出土文字史料の研究―』, 吉村武彦・加藤右康・川尻秋生・中村右一 編, 八木書店, p.236).

가 뒤섞인 형상 등은 해당 그림이 鬼로 해석될 가능성을 뒷받침해 준다. 향후 묵서 내용의 판독과 해석이 진전되어 태봉에서 벌어진 용을 대상으로 한 제사 의식의 전말이 더 소상히 밝혀지기를 기대해 본다.

| 투고일: 2024.12.13. | 심사개시일: 2024.12.13. | 심사완료일: 2024.12.16. |

참고문헌

『論衡』

『京畿誌』

『高麗史』

『三國遺事』

『世宗實錄』

『新增東國輿地勝覽』

국립경주문화재연구소, 2012,『慶州 東宮과 月池 Ⅰ 발굴조사보고서(학술연구총서 75)』.

국립부여문화재연구소, 2009,『扶餘 官北里百濟遺蹟 發掘報告 Ⅲ - 2001~2007年 調查區域 百濟遺蹟篇(國立 扶餘文化財研究所 學術研究叢書 第50輯)』.

기호문화재연구원 編, 2021,『양주 대모산성 발굴조사 -8·9차 발굴조사 보고서 합본-(發掘調查報告 第77 冊)』.

金秉模·金娥官, 1992,『二聖山城〈四次發掘調查報告書〉』, 漢陽大學校·河南市.

金秉模·沈光注, 1991,『二聖山城〈三次發掘調查報告書〉』, 漢陽大學校·京畿道.

金漢相·洪性雨·丁太根·姜東沅, 2007,『金海 鳳凰洞 遺蹟 -金海 韓屋生活體驗館 造成敷地 內 遺蹟 發掘調查 報告書-〈本文·圖面〉』, 慶南考古學研究所.

명지대학교박물관, 2010,『용인 동백동 백현유적 시·발굴조사 보고서』.

文化財研究所·翰林大學校博物館, 1990,『楊州大母山城 發掘報告書(翰林大學校 博物館 研究叢書 4)』.

박경식·서영일·방유리, 2001,『이천 설봉산성 2차 발굴조사 보고서(매장문화재연구소 학술조사총서 제6 책)』, 단국대학교 매장문화재연구소·이천시.

신라문화유산연구원, 2016,『경주 재매정지 -유적정비를 위한 학술발굴조사 보고서-(조사연구총서 제84책)』.

안상경, 2009,『앉은굿 무경』, 민속원.

임효재·최종택·윤상덕·장은정, 2000,『아차산성 -시굴조사보고서-』, 서울시광진구·서울대학교인문학연 구소·서울대학교박물관.

(재)우리문화재연구원, 2009,『晉州 中川里 遺蹟』.

[唐] 孫思邈, 2022,『千金翼方(國醫典藏影印系列)』, 北京: 人民衛生出版社

李零, 2006,『中國方術正考』, 中華書局.

坂出祥信, 2009,『道家·道教の思想とその方術の研究』, 汲古書院.

김다빈·민경선, 2019,「土偶를 통해 본 金官伽倻 社會의 一面」,『嶺南考古學』84號.

김병조·고재용, 2024, 「양주대모산성 원형집수시설 출토 목간 - 양주대모산성 13차 발굴조사 -」, 『木簡과 文字』 第32號.

김창석, 2010, 「창녕 화왕산성 蓮池 출토 木簡의 내용과 용도」, 『木簡과 文字』 第5號.

金宅圭, 1978, 「IX. 民俗學的 考察」, 『雁鴨池 - 發掘調査報告書』, 文化公報部 文化財管理局.

민경선·김다빈, 2018, 「금관가야 중심지로서의 봉황동 유적 - 최신 조사 성과를 중심으로」, 『韓國考古學報』 第109輯.

박성천·김시환, 2009, 「창녕 화왕산성 蓮池 출토 木簡」, 『木簡과 文字』 第4號.

손명순, 2023, 「삼국시대 인면투각 토제품에 관한 일고찰」, 『신라문화유산연구』 7.

손환일, 2021, 「「경산소월리출토목간」의 내용과 서체」, 『한국고대사탐구』 34.

오택현·이재환, 2023, 「백제·신라 목간의 집계와 범례의 제안」, 『木簡과 文字』 第30號.

윤선태, 2016, 「百濟의 '九九段' 木簡과 術數學」, 『木簡과 文字』 第17號.

李東柱, 2024, 「고대 연못 유물의 주술적 의미」, 『震檀學報』 第一百四十二號.

이용현, 2021, 「경산 소월리 유적 출토 人面透刻土器와 목간의 기능 - 목간의 기능과 농경의례 -」, 『동서인문』 16호, 경북대학교 인문학술원.

이재환, 2011, 「傳仁容寺址 출토 '龍王' 목간과 우물·연못에서의 제사의식」, 『木簡과 文字』 第7號.

李在晥, 2024, 「古代 韓半島 呪術 關聯 遺物에 보이는 人物 形狀에 對하여 -楊州 大母山城 木簡을 中心으로-」, 『第3回 韓·中·日 木簡研究 國際學術大會 - 東아시아 古代의 呪術과 文字 -』, 韓國木簡學會·中國社會科學院簡帛研究中心·中國首都師範大學·日本木簡學會.

정연학, 2002, 「용과 중국문화」, 『용, 그 신화와 문화 세계편』, 민속원.

趙晟佑, 2010, 「中世 中國 生死觀의 一面과 道敎 - 殃禍의 觀念을 중심으로 -」, 『中國古中世史研究』 第25輯.

趙晟佑, 2024, 「上章 의례를 통해 본 도교 의례 문서의 특징 -鎭墓 기물과 天師道를 보는 한 시각-」, 『木簡과 文字』 第32號.

彭適凡·唐昌朴, 1980, 「江西發現几座北宋紀年墓」, 『文物』 1980-5

大形徹, 1996, 「二条大路木簡の呪文」, 『木簡研究』 18.

山路直充, 2023, 「下総国府から考える人面墨書土器祭祀」, 『墨書土器と文字瓦一出土文字史料の研究一』, 吉村武彦·加藤右康·川尻秋生·中村右一 編, 八木書店.

巽淳一郎, 1996, 『日本の美術 361 まじないの世界II(歴史時代)』, 至文堂.

神塚淑子, 1992, 「魔の觀念と消魔の思想」, 『中國古道教史研究(京都大學人文科學研究所研究報告)』, 吉川忠夫 編, 同朋舍出版.

奈良文化財研究所 木簡庫(https://mokkanko.nabunken.go.jp/ja/6AFIUOZ0003370)

〈Abstract〉

A Human Figure Depicted on Wooden Document No.1
Excavated from Yangju Daemosanseong Fortress

LEE, Jaehwan

This paper is an attempt to trace what kind of being the human figure depicted on wooden document No.1 excavated from Yangju Daemosanseong Fortress is. For now, it is difficult to interpret the entire contents of the wooden document in detail. However, we can see that it is related to the ritual for the Great Dragon residing in the Great Well of the fortress. In the second line of side Ⅴ, the character '咎' is read, and the next character may be '殃', which also has a similar meaning. That ritual could have been intended to pray to the Great Dragon to remove the cursed disasters(咎殃).

Examining human figures of magical artifacts excavated from the ancient Korean Peninsula, some of them seem to represent real person, but there are more to be considered as virtual person. Masks and human face-shaped earthenwares are understood to represent gods.

The human figure on the wooden document depicts papillae, so it is clear that at least the upper body is naked. Therefore, it is awkward to identify it as a god or a dragon. We can find naked figures among the japanese wooden figurines that were intended to substitute some real persons. In the ancient Korean peninsula, naked women was depicted on wooden documen No.4 excavated Hwawangsanseong Fortress in Changnyeong. Likewise, it may be assumed that the human figure depicted on wooden document No.1 excavated from Yangju Daemosanseong Fortress was the virtual human being offered to the dragon, named 'Mugeum'. However, it remains questionable whether the contents of the wooden document can be interpreted as offering human sacrifice.

Another being found in the contents of the wooden document is 'Demon(鬼)'. The first character of the third line on side Ⅴ was previously assumed to be '閑人', but I think it should be read as '鬼'. 'Demons(鬼)' were considered the cause of the cursed disasters(咎殃), and must be driven out to extinguish disasters. After being kicked out, they used to be sealed and buried. We can also find the methods of asking the dragon(or the big snake) to eat them in the japanese wooden documents and *Qianjinyifang* written by Sun Simiao of Tang dynasty. Dunhuang document P3358 depicted the half-naked Demons and the mixture of faces and letters, similar to the figure of the wooden document No.1 excavated from Yangju Daemosanseong Fortress.

▶ Key words: Wooden document No.1 excavated from Yangju Daemosanseong Fortress, Taebong, the Great Dragon, the cursed disasters, human figure, Demon

논 문

신공제의 서예 연구

-〈윤문효공신도비〉·〈안침신도비〉를 중심으로-

정현숙*

〈국문초록〉

이 글은 조선 전기의 문신 申公濟가 쓴 〈尹文孝公神道碑〉(1519)와 〈安琛神道碑〉(1523)를 통해 그 글씨의 특징과 가치를 찾아보기 위한 것이다. 〈윤문효공신도비〉는 전면만, 〈안침신도비〉는 비액과 양면 모두 그가 썼다.

신공제는 고려 말 서화가인 5대조 申德隣, 조선 초 명서가인 증조부 申檣으로 이어진 가학으로 덕린체를 배웠고 이후 여말선초를 풍미한 송설체도 익혔기에 그의 글씨는 송설풍이 강하다. 그는 두 비문은 행해서로, 〈안침신도비〉의 액은 전서로 썼다. 〈윤문효공신도비〉에서 그 유창함이 극에 달하고 4년 후 쓴 〈안침신도비〉에도 이전의 분위기가 그대로 드러난다.

신공제는 50대에 쓴 두 비에서 다른 조선 서가들의 글씨와는 구별되는 능통함을 잘 드러내어 기록으로 전하는 그의 글씨가 진정 뛰어남을 알 수 있다. 가학 서법으로 다져진 뿌리 위에 쓴 두 비 글씨의 출중함을 보면 그를 조선 전기의 명필 반열에 둘 만하다.

▶ 핵심어: 신공제, 신덕린, 신장, 윤문효공신도비, 안침신도비

---

* 원광대학교 연구교수

I. 家傳 書法과 서예가적 면모

이 글은 조선 전기의 문신 申公濟(1469-1536)가 쓴 〈윤문효공신도비〉와 〈안침신도비〉의 글씨로 그 서예적 특징과 가치를 살피기 위한 것이다. 비문의 글씨로 들어가기 전에 그의 글씨의 바탕이 된 가전 서법과 서예가적 면모를 먼저 살펴보자.

고령 사람 신공제의 자는 希仁, 호는 伊溪, 시호는 貞敏이다. 5대조는 申德隣(1330-1402), 고조부는 申包翅, 증조부는 공조참판 申檣(1382-1433), 조부는 申叔舟(1417-1475)의 동생인 전라수군절도사 申末舟(1429-1503), 부친은 勵節校尉 申洪이다. 모친은 卞鈞의 딸이며, 부인은 讓寧大君(1394-1462)의 손자인 湖山君 李鉉의 딸이다.

신공제는 조선 제9대 성종(재위 1469-1494), 제10대 연산군(재위 1494-1506), 제11대 중종(재위 1506-1544) 대를 산 청백리다. 18세 되던 1486년(성종 17) 司馬試에 進士科 1등으로 합격하고, 1495년(연산군 1) 增廣試 문과에 丙科로 급제한 후 글씨를 잘 써 승문원 權知副正字에 보임되었다. 1497년 예문관 檢閱이 되어 『성종실록』 편찬에 참여하고, 승문원 注書가 되었다. 1498년 홍문관에 들어가 副修撰, 修撰을 차례로 맡았다. 1499년 병조좌랑에 임명되고 사헌부 持平으로 승진되었다.

1506년(중종 1) 사간원 獻納과 掌令을 지냈고, 창원부사 시절인 1516년에는 청렴하고 근면한 守令으로서 표창을 받았다.[1] 1517년 홍문관부제학, 호조참판, 이조판서 등을 역임했다. 특히 이조판서 때는 과거시의 전형을 맡아 사사로움이 조금도 없는 공정한 관리를 했다. 1522년 正朝使로서 명나라에 다녀왔다. 1528년 左參贊, 동년 겨울에 호조판서 겸 世子左副賓客이 되었으며, 1536년 同知中樞府事를 지냈다.

신공제는 어려서부터 英氣가 있었고, 성장해서는 學行이 나날이 진보했으며, 특히 서예가 절륜했다. 조부 신말주는 증조부 신장의 5형제 중 막내아들로 나주에서 태어났다. 신말주는 중형 신숙주(1417-1475)[2]와 같이 과거에 급제하여 전주부윤을 지냈고, 부인 薛氏의 고향 순창에서 살았다. 조부모 생존 시 부모가 먼저 세상을 떠나 어린 신공제는 조부모의 보살핌을 받고 자랐다.

조부 신말주가 순창의 歸來亭에서 손자 신공제에게 글과 글씨를 가르쳤는데, 그가 글씨에 소질이 있는 것을 알고 증조부 신장의 글씨를 주고 연습시켰다. 신장은 여말선초의 명서화가 신덕린의 손자로서 덕린체를 계승하여 초서와 예서를 잘 썼다(그림 1).[3] 신장과 친분이 두터웠던 이색(1328-1396)과 정몽주(1337-1392)가 격찬한 덕린체는 예서를 초서와 결합해 발전시킨 독특한 서풍이다.[4]

---

1) 『朝鮮王朝實錄』 「中宗實錄」 中宗 11年 6月 11日 正德 11年, "慶尙道觀察使仲暾狀啓曰: 安東府使李堣, 廉簡少私; 昌原府使申公濟, 勤謹廉能; 玄風縣監朴璨, 廉謹不擾, 竝皆吏畏民服云. 蓋因前日, 守令中淸謹奉公者, 審察實迹, 不時馳啓之論也. 事下吏曹, 吏曹啓曰: '李堣非獨有聲於安東也, 前牧晋州, 亦著政迹. 申公濟則甚淸謹; 朴璨則以孝行敍用, 此三人, 皆當加階以賞.' 傳曰: '李堣, 申公濟, 皆可賞加.'"
2) 신숙주도 詩書에 능했다. 이기범, 2017, 「보한재 신숙주의 문예사상과 서예」, 『한문고전연구』 35(1), 한국한문고전학회 참조.
3) 신장의 서예는 이준구, 2012, 「朝鮮 初期 巖軒 申檣의 生活과 書藝研究」, 경기대학교 석사논문 참조.
4) 손한빈, 2024, 「고령신씨 서예의 형성과 전승 : 신공제를 중심으로」, 『서예학연구』 44, 한국서예학회 참조.

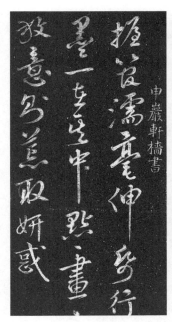

그림 1. 신장, 논서, 조선, 석각, 세로 25cm

그림 2. 신덕린, 칠언율시, 조선, 목판, 32.7×22cm

『國朝文科榜目』과 『東國文獻錄』「筆苑篇」에 의하면 신장은 額字를 잘 썼다. 성현(1439-1504)은 "신장이 쓴 慕華館의 글씨는 비록 안평대군에는 미치지 못했으나 그래도 또한 가히 볼 만하다"[5]고 했다. 김정희(1786-1856)는 "지금 숭례문의 편액은 바로 신장의 글씨다"[6], "서법이 조선조로부터 모두 송설체를 배웠다. 그러나 신장, 성임 등 여러분이 쓴 문의 현판 같은 것은 웅장하고 기이하고 고아하여 크게 옛 법이 있었다"[7]고 했다. 신장은 명필이었기에 현판 글씨를 쓸 수 있었고 조선 전기의 성현과 후기의 김정희는 그의 글씨를 칭송했다.

신장은 조부 신덕린의 글씨(그림 2)를 배워 명필이 될 수 있었다. 『國朝記略』「名臣考」에는 신덕린에 대해 "글씨를 잘 쓰고 편지 글씨에 뛰어난 것으로 당시에 이름이 났으니, 그때 사람들이 이를 '덕린체'라 불렀다"고 적혀 있다. 『震檀人物』에는 "글씨와 그림에 능했으니 모두 팔분체(예서)로 그리고 써서 필법이 신기하고 뛰어났다"고 기록되어 있다. 『國朝人物考』에 실린 신공제의 종조부 신숙주의 비명에는, "典儀判書 신덕린에 이르러서는 바로 공의 증조가 된다. 해서와 초서, 예서에 뛰어났다"고 적혀 있다.

『海東號譜』에 의하면 신장의 부친이자 신덕린의 아들인 신포시도 글씨를 잘 썼다. 그는 1383년(우왕 9) 문과 급제자로 이방원의 동기인데 고려가 망한 후 두문동에 은거하다가 남원으로 내려갔다. 조선 세종이 벼슬을 권했지만 제자 양성에만 힘썼다. 아들 신장이 그를 설득하고 결국 세종의 요청을 받아들여 관직에 진출했다.

신공제는 조부 신말주를 통해, 5대조 신덕린의 덕린체를 가학으로 전수받은 증조부 신장의 덕린체를 이어받아 일찍이 초서와 예서에 정통했다. 이렇게 대대로 내려온 家傳 書法이 신공제 글씨의 근원이었음은 자명하다. 그리고 『동국문헌록』「필원편」에 의하면 그는 원나라 趙孟頫의 松雪體를 잘 썼다. 그러나 만년에는 덕린체와 송설체를 벗어나 자신만의 서풍을 창조했다.

---

5) 成俔, 『慵齋叢話』 卷9, "今之慕華館申提學所書. 雖不及珞. 而亦有可觀."

6) 金正喜, 『阮堂全集』 卷7, 「雜著」. "今崇禮門扁. 卽申楷書而深入歐髓."

7) 金正喜, 『阮堂全集』 卷8, 「雜識」. "自本朝來 皆趨宋雪一路. 然如申 , 成諸公所書門榜. 雄奇古雅. 大有舊法."

신공제는 일찍이 고향 순창의 물과 바위를 사랑해 조부 신말주가 지은 歸來亭에서 글을 배우고 글씨를 연습했다. 귀래정 현판은 조선 전기의 문신 서거정(1420-1488)이 신말주에게 써 준 것이다. 신말주는 이 정자에서 산수의 풍광을 즐기면서 노년을 보냈다. 손자 신공제는 과거에 합격하여 그 곁을 떠나서 서울 등지에서 벼슬살이하다가 조부가 병들자 그를 간호하기 위해 외직을 자청해 전라도 능성 현령으로 내려왔다. 능성과 순창은 가까워 현감 신공제는 순창에 자주 와서 조부의 병을 구료했다.[8]

1503년(연산군 9) 신말주가 별세하자 신공제는 능성 현령을 사임하고 순창에서 3년간 여묘살이를 했다. 그때 신공제는 귀래정 옆에 따로 정자 하나를 지어 '蘊眞亭'이란 편액을 내걸고 스스로 호를 伊溪主人이라 했다. 그는 순창의 수석을 사랑하여 정자 위에서 '伊川에 흐르는 시냇물[伊溪]'을 바라보고 글씨를 쓰면서 '참된 마음을 쌓아가는[蘊眞] 隱者처럼 조용히 살고자 했는데, 이는 그가 관직에서 물러나 고향에서 은거하려는 뜻을 나타낸 것이다.[9] 신공제의 온진정은 지금도 순창에 있지만, 조부 신말주의 귀래정은 없어졌다.

신공제는 젊어서부터 학문을 사랑하고 글씨를 좋아했는데 늙어서도 그 습관을 버리지 못해 명필이라면 어디든지 찾아갔고 그 글씨를 모사했다. 관리 시절에도 장부가 번잡하고 안건이 가득했으나, 그 가부를 결정하고 서면으로 처리하면서 붓을 잡고 서첩에 그침 없이 글을 써 내려갔다. 평소에도 그는 항상 일정한 방에 혼자 지내면서 오직 문필로서 스스로 글씨를 즐겼다.[10] 『국조인물고』에도 "초서를 잘 써서 비록 번잡한 장부가 책상 위에 가득 쌓이더라도 붓을 잡고 서첩 쓰기를 쉬지 않았으며, 공무가 끝나면 경치 좋은 곳을 찾아 휘파람도 불고 시도 읊조려 마치 일이 없는 사람과 같았다"고 적혀 있다.

대대로 전해진 서예적 환경에서 자란 신공제는 우리나라 명필을 열람하면서 신라부터 조선 초까지의 서가 42명의 명적을 찾고 모각해 창원부사 시절인 1515년경 《海東名蹟》을 간행했다. 신라 김생(711-791 이후)은 물론 조선 안평대군 이용(1418-1453)의 글씨, 그리고 집안 글씨로는 5대조 신덕린과 증조부 신장의 글씨도 포함되어 있다. 고령신씨 집안의 가전 서법을 익혀 서예적 재능과 글씨에 대한 안목이 있었기에 《해동명적》 간행도 가능했을 것이다.

석판본과 목판본[11]으로도 간행된 《해동명적》에는 역대 명필의 해서, 행서, 초서가 前集과 後集으로 나눠 실려 있다. 전집에는 조선의 문종과 성종, 신라의 김생, 영업, 최치원(857-?), 고려의 탄연(1070-1159), 이제현(1287-1367), 이암(1297-1364), 이암의 아들 李岡(1333-1368), 惠勤(1320-1376), 申德隣, 조선의 成石璘(1338-1423), 權近(1352-1409), 朴礎(1367-1454), 河演(1376-1453), 申檣(1382-1433), 무명씨 17명의 글씨가 있다. 김생의 글씨에는 〈태자사낭공대사비〉 부분과 〈전유암산가서〉 등이, 집안 글씨로는 신덕린과 신장의 글씨가 실려 있다.

후집에는 崔興孝, 安止(1377-1464), 朴熙中(1364-1446), 高得宗, 朴堧(1378-1458), 成三問(1418-1456),

---

8) 『기재집』 권2, 「판서 신공 신도비명」.

9) 위의 글.

10) 위의 글.

11) 유지복, 2016, 「《해동명적》 석판본 연구」, 『장서각』 36, 한국학중앙연구원; 2016, 「《해동명적》 목판본 연구」, 『서지학연구』 65, 한국서지학회.

朴彭年(1417-1456), 匪懈堂(안평대군 이용), 成任(1421-1484), 徐居正(1420-1488), 金紐(1420-?), 洪應 (1428-1492), 鄭蘭宗(1433-1489), 李淑瑊(생졸 미상), 金宗直(1431-1492), 金訢(1448-1492), 權健, 申從濩 (1456-1497), 洪貴達(1438-1504), 朴孝元(생졸 미상), 曺偉(1454-1503), 任熙載(1472-1504), 韓訓(?-1504), 朴耕(?-1507), 金希壽(1475-1527) 25명의 글씨가 있다. 여기에는 조선 초인 15, 16세기 명가들의 글씨가 수록되어 있다.

신공제는 《해동명적》을 간행한 후 〈윤문효공신도비〉(1519)와 〈안침신도비〉(1523)를 썼다. 이제 이 두 비를 통해 그 글씨의 특징과 가치를 찾아보자.

II. 〈윤문효공신도비〉 글씨의 특징

〈윤문효공신도비〉(그림 3)는 조선 전기의 문신 尹孝孫(1431-1503)을 기리기 위해 1519년 전라남도 구례에 세워졌다. 비는 현재 윤효손을 향사하는 방산서원의 우측 언덕에 있는 그의 묘 앞에 늠름하게 서 있다. 비의 상태가 양호하여 글씨도 온전하다. 그러나 높이 약 2m에 달하는 귀부와 지대석 때문에 비신의 글씨에 접근하기가 쉽지 않다.

비문에 의하면 윤효손의 휘는 孝孫, 자는 有慶, 시호는 文孝다. 단종(재위 1452-1455) 때 과거에 급제하고, 세조(재위 1455-1468) 때 典農注簿, 訓鍊院副正을 지냈다. 성종(재위 1469-1495) 때는 『經國大典』과 『五禮儀注』를 편찬했으며, 전주부윤, 동지중추부사를 거쳐 경상도 量田 순찰사를 지냈다. 연산군(재위 1495-1506) 때 좌참찬에 이르렀다.

비양 마지막 행에 '正德十四年己卯三月日'이라 적혀 있어 정덕 14년, 즉 1519년 3월에 비문을 짓고, 비음 마지막 행에는 '嘉靖七年十二月日'이라 적혀 있어 가정 7년, 즉 1528년 12월에 추기를 지었음을 알 수 있다.

윤효손의 시가와 산문을 엮어 1844년에 간행한 『楸溪遺稿』에 의하면, 전면의 비문은 申用漑(1463-1519)가 짓고, 비액 '尹文孝公神道碑' 7자는 李彦浩(1477-1519)가, 전면의 비문은 신공제가 썼다. 후면의 추기는 비를 세운 지 9년 후인 1528년에 윤효손의 아들 尹止衡의 부탁으로 李荇(1478-1534)이 짓고 썼다. 비문을 지은 신용개와 전면에 전액을 쓴 이언호는 1519년 별세했기에 신공제도 이 해에 글씨를 쓰고 비를 세운 것으로 보고, 9년 후에 추기를 짓고 후면에 추각한 것으로 여긴다.

비문의 찬자 신용개는 이조판서, 예조판서, 병조판서 등을, 서자 신공제는 홍문관부제학, 호조참판, 이조판서 등을, 비액의 서자 이언호는 홍문관부응교, 사헌부장령, 홍문관직제학 등을, 추기의 찬자 겸 서자 이행은 우찬성, 이조판서, 우의정 등을 역임한 문신인 것으로 보아 당시 이 비의 위상이 상당히 높았음을 알 수 있다. 조선 신도비 가운데 가장 큰 비의 규모와 다른 신도비에서는 볼 수 없는 독특한 조각 양식에서도 그것이 확인된다.

전체 높이 약 507.4㎝로 조선의 신도비 300여 기 가운데 가장 큰 이 비는 이수, 비신, 귀부를 갖춘 정형 비이다. 이수는 상륜부, 이수, 이수 받침석으로 구성되어 있다. 이수 상륜부는 나말여초의 이수 형식으로 다

그림 4. 이언호, 윤문효공신도비, 1519

그림 3. 윤문효공신도비, 1519, 전라남도 구례군, 보물, 필자(사진)

른 신도비에는 없는 독특한 양식이다. 상륜부의 하단은 하엽문의 대석이고 상단은 상부가 뾰족한 보주다.

이수는 전체적으로 모서리가 둥근 방형이다. 이수 전면의 쌍용은 가운데 보주를 중심으로 조각되어 있지만 머리 방향이 서로 달라 완전한 대칭은 아니다. 후면 이수에도 쌍용이 조각되어 있는데 몸을 튼 모습이나 얼굴이 역동적이며 입체감이 두드러진다. 이수 받침석은 이 비에서만 보이는 독특한 것으로 보통 이수나 비신의 상단에 비액을 새기는 것과는 다른 새로운 양식이다. 이수 받침석의

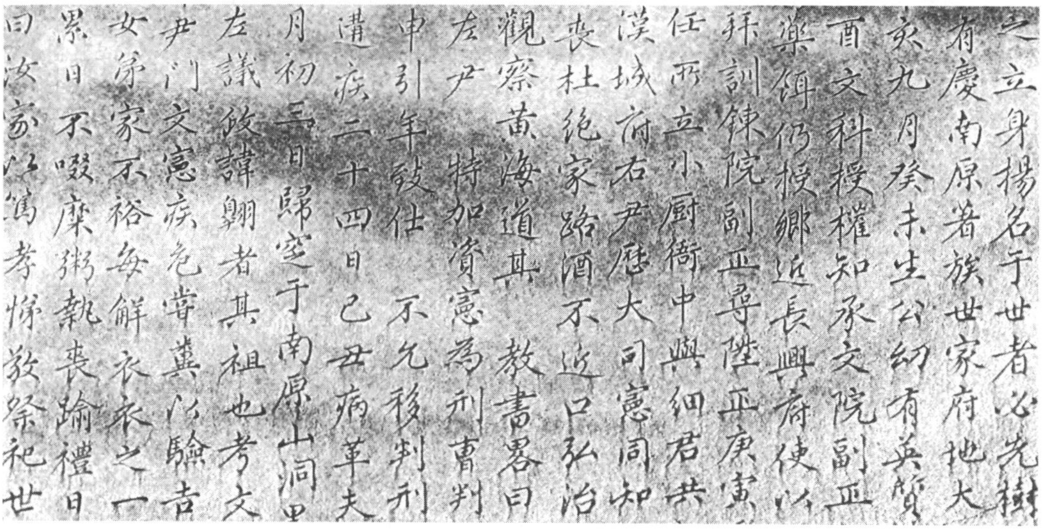

그림 5. 신공제, 윤문효공신도비 전면 상단, 1519, 국립문화재연구원

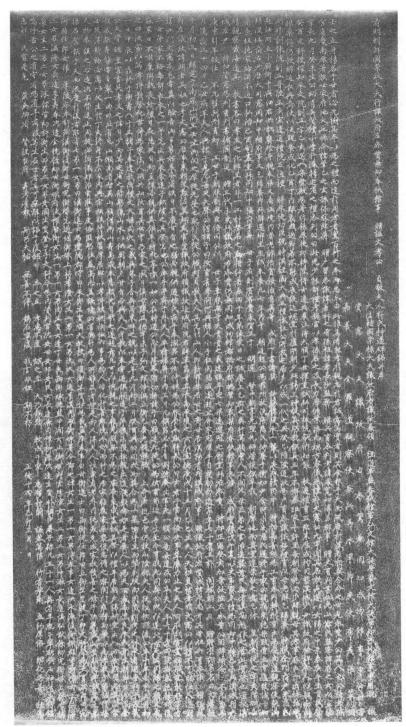

그림 6. 신공제, 윤문효공신도비 전면, 1519, 171×91×25㎝(비신), 불교중앙박물관

양 측면과 후면은 운문으로 장식되어 있다. 이수의 조각은 전체적으로 섬세하고 독창적이다.

비액은 전면 상단에 별도의 공간을 만들어 썼는데 편액처럼 상부가 약간 앞으로 나와 글씨가 더욱 온전하게 보전될 수 있었다. 비액 주위의 조각도 매우 정교하며 그 곡선 문양이 이언호가 쓴 소전(그림 4)의 원전과 잘 어우러진다.

비신은 장방형으로 정면에서 보면 우측으로 약간 기울어져 있다. 이수, 귀부, 지대석과는 달리 흰색이라 석질이 다름을 알 수 있다. 양면의 글씨는 송설풍의 해서로 음각되어 있다(그림 5). 후면 추기의 글자가 전면 비문의 글자보다 더 크다.

높이 98㎝인 귀부는 연화문을 두른 타원형의 좌대 위에 놓여 있다. 거북이 연화를 타고 몸을 웅크리고 좌대를 잡고 있는 모습이다. 조선 전기에 귀부 아래 연화문 대석이 있는 것은 태조를 기린 〈건원릉신도비〉(1409)와 이 비 2기뿐이다.

귀부 아래에 너비 175㎝, 높이 98㎝, 두께 197㎝인 거대한 방형 지대석이 있는데 일반 석비에서 보이는 얇은 판석 모양의 지대석에 비하면 이례적이다. 지대석 사면에 새긴 풍부한 양감의 조각도 특징적이다. 이런 특징들로 인해 이 비는 조선의 신도비 가운데 수작으로 손꼽는다.

비가 잘 보존되어 글자는 대부분 판독 가능하다. 대체로 행간과 자간이 정연하고 장방형, 정방형, 편방형의 글자를 혼용했다. 여말선초에 성행한 송설풍 해서로 비문을 썼는데 행서의 필의가 강해 유려하면서 유창하다. 시작은 해서로 했으나 갈수록 행서의 필의가 많이 가미되어 있다. 2행과 마지막 행의 '家'를 비교해 보면 이것을 알 수 있다.

총 34행인 전체 탁본(그림 6)을 보면 상단보다 하단이 더 마모되었음을 알 수 있고, 그 결과 글씨의 분위기도 다르게 보인다. 상단의 글씨(그림 7 상)는 획이 가늘고 행기가 있어 유려하다. 해서를 행서 쓰듯 휘두른 운필이 유창하여 조선 전기의 비문 글씨 가운데 수작에 속한다. 행서의 필의가 강하니 자연

그림 7. 윤문효공신도비 우측상단(상), 우측하단(하)

그림 8. 신공제, 윤문효공신도비 탁본첩, 1519, 예술의
전당

그림 9. 강징, 정난종신도비, 1525

그림 10. 한호, 허엽신도비, 1582

그림 11. 송준길, 민제인신도비, 1668

그림 12. 신공제, 윤문효공신도비,
1519

스럽게 連筆이 드러나고 해서와 행서를 다양한 모습으로 혼용하여 변화를 준 솜씨가 능숙하다. 탁본첩(그림 8)에서도 이런 분위기가 농후하다. 하단의 글씨(그림 7 하)는 마모로 인해 획이 굵고 획간이 **빽빽**하며 주로 방필처럼 보여 상단의 글씨와는 느낌이 다르다. 따라서 이 글에서는 원래 모습인 상단의 글씨로 그 특징을 살핀다.

이 비의 해서와 가장 비슷한 것으로 姜澂(1466-1536)이 1525년에 쓴 〈정난종신도비〉(그림 9)가 있다. 행서까지 혼용하여 유려하면서 자유자재한 〈윤문효공신도비〉와는 달리 '射', '使', '立' 등 몇 글자를 連筆로 써 약간의 행기만 있는 해서로 쓴 〈정난종신도비〉는 더 근엄하면서 절제되어 있지만, 결구에는 유사한 부분이 있다. 행기가 있는 해서는 1582년 韓濩(1543-1605)가 쓴 〈허엽신도비〉(그림 10)에서도 쓰였다. 1668년 송준길이 쓴 〈민제인신도비〉(그림 11)에는 〈윤문효공신도비〉처럼 해서, 행기가 있는 해서, 행서가 혼용되어 있다. 그러나 후대의 어떤 비도 〈윤문효공신도비〉(그림 12)만큼 운필이 능통하지는 않으니 신공제의 글씨는 조선의 비문 글씨 가운데 수작이라 할 수 있다.

〈윤문효공신도비〉는 행간은 여유롭고 자간은 **빽빽**하다. 장방형 글자가 이어지면 자간은 더 **빽빽**하고 편방형 글자 전후에는 상대적으로 여백이 넉넉하다. 그림 12에서 보듯이 '製', '慶'처럼 장방형도 있고 '生', '天'처럼 정방형도 있고 '以', '次'처럼 편방형도 있어 자형에 변화가 많다. 획이 복잡한 글자는 크게, 간단한 글자는 상대적으로 작게 써 크기에도 변화가 많아 전체적으로 생동감이 있다. 전절도 '自'처럼 해서의 方折과 '而'처럼 행서의 圓轉을 혼용하여 변화무쌍하다. 반면 획의 굵기는 대략 비슷하여 동질감이 있다. 가로획은 '天'처럼 주로 仰勢지만 平勢나 俯勢가 쓰이기도 했다.

이제 비의 글씨를 해서, 해서+행서, 행서+해서, 행서로 나누어 좀 더 자세히 살펴보자. 상술했듯이 고찰 대상은 원의 그대로인 상단의 글자다.

첫째, 해서로 쓴 글자다(표 1). 해서는 송설풍이고, 결구는 정연하여 흐트러짐이 없다. '庚', '名', '尹'처럼 삐침과 '年', '酉'처럼 가로획이 유난히 긴 것은 조맹부 해서의 특징이다. 글씨는 송설풍의 유미함과 신공제의 강건함을 동시에 드러내고 있다.

표 1. 해서로 쓴 〈윤문효공신도비〉 글자

可	家	庚	慶	癸	科	觀	九	權	南	年	杜
名	未	拜	副	仕	賜	授	申	辛	身	揚	院
酉	尹	任	著	廚	之	察	特	亥	鄕	黃	訓

둘째, 좌변은 행서, 우변은 해서로 쓴 글자다(표 2). '鍊', '理', '餘', '致'의 좌변은 모두 유미한 행서로 썼으며 그 분위기에 어울리게 해서로 쓴 우변도 부드럽다. '鍊'에서 우변의 圓轉, '致'에서 우변 획의 곡선 등이 그렇다.

표 2. 좌변이 행서인 〈윤문효공신도비〉 글자

鍊	理	細	餘	餌	酒	致	弘

셋째, 좌변은 해서, 우변은 행서로 쓴 글자다(표 3). '道', '城', '於', '移'의 좌변은 해서로, 우변은 유려한 행서로 썼다. 해서로 시작하여 행서로 마쳤다. '城'의 土, '於'의 方에서 방필인 세로획의 起筆은 藏鋒이다. '移'의 禾는 入筆이 露鋒이라 우변의 행서와 분위기가 비슷하다.

넷째, 상부는 해서, 하부는 행서로 쓴 글자다(표 4). '家', '歷', '所' '字'의 상부는 해서로, 하부는 連筆이 자연스러운 행서로 썼다.

표 3. 우변이 행서인 〈윤문효공신도비〉 글자   표 4. 하부가 행서인 〈윤문효공신도비〉 글자

道	城	於	移		家	歷	所	字

표 5. 행서로 쓴 〈윤문효공신도비〉 글자

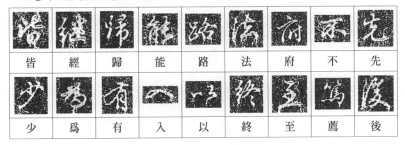

皆	經	歸	能	路	法	府	不	先
少	爲	有	入	以	終	至	薦	後

다섯째, 행서로 쓴 글자다(표 5). 완연한 행서로 쓴 이 글자들의 연필은 물 흐르듯 자연스러워 막힘이 없다. 서자가 처음부터 행서로 쓰기로 작정한 듯 보인다.

신공제는 同字異形의 서법을 잘 표현했다(표 6). 또 같은 글자를 해서로 쓰기도 하고 행서로 쓰기도 하는 등 서체를 달리하여 변화를 주었다. '家'에서 두 글자는 해서, 한 글자는 행서로 썼다. 해서 두 글자의 다른 점은 宀 아래 첫 가로획이다. 첫 글자의 宀 아래 가로획은 俯勢로 써 仰勢로 쓴 宀의 가로획과 대비되고, 둘

표 6. 〈윤문효공신도비〉의 동일자 비교

家	歸	府	不	先	於	爲	有	以	至	薦	衡

째 글자의 그것은 앙세로 써 艹의 가로획과 같은 필세다. '歸'는 좌변을 해서처럼 쓰거나 행서처럼 흘려서 변화를 주었다. '府'도 셋째 획을 해서처럼 삐치거나 행서처럼 連筆로 써 변화를 주었다. '不'은 대부분 해서로 썼는데 鉤劃과 그 양쪽 획의 위치를 각각 조금씩 달리했다.

'先'은 해서와 행서로 서체를 달리했으며, 행서에서는 노봉과 장봉을 혼용하여 변화를 주었다. '於'는 좌변은 해서, 우변은 행서의 필의로 썼는데 획의 굵기와 길이에 조금씩 변화를 주었다. 그리고 우변 하부 두 점의 흘린 정도도 조금씩 다르다. '爲'는 모두 행기가 있는 점은 유사하지만, 왼쪽으로의 삐침을 길고 강하게 하거나 짧게 약하게 한 것, 마지막 네 점을 세 점의 連筆로 하거나 한 획으로 굴려 변화를 주었다. '有'는 첫 획과 둘째 획을 해서처럼 쓰거나 행서처럼 連筆로 쓰기도 했다. 행서의 連筆 정도에도 차이를 두어 변화를 시도했다.

'以'도 좌변을 흘린 口로 쓰거나 위로 삐쳐 올리고, 우변은 해서처럼 두 획으로 쓰거나 행서처럼 이어서 한 획으로 썼다. '至'는 해서, 상부는 해서 하부는 행서, 행서 세 종류로 구분하여 썼다. '衡'의 결구는 거의 동일하나 마지막 획을 해서처럼 구획으로 쓰거나 행서처럼 아래로 내려 변화를 주었다. 전체적으로 해서와 행서를 오가는 운필이 자유자재하니 흐름이 자연스럽고 결과적으로 글씨가 유창하다.

이렇게 해서에 행서까지 혼용한 글씨는 조선 초기의 비에서는 드물고 중기에 이르러 송준길 등이 쓴 비문에서는 본격적으로 행서가 사용되었다. 해서와 행서를 혼용한 비로 954년에 세운 고려의 〈태자사낭공대사비〉(그림 13)가 있다.[12] 비록 김생 집자비지만 한국 서예사에서 전체적으로 해서와 행서를 혼용한 것은

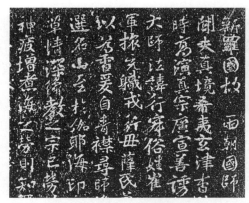

그림 13. 김생, 태자사낭공대사비, 단목 집, 954, 고려,
국립중앙박물관

그림 14. 안평대군, 금니서, 15세기 전반, 서울대학교박물관

이 비가 처음이다. 해서와 행서를 대략 반반 정도인 〈낭공대사비〉는 신공제 생존 당시에도 경상북도 봉화군 태자사에 서 있었을 것이다.

1장에서 언급했듯이 신공제는 젊어서부터 글씨를 좋아했고 늙어서도 그 습관을 버리지 못해 명필이라면 어디든지 찾아갔고 그 글씨를 모사했다. 김생의 진적은 조선 중기까지 남아 있었으니 전기인 16세기에도 당연히 존재했을 것이다. 글씨를 즐기고 잘 썼던 신공제는 김생의 진적은 물론 〈낭공대사비〉도 보았을 것이다. 실제로 그가 간행한 《해동명적》에는 〈낭공대사비〉와 송설풍에 능통한 안평대군의 해서(그림 14)와 행서도 포함되어 있다. 그는 《해동명적》 간행 전후에 김생, 안평대군 등 명필의 글씨를 모사했을 것이다.

신공제가 51세에 쓴 〈윤문효공신도비〉의 글씨는 자유자재한 운필과 능통한 서법에서 김생이나 안평대군에 뒤지지 않는다. 그는 가학으로 전수받은 덕린체, 여말선초에 유행한 송설체의 유미함을 넘어 힘차면서 유창한 해서와 행서로 자신만의 색깔을 뚜렷하게 표현했다.

III. 〈안침신도비〉 글씨의 특징

〈안침신도비〉(그림 15 좌)는 조선 전기의 문신 安琛(1445-1515)을 기리기 위해 1523년에 건립되었다. 세조, 성종, 중종 삼왕 대를 산 순흥(지금의 경상북도 영주) 사람 안침의 자는 子珍, 호는 竹窓, 竹齊이다. 증조부는 安宗約, 조부는 이조참판 安玖, 부친은 부윤 安知歸이며, 모친은 형조참판 朴以昌(?-1451)의 딸이다.

비는 현재 경기도 성남시 분당구 율동에 있는데 〈윤문효공신도비〉와는 달리 밖에서는 보이지 않는 산속에 있어 찾기가 쉽지 않다. 필자도 순흥안씨 대종회 상임부회장인 안태현 후손의 도움으로 겨우 찾았다. 산중턱에 안침과 부인 광주 이씨 부부의 쌍묘가 나란히 놓여 있고 각 묘 앞에는 전면에 비제만 쓴 묘표석이

---

12) 정현숙, 2019, 「통일신라 金生의 서예-〈太子寺朗空大師白月栖雲塔碑〉에 근거하여-」, 『목간과 문자』 23, 한국목간학회; 2022, 「통일신라 김생의 해서 연구-〈태자사낭공대사백월서운탑비〉에 근거하여-」, 『목간과 문자』 28, 한국목간학회; 2023, 「통일신라 김생의 행서 연구-〈태자사낭공대사백월서운탑비〉에 근거하여-」, 『목간과 문자』 30, 한국목간학회 참조.

그림 15. 안침신도비, 1523, 경기도 성남시, 필자(사진)

있다(그림 15 우상). 좌측의 안침 묘 좌측에 그의 신도비가 우뚝 서 있다(그림 15 우하).

　비는 이수, 비신, 비좌의 형식을 갖추었다. 너비 120㎝, 높이 30㎝인 대석 사면에는 眼象紋과 覆蓮이 있다. 〈윤문효공신도비〉에 비해 대석이 훨씬 낮아 글자를 가까이서 살펴볼 수 있다. 비액 높이 66㎝, 비신 높이 160㎝로 전체 높이 256㎝인 비의 양면 모두 마모가 심하다. 특히 후면은 비액을 제외하고는 판독이 거의 불가능하다(그림 16). 〈윤문효공신도비〉 추기를 지은 이행이 비문을 짓고 신공제가 양면의 모든 글씨를 썼다. 비액(그림 17)은 전면 비신 상단에 "工曹判書安" 5자, 후면 비신 상단에 "公神道碑銘" 5자로 총 10자다. 자간의 여백이 넉넉함에도 불구하고 한 면에 5자만 쓴 것은 처음부터 양면에 비액을 쓰기 위한 것으로 보인다. 비액 글자는 가로 세로 5-6㎝ 정도다. 비액 글씨의 전형인 소전은 장방형인 것이 특징인데, 신공제의 전서는 정방형에 가깝다. 이런 특징을 지닌 그의 소전은 비문의 송설풍 해서와 한 몸처럼 잘 어울린다.

　조선 초에는 대부분 비액을 비신 상단에 소전으로 썼다. 黃喜(1363-1452)를 기리기 위해 1500년에 세운 〈황희신도비〉는 전면 상단에 비액 '翼成公神道碑' 6자를 가로 한 줄의 전서로 썼다. 〈안침신도비〉 건립 3년 전인 1520년에 李蓀(1439-1520)을 기리기 위해 세운 〈이손신도비〉(그림 18)도 전면 상단에 비액 '胡簡公神道碑' 6자를 가로 한 줄의 전서로 썼다. 〈안침신도비〉 건립 2년 후인 1525년에 鄭蘭宗(1433-1489)을 기리기 위해 세운 〈정난종신도비〉(그림 19)도 전면 상단에 비액 '翼惠公神道碑銘' 7자를 가로 한 줄의 전서로 썼다.[13]

---

13) 조수현, 2017, 『한국서예문화사』, 다운샘, pp.366-368, 그림 19, 21 참조.

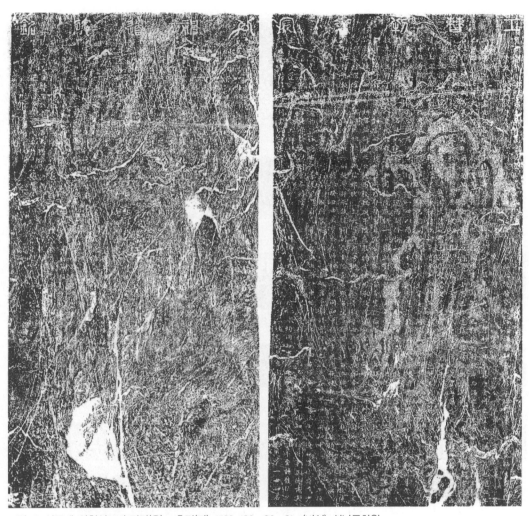

그림 16. 신공제, 안침신도비 전면(우) · 후면(좌), 1523, 160×80×21㎝(비신), 성남문화원

〈안침신도비〉처럼 양면 비신 상단에 비액을 쓰는 양식은 이후에 나타난다. 趙光祖(1482-1519)를 기리기 위해 1585년에 세운 〈조광조신도비〉(그림 20), 성종의 제7자인 李澪(1488-1552)를 기리기 위해 1587년에 세운 〈이회신도비〉(그림 21)에서 金應南(1546-1598)은 양면에 비액을 썼다. 〈조광조신도비〉 전면 상단에 는 '文正公靜庵趙先' 7자, 후면 상단에는 '生神道碑銘' 5자 총 12자를 전서로 썼다. 〈이회신도비〉 전면 상단에 는 '王子順之公' 5자, 후면 상단에는 '神道碑銘' 4자 총 9자를 전서로 썼다. 이는 신공제가 양면에 비액을 쓴 양식의 원조임을 말한다.

비액의 글씨는 비교적 온전하여 신공제 전서의 특징을 살펴볼 수 있다.[14] 대략 정방형인 소전은 좌우가

---

14) 조동원, 1979, 『韓國金石文大系 卷1』, 원광대학교출판국; 성남문화원, 2003, 『城南金石文大觀』, 고려금석원 참조.

그림 17. 신공제, 안침신도비 양면 비액, 1523

그림 18. 김희수, 이손신도비 전면 비액, 1520

그림 19. 강징, 정난종신도비 전면 비액, 1525

그림 20. 김응남, 조광조신도비 양면 비액, 1585

그림 21. 김응남, 이회신도비 양면 비액, 1587

대칭인 글자와 비대칭인 글자가 있어 변화가 돋보이며, 전체적으로는 고박하면서 힘차다.

〈안침신도비〉의 전면(그림 22)을 보면 행간, 자간이 정연하다. 행간은 1.5㎝, 자간은 1㎝ 정도이니 자간이 행간보다 더 빽빽하다. 비문의 글자는 장방형, 정방형, 편방형이 혼용되어 있다. 글자의 크기는 대략 2㎝다. 편방형은 가로 2.2㎝, 세로 1.2㎝, 장방형은 가로 2㎝, 세로 2.3㎝다.

판독 가능한 글씨만 보아도 〈윤문효공신도비〉처럼 송설풍 해서임을 알 수 있다. '廟', '師', '至'(표 7) 등이 행서의 필의가 강하거나 아예 행서이기도 한 글씨 양식도 〈윤문효공신도비〉와 유사하다. 둘째 '至'가 행서인 것으로 보아 〈윤문효공신도비〉처럼 행서 글자도 많았을 것으로 추정된다. 양비의 동일자를 비교해 보면 결구, 자형 그리고 필법이 흡사하다. 이 비 전후에 안침이 쓴 〈황희신도비〉(1500, 그림 23), 金縴(1488-1534)가 쓴 〈李謙仁墓表〉(1515),[15) 강징이 쓴 〈정난종신도비〉(1525, 그림 9)의 웅건한 해서와는 구별된다.

---

15) 한신대학교박물관, 2011, 『조선전기 명필의 서예』, p.9.

그림 22. 신공제, 안침신도비 전면, 1523

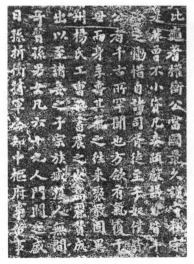

그림 23. 안침, 황희신도비, 1500

표 7. 〈안침신도비〉의 행기 있는 글자

廟	師	至	至

　〈안침신도비〉의 동일자(표 8)를 보면 결구와 필법이 유사해 분위기도 비슷해 보이며, '至' 등의 일부 글자만 서체를 달리하여 변화를 주었다. 그러나 마모 전 원래 글자들의 모습을 온전하게 볼 수 없다는 한계가 있다. 그럼에도 불구하고 16세기에 근엄하고 힘찬 해서로 쓴 신도비의 글씨와는 달리 송설풍 행해서로 쓴 이 비문은 한 자 한 자가 절묘하고 전체적으로는 차분하면서 유려하다.

표 8. 〈안침신도비〉의 동일자 비교

同	世	爲	正	而	曹	知	知	之	丑
同	世	爲	正	而	曹	知	知	之	丑
同	世	爲	正	而	曹	知	知	之	丑
同						知			
同									

IV. 신공제 글씨의 가치

조선 초기의 문신 신공제는 조부 신말주를 통해 고려 말 서화가인 5대조 신덕린, 조선 초 명서가인 증조부 신장으로 이어진 가전 서법 즉 덕린체를 익혔다. 그는 유년기부터 장년기, 노년기에 이르기까지 글씨를 애호하여 명필의 글씨를 두루 찾아다니고 모사했다. 이런 서예적 환경으로 인해 1515년경 『해동명적』을 간행했다. 그는 거기에 실린 47명의 글씨를 모두 보았고, 일부는 모사를 통해 자신의 서예를 더욱 발전시켰을 것이다.

신공제는 50대에 〈윤문효공신도비〉(1519)의 비문과 〈안침신도비〉(1523)의 양면 모든 글씨를 썼다. 두 비의 글씨는 송설풍의 행해서다. 그는 초서와 예서에 뛰어나다고 하는데, 두 비문을 보면 해서와 행서에도 능통함을 알 수 있고, 두 글씨는 조선의 어떤 비문 글씨보다 풍격이 높다.

신공제는 5대조 신덕린, 증조부 신장과 함께 『근역서화징』에 이름을 올렸지만, 지금까지 그의 글씨는 크게 주목받지 못했다. 15세기 후반과 16세기 전반을 산 그가 덕린체와 송설체를 체득한 후 쓴 두 비 글씨의 유창함과 출중함은 조선의 어떤 서가도 뛰어넘는다. 가학 서법으로 다져진 단단한 뿌리 위에 자신의 개성적 면모를 드러낸, 두 비가 보여주는 해서와 행서의 빼어남은 그가 조선 전기의 명필임을 확인시켜 준다.

투고일: 2024.11.27.　　　　심사개시일: 2024.12.02.　　　　심사완료일: 2024.12.17.

참고문헌

1. 원전

『國朝記略』.

『國朝文科榜目』.

『國朝人物考』.

『企齋集』.

『東國文獻錄』.

『阮堂全集』.

『慵齋叢話』.

『朝鮮王朝實錄』.

『震檀人物』.

『海東號譜』.

2. 단행본

국립문화재연구원, 2022, 『한국의 석비』 조선(보물).

성남문화원, 2003, 『성남금석문대관』, 고려금석원.

소수박물관, 2021, 『해동명적』.

예술의전당, 1996, 『고려말 조선초의 서예』.

오세창, 1998, 『국역 근역서화징·상』, 시공사.

조동원, 1979, 『한국금석문대계 권1』, 원광대학교출판국.

조수현, 2017, 『한국서예문화사』, 다운샘.

한신대학교박물관, 2006, 『동춘당 송준길의 서예』.

한신대학교박물관, 2011, 『조선전기 명필의 서예』.

3. 논문

손한빈, 2024, 「고령신씨 서예의 형성과 전승 : 신공제를 중심으로」, 『서예학연구』 44, 한국서예학회.

유지복, 2016, 「《해동명적》 석판본 연구」, 『장서각』 36, 한국학중앙연구원.

유지복, 2016, 「《해동명적》 목판본 연구」, 『서지학연구』 65, 한국서지학회.

이기범, 2017, 「보한재 신숙주의 문예사상과 서예」, 『한문고전연구』 35(1), 한국한문고전학회.

이준구, 2012, 「朝鮮 初期 巖軒 申檣의 生活과 書藝硏究」, 경기대학교 석사논문.

정현숙, 2019, 「통일신라 金生의 서예-〈太子寺朗空大師白月栖雲塔碑〉에 근거하여-」, 『목간과 문자』 23, 한국목간학회.

정현숙, 2022, 「통일신라 김생의 해서 연구-〈태자사낭공대사백월서운탑비〉에 근거하여-」, 『목간과 문자』 28, 한국목간학회.

정현숙, 2023, 「통일신라 김생의 행서 연구-〈태자사낭공대사백월서운탑비〉에 근거하여-」, 『목간과 문자』 30, 한국목간학회.

⟨Abstract⟩

A Study on the Calligraphy of Shin Gong-je
- Focusing on *Yun Munhyogong Sindobi* and *An Chim Sindobi* -

Jung, Hyun-sook

This paper examines the calligraphy of Shin Gong-je(1469-1536), literati of the early Joseon dynasty, through his writings *Yun Munhyogong Sindobi*(1519) and *An Chim Sindobi*(1523) sheds light on the value of his writings in the history of the Joseon calligraphy.

He wrote only the front side of *Yun Munhyogong Sindobi*, which is well preserved, and the title and both sides of *An Chim Sindobi*, which has severe abrasions. The seal script of the title of *An Chim Sindobi* is a typical seal script used before as the title writing of stele.

He learned 'Deokrin style' of the family study, which connected from 5th generation of ancestor Shin Deok-rin(1330-1402), celebrated calligrapher and painter of the late Goryeo dynasty, to the great-grandfather Shin Jang(1382-1433), famous calligrapher of the early Joseon dynasty. And then he also studied 'Songseol style', which is the trend from the late Goryeo to the early Joseon dynasties and finally created his own style.

The writings of the two stelea are written in the regular script of 'Songseol style' with the stokes of the running script. The fluency of the two writings is similar.

In the first half of the 16th century, the two writings he wrote in his 50s, revealing his own characteristics that distinguish them from other Joseon calligraphers, are truly excellent. This may be due to the solid foundation laid by the family study of calligraphy.

It is considered that it is safe to place him in a line of master calligrapher of the early Joseon dynasty because of the prominence of the regular and running scripts showing his personality based on that root,

▶ Key words: Shin Gong-je, Shin Deok-rin, Shin Jang, *Yun Munhyogong Sindobi*, *An Chim Sindobi*

신출토 문자자료

목간 연구 접근 방식에 관한 몇 가지 문제

목간 연구 접근 방식에 관한 몇 가지 문제

– 근년 출토된 일본 목간을 단서로 하여 –

小宮秀陵*

I. 들어가며
II. 근년 출토된 일본 목간 정황
III. 急急如律令 木簡과 祭祀 空間
IV. 나가며

〈국문초록〉

본고는 근년 일본 목간의 출토 현황과 특색을 개관한 뒤, 발해와의 관련성을 엿보게 해주는 急急如律令 목간 사례를 소개하고, 주술 목간이 나타나는 환경 등을 고려하여 그 사상의 중층성에 접근하였다. 穴太遺跡에서 출토된 急急如律令 목간은 藤原京 木簡의 계보적 영향을 보여주고, 도래인 신앙의 역사적인 환경과 국경이라는 공간적 경계를 바탕으로 이루어진 제사에서 사용되었다고 할 수 있다. 앞으로 목간을 보다 깊이 이해하기 위해서는 시간적인 접근을 통해 사상의 중층성을 분석하는 것이 중요하게 될 것이다.

▶ 핵심어: 急急如律令 목간, 공반유물, 제사공간, 시간적 접근성

I. 들어가며

한국에서 발굴 진전에 따라 목간의 출토가 점점 많아지고 일본에서 출토된 목간에 대한 관심도 많아지고 있다. 일본 목간은 한국의 고대상을 그리는 데에 부족한 정보를 제공하는 동시에 한국사를 광역세계에 자리매김하는 데 있어 동아시아의 문화 전파 과정을 보여주는 흔적이라는 점에서 중요한 역할을 하고 있다.

일본 목간학회에서는 연 1회 회원을 모아서 총회를 열고 연구집회를 개최한다. 필자는 한국목간학회 선

---

* 獨協大學 言語文化學科 准教授

생님들과 함께 2023년 12월 2일, 3일에 걸쳐 제45회 목간학회 연구집회에 참석하였다. 첫날에는 총회에 참석하고 이어서 개최된 연구발표 3편을 청강하였다. 그것들은 平安京 출토 목간에 관한 연구발표였다. 둘째 날에는 2023년 일본 전국에서 출토된 목간의 소개 및 福島나 京都에서 출토된 목간에 관한 연구발표 3편을 청강하였다. 또한 연구집회에서 일본의 목간 실물을 직접 관찰하는 기회가 있었으므로, 2023년에 출토된 주요 목간을 직접 확인할 수 있는 귀중한 기회가 되었다. 아울러 그날에 『목간연구』(2023년, 제45호)를 받아 2022년 일본 목간의 동향을 알 수 있었다.[1]

본고에서는 이러한 일본 목간의 연구 동향을 바탕으로 근년 일본에서 출토된 목간 중 흥미를 끄는 것들을 다루고자 한다. 우선 근년 목간의 출토 현황과 특색을 정리한 후, 발해와의 관련성을 엿보게 해주는 고대 呪符 목간 사례를 소개하겠다.

다음으로 위에서 소개한 呪符 목간의 성격에 대해 상세히 살펴보도록 하겠다. 이 목간의 출토 지역에서는 발해에서 전래된 제품으로 보이는 帶金具가 함께 출토되었다. 일본에서는 帶金具가 발해 사신과 일본의 교류를 단적으로 보여주는 출토 유물로 주목받고 있다.[2] 다만, 많은 관심사가 帶金具에 초점을 맞추어졌고 이를 통해 발해와의 관련성에 대해 접근하였기 때문에, 이번에 나온 呪符 목간의 성격 및 관련성에 대해서는 아직 충분한 검토가 이루어지지 못하였다.[3] 따라서 목간의 성격 해명은 새로운 시각에서 帶金具의 성격에 접근할 기회를 제공할 수 있을 것이라 여겨진다. 이를 통해 목간으로부터 알아낼 수 있는 당시 중층적인 성격을 띤 일본 관인들의 사상공간에 대해 접근하는 단서가 될 것이다.

II. 근년 출토된 일본 목간 정황

한국에서는 목간 점수를 정리하는 것에 대한 정확성 여부가 중요한 논점인데 일본에서는 막대한 목간 출토 점수를 확인할 수 있으므로 정리 또한 쉽지 않다. 『木簡研究』(2023년, 제45호)에 따르면 2022년에 출토된 목간은 183점이다. 이를 정리하면 고대: 14점, 중세: 27점, 근세: 48점, 근대: 10점, 고대~중세: 1점, 고대~중세·근세: 4점, 근세~근대: 79점으로 분류된다(그림 1). 다만 이 중에는 2021년 이전에 출토된 목간 사례도 있어서 정확히 2022년에 출토된 것으로 보기는 어려울 것이다.[4]

---

1) 이번 목간학회에는 한국목간학회 회장 김병준 교수님 및 편집이사 이재환 교수님과 동행하였으며, 馬場基 奈良文化財研究所 平城地區史料研究室長님의 안내를 받아 平城宮과 朱雀門 밖의 발굴 현장 등을 실제로 견학하였다.

2) 일본에서는 '東アジアの帶金具と古代の日本'이라는 제목으로 심포지엄이 개최되었고, 4개의 강연록이 2024, 『横浜ユーラシア文化館紀要』12에 수록되었다.

3) 대금구와 주부 목간의 성격을 관련시키는 데 근접한 연구 성과로 다음 논문을 참조.
浜田久美子, 2024, 「渤海使と穴太遺跡」, 『横浜ユーラシア文化館紀要』12.

4) 이들 내용은 鶴見泰壽(2023, 「2022年出土の木簡 概要」, 『木簡研究』45, p.2)의 표와 소개된 자료를 바탕으로 필자가 재정리한 것이다.

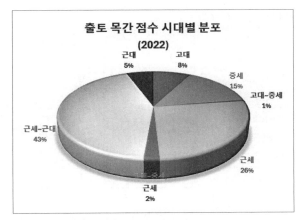

그림 1. 출토 목간 점수 시대별 분포(2022)

한편 목간이 출토된 유적 사례를 보면 그 경향성을 나름대로 정리 할 수 있다. 2022년 출토 유적 사례를 정리하면 고대 10개, 중세 11개, 고대~중세 2개, 근세 9개, 근대 3개, 근세~근대 5개로 분류된다.[5] 표 1에서 알 수 있듯이 목간 점수를 보면 중세·근세 목간이 중심을 이룬데 유적의 사례 수차를 보면 근세, 근대보다 고대, 중세가 많다는 것을 알 수 있다. 이는 근세, 근대 시기 목간이 한 곳에서 집중적으로 출토되었음을 의미한다.

유적 사례 수를 정리하면 중세나 근세에 출토 사례가 집중됨은 과거의 사례를 통해도 확인된다. 아래 그림은 2016년부터 2022년까지 목간이 출토된 사례(중복 있음)를 그래프로 정리한 것이다(그림 2).[6] 주의를

끈 것은 주황색인 중세나 녹색인 근세 사례가 많다는 것이다. 2022년에 출토된 근세 사례는 다른 연도에 비하면 많지 않은데, 이는 2016년부터 이어진 경향에서는 예외적인 것으로 볼 수 있을 것이다.

중세·근세 유적에서의 발견 사례가 많음을 알 수 있다. 특히 근세 유적에서 목간이 많이 확인되었다.

그림 2. 시대별 출토 유적 사례(2016~2022)

2022년에 출토된 근세~근대 목간은 약 48점으로서 시대적으로 가장 많다. 2016년 출토 목간 중에는 滋賀縣 神照寺坊遺跡에서 나온 것이 12,025점이며, 거의 대부분 나무 단편에 경문을 쓴 柿(고케라)經이었다.[7] 다만 같은 해에 1,000점 이상의 근세 목간이 확인되었으므로 근세 목간의 점수가 두드러짐을 알 수 있다.

---

5) 위의 논문, p.1.

6) 2016년도부터 2020년도 사례까지는 磐下徹, 2021, 「2020年出土の木簡」, 『木簡研究』 43, pp.1-2를 바탕으로 표로 정리하였다. 2021년도는 馬場基, 2022, 「2021年出土の木簡」, 『木簡研究』 44, p.2를 바탕으로 하였고, 2022년도는 2023, 『木簡研究』 45, p.2를 바탕으로 정리하였다.

7) 古山明日香, 2017, 「滋賀縣 神照寺坊遺跡」, 『木簡研究』 39, p.71.

또한 2022년 출토 목간을 『木簡研究』의 유적 종류 분류를 따라 8가지로 분류하여 시대별로 정리하면 표 1과 같다.[8]

표 1. 유적의 성격 분류(2022년)

	고대	중세	근세	근대
도성(都城)	4	2	1	0
관아(官衙)	3	0	0	0
집락(集落)	6	7	6	3
생산유적(生産遺跡)	2	2	0	0
성관(城館)	1	4	7	5
사찰, 신사(寺刹, 神社)	0	1	1	0
도시(都市)	0	0	1	1
산포지·기타(散布地·其他)	0	2	0	0

우선 유적 성격의 흐름을 보면 고대에는 도성이나 관아 같은 행정기구와 집락이 중심을 이룬다. 중세 이후에는 지역의 지배를 실시한 무사들 세력 공간인 城館이 중심을 이루며, 종교적인 특성도 나타나기 시작한다. 또한 근세와 근대에 들어 도시의 성격 역시 나타나기 시작한다. 한편 집락은 고대부터 근대에 이르기까지 자료를 확인할 수 있는 공간으로 기능하였다.

다만 유적 성격은 중복이 있다. 구체적으로 고대에서 이를 확인해 보도록 하겠다. 고대 항목에서 제시한 도성은 藤原京, 平城宮이나 平城京이며, 궁과 경은 구분해서 정리되었다. 중세 도성의 경우 長岡京 및 平安京이며 근세 도성 또한 平安京을 가리킨다. 고대 관아 유적은 지금 宮城縣에 있는 郡山遺跡과 山王遺跡, 그리고 福岡縣에 있는 大宰府政廳周邊遺跡을 가리킨다. 이들 가운데 郡山遺跡은 고대에는 陸奧國府로 추정되었고,[9] 山王遺跡 역시 多賀城 밖 서남 쪽에 위치한 유적이며 주변에는 國司 居館이 있었던 것이 알려져 있다.[10]

또한 고대 집락은 兵庫縣 大池ノ南(오이케노미나미)遺跡, 滋賀縣 穴太(아노)遺跡, 宮城縣 山王(산노)遺跡, 石川縣 大友E(오토모E)遺跡, 加茂(가모)遺跡, 그리고 矢田(야타)遺跡이다. 이들 유적은 한 구역의 발굴로부터 목간이 출토된 경우가 많으므로 유적 성격의 전모를 아직 알 수 없는 경우가 많다. 또한 山王(산노)遺跡은 관아 유적에도 포함되듯이 고대에 복합적인 성격을 가졌던 유적이다. 실제 이 유적에서는 漆 공방이 있었음이 확인되어 생산유적이라는 성격을 갖기도 한다.[11] 더욱이 중세 이후 山王(산노)遺跡은 城館 즉 거처로 기능하였다.[12] 따라서 이 유적은 같은 범위에서 시공간적으로 복합적인 성격을 갖는 지역이라고 할 수 있다.

이처럼 복합적인 성격을 갖는 유적에서는 발굴 지점이 목간의 특색을 결정짓는 데 중요한 것은 틀림없다. 다만 목간에 명확히 연대가 쓰인 사례는 드물기에 공반유물의 연대나 유적의 복합적인 기능과의 연관

---

8) 鶴見泰壽, 2023, 앞의 논문, p.2의 분류를 바탕으로 재정리하였다.

9) 長島榮一, 2009, 『日本の古代遺跡35 郡山遺跡─飛鳥時代の陸奧國府跡─』, 同成社; 林部均, 2011, 「古代宮都と郡山遺跡·多賀城 : 古代宮都からみた地方官衙論序說」, 『國立歷史民俗博物館研究報告』163.

10) 山王遺跡의 성격에 대해서는 다음 논문이 참고가 된다.
    平川南, 1999, 「古代地方都市論 : 多賀城とその周邊」, 『國立歷史民俗博物館研究報告』78, pp.6-10.

11) 위의 논문, p.18.

12) 小原駿平, 2023, 「山王遺跡」, 『木簡研究』45, p.80.

성이 그 목간의 성격을 결정짓는 데 현실적으로 중요한 역할을 할 것이다. 환언하자면 목간 연대의 결정에 있어서 공반 유물을 통해 목간과 유물이 어떻게 함께 기능하였는지를 살피는 것과 더불어 유적지의 시대적 변화 양상을 이해하는 것이 중요한 의미를 가진다고 하겠다.

III. 急急如律令 木簡과 祭祀 空間

1. 穴太遺跡 출토 急急如律令 목간

『목간연구』(2023년, 제45호)는 滋賀縣 穴太(아노오)유적에서 이른바 '急急如律令'으로 보이는 내용을 적은 목간이 출토되었음을 전한다.[13]

〔急〕 〔律〕
忽々如津令

이 목간은 9세기 후반에서 10세기의 것으로 추정되고 있다. '忽々'이라는 표기는 '急急'과 같은 뜻으로 추정된다. '津令'이라는 문구 또한 특이한 것으로 보인다.

유구에서는 목간과 함께 金銅製花文腰帶具나 灰釉陶器 綠釉陶器가 출토되었다.[14] 이들 가운데 金銅製花文腰帶具는 유사한 사례를 石川縣 畝田ナベタ(우네타나베타)遺跡 및 群馬縣 鳥羽(도바)遺跡에서 찾을 수 있고, 이번 腰帶具는 제주도 용담동 유적에서 출토된 금동제 腰帶具와 유사한 것으로 평가되었다.[15]

관견으로는 「忽々如津令」으로 기록된 목간을 확인하지 못하였으나, 이와 관련하여 福岡縣 大野城市의 本堂遺跡에서 출토된 '津令'이라고 쓰인 목간이 주목된다. 8세기 중엽 本堂遺跡에 須惠器를 생산하는 窯가 있었고, 그 주변에는 집락이 있었던 것으로 보인다. '津令'이 기록된 呪符 목간의 시기는 平安時代 後期(11세기 후반~12세기 전반)로 비정되었고, 같은 시대 토층에서 수많은 土師器와 黑色土器, 그리고 鈴形·塔形 목제품이 다수 확인되었다. 또한 奈良時代 後期 토층에서는 '鳥'라고 기록된 墨書土器 또한 발견되었으므로, 이 유적이 제사유적으로서의 성격을 띠고 있음을 알 수 있다.[16]

穴太(아노오) 지역은 琵琶湖 서쪽 주변에 위치하고 있으며,[17] 이번에 목간이 나온 위치는 北陸道와 나란

---

13) 岡田有矢, 2023, 「滋賀·穴太遺跡」, 『木簡研究』 45, pp.65-66.
14) 金銅製花文腰帶具의 분석에 대해서는 다음 논문을 참조.
　　小嶋芳孝, 2024, 「渤海の花文帶金具について」, 『横浜ユーラシア文化館紀要』 12.
15) 畝田ナベタ(우네타나베타)遺跡과 용담동 유적 帶金具에 대해서는 다음 논문을 참조.
　　熊谷葉月·小嶋芳孝, 2002, 「畝田ナベタ遺跡出土の帶金具について」, 『石川縣埋蔵文化財情報』 7, pp.33-37.
16) 石木秀啓·一瀨智, 2005, 「福岡·本堂遺跡」, 『木簡研究』 27, p.198; 石木秀啓, 2008, 「祭祀遺物とその内容」, 『大野城市文化財調査報告書 第81集 牛頸本堂遺跡群 Ⅶ』, pp.258-263.
17) 大橋信弥, 2015, 「近江における文字文化の受容と渡來人」, 『國立歴史民俗博物館 研究報告』 194, p.43.

히 흐르는 流路이다.[18] 해당 지점 근처에 穴太驛이 있었을 가능성 또한 시사된 바 있으나,[19] 아직 그 터가 발견되지 않아서 명확하지 않은 상황이다. 다만 '穴太'라는 지명을 염두에 두면, 이 지역에 穴太驛이 있었던 것은 확실하므로 앞으로의 발굴 성과가 기대된다.

2. 急急如律令 木簡의 系譜

'急急如律令'이라는 문구는 현실적 율령의 영향을 받은 것과 도교적 영향을 받아 주술적인 의미를 강조한 것으로 분류된다.[20] 중국에서는 오래된 것으로 漢代 목간 등에서 확인할 수 있고,[21] 일본 고대 목간에 보이는 것은 주술적인 의미를 담은 내용으로 파악해 왔다.[22]

일본에서 '急急如律令'이 기록된 목간 가운데 藤原京에서 출토된 목간이 확인되므로, 7세기 말에는 일본도 그 주술적인 성격에 대해 어느 정도 이해할 수 있는 상황이었다고 사료된다. 즉, 일본에서 목간이 확인되는 비교적 이른 시기부터 제사를 지내던 신앙들이 일본에 전래되어 있었음을 알 수 있다. 아울러 도성에서 발견되었다는 점은 목간을 사용한 주술이 정치적인 권력과의 관계성 속에서 기능하였음을 의미한다.

藤原京 출토 急急如律令 목간 가운데 우선 주목되는 것은 右京五條四坊에서 출토된 것이다.[23] 이 목간은 '急急如律令'으로 기록된 가장 오래된 목간으로 평가받아 왔으며,[24] 일본에서 '急急如律令'이 기록된 목간의 특색을 찾는 데 많은 정보를 전해 준다. 이 목간은 符籙과 주문인 '急急如律令'을 확인할 수 있고, 遺構에서 땅에 꽂힌 상태로 발견되었으므로 下ツ道(시모쓰미치) 동쪽 側溝의 강가에서 제사에 사용되었다고 볼 수 있다. 실제로 이 구역에서는 많은 木製 祭具나 금속제 인형, 그리고 夾紵箱이 발견되어, 금속제 인형을 이상자에 수납하면서 사용하였다고 상정된다.[25] 더욱이 이 목간이 출토된 지역에는 人面土器도 발견되었고, 側溝는 飛鳥川를 연결하는 운하의 역할을 하였을 가능성이 지적되어 있다.[26]

아울러 금속제 인형의 출토는 인형을 강에 흘려보내는 제사인 大祓를 7세기 단계에 실제로 실시하였음을 보여주는 증거로 주목되었다.[27] 즉, 금속제 인형은 10세기에 편찬된 『延喜式』에 확인되는 御贖(미아가)와 같은 역할을 하였던 것으로 보인다.[28] 원래 미아가(御贖)는 천황, 황후, 황태자 등이 자기의 不淨을 인형

---

18) 岡田有矢, 2024, 「大津市穴太遺跡と金銅製花文帶金具」, 『橫浜ユーラシア文化館紀要』 12, p.62.

19) 위의 논문, p.62.

20) 坂出祥伸, 2003, 「冥界の道教的神格 : 「急急如律令」をめぐって」, 『東洋史研究』 62-1.
　　이 논문에서는 '급급여율령'의 도교적 성격이 등장하는 획기를 남조 시기로 파악하고 天師道의 영향을 받은 것으로 보았다.

21) 漢代 목간인 流沙墜簡에는 "毋忽如律令"이라는 문구도 확인할 수 있다. 관련 연구사는 坂出祥伸, 2003, 앞의 논문, pp.75-79를 참조.

22) 山里純一, 1999, 「「唲急如律令」考」, 『日本東洋文化論集』 5.

23) 竹田政敬·和田萃, 1993, 「奈良·藤原京右京五條四坊」, 『木簡研究』 15.

24) 위의 논문, p.31; 山里純一, 1999, 앞의 논문, p.5.

25) 竹田政敬·和田萃, 1993, 앞의 논문, p.32.

26) 鬼塚久美子, 1995, 「古代の宮都·國府における祭祀の場-境界性との關連について-」, 『人文地理』 47-1, p.23.

27) 竹田政敬·和田萃, 1993, 앞의 논문, p.32.

28) 구체적인 예로 다음과 같은 사례를 들 수 있다.

에 옮기는 역할을 한 것으로서, 출토된 금속제 인형 역시 동일한 역할을 하였다고 보는 것이다.[29]

이러한 신앙의 원류는 도교에서 찾을 수 있다. 10세기에 편찬·시행된 『延喜式』에 따르면 大祓의 기원 때 백제계 도래인인 大和와 河內의 文氏가 주문을 영창하였다고 하는데, 그 주문의 내용은 도교적인 것으로 이해된다.[30] 즉, 大祓에서 사용된 주문의 성격을 고려하면 '急急如律令'의 문구 역시 도교적인 문맥 속에 자리매김할 수 있는 것이다. 따라서 금속제 인형이 藤原京에서 출토되었다는 사실은 도교의 영향을 받은 제사가 7세기에 이미 정착해 있었음을 의미하며, 7세기 말에는 일본에서 '急急如律令'을 주문으로 사용하고 不淨을 금속에 붙여 흘려보내는 신앙이 존재하였다는 것을 보여준다.

이와 관련하여 9세기에 '急急如律令'이라는 주문을 사용하여 제사를 지낸 사례로서, 石川縣 戶水大西 유적이 주목된다. 이 유적에서는 '宿家'가 표기된 墨書土器나 木製 祭具, 銅鈴 등이 발견되었으며, 郡司급 氏族의 津宅으로 추정된다.[31] 이 유적에서 눈길을 끄는 점은 목제 제구나 급급여율령 목간이 출토되었다는 것인데, 이는 군사급 지방호족 또한 '급급여율령'이라는 주문을 사용하여 제사를 지냈음을 보여준다. 7세기부터 금속을 사용하여 제사를 지내던 행위가 9세기 단계에는 널리 퍼져 군사급까지 제사를 지내게 되었음을 시사하는 것이다. 또한 木製 祭具로서 人形, 馬形, 舟形, 齋串이 확인되는데, 舟形이 발견된 점과 戶水大西 유적의 위치가 바다로부터 약 3㎞ 떨어져 있다는 점을 고려하면, 이곳에서 실시된 제사는 바다와 관련되었을 것으로 상정해 볼 수 있겠다.

3. 제사 공간으로서의 穴太遺跡

穴太(아노오)遺跡에서 출토된 목간 또한 이러한 신앙을 바탕으로 한 제사 속에서 이해할 수 있을 것이다. 금속품과 목간이 같이 나왔음을 볼 때, 제사와 관련성이 있는 것으로 여겨진다. 특히 이들 금동제 腰帶具는 발해나 거란을 통해 유입되었다고 추정되므로, 시기나 정식 교류 등의 상황을 고려하면 발해 사신과의 관련성이 높다고 하겠다.

아울러 주목해야 할 것은 이 유물이 나온 지역의 특색이다. 이 유물이 발견된 지점에서 동쪽으로 가면 바로 '唐崎(韓崎·辛崎: 가라자키)'라는 지역이 나온다. 이 지역은 고대에 不淨을 없애는[祓] 靈的인 공간으로 알려져 있었다.[32] 실제로 『日本靈異記』 가운데 〈염마대왕의 사자인 귀신이 잡은 사람한테 베풂을 받아 풀어준 이야기〉는 聖武(쇼무) 때 平城京에 살던 楢磐嶋(나라노이와시마)가 大安寺 '修多羅分의 동전'을 빌려 福井 敦賀에 가서 교역하고 唐崎에 돌아와서 귀신을 만난 일과, 소를 귀신에게 주고 경전을 읽어 준 대가로 귀

『延喜式』卷1, 四時祭上, 六月晦日大祓【十二月准此】, "金裝橫刀二口. 金銀塗人像各二枚."

『延喜式』卷1, 四時祭上, 御贖, "鐵人像二枚. 金裝橫刀二口."

29) 竹田政敬·和田萃, 1993, 앞의 논문, p.32.

30) 下出積與, 1979, 「神祇信仰と道教·儒教-日本古代思想史の再檢討-」, 『駿台史學』 46, p.10.

31) 出越茂和, 1994, 「石川·戶水大西遺跡」, 『木簡研究』 16, pp.150-154; 出越茂和, 2005, 「金沢における水上交通遺跡の調査」, 『石川縣埋蔵文化財情報』 13, p.31.

32) 高倉瑞穂, 2010, 「唐崎再考: 「唐崎祓え」の再認識」, 『佛教大學大學院紀要 文學研究科篇』 38.

신이 楢磐嶋를 풀어준 일을 전한다.[33] 여기서 辛崎가 福井 敦賀(쓰루가)와의 교역 루트상 거점으로 기능하였음과, 唐崎가 귀신을 만나는 현실 세계와 冥界의 경계로 묘사되었음을 알 수 있다. 실제로 敦賀에는 松原客館가 설치되어 발해 사신을 응접하는 기능을 하였으므로 발해 물품은 唐崎까지 이르렀을 것이다. 또한 古代의 간선도로 중 畿內에 들어가기 전 첫 번째 北陸道 驛舍가 穴太驛로서, 발해 사신들이 福井를 통해 穴太驛을 사용한 것으로 알려져 있다. 즉, 穴太유적이 위치한 지역은 국제 교통의 要衝地이며, 발해인이 경험하였을 수 있는 일본열도의 신앙 공간이라고 하겠다.

더불어 유의해야 할 것은 이 유적 주변에서 시기를 달리하는 백제계 도래인의 거주 실태나 활동을 엿볼 수 있다는 점이다. 구체적으로 백제에서 전래된 壁柱建物이나 온돌 유구를 확인할 수 있으며, 穴太廢寺 등 역시 도래계 씨족에 의해 건립된 사원이라는 것을 들 수 있다.[34] 또 唐崎 지역에서는 奈良時代에 疫病神을 없애는 역할을 하거나 祈雨에 사용되었다고 추정하고 있는 土馬도 확인되었다. 土馬에 대한 신앙은 한반도에서 이어진 것으로서, 미니어처 부뚜막 토기가 穴太 지역을 포함한 특정 지역에서 확인되는 데 비해 일본 각지에서 씨족들의 신앙으로 정착하였다.[35] 즉, 도래인들에 의해 이 지역에 특색 있는 신앙 공간이 나타났으며, 이를 바탕으로 疫病을 없애는[祓] 신앙 공간이 형성되었다는 이 지역의 환경적인 특성을 파악할 수 있을 것이다.

그렇다면 「忽々如津令」이 보인 목간 또한 이러한 환경 속에서 파악하는 것이 가능하겠다. 즉, 이번에 출토된 목간은 9세기~10세기의 것으로 볼 수 있는데, 이전부터 있었던 도래인들의 활동을 바탕으로 한 신앙의 영향 등을 재고할 여지가 있다는 것이다.

실제로 '急急如津令'이 확인된 福岡縣 大野城市의 本堂遺跡群 주변에는 8세기에 寺院이 새로 지어졌음을 알 수 있는데, 7세기 무렵의 須惠器窯 또한 발견되었다.[36] 이 유적군에서는 須惠器 佛鉢 등도 확인되어, 7세기부터 9세기까지 계속적으로 須惠器窯가 기능하고 있었다고 한다.[37] 이와 관련하여 이 지역에서 7세기의 鐵滓도 확인되므로, 7세기 백촌강 전투 이후 일본에 온 백제계 도래인 활동이 상정되고 있다.[38] 즉, 이러한 도래인의 토기 생산이 계속 이루어지는 동시에 불교적인 특색도 짙게 보여주어, '急急如津令' 목간이 나오는 11~12세에 이르기까지 점차 제사 공간으로 변화해 갔음을 추측케 해준다. 도래계 기술자 집단의 활동

---

33) 『日本靈異記』, 「閻羅王使鬼得所召人之賂以免緣 第二十四」.
  이 기사는 「殺牛祭神」 禁止令의 사료로 주목받은 바 있다(伊藤信博, 2005, 「桓武期の政策に關する一分析 (1)」, 『言語文化論集』 26-2).

34) 권오영, 2008, 「壁柱建物에 나타난 백제계 이주민의 일본 畿內지역 정착」, 『韓國古代史硏究』 49; 李炳鎬, 2013, 「일본의 도래계 사원과 백제 유민의 동향 I −大阪·大津·東國·吉備의 고고학 성과를 중심으로−」, 『韓國史學報』 53.

35) 水野正好, 1985, 「古代祭祀の源流−東アジア」, 『日本宗教事典』, 弘文堂, pp.39-40.

36) 石木秀啓, 2008, 앞의 보고서, p.260.

37) 위의 보고서, pp.262-263.

38) 이 유적군에서 7세기 鐵滓도 출토되어 도래계 씨족, 구체적으로 백제계 도래인의 가능성도 지적되어 있다(中島圭, 2008, 「福岡縣內における製鐵·鍛冶の樣相」, 『大野城市文化財調査報告書 第81集 牛頸本堂遺跡群 Ⅶ』, p.273). 금후 유적의 시간적 변천에 대한 분석이 기대된다.

공간이 신앙의 공간, 즉 제사유적으로 바뀌었다는 것을 의미한다.

石川縣 戶水大西遺跡의 경우, 해당 지점에서 발해 사신이 숙박하였을 가능성이 있다는 견해가 제기되어 있다.[39] 발해 사신이 숙박한 편의처라고 단언하기는 어렵지만, 적어도 舟形이 발견되었다는 사실은 바다를 통하여 타국과 교류할 수 있는 경계 지역이었음을 보여주며, 그 대상은 발해였음이 틀림없을 것이다. 즉, 이 유적에서 확인되는 '急急如律令'의 주문을 사용한 제사는 경계제사적인 성격을 띠었을 것으로 여겨진다.

이상을 바탕으로 穴太遺跡의 성격을 추정해 보면, 도래계 기술자들이 정착하면서 신앙의 공간으로 기능하게 된 京都와의 경계적인 제사 공간이었다고 볼 수 있다. 이번 출토 목간과 거의 비슷한 시기인 戶水大西유적에서 발견된 銅鈴 등은 불교적인 특색을 띠면서 藤原京의 금속제 인형과 비슷한 효과를 기대한 것이 아닐까 한다. 실제로 金屬製 形代는 말이나 새와 같은 동물, 칼이나 검 등 무기류, 琴이나 鐸 등과 같은 악기류, 배, 陽物, 紡織 관련 용품, 그리고 장신구 및 화장구 등 다양하였다.[40] 따라서 銅鈴 역시 이러한 문맥 속에서 파악할 수 있을 것이다. 그렇다면 이번 穴太遺跡 腰帶具도 이와 같은 形代라고 생각해도 무방할 것이다.

단, 원래부터 藤原京의 금속제 인형과 같은 의미를 가지고 기도하였던 것인지는 알 수 없다. '忽々如津令'이라는 표현에서 '津令'을 통해 물과의 관련성을 엿볼 수 있을지 확실하지 않기 때문이다. 오히려 誤字로서, 문자의 정확성보다 기원한다는 목적자체가 잃은 게 아닐 것으로 여겨진다. 즉, 제사에 있어서 문자의 내용보다 기원의 기능적인 성격만이 뚜렷하게 이 시기까지 나타난 것으로 이해된다. 그러므로 穴太遺跡은 人形으로 나타나지 않더라도 금속을 함께 하천에 넣으면 부정을 없애는 효과가 있다는 기능적인 측면이 후대까지 남아 있었다고 짐작된다.

IV. 나가며

본고에서는 근년 일본에서 발견된 목간을 소개하고, 그 성격을 설명하였다. 일본 목간의 통계적인 현황과 과제 그리고 '급급여율령'이 기록된 목간의 특색을 일견하면 목간의 접근 방식의 과제가 뚜렷하게 나타난다. 특히 연대의 정확성 문제와 동시에 나무가 가지고 있는 神靈性은 시대를 넘어 발견 지역의 환경이나 행위의 계속성을 통해 엿볼 수 있다고 이해된다.

'忽々如津令'이 기록된 목간은 도래인들이 활동하고 정착하여 미니어쳐 부뚜막 토기 등을 이용한 도래인 신앙이 남겨진 지역에서 확인되었다. 穴太遺跡은 도래인들의 신앙이 정착된 지역이며, 不淨을 없애거나 현실과 명계를 연결하는 종교적인 공간이기도 하였다. 穴太遺跡의 '忽々如津令' 목간은 이렇게 시간의 흐름에

---

39) 印牧邦雄, 2009, 「古代·中世に於ける越前三國湊の立地·機能の推移と宗教文化の區政に就いて」, 『福井工業大學研究紀要』 27, p.119.

40) 小林謙一, 2004, 「祭祀具」, 『古代の官衙遺跡 II 遺物·遺跡編』, 獨立行政法人文化財研究所奈良文化財研究所 編, 獨立行政法人文化財研究所奈良文化財研究所, p.98.

따라 중층적으로 만들어진 신앙 공간에서 경계적인 제사가 이루어졌음을 단적으로 보여주는 사례로 생각된다. 물론 그와 관련해서는 藤原京에 정착해 있었던 도교를 바탕으로 한 신앙의 원류도 고려해야 할 것이다. 이번에 비교한 藤原京 출토 '急急如律令' 목간, 福岡縣 大野城市의 本堂遺跡, 그리고 石川縣 戶水大西遺跡은 시공간을 달리하면서도 穴太遺跡의 '急急如律令' 목간과 비슷한 성격을 보여주었다. 즉 금속과 '急急如律令'의 공반 사례는 성격의 유사성을 단적으로 보여주는 흔적으로 보이며 대금구의 공반출토는 穴太遺跡 일대는 또한 제사공간의 특색을 갖는 것으로 이해된다.

지금까지 새로 출토된 고대 목간을 통해 그 주술적인 성격과 신령성을 살펴보았는데, 목간의 성격을 이해하기 위해서는 목간에 담겨진 중층적인 사상의 계보를 생각해야 할 것이다. 이는 원래 있었던 신앙의 특색이 어떻게 유지되었는지 거기에 나타난 사상의 융합을 분석할 필요가 있다는 것이다. 본고에서는 이러한 분석의 한 측면을 검토하였는데 거기에 나타난 기능적인 측면의 계승되는 가능성을 지적하였다. 다만 이러한 분석의 한계의 물질을 통해 본 사상의 불명확함이다.

따라서 목간에 대하여 시간적인 접근을 통한 분석 시각이 필요하게 될 것이다. 원래 목간 연구는 다른 자료와 비교하여 그 성격을 결정짓는 작업으로서, 시간 차이보다 동시대적인 성격의 동질성을 보는 데 집중한 경우가 많았다고 생각된다. 하지만 시간적으로 목간의 계보를 볼 때, 어떤 기능이 계승되고 어떤 기능이 사라지느냐 하는 문제나, 거기에 담겨진 목간의 특성에 대해서도 깊은 탐구가 필요할 것이다. 그러기 위해서는 목간만이 아니라 공반유물을 바탕으로 한 역사적인 환경의 복원이 중요하게 된다.

일본에서는 대량의 근세 목간들이 나타나고 있는데, 근세 목간에 대한 접근 등은 현재 출토된 목간 수가 적은 한국목간의 특성을 고찰할 때에도 도움이 될 것이다. 이때 시간적인 접근을 통한 방법론적인 고민이 앞으로의 과제가 될 것이다.[41]

| 투고일: 2024.06.19. | 심사개시일: 2024.06.19. | 심사완료일: 2024.06.26. |

---

41) 근세 목간을 통한 연구는 재현성이 높은 검증이 가능하다는 의견이 있어서 주목된다. 岩淵令治·大八木謙司, 2020, 「近世木簡研究の視座-東京都新宿區四ッ谷一丁目遺跡を事例に-」, 『木簡研究』 42.

참고문헌

『延喜式』
『嘉元記』
『日本靈異記』

木簡學會 篇, 2023, 『木簡研究』 45.
橫浜ユーラシア文化館 篇, 2024, 『橫浜ユーラシア文化館紀要』 12.

권오영, 2008, 「壁柱建物에 나타난 백제계 이주민의 일본 畿內지역 정착」, 『韓國古代史研究』 49.
李炳鎬, 2013, 「일본의 도래계 사원과 백제 유민의 동향 I-大阪·大津·東國·吉備의 고고학 성과를 중심으로-」, 『韓國史學報』 53.
岡田有矢, 2023, 「滋賀·穴太遺跡」, 『木簡研究』 45.
岡田有矢, 2024, 「大津市穴太遺跡と金銅製花文帶金具」, 『橫浜ユーラシア文化館紀要』 12.
古山明日香, 2017, 「滋賀縣 神照寺坊遺跡」, 『木簡研究』 39.
高倉瑞穗, 2010, 「唐崎再考: 「唐崎祓え」の再認識」, 『佛敎大學大學院紀要 文學研究科篇』 38.
鬼塚久美子, 1995, 「古代の宮都·國府における祭祀の場-境界性との關連について-」, 『人文地理』 47-1.
大橋信弥, 2015, 「近江における文字文化の受容と渡來人」, 『國立歷史民俗博物館 研究報告』 194.
馬場基, 2022, 「2021年出土の木簡」, 『木簡研究』 44.
磐下徹, 2021, 「2020年出土の木簡」, 『木簡研究』 43.
浜田久美子, 2024, 「渤海使と穴太遺跡」, 『橫浜ユーラシア文化館紀要』 12.
山里純一, 1999, 「「唵急如律令」考」, 『日本東洋文化論集』 5.
石木秀啓, 2008, 「祭祀遺物とその內容」, 『大野城市文化財調査報告書 第81集 牛頸本堂遺跡群 Ⅶ』.
石木秀啓·一瀨智, 2005, 「福岡·本堂遺跡」, 『木簡研究』 27.
小嶋芳孝, 2024, 「渤海の花文帶金具について」, 『橫浜ユーラシア文化館紀要』 12.
小林謙一, 2004, 「祭祀具」, 『古代の官衙遺跡 Ⅱ 遺物·遺跡編』, 獨立行政法人文化財研究所奈良文化財研究所 編, 獨立行政法人文化財研究所奈良文化財研究所.
小原駿平, 2023, 「山王遺跡」, 『木簡研究』 45
水野正好, 1985, 「古代祭祀の源流一東アジア」, 『日本宗敎事典』, 弘文堂.
岩淵令治·大八木謙司, 2020, 「近世木簡研究の視座-東京都新宿區四ッ谷一丁目遺跡を事例に-」, 『木簡研究』 42.
熊谷葉月·小嶋芳孝, 2002, 「畝田ナベタ遺跡出土の帶金具について」, 『石川縣埋蔵文化財情報』 7.
伊藤信博, 2005, 「桓武期の政策に關する一分析 (1)」, 『言語文化論集』 26-2.

印牧邦雄, 2009, 「古代·中世に於ける越前三國湊の立地·機能の推移と宗教文化の區政に就いて」, 『福井工業大學研究紀要』27.

竹田政敬·和田萃, 1993, 「奈良·藤原京右京五條四坊」, 『木簡研究』15.

中島圭, 2008, 「福岡縣内における製鐵·鍛冶の樣相」, 『大野城市文化財調査報告書 第81集 牛頸本堂遺跡群 Ⅶ』.

出越茂和, 1994, 「石川·戸水大西遺跡」, 『木簡研究』16.

出越茂和, 2005, 「金沢における水上交通遺跡の調査」, 『石川縣埋蔵文化財情報』13.

坂出祥伸, 2003, 「冥界の道教的神格 : 「急急如律令」をめぐって」, 『東洋史研究』62-1.

下出積與, 1979, 「神祇信仰と道教·儒教-日本古代思想史の再檢討-」, 『駿台史學』46.

鶴見泰壽, 2023, 「2022年出土の木簡」, 『木簡研究』45.

〈Abstract〉

A Few Points about the Approach to Wooden Tablet Research:
with Reference to a Recently Excavated Japanese Wooden Tablet

KOMIYA Hidetaka

This article provides an overview of the excavation status and characteristics of Japanese tablets in re-
cent years. It also introduces the case of the 急急如律令 wooden tablet, which provides a glimpse of its
relevance to Balhae, and approached the layered character of its ideas by considering the environment
in which the tablet was excavated.

The 急急如律令 wooden tablet excavated from the Ano site shows the influence of the Fujiwarakyo
wooden tablet and is thought to have been used in rituals based on the temporal environment of the
Doraein faith and the spatial boundaries of the country's borders. In the future, to understand the wood-
en tablets more deeply, it will be important to analyze the complexity of ideas through a temporal ap-
proach.

▶ Key words: geupgeubyeoyullyeong wooden tablet, Relics found with the wooden tablet, Ritual space,
Temporal approach

문자자료 및 금석문 다시 읽기

낙랑 봉니 현황 검토

낙랑 봉니 현황 검토
– 연구현황과 향후 과제를 중심으로 –

오택현[*]

I. 머리말
II. 낙랑 봉니 연구 현황
III. 낙랑 봉니 현황과 판독
IV. 낙랑 봉니 연구의 향후 과제
V. 맺음말

〈국문초록〉

1919년 낙랑 봉니가 발견되고 나서 낙랑 봉니에 대한 관심은 끊이지 않았음에도 낙랑 봉니에 대한 정리는 제대로 이루어지지 않았다. 그러다 보니 낙랑 봉니에 실체에 대한 접근이 제대로 이루어지지 못했고, 그로 인해 낙랑 봉니의 진위 여부도 여전히 검토 중이다.

낙랑 봉니를 이해하기 위해서는 체계적인 정리가 필요하다. 그동안 낙랑 봉니 목록 정리는 있었다. 하지만 목록에 맞는 사진 자료를 일괄 제시한 정리는 없었다. 일부 연구에서 낙랑 봉니 관련사진을 공개했지만 전체 낙랑 봉니를 제시하지 못했다는 한계가 있다. 그래서 본고에서는 낙랑 봉니 중에서 사진 자료를 확인할 수 있는 자료를 정리했다. 낙랑 봉니의 실체를 직접 확인할 수 있는 작업이라는 점에서 그 의의를 부여할 수 있을 듯하다.

향후 낙랑 봉니 연구는 더욱 활성화 될 것이다. 본고를 통해 낙랑 봉니와 관련 사진 자료를 제시했기 때문에 이후에는 다양한 방법으로 낙랑 봉니가 체계적으로 정리될 수 있기 때문이다. 사진 자료를 통해 진위 여부 및 작성연대를 파악하는 연구도 가능할 것이다. 나아가 낙랑 봉니와 중국에서 발견된 봉니와의 비교·검토를 통해 낙랑 봉니의 의의를 파악하는 연구로도 확장될 수 있다. 이에 본고는 낙랑 봉니 연구의 기초가 될 것으로 기대된다.

▶ 핵심어: 낙랑, 봉니, 봉니 사진, 봉니 연구

---

* 한국학중앙연구원 태학사과정

I. 머리말

樂浪郡은 漢나라의 武帝가 한반도에 설치한 郡이다. 낙랑군은 일본학자에 의해 관심이 가져졌다. 일본은 일제강점기 식민주의를 정당화 하기 위해 낙랑에 관심을 가졌고, 그 결과 평양 일대의 낙랑 유적·유물들을 발굴했다. 해방 이후인 1960년 대에는 북한에 의해 낙랑의 고분군을 중심으로 발굴 조사가 진행되었고, 북한의 발굴조사로 인해 낙랑 고고학 자료는 양적으로 크게 증가했다.[1]

그럼에도 불구하고 지금까지 낙랑과 관련된 연구는 많이 이루어지지 않았다. 낙랑에 대해서는 일제강점기 일본인들에 의해 주목되었지만 시간적으로 오래되었고, 낙랑이 위치한 지역이 평양 지역이라는 지리적 한계로 인해 자료의 접근이 쉽지 않다. 그래서 연구가 많이 이루어지 못했다.

자료 수집에 있어 어려움이 있지만 일제강점기와 북한에 의해 작성된 낙랑 관련 발굴보고서를 보면 검토해야 하는 부분이 보인다. 앞서 언급한 바와 같이 일제강점기 일본인들은 일제강점기의 정당성을 확보하기 위한 수단으로 낙랑 관련 유적을 발굴하였다. 하지만 모든 낙랑 관련 유적을 발굴할 수 없기에 도굴의 형식으로 발굴이 이루어진 사례도 많다. 도굴의 기본 목적은 값비싼 유물을 확보하는 것이다. 그러다 보니 낙랑 관련 유물은 상대적으로 가치가 떨어지는 유물이 많이 남겨졌다. 도굴을 행했던 일본인들의 시각에서 볼 때 큰 의미(가치)가 없다고 여겨지는 유물만 기록했고, 그 결과 낙랑 관련 유물이 큰 주목을 받지 못했다.

다행히도 발굴에 초점을 둔 유적에서는 유의미한 유물들이 다수 확인되었다. 낙랑 관련 유물에 관심이 높았던 梅原末治는 자신이 발굴한 낙랑 관련 유물을 정리했다. 그 결과 현재 많은 낙랑의 유물은 梅原末治에 의해 관련 자료들이 남겨졌다.[2] 이외에도 국립중앙박물관에 낙랑 관련 유리건판사진이 남겨져 있어 낙랑의 유물에 대한 실체를 확인할 수 있다.

해방 이후에는 북한에 의해 낙랑 유적지가 발굴되었다. 1960년대 북한의 경제개발로 인해 대동강 남쪽이 개발되었다. 그곳에 위치하고 있던 다양한 무덤에 대해 발굴조사가 이루어졌고, 그와 관련된 발굴보고서가 작성되었다. 하지만 북한은 낙랑에 대해 소극적으로 기술하기도 했고, 경제개발 계획의 일환으로 진행된 발굴조사였기에 대동강 남쪽에 다수 분포하고 있던 낙랑의 전체 유적을 체계적으로 조사할 수 없었다. 즉 경제개발 계획의 일환이라는 점에서 대동강 남쪽 지역은 단기간 발굴조사가 이루어질 수 밖에 없었

---

[1] 사회과학원 고고학연구소, 『고고학자료집 5』, 1978; 사회과학원 고고학연구소, 『고고학자료집 6』, 1983; 리순진, 1996, 『평양 일대 락랑무덤에 대한 연구』; 리순진·김재용, 2002, 『락랑구역 일대의 고분발굴보고』; 사회과학원 고고학연구소, 2009, 『락랑 일대의 무덤 : 벽돌무덤』; 사회과학원 고고학연구소, 2009, 『락랑일대의 무덤 : 귀틀무덤』; 사회과학원 고고학연구소, 2009, 『락랑일대의 무덤 : 나무관 및 나무곽무덤』 등.

[2] 梅原末治, 1931, 『歐米に於ける支那古鏡』, 刀江書院; 梅原末治, 1946, 『朝鮮古代の文化』, 高桐書院; 梅原末治, 1948, 『朝鮮古代文化』, 正音社; 梅原末治, 1948, 『漢三國六朝紀年鏡圖說』, 桑名文星堂; 梅原末治, 1965, 『朝鮮古文化綜鑑第4卷』, 養德社; 梅原末治, 1972, 『朝鮮古代の墓制』, 座右寶刊行會; 梅原末治, 1973, 『考古學 六十年』, 平凡社 등.
관련 자료를 데이터베이스로 제공도 하고 있다.
(http://124.33.215.236/umehara2008/ume_query.html)

고, 이로 인해 조사되지 못한 유적지도 상당 수 발생했다. 결국 전체 낙랑 유적을 체계적으로 조사하지 않았기에 낙랑 전체를 이해하기 어려운 부분도 발생할 수 밖에 없었다.

이처럼 낙랑에 대한 연구를 진행하고자 해도 시간적 공간적 자료적 한계가 있기에 다양한 연구가 이루어지지 못했다. 그럼에도 불구하고 최근에는 과거에 발견된 자료를 재검토 해 자료를 재해석하는 연구가 진행되고 있다. 이번에 주제로 삼은 낙랑 봉니도 그 과정 속에서 다시 살펴보게 된 것이다.

그동안의 낙랑 관련 연구의 주된 경향은 유적지에 대한 분석이다.[3] 대표적인 유적지는 낙랑토성, 낙랑무덤이다. 낙랑토성은 낙랑군의 郡 治所가 있던 곳으로 추정되는 곳이다 보니 다양한 유물이 출토되었다. 그 결과 낙랑토성 자체를 연구하거나 낙랑군의 문화는 어땠는지 중국과의 비교 검토가 이루어지기도 했다.[4] 낙랑 무덤은 낙랑 토성 주변으로 넓게 펼쳐져 있어 각 유적지의 발굴조사를 겸해 유물을 정리하였다. 그 과정에서 유의미한 무덤이 발견되기도 했다.[5] 낙랑군 내에서 위계가 높았던 인물로 추정되는 무덤의 발견도 이러한 맥락 속에서 이루어진 것으로 볼 수 있다.

특히 무덤은 무덤의 양상을 통해 많은 연구가 이루어졌다. 그 결과 낙랑군이 존속하고 있던 시기 내의 무덤 양식의 분석을 진행하였고, 무덤의 변천연구도 연구의 한 축으로 자리 잡게 되었다.[6] 앞서 언급한 것과 같이 안타깝게도 낙랑군이 존속하고 있던 지역의 유적은 1960~70년대 평양시 개발계획으로 인해 대부분 소실되었다. 일제강점기 시기에 남겨진 유리건판사진과 북한에서 발간한 발굴보고서만이 유일한 자료로 남겨져 있어 연구의 진척이 어려운 상황이다.

한국학계에서는 2001년 낙랑에 대해 본격적으로 연구가 확장되기 시작했다. 2001년 국립중앙박물관의

3) 朝鮮總督府, 1915, 『朝鮮古蹟圖譜 第1-樂浪郡及帶方郡時代-』; 朝鮮總督府, 1919, 『古蹟調査特別報告第1冊 -平壤附近に於ける樂浪時代の墳墓 1-』; 朝鮮總督府, 1927, 『朝鮮古蹟調査特別報告 第4冊-樂浪郡時代の遺蹟-』 등.

4) 關野貞, 1923, 「樂浪土城の封泥」, 『建築雜誌』 448; 日本考古學會, 1935, 「樂浪土城發掘により貴重な資料發見」, 『考古學雜誌』 25-7; 高橋勇, 1937, 「本年度樂浪土城發掘槪況」, 『考古學雜誌』 27-8; 原田淑人·高橋勇·駒井和愛, 1938, 「樂浪土城址の調査」, 『昭和12年度古蹟調査報告』; 原田淑人, 1938, 「樂浪土城の發掘について」, 『史學雜誌』 49-8; 關野貞, 1941, 「樂浪土城の封泥」, 『朝鮮の建築と芸術』; 谷豊信, 1983, 「樂浪土城址の發掘とその遺構-樂浪土城研究その1」, 『紀要』 2; 谷豊信, 1984, 「樂浪土城址出土の土器 上-樂浪土城研究その2-」, 『紀要』 3; 鄭仁盛, 2001, 「樂浪土城と青銅器製作」, 『紀要』 16; 駒井和愛 著/정인성 譯, 2017, 『낙랑토성』; 최영희, 2020, 「樂浪土城 출토 기와의 製作技法에 대한 考察」, 『白山學報』 116 등.

5) 朝鮮總督府, 1925, 「樂浪古墳の發掘」, 『朝鮮』 126; 藤田亮策, 1925, 「樂浪の古墳と遺物」, 『朝鮮』 121; 朝鮮總督府, 1926, 「樂浪古墳群の古蹟臺帳」, 『朝鮮』 132; 藤田亮策, 1931, 「最近に於ける樂浪古墳の發掘」, 『青丘學叢』 3; 針替理平, 1932, 「樂浪古墳の話」, 『朝鮮』 203; 藤田亮策, 1932, 「樂浪木槨古墳の發掘」, 『青丘學叢』 7; 藤田亮策, 1933, 「樂浪古墳の調査」, 『青丘學叢』 14; 朝鮮古蹟研究會, 1934, 『樂浪彩篋塚-古蹟調査報告 第1-』; 田窪眞吾·梅原末治, 1938, 「樂浪梧野里第二五号墳の調査」, 『昭和12年度古蹟調査報告』; 高久健二, 1999, 「樂浪彩篋塚の埋葬プロセス」, 『朝鮮文化研究』 6; 高久健二, 1999, 「樂浪彩篋塚」, 『朝鮮文化研究』 6; 權五重, 1999, 「樂浪 王光墓の 銅鏡」, 『釜大史學』 23; 辛勇旻, 2000, 「樂浪郡지역 외래계 유물 출토 목곽묘 연구」, 『考古歷史學志』 16; 高久健二, 2000, 「樂浪 彩篋塚(南井里116號墳)의 埋葬 프로세스에 관한 연구 -그 復元的 연구와 諸問題에 대한 考察-」, 『考古歷史學志』 16; 안경숙, 2006, 「낙랑구역 남사리 28호 무덤 출토 鏡架 연구」, 『考古學誌』 15; 고현정, 2024, 「남정리 116호분 낙랑채협(樂浪彩篋) 인물도의 재검토」, 『韓國上古史學報』 125 등.

6) 中村春壽, 1968, 「樂浪古墳の築造について-特に封土の問題に關して」, 『帝塚山考古學』 1; 洪潽植 著/吉井秀夫 譯, 1994, 「樂浪塼築墓に對する一考察」, 『古文化談叢』 32; 오영찬, 1996, 「樂浪郡의 土着勢力 再編과 支配構造 -기원전 1세기대 나무곽무덤의 무덤의 분석을 중심으로-」, 『韓國史論』 35; 김영섭, 2024, 『평양 대동강면 무덤떼의 축조 집단 연구』, 주류성 등.

낙랑유물 특별전[7], 2003년 7월 한국고대사학회의 「동아시아에서의 낙랑」[8], 2005년 10월 한국상고사학회의 「낙랑의 고고학」[9] 등이 개최되는 등 문헌과 고고학 분야에서 다양하게 낙랑에 대한 연구가 진행되었다. 그 결과 한국사 및 중국사 관련 연구자들이 낙랑 연구에 동참하면서 낙랑에 대한 연구 성과가 축적되었다.[10]

그러나 낙랑 연구를 제대로 이해하기 위해서는 실물 자료의 확보가 이루어져야 한다. 현재 국내 연구자들이 활용할 수 있는 자료는 매우 제한적이다. 북한에서 발견된 자료는 북한에 있어 접근이 어렵고, 보고서가 일부 발간되었지만 사진과 도면 자료가 미흡하다. 게다가 일제강점기 학자들에 의해 발굴 조사된 자료가 보고서로 간행되지 않은 경우도 많으며, 일부 보고서가 작성된 자료도 일본으로 반출되어 여러 기관에 분산 소장되어 있다.[11]

이러한 상황이기에 낙랑 봉니에 대해서는 다시금 살펴볼 여지가 있다. 한국 학계에서의 낙랑 봉니 연구를 살펴보면 임기환에 의해 낙랑 봉니가 정리되었다.[12] 하지만 임기환에 의해 정리된 낙랑 봉니를 살펴보면 봉니 이해를 위해 참고한 참고자료를 각각 정리했는데, 실제 참고자료를 살펴본 결과 구하기 어려울 뿐만 아니라 실견이 쉽지 않았다. 또 사진자료가 없거나 사진자료를 통해 문자면의 문자 판독이 어려운 경우도 있었다.

그래서 본고에서는 낙랑 봉니 연구의 현황을 살펴보고, 봉니의 사진 자료를 제시함으로써 임기환의 정리를 확장해 보고자 한다. 이후 낙랑 봉니를 통해 연구할 수 있는 향후 과제를 제시함으로써 본고를 마치고자 한다.

---

7) 국립중앙박물관, 2001, 『낙랑』.

8) 2003년 7월 하계세미나로 개최되었으며, 이후 한국고대사학회, 2004, 『한국고대사연구』 34에 수록.

9) 한국상고사학회 33회 학술발표대회 발표요지, 2005, 『낙랑의 고고학』.

10) 이남규, 1993, 「1~3세기 낙랑지역의 금속기 문화」, 『한국고대사논총』 5; 정인성, 2000, 「낙랑토성 내에서의 청동기제작과 공방의 위치」, 『경북대학교 고고인류학과설립 20주년기념논총』; 오영찬, 2001, 「낙랑토기의 제작기법」, 『낙랑』; 오영찬, 2001, 「낙랑 마구고」, 『고대연구』 6; 오영찬, 2003, 「낙랑군의 군현재비」, 『강좌한국고대사』 10; 오영찬, 2004, 「국립중앙박물관 소장 낙랑고분 자료와 연구현황」, 『한국고대사연구』 34; 정인성, 2004, 「낙랑토성의 활석혼입계토기와 그 연대」, 『백제연구』 40; 정인성, 2004, 「낙랑토성의 토기」, 『한국고대사연구』 34; 김무중, 2004, 고고자료를 통해 본 백제와 낙랑의 교섭」, 『호서고고학』 11; 오영찬, 2005, 「낙랑·대방군 지배세력 연구」, 서울대학교 대학원 박사학위논문; 오영찬, 2006, 『낙랑군연구』, 사계절; 김병준, 2006, 「중국고대 간독자료를 통해 본 낙랑군의 군현지배」, 『역사학보』 189; 동북아역사재단, 2006, 『낙랑문화연구』; 이현혜·정인성·오영찬·김병준·이명선, 2008, 『일본에 있는 낙랑유물』, 학연문화사; 숭실대학교 한국기독교박물관, 2013, 『한국기독교박물관 소장 낙랑유물』 등.

11) 이현혜·정인성·오영찬·김병준·이명선, 2008, 앞의 책, 학연문화사, p.6.

12) 임기환, 1992, 「봉니」, 『역주 한국고대금석문1』.

II. 낙랑 봉니 연구 현황

낙랑 봉니 연구는 다시금 재조명할 필요가 있다. 낙랑 봉니 연구는 일제강점기 학자들이 정리해 놓은 자료를 토대로 정리되었다. 임기환에 의해 낙랑 봉니 연구가 체계적으로 정리 되었다고 볼 수 있는데 정리된 전거 자료를 살펴보면 글자를 판독하기 어려운 경우가 많이 확인된다. 게다가 임기환이 언급한 전거 자료는 오래되었다는 이유로 보존 도서로 지정되는 경우가 많아 쉽게 검토되지 않으며, 관련 자료를 소장한 기관도 손에 꼽을 정도이다.

그러다 보니 낙랑 봉니라는 존재는 연구자들이 이해하고 있지만 낙랑 봉니의 실체를 보지 못한 연구자들이 많다. 그나마 국립중앙박물관에서 일제강점기에 촬영된 낙랑 관련 유리건판 사진을 온라인으로 제공하고 있는데 낙랑 봉니의 경우 여러 자료를 하나로 묶어(30~40개 정도) 사진을 찍었다는 점에서 각각의 봉니가 어떤 문자가 새겨진 봉니인지 쉽게 확인되지 않는다. 또 낙랑 봉니의 일부는 일본의 東京博物館과 東京大學에 소장되어 있다. 국외에 소장되어 있기에 낙랑 봉니를 실견하는 것은 쉽지 않다. 이러한 현실적인 이유로 낙랑 봉니를 하나하나 검토하는 연구로 발전되기보다는 기존에 임기환에 의해 정리된 자료로 낙랑 봉니를 이해하는 경향이 강했다. 하지만 일부에서 전체는 아니지만 낙랑 봉니 정리와 사진 자료를 제시하고 있다. 그렇다면 기존의 정리된 자료는 무엇이고, 그 자료들의 한계가 무엇인지에 대해 살펴볼 필요가 있다.

낙랑 봉니를 하나의 장으로 설정하고 판독한 자료는 13개 정도 된다.[13] 그러나 낙랑 봉니를 확인할 수 있는 사진 자료가 함께 수록된 것은 8개 정도이다. 가장 먼저 낙랑 봉니에 대해 정리를 진행한 藤田亮策은 1936년 『朝鮮考古學研究』에 「樂浪封泥攷」와 「樂浪封泥續攷」라는 논고를 통해 낙랑 봉니에 대해 설명하였다. 낙랑 봉니는 關野 貞이 1916년(大正5年) 대동강면에 위치한 석암리·정백리 고분조사가 이루어졌을 때 일부 소개했고, 이후 평양부 在住 山田釻次郎의 수집품 중 2개의 봉니가 있는 것이 알려지면서 1918~19년 (大正七八年) 본격적으로 봉니에 대한 관심을 갖게 되었다. 이후 평양시 대동강면에 위치한 토성리·오야리·정백리·정오리·석암리·조왕리부터 멀게는 원암면·용연면에서도 봉니가 발견되었다.[14] 「樂浪封泥攷」에는 미상불명 봉니까지 총 76개가 소개되었다. 이 논고에서는 낙랑 봉니 및 인장에 표기된 군현명과 직명을 정리함으로써 76개의 봉니를 성격별로 정리했다. 「樂浪封泥續攷」에서는 앞서 소개된 76개의 봉니를 현

---

13) 藤田亮策, 1936a, 「樂浪封泥攷」, 『朝鮮考古學研究』, 高桐書院; 藤田亮策, 1936b, 「樂浪封泥續攷」, 『朝鮮考古學研究』, 高桐書院; 藤田亮策·梅原末治, 1959, 『朝鮮古文化綜鑑』3; 田村晃一, 1976, 「樂浪郡地域出土の印章と封泥」, 『考古學雜誌』62-2; 金鍾太, 1977, 「樂浪時代의 銘文考」, 『考古美術』135; 임기환, 1992, 앞의 논문; 孫慰祖, 2002, 『中國古代封泥』, 上海人民出版社; 오영찬, 2015, 「낙랑군 출토 봉니의 진위에 대한 기초적 검토」, 『韓國上古史學報』88; 오영찬, 2017, 「낙랑토성 출토 봉니의 연대와 성격」, 『동국사학』63; 孫慰祖, 2019a, 「漢樂浪郡官印封泥的分期及相關問題」, 『孫慰祖璽印封泥與篆刻研究文選』; 孫慰祖, 2019b, 「出土封泥所見王莽郡名考」, 『孫慰祖璽印封泥與篆刻研究文選』; 谷豊信, 2021a, 「X線畫像による樂浪封泥の研究」, 『MUSEUM 東京國立博物館研究誌』690; 谷豊信, 2021b, 「藤田亮策「樂浪封泥攷」の図版をめぐって」, 『考古學雜誌』104 등이다. 물론 이외에도 더 많은 낙랑 봉니 관련 판독이 이루어졌지만 본고에서는 위의 13개 정도만을 전거자료로 삼았음을 밝힌다.

14) 藤田亮策, 1936a, 앞의 논문, p.306

명과 직능을 정리해 표로 작성, 봉니의 성격을 좀 더 쉽게 이해할 수 있게 해주었다. 藤田亮策의 연구는 낙랑 봉니를 소개했다는 사실에 큰 의의를 둘 수 있다. 하지만 도판을 보면 낙랑 봉니가 수록되었음에도 다양한 낙랑 봉니를 도판 6장에 모두 담았기에 소개한 봉니가 어떤 봉니를 의미하는 것인지 알기 어렵다.[15] 谷豊信(2021b)이 藤田亮策의 사진 6장이 사진이 어떤 봉니인지 하나하나 확인하기 전까지 도판의 해당 자료가 어떤 봉니인지 제대로 확인하지 못했다.

이후 藤田亮策와 梅原末治가 함께 『朝鮮古文化綜鑑 3』을 발간하였다. 여기에 낙랑 봉니 연구의 획기를 가져올 자료가 게재되었다. 藤田亮策은 앞서 언급한 바와 같이 낙랑 봉니를 체계적으로 분류 및 정리 한 최초의 인물이다. 梅原末治는 낙랑에 관심을 가져 그가 수집한 낙랑 자료가 상당 수 있었는데, 그중에 낙랑 봉니가 일부 있었다. 그래서 藤田亮策와 梅原末治는 함께 한반도 유적을 정리한 『朝鮮古文化綜鑑』을 총4권으로 발간했는데, 3권에 낙랑이 집필되었다. 『朝鮮古文化綜鑑』의 가치는 관련 사진 자료를 수록하고 있다는 점이다. 『朝鮮古文化綜鑑 3』에서는 낙랑 봉니의 실체를 보여주었다는 점과 관련 자료를 판독했다는 점에서 큰 의의가 있다. 『朝鮮古文化綜鑑 3』에는 유물번호 179부터 226까지 총 48개의 봉니가 소개되었다. 이는 책의 도판 제62~63에 각각의 낙랑 봉니 문자면이 수록되어 있어 낙랑 봉니에 새겨진 글자가 무엇인지 확인할 수 있게 해주었다.

田村晃一은 낙랑군지역 출토 인장과 봉니에 대해 설명하였다. 그중 봉니에 대한 부분을 검토하면 낙랑군지역 출토 봉니는 위작이 아니라는데 중점을 두고 있다. 田村晃一은 봉니가 위작이 아니라는 점을 주장하기 위해 봉니 위작설 근거에 대해 하나하나 반박했다. 그러다 보니 봉니의 수량 및 판독, 사진 자료가 중요한 것이 아니라 봉니를 위작이라고 보는 견해에 대해 그 주장의 타당성을 검토하는 방식으로 원고를 작성했다. 출토된 봉니가 2차 세계대전 후 1편도 출토되지 않았다는 점, 낙랑토성에서 200점의 봉니가 출토되었다는 점, 관인의 지름이 한나라 시기의 지름과 차이가 있다는 점, 낙랑토성에서만 타 지역명 봉니가 확인되고 있다는 점, 표현이 이상하다는 점(樂浪大尹章), 상태가 양호하다는 점 등으로 봉니의 위작을 주장하고 있는데 여기에 대해 반박을 가했다는 점에서 의의를 찾을 수 있다.

金鍾太는 낙랑시대에 발견된 문자가 있는 자료 중 와전·봉니·인장을 정리하는 연구를 진행하였다. 부제에서 낙랑시대 문자자료 중 일부를 본다고 했지만 최대한 알려진 자료를 정리하려고 시도했다는 점, 전거가 되는 탁본과 사진 자료를 일부이지만 함께 수록했다는 점은 의의가 있다. 여기에 수록된 봉니는 총 78개이며, 78개의 봉니 자료의 판독과 형태에 대해 짧게 정리했다. 다만 각각의 낙랑 봉니 자료를 하나하나 대응해 검토한 것은 아니다. 탁본(金鍾太 원고 圖8)과 사진 자료(金鍾太 원고 圖9~10)가 있지만 유리건판사진에 있는 여러 낙랑 봉니를 한 번에 찍은 사진 자료이며, 78개의 봉니가 모두 도판으로 소개되지 않았다. 그래서 藤田亮策가 소개한 76개의 낙랑 봉니 보다는 많은 낙랑 봉니 판독을 진행하였지만 실체를 알 수 없는 봉니가 포함되어 있다는 한계점이 있다.

---

15) 실제로 국립중앙박물관에 관련 유리 건판 사진이 제공되고 있다. 하지만 낙랑 봉니 관련 유리 건판 사진은 6장 보다 더 많이 있다. 앞으로 유리 건판 사진의 낙랑 봉니 분리 작업이 진행되어야 할 것이다.

임기환은 낙랑 봉니를 집대성해 정리했다. 낙랑 봉니에 대해 개별 확인을 진행하였고, 전거 자료가 무엇인지에 대해서도 각각의 봉니마다 정리했다. 한국 고대 금석문을 집대성했다고 여겨지는 『역주한국고대금석문』에 게재되었기에 활용도도 높았다. 그러나 책의 성격 상 사진 자료를 게재할 수 없는 구조이기에 낙랑 봉니의 실체는 책을 통해 확인할 수 없다. 임기환의 연구는 낙랑 봉니 관련 연구 중 가장 많은 판독을 진행했음에도 그 실체를 바로 확인할 수 없다는 한계점을 가진다. 또 각각의 자료에 대해 개별 전거 자료를 표기했는데, 전거 자료를 검토한 결과 실체를 확인할 수 없이 판독만 행한 것도 있었다. 가장 많은 봉니의 판독이 진행되었음에도 향후 관련 자료를 사진 자료와 매칭하는 작업이 필요해 보인다.

孫慰祖는 중국의 대표 봉니 연구자이다. 그는 봉니 연구와 관련해 다수의 논문과 저서를 작성하였다. 그래서 낙랑 봉니에 특정해 관심을 갖기보다는 커다란 관점, 전체 봉니 속에서 낙랑 봉니를 설명하고 있다. 그의 2002년 저서에서는 22점의 낙랑 봉니에 대해 설명하였다. 단편적인 낙랑 봉니에 대한 설명이지만 『朝鮮古文化綜鑑 3』에 수록된 사진보다 해상도가 좋으며, 칼라 사진도 일부 실려있어 낙랑 봉니의 상황을 확인하기 좋다. 2019년 저서에서는 표로 낙랑군의 지명과 관련 봉니 자료를 정리했고, 총 25개현 중 22개 현 명이 기록된 45개의 낙랑 봉니가 있다고 정리했으며, 사진 자료는 총 37개 수록했다.

오영찬은 낙랑 봉니의 진위 여부에 대해 체계적인 접근을 시도했다. 그는 국내와 국외의 낙랑 봉니를 조사 해 낙랑 봉니의 수량을 파악했고, 이를 연구성과로 정리하였다. 그리고 진위 여부에 대해서도 일정 기준을 토대로 진위 여부를 파악했다. 예를 들면 낙랑 봉니의 관인이 대체로 2~2.15㎝인데 3㎝가 넘어가는 경우, 다른 자료와 비교했을 때 문자가 조악한 경우, 봉니는 봉함이 기본이기에 문자면 뒤에는 끈 자국이 나타나지만 끈 자국 없이 매끈한 경우는 위작으로 판명하는 등 일정한 기준을 토대로 관련 자료를 정리했다. 중요하다고 여긴 자료와 진위 여부 판명을 진행한 자료에 대해서는 사진 자료를 제시하였는데 모든 자료에 대한 사진 자료 제시가 아니라는 점에서 낙랑 봉니를 전체적으로 파악하는데 한계가 있다.

谷豊信은 낙랑 봉니 대표 연구자라 할 수 있다. 꾸준하게 낙랑 봉니에 대한 연구를 진행했는데 2021년에는 획기적인 논문 2편을 게재하였다. 2021년 2월에는 일본 동경박물관에서 소장하고 있는 낙랑 봉니 28점을 X선으로 촬영한 뒤 검토하였다. 이 논문은 낙랑 봉니의 문자면뿐만 아니라 뒷면을 확인할 수 있어, 봉니로 덮어놓은 끈 자국까지도 확인할 수 있다. 끈 자국이 명확하게 확인되고 있기에 실제 봉니가 제 기능을 하고 있었다 여겨지며, 이는 위작보다는 진품일 가능성이 높다. 또 임기환에 의해 정리된 낙랑 봉니 목록에 없는 낙랑 봉니가 확인되었다. 사진 자료와 함께 검토가 가능하기에 귀중한 자료라 생각된다.

다른 하나는 2021년 12월에 게재한 논문으로 藤田亮策의 「樂浪封泥攷」의 도판을 재해석하였다. 대부분의 연구자들이 낙랑 봉니를 이해하기 위해 기본으로 받아들이던 자료인데 그동안 검토 없이 무분별하게 사용했던 것도 사실이다. 실물을 직접 볼 수 없다는 점에서 자료를 그대로 받아들였던 것인데, 谷豊信은 이러한 연구에 경종을 울리고자 재판독과 6개의 사진 자료를 각각 판독 및 재해석했다는 점에서 의의를 가진다고 할 수 있다.

이상과 같이 낙랑 봉니의 연구 성과를 살펴보았다. 다음 장에서는 낙랑 목록 중 사진 자료가 있는 것을 중심으로 낙랑 봉니 자료를 정리해 보고자 한다.

III. 낙랑 봉니 현황과 판독

낙랑 봉니는 크게 낙랑명 봉니, 낙랑 25개현명 봉니, 개인 봉니(私印)로 나눠볼 수 있다. 아래 번호는 낙랑명 봉니는 '1-'로, 낙랑 25개현명 봉니는 '2-'로, 개인 봉니는 '3-'로 구분해 표현함으로써 봉니를 구분했다. 판독에 있어서는 다음과 같은 범례를 적용했다.

- 자획은 없지만 추정할 수 있는 경우 '□' 안에 글자를 넣어 추정자를 표기
- 자획이 일부 있어 추정할 수 있는 경우 '[ ]' 안에 글자를 넣어 추정자를 표기
- 전체 위치 및 글자 수를 알지 못하는 경우 판독되는 글자 앞·뒤에 '···'로 표기
- 비교자료는 동일한 사진을 각기 다른 자료에서 어떻게 제시하고 있는지 정리

1-1) 樂浪太守章

국립중앙박물관

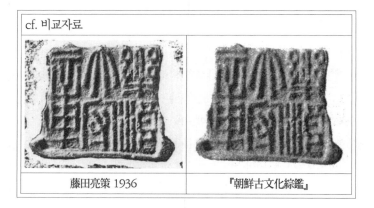

| 藤田亮策 1936 | 『朝鮮古文化綜鑑』 |

cf. 비교자료

(1) 개관

樂浪大守章이 새겨진 봉니이다. 글자는 5자이며 3행으로 배열했다. 크기는 2.25㎝이다. 우측 상단부터 시작하며, 좌측에는 章을 길게 늘여서 썼다. 글자 파손이 없어 樂浪太守章으로 판독하는 것에 이견은 없다.

(2) 판독

樂浪太守章

1-2) 樂浪大尹章

국립중앙박물관	『朝鮮古文化綜鑑』	藤田亮策 1936
국립중앙박물관	谷豊信	藤田亮策 1936

cf. 비교자료

윗줄 국립중앙박물관 · 아랫줄 국립중앙박물관

藤田亮策 1936	『朝鮮古文化綜鑑』	藤田亮策 1936

(1) 개관

樂浪大尹章이 새겨진 봉니이다. 글자는 5자이며 3행으로 배열했다. 크기는 2.05~2.1㎝ 정도이다. 우측 상단부터 시작하며, 좌측에는 章을 길게 늘여서 썼다. 글자 파손이 없어 판독에 이견은 없는 상태이다.

樂浪大尹章의 경우 다양한 봉니가 발견되고 있다. 일부 파손이 있지만 완형의 봉니를 토대로 비교·검토하면 樂浪大尹章과 관련된 봉니임을 확인할 수 있다.

(2) 판독

樂浪大尹章

1-3) 樂浪守丞

| 藤田亮策 1936 | 藤田亮策 1936 |

(1) 개관

樂浪守丞이 새겨진 봉니이다. 글자는 4자이며 2행으로 배열했다. 크기는 약 2㎝ 정도이다. 현재 남겨진 자료만으로 관련 자료를 판독하는 것은 쉽지 않다. 다만 좌측의 자료를 통해 樂浪守丞의 '守'가 확인되며, 우측의 자료를 통해 樂浪守丞의 '郎'과 '丞'을 확인할 수 있다. 그래서 이를 종합해 樂浪守丞으로 판독할 수 있을 듯하다.

(2) 판독

樂浪[守][丞]

1-4) 樂浪長史

| 藤田亮策 1936 | 藤田亮策 1936 |

(1) 개관

樂浪長史이 새겨진 봉니이다. 글자는 4자이며 2행으로 배열했다. 현재 남겨진 자료만으로 관련 자료를 판독하는 것은 쉽지 않다. 다만 좌측의 자료를 통해 樂浪長史의 '長'이 확인되며, 우측의 자료를 통해 樂浪長史의 '郞'의 일부 획과 '史'를 확인할 수 있다. 그래서 이를 종합해 樂浪長史으로 판독할 수 있을 듯하다.

(2) 판독

樂[浪][長]史

1-5) 樂浪尹馬承

| 谷豊信 | 藤田亮策 1936 |

(1) 개관

樂浪尹馬承이 새겨진 봉니이다. 글자는 5자이며 3행으로 배열했다. 현재 남겨진 자료만으로 관련 자료를 판독하는 것은 쉽지 않다. 다만 좌측의 자료를 통해 樂浪尹馬承의 '樂浪尹馬'가 확인되며, 우측의 자료를 통해 樂浪尹馬承의 '承'의 일부 획을 확인할 수 있다. 그래서 이를 종합해 樂浪尹馬承으로 판독할 수 있을 듯하다.

樂浪尹馬[承]

1-6) 樂浪大尹五官掾 高春印

국립중앙박물관	藤田亮策 1936	藤田亮策 1936
藤田亮策 1936	藤田亮策 1936	

(1) 개관

樂浪大尹五官掾 高春印과 관련된 내용이 새겨진 봉니이다. 高春印으로 인해 대부분 私印으로 파악했다. 하지만 여기에서는 高春이 樂浪大尹과 관련되어 있다는 점을 전제로 해 낙랑 관련 봉니 관련 자료들로 정리하였다. 관련 자료들이 파편화되어 있어 글자의 배열이 어떻게 되었는지 알 수는 없는 상태이다. 다만 樂浪大尹五官掾 高春印 관련 자료를 정리해 보면 위와 같다는 정도로 정리할 수 있을 듯하다.

1-7) 樂浪 관련 자료

藤田亮策 1936

(1) 개관

樂浪 관련 자료이다. 위의 자료는 '郎'만 남아있어 낙랑과 관련되었음을 분명해 보이지만 뒤에 어떤 문자가 있었는지는 남겨진 것이 없어 알 수 없다. 그래서 낙랑 관련 문자자료로 따로 분리해 정리하였다.

(2) 판독

■浪…

1-8) 倉印

국립중앙박물관	藤田亮策 1936	국립중앙박물관

cf. 비교자료
藤田亮策 1936

『朝鮮古文化綜鑑』

(1) 개관

倉印이 새겨진 봉니이다. 글자는 2자이며 위-아래로 배열했다. 크기는 높이 1.8~1.85㎝이며, 너비는 1.15~1.18㎝이다. 창고의 출납과 관련되어 있는 것으로 보이지만 정확한 내용은 자료가 소략해 알 수 없다. 1, 2번째 자료는 '倉'이 잘 보이지만 않지만 3번째 자료에서는 '倉'이 확실하게 보이기 때문에 倉印으로 판독하는 것에 이견은 없다.

(2) 판독

倉印

1-9) 小府

| 국립중앙박물관 | 藤田亮策 1936 |

<table>
<tr><td>cf. 비교자료
국립중앙박물관</td></tr>
</table>

`『朝鮮古文化綜鑑』`

(1) 개관

小府가 새겨진 봉니이다. 글자는 2자이며 위-아래로 배열했다. 크기는 높이 1.9㎝이며, 너비는 1.15㎝이다. 글자 자획을 토대로 '小'를 '水'로 보는 견해도 있다. 하지만 양옆의 삐침이 동일하게 나타나고 있다는 점에서 '水'보다는 '小'로 판독하는 것이 타당해 보인다.

(2) 판독

小府

2-1) 朝鮮令印

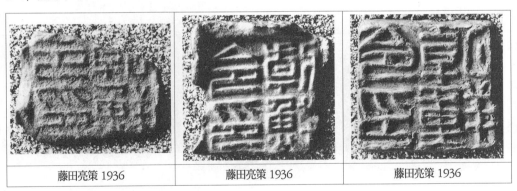

藤田亮策 1936	藤田亮策 1936	藤田亮策 1936

(1) 개관

朝鮮令印이 새겨진 봉니이다. 글자는 4자이며 2행으로 배열했다. 크기는 2.17~2.2㎝ 정도이다. 글자 파손이 없는 자료를 토대로 판독한 결과 朝鮮令印으로 판독하는 것에 이견은 없다.

(2) 판독

朝鮮令印

2-2) 朝鮮右尉

국립중앙박물관	『朝鮮古文化綜鑑』	국립중앙박물관

(1) 개관

朝鮮右尉이 새겨진 봉니이다. 글자는 4자이며 2행으로 배열했다. 크기는 2~2.25㎝ 정도이다. 글자 파손이 없는 자료를 토대로 판독한 결과 朝鮮右尉로 판독하는 것에 이견은 없다.

(2) 판독

朝鮮右尉

2-3) 䛁邯長印

국립중앙박물관	국립중앙박물관	谷豊信

(1) 개관

䛁邯長印이 새겨진 봉니이다. 글자는 4자이며 2행으로 배열했다. 크기는 2.13㎝ 정도이다. 글자 파손이 없는 자료를 토대로 판독한 결과 䛁邯長印으로 판독하는 것에 이견은 없다.

(2) 판독

誹邯長印

2-4) 誹邯丞印

국립중앙박물관	국립중앙박물관

cf. 비교자료 국립중앙박물관
藤田亮策 1936

(1) 개관

　誹邯丞印이 새겨진 봉니이다. 위의 사진은 동일한 사진을 각기 다른 자료에서 어떻게 제시하고 있는지 정리한 것이다. 글자는 4자이며 2행으로 배열했다. 크기는 2.1㎝ 정도이다. '邯'은 잘 보이지 않지만 '誹'이 확실하기에 '邯'로 판독할 수 있다. '丞'도 하단부만 보이지만 남은 자획으로도 '丞'으로 판독할 수 있다. 誹邯丞印으로 판독하는 것에 이견은 없다.

(2) 판독

誹[邯][丞]印

2-5) 誹邯左尉

국립중앙박물관	『朝鮮古文化綜鑑』

(1) 개관

誹邯左尉이 새겨진 봉니이다. 글자는 4자이며 2행으로 배열했다. 크기는 2.2㎝ 정도이다. 誹邯左尉로 판독하는 것에 이견은 없다.

(2) 판독

誹邯[左]尉

2-6) 誹邯 관련 자료

藤田亮策 1936	藤田亮策 1936

(1) 개관

誹邯 관련 자료이다. 좌측은 '誹'의 자획이 보이고, 우측은 '邯'의 자획이 보인다. 낙랑군 출토 봉니에 대부분이 낙랑군 25개 현의 명칭이 들어가 있어 관련 자료를 誹邯 관련 자료로 봐도 무방할 듯하다.

(2) 판독
좌측 : 誧[邯]…
우측 : 䵵邯…

2-7) 浿水長□

藤田亮策 1936

(1) 개관

　浿水長□이 새겨진 봉니이다. 글자는 4자이며 2행으로 배열했다. 크기는 2.15㎝ 정도이다. '水'는 잘 보이지 않지만 '浿'가 보이므로 浿水로 판독했다. 마지막은 '印'으로 판독하기도 했지만 남겨진 자료로 볼 때 자획이 제대로 보이지 않는다. 그래서 浿水長□로 판독했다.

(2) 판독
浿[水][長]□

2-8) 浿水丞印

| 국립중앙박물관 | 『朝鮮古文化綜鑑』 |

(1) 개관

　浿水丞印이 새겨진 봉니이다. 글자는 4자이며 2행으로 배열했다. 浿水丞印으로 판독하는 것에 이견은 없다.

(2) 판독

浿水丞印

2-9) 浿水 관련 자료

藤田亮策 1936

(1) 개관

浿水 관련 자료이다. 낙랑 25개 현 중 두 번째 글자에 '水'가 들어가는 것이 浿水 밖에 없다. 그래서 이 봉니는 패수와 관련한 자료로 볼 수 있다.

(2) 판독

浿水□印

2-10) 含資□印

국립중앙박물관

(1) 개관

含資□印이 새겨진 봉니이다. 글자는 4자이며 2행으로 배열했다. 크기는 2.05㎝ 정도이다. '含'자는 파손되었지만 밑의 'ㅁ'가 확실하게 보이기에 '含'으로 판독하는 것은 문제가 없다. 이에 含資□印으로 판독하는 것에 큰 이견은 없다.

(2) 판독

[含]資□印

2-11) 含資 관련 자료

藤田亮策 1936

(1) 개관

  含資 관련 자료이다. 含資가 보이고 있어 含資 관련 자료로 정리했다. 뒤에 무슨 내용이 이어지는지에 대해서는 남겨진 자획이 없어 확인할 수 없다.

(2) 판독

  含資…

2-12) 黏蟬長□

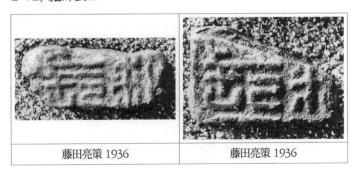

藤田亮策 1936	藤田亮策 1936

(1) 개관

黏蟬長□이 새겨진 봉니이다. 글자는 4자이며 2행으로 배열했다. 크기는 2㎝ 정도이다. 글자 및 봉니가 많이 파손되어 정확한 판독은 어렵다. '蟬'은 보이지 않지만 黏蟬長□로 판독할 수 있다.

(2) 판독

黏蟬長□

2-13) 黏蟬丞印

藤田亮策 1936	藤田亮策 1936

(1) 개관

黏蟬丞印이 새겨진 봉니이다. 글자는 4자이며 2행으로 배열했다. 크기는 2.05~2.1㎝ 정도이다. 좌측의 사진에서는 '蟬'이 보이지 않지만 '黏'의 좌변이 보인다. 또 '印'의 자획도 보이고 있기에 黏蟬丞印으로 판독할 수 있을 듯하다.

(2) 판독

黏[蟬]丞印

2-14) 遂成長印

谷豊信	藤田亮策 1936	국립중앙박물관

(1) 개관

遂成長印이 새겨진 봉니이다. 글자는 4자이며 2행으로 배열했다. 크기는 2.05㎝ 정도이다. 글자 파손이 있지만 자획이 많이 남아있어 遂成長印으로 판독하는 것에 이견은 없다.

(2) 판독

遂成長印

2-15) 遂成丞印

| 국립중앙박물관 | 藤田亮策 1936 |

(1) 개관

遂成丞印이 새겨진 봉니이다. 글자는 4자이며 2행으로 배열했다. 크기는 2.0~2.05㎝ 정도이다. 윗부분이 제대로 보이지 않지만 남겨진 자획을 보면 遂成丞印으로 판독할 수 있다.

(2) 판독

[遂]成[丞]印

2-16) 遂成右尉

| 谷豊信 |

(1) 개관

遂成右尉이 새겨진 봉니이다. 글자는 4자이며 2행으로 배열했다. 크기는 2㎝ 정도이다. 글자 파손이 없는 자료를 토대로 판독한 결과 遂成右尉로 판독하는 것에 이견은 없다.

(2) 판독

遂成右尉

2-17) 遂成□尉

藤田亮策 1936

(1) 개관

遂成□尉이 새겨진 봉니이다. 파편화 된 자료이기에 '成'의 일부와 '尉'의 우변 일부만이 확인되고 있다. '成'이 보여 낙랑 25개 현 중 하나인 遂成으로 추정해 遂成□尉로 판독했다.

(2) 판독

遂成□[尉]

2-18) 遂成 관련 자료

藤田亮策 1936

(1) 개관

遂成 관련 자료이다. '成'의 하단부가 보이고 있고, '印'의 좌측 하단 일부가 보이고 있다. 이에 遂成 관련 자료로 정리했고, 遂成□印으로 판독했다.

(2) 판독

遂成□印

2-19) 增地長印

국립중앙박물관

(1) 개관

增地長印이 새겨진 봉니이다. 글자는 4자이며 2행으로 배열했다. 크기는 2.15㎝ 정도이다. 글자 파손이 없는 자료를 토대로 판독한 결과 增地長印으로 판독하는 것에 이견은 없다.

(2) 판독

增地長印

2-20) 增地丞印

藤田亮策 1936	『朝鮮古文化綜鑑』

(1) 개관

增地丞印이 새겨진 봉니이다. 글자는 4자이며 2행으로 배열했다. 크기는 2.03㎝ 정도이다. 글자 파손이 있지만 자획의 일부는 모두 보이고 있다. 이에 增地丞印으로 판독하는데 이견은 없다.

(2) 판독

增[地]丞[印]

2-21) 帶方令印

谷豊信

(1) 개관

帶方令印이 새겨진 봉니이다. 글자는 4자이며 2행으로 배열했다. 크기는 2.1㎝ 정도이다. '方'은 다른 자료를 볼 때 위의 '十'과 아래로 돌아들어가는 획이 보이기에 확실하다. '印'도 '印'의 윗 부분이 명확하게 확인되므로 帶方令印로 판독하는 것에 이견은 없다.

(2) 판독

帶[方]令[印]

2-22) 馴望丞印

藤田亮策 1936

(1) 개관

馴望丞印이 새겨진 봉니이다. 글자는 4자이며 2행으로 배열했다. '馴'의 좌측 하단, '望'의 좌측, '丞'의 하단 부 일부 자획이 보인다. 이로 인해 馴望丞印으로 판독하는 것에 이견은 없다.

(2) 판독

[馴][望][丞]印

2-23) 馴望 관련 자료

藤田亮策 1936

(1) 개관

馴望 관련 자료이다. 글자는 4자이며 2행으로 배열했다. '馴'의 일부가 보이고 있으며, '望'의 상단부 자획이 확인된다. 하지만 馴望 이외의 글자 자획은 남아있지 않아 馴望 관련 자료로 정리했다.

(2) 판독

[馴][望]…

2-24) 海冥長印

국립중앙박물관

(1) 개관

海冥長印이 새겨진 봉니이다. 글자는 4자이며 2행으로 배열했다. 크기는 2.15㎝ 정도이다. '海'의 자획이 확인되며, '冥'의 상단부, '長'의 하단부 자획이 확인되고 있어 海冥長印으로 판독하는 것에 이견은 없다.

(2) 판독

[海][冥][長]印

2-25) 海冥丞印

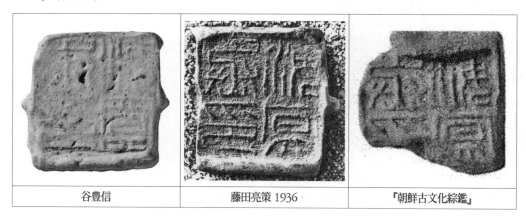

| 谷豊信 | 藤田亮策 1936 | 『朝鮮古文化綜鑑』 |

(1) 개관

海冥丞印이 새겨진 봉니이다. 글자는 4자이며 2행으로 배열했다. 크기는 2.15㎝ 정도이다. 藤田亮策에 의거해 판독한 결과 海冥丞印으로 판독하는 것에 이견은 없다.

(2) 판독
海冥丞印

2-26) 海冥 관련 자료

藤田亮策 1936

(1) 개관

海冥이 새겨진 봉니이다. 글자는 4자이며 2행으로 배열했다. '海'의 우변이 확인되고 있다. 낙랑 봉니에는 낙랑 25개현 명이 기록된 자료가 많다. '海'가 들어가 있는 낙랑 25개현 중 海冥이 있어 海冥 관련 자료로 정리하였다.

(2) 판독
海冥…

2-27) 長岑長印

藤田亮策 1936

(1) 개관

長岑長印이 새겨진 봉니이다. 글자는 4자이며 2행으로 배열했다. 크기는 2.1㎝ 정도이다. 長岑長印으로 판독하는 것에 이견은 없다.

(2) 판독

長岑長印

2-28) 長岑丞印

| 국립중앙박물관 |

(1) 개관

長岑丞印이 새겨진 봉니이다. 글자는 4자이며 2행으로 배열했다. 크기는 2.15㎝ 정도이다. '長'의 하단부 일부, '岑'의 상단부가 확실하게 보여 長岑으로 판독하는 것에 문제는 없다. '丞'은 사진의 좌측 상단에 삼지 창 모양의 자획이 보이는 것으로 보아 '丞'으로 판독해도 좋을 듯하다. 이에 長岑丞印으로 판독하는 것에 큰 이견은 없다.

(2) 판독

長[岑][丞]印

2-29) 屯有令印

| 谷豊信 | 국립중앙박물관 |

(1) 개관

屯有令印이 새겨진 봉니이다. 글자는 4자이며 2행으로 배열했다. 크기는 2.05㎝ 정도이다. 2개의 자료를 토대로 판독한 결과 屯有令印로 판독하는 것에 이견은 없다.

(2) 판독

屯有令印

2-30) 屯有丞印

藤田亮策 1936

(1) 개관

屯有丞印이 새겨진 봉니이다. 글자는 4자이며 2행으로 배열했다. 크기는 2.05㎝ 정도이다. '屯'은 파손되어 보이지 않지만, '有'의 자획이 보이고 있어 낙랑 25개 현 중 하나인 屯有로 판독하였다. 이를 토대로 판독한 결과 屯有丞印로 판독하는 것에 큰 이견은 없다.

(2) 판독

屯[有]丞印

2-31) 昭明丞印

| 谷豊信 | 국립중앙박물관 |

(1) 개관

昭明丞印이 새겨진 봉니이다. 글자는 4자이며 2행으로 배열했다. 크기는 2.05㎝ 정도이다. 2개의 자료를 토대로 판독한 결과 昭明丞印로 판독하는 것에 이견은 없다.

(2) 판독

昭明丞印

2-32) 昭明 관련 자료

藤田亮策 1936

(1) 개관

昭明이 새겨진 봉니이다. 글자는 4자이며 2행으로 배열했다. 크기는 2.05㎝ 정도이다. '昭'는 파손되어 보이지 않지만, '明'의 자획이 보이고 있어 낙랑 25개 현 중 하나인 昭明로 판독하였다. 좌측 하단은 자획이 확인되지 않아 미상자로 파악했다. 이에 昭明 관련 자료로 정리하였다.

(2) 판독

昭明□□

2-33) 鏤方長印

국립중앙박물관

(1) 개관

鏤方長印이 새겨진 봉니이다. 글자는 4자이며 2행으로 배열했다. 크기는 2.05㎝ 정도이다. 글자 파손이 있지만 남아있는 자획으로도 판독이 가능하기에 鏤方長印으로 판독하는 것에 이견은 없다.

(2) 판독

[鏤]方[長]印

2-34) 鏤方右尉

『朝鮮古文化綜鑑』

(1) 개관

鏤方右尉이 새겨진 봉니이다. 글자는 4자이며 2행으로 배열했다. 글자 파손이 없어 鏤方右尉로 판독하는 것에 이견은 없다.

(2) 판독

鏤方右尉

2-35) 鏤方 관련 자료

국립중앙박물관

(1) 개관

□方□印이 새겨진 봉니이다. 글자는 4자이며 2행으로 배열했다. 대부분 鐼方 관련 자료로 정리하고 있어 鐼方에 배치했다. 하지만 '方'이 있는 낙랑 25개 현은 鐼方 이외에도 帶方이 있어 帶方 관련 자료로 추후 수정될 가능성이 있다. 우선은 鐼方 관련 자료로 정리했음을 밝힌다.

(2) 판독

□方□印

2-36) 提奚長印

| 谷豊信 | 국립중앙박물관 |

(1) 개관

提奚長印이 새겨진 봉니이다. 글자는 4자이며 2행으로 배열했다. 크기는 2.08㎝ 정도이다. 글자 파손이 없어 提奚長印으로 판독하는 것에 이견은 없다.

(2) 판독

提奚長印

2-37) 提奚丞印

| 국립중앙박물관 | 藤田亮策 1936 |

(1) 개관

提奚丞印이 새겨진 봉니이다. 글자는 4자이며 2행으로 배열했다. 크기는 2.03㎝ 정도이다. 글자 파손이 없어 提奚丞印으로 판독하는 것에 이견은 없다.

(2) 판독

提奚丞印

2-38) 渾彌長印

| 국립중앙박물관 | 국립중앙박물관 |

(1) 개관

渾彌長印이 새겨진 봉니이다. 글자는 4자이며 2행으로 배열했다. 크기는 2㎝ 정도이다. 두 자료 모두 일부 자획이 확인되고 있다. 이를 토대로 좌측은 渾彌, 우측은 長印을 판독할 수 있어 渾彌長印으로 판독하는 것에 큰 이견은 없다.

(2) 판독

渾彌[長]印

2-39) 渾彌右尉

| 국립중앙박물관 |

(1) 개관

渾彌右尉이 새겨진 봉니이다. 글자는 4자이며 2행으로 배열했다. 크기는 2.05㎝ 정도이다. '彌'의 하단부는 파손되어 있지만, 위의 渾이 있어 渾彌로 판독하였다. 좌측에는 '右'의 자획이 명확하게 보이고 있으며, 아래 '尉'의 자획 중 우변의 삼지창 모양이 보이고 있다. 이에 渾彌右尉으로 판독했다.

(2) 판독

渾[彌]右[尉]

2-40) 渾彌 관련 자료

국립중앙박물관	藤田亮策 1936

(1) 개관

渾彌 관련 자료이다. 글자는 4자이며 2행으로 배열했다. 좌측의 자료에는 '彌'가 우측의 자료에는 '渾'이 보이고 있어 渾彌 관련 자료로 정리하였다.

(2) 판독

좌측 : 渾彌□尉

우측 : 渾彌…

2-41) 東睆長印

국립중앙박물관	藤田亮策 1936

(1) 개관

東暆長印이 새겨진 봉니이다. 글자는 4자이며 2행으로 배열했다. 크기는 2~2.1㎝ 정도이다. 좌측의 자료는 상단부가 파손되었지만 남겨진 자획만으로도 판독하는데 큰 어려움은 없다. 우측의 자료는 '東'과 '長'이 보이고 있다. 이에 東暆長印으로 판독하는 것에 이견은 없다.

(2) 판독

[東]暆[長]印

2-42) 東暆丞印

| 谷豊信 | 谷豊信 |

(1) 개관

東暆丞印이 새겨진 봉니이다. 글자는 4자이며 2행으로 배열했다. 크기는 2㎝ 정도이다. 좌측의 자료는 좌측 상단부와 하단부가 파손되었지만 남겨진 자획만으로도 판독하는데 큰 어려움은 없다. 우측의 자료는 '東'과 '丞'이 보이고 있다. 이에 東暆丞印으로 판독하는 것에 이견은 없다.

(2) 판독

東[暆]丞印

2-43) 不而長印

| 국립중앙박물관 | 『朝鮮古文化綜鑑』 |

(1) 개관

不而長印이 새겨진 봉니이다. 글자는 4자이며 2행으로 배열했다. 크기는 2.15㎝ 정도이다. 글자 파손은 있지만 2개의 자료를 토대로 판독한 결과 不而長印로 판독하는 것에 이견은 없다.

(2) 판독

不而長印

2-44) 不而左尉

谷豊信

(1) 개관

不而左尉이 새겨진 봉니이다. 글자는 4자이며 2행으로 배열했다. 크기는 2.1㎝ 정도이다. 글자 파손이 없어 不而左尉로 판독하는 것에 이견은 없다.

(2) 판독

不而左尉

2-45) 蠶台長印

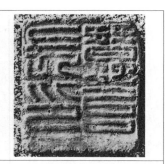

국립중앙박물관	藤田亮策 1936

(1) 개관

蠶台長印이 새겨진 봉니이다. 글자는 4자이며 2행으로 배열했다. 크기는 2.1~2.13㎝ 정도이다. 글자 파손이 없어 蠶台長印로 판독하는 것에 이견은 없다.

(2) 판독

蠶台長印

2-46) 蠶台丞印

국립중앙박물관

(1) 개관

蠶台丞印이 새겨진 봉니이다. 글자는 4자이며 2행으로 배열했다. 크기는 2.1㎝ 정도이다. 글자 파손이 일부 있지만 남겨진 자획만으로 蠶台丞印로 판독하는 것에 이견은 없다. 다만 판독 순서가 '우상-우하-좌상-좌하'가 아닌 '우상-좌상-우하-좌하'의 순서로 판독해야 한다.

(2) 판독

蠶台丞印

2-47) 邪頭眛宰印

국립중앙박물관

cf. 비교자료
국립중앙박물관

藤田亮策 1936

(1) 개관

邪頭昧宰印이 새겨진 봉니이다. 글자는 5자이며 3행으로 배열했다. 크기는 2.13㎝ 정도이다. 우측 상단부터 시작하며, 좌측에는 印을 길게 늘여서 썼다. '印'에 일부 파손이 있지만 판독에 큰 문제는 없어 邪頭昧宰印으로 판독한다. 하지만 대부분 邪頭昧宰印이 아닌 邪頭眜宰印으로 판독하고 있다. 세 번째 글자를 昧가 아닌 眜로 판독하는 것이다. 한자 뜻으로 보면 좌변이 '日'일 경우에는 새벽이라는 뜻이지만 '目'일 경우에는 어둡다는 뜻으로 큰 차이가 있다. 그럼에도 불구하고 邪頭眜宰印로 판독한 것은 『한서』 지리지 낙랑군 25개 현에 邪頭眜로 기록되어 있기 때문이다. 邪頭眜도 낙랑군의 하나로 운영되었기에 봉니에 현명이 기록되었을 것이다. 하지만 邪頭眜과 관련 있다와 邪頭眜로 판독한다는 엄연히 다른 문제이다. 일부에서는 昧와 眜가 음가가 같기 때문에 통용되었다고 할 수도 있다. 이 봉니가 邪頭眜와 관련되었다는 것은 인정되지만 판독은 邪頭昧宰印으로 정확하게 해야 한다. 이에 邪頭昧宰印으로 판독한다.

(2) 판독

邪頭昧宰印

2-48) 邪頭眜 관련 자료

| 谷豊信 | 藤田亮策 1936 |

(1) 개관

邪頭昧 관련 자료이다. 글자는 4자이며 2행으로 배열했다. 크기는 2.15㎝ 정도이다. 좌측은 2-47의 파편으로 생각된다. 그 이유는 확인되는 글자가 '宰印'이기 때문이다. 우측은 '頭'와 '長'가 보인다. 그래서 邪頭昧 관련 자료로 정리했다.

(2) 판독

좌측 : …宰…印

우측 : 邪頭眛長

2-49) 前莫丞印

谷豊信

(1) 개관

前莫丞印이 새겨진 봉니이다. 동일한 자료를 음영 차이만 준 것이다. 글자는 4자이며 2행으로 배열했다. 크기는 2.07㎝ 정도이다. 글자 파손이 있지만 자획이 확인되기에 前莫丞印으로 판독했다.

(2) 판독

前[莫]丞印

2-50) 前莫 관련 자료

藤田亮策 1936	谷豊信

(1) 개관

前莫 관련 자료이다. 좌측은 前莫이 보이며, 우측은 莫이 확인되어 前莫 관련 자료로 정리했다.

(2) 판독

좌측 : 前莫…

우측 : 歬莫□尉

2-51) 夫租丞印

국립중앙박물관

cf. 비교자료
국립중앙박물관

『朝鮮古文化綜鑑』

(1) 개관

夫租丞印이 새겨진 봉니이다. 두 사진은 같은 자료이다. 글자는 4자이며 2행으로 배열했다. 크기는 2.05㎝ 정도이다. 글자 파손이 없지만 판독은 크게 2가지로 나뉜다. 낙랑 25개 현을 감안해 '夫租'로 판독하는 견해, '夫'의 윗 부분이 없다는 것을 토대로 '夭租'로 판독하는 견해가 대립하고 있다. '夭租'로 판독하는 이유 중 하나는 '부조예군'이 비슷한 자획을 가지고 있기 때문이다. 일반적으로 夭가 夫로 전화된 것으로 본다.[16] 한나라 때에는 '夫'와 '夭'가 비슷하기에 나타나는 2가지 판독 견해 모두 맞다고 할 수 있다. 하지만 봉니라는 특징을 감안, 낙랑 25개 현 중 '夫租'가 있어 여기에서는 夫租丞印으로 판독했다.

(2) 판독

夫租丞印

2-52) 幽州刺史

谷豊信

---

16) 윤용구, 2024, 「출토 문자로 본 '옥저' -'夭租'에서 '沃沮'로-」, 『한국고대사연구』 115.

(1) 개관

幽州刺史이 새겨진 봉니이다. 글자는 4자이며 2행으로 배열했다. 글자에 파손이 있지만 남겨진 자획으로 '幽州刺'까지는 판독 가능하다. 그래서 幽州刺史로 판독하는 것에 큰 이견은 없다.

(2) 판독

幽州刺[史]

2-53) 番汗部尉

谷豊信

(1) 개관

番汗部尉이 새겨진 봉니이다. 글자는 4자이며 2행으로 배열했다. 판독은 우상-좌상-우하-좌하 순으로 판독해야 한다. 글자에 파손이 없어 番汗部尉로 판독하는 것에 이견은 없다.

(2) 판독

番汗部尉

2-54) …令…

藤田亮策 1936

(1) 개관

…令…이 새겨진 봉니이다. 판독에 이견은 없다.

(2) 판독

…令…

2-55) …長…

藤田亮策 1936	藤田亮策 1936	藤田亮策 1936
藤田亮策 1936	藤田亮策 1936	

(1) 개관

…長…이 새겨진 봉니이다. 판독에 이견은 없다.

(2) 판독

윗줄 : …長印

아래줄 : …長…

2-56) …丞…

藤田亮策 1936	藤田亮策 1936	藤田亮策 1936

藤田亮策 1936

(1) 개관

…丞…이 새겨진 봉니이다. 판독에 이견은 없다.

(2) 판독

윗줄 : …丞印

아랫줄 : …丞…

2-57) …尉印

谷豊信	谷豊信

(1) 개관

…尉印가 새겨진 봉니이다. 판독에 이견은 없다.

(2) 판독

…尉印

2-58) …尉

藤田亮策 1936	藤田亮策 1936	藤田亮策 1936

藤田亮策 1936

(1) 개관

…尉가 새겨진 봉니이다. 판독에 이견은 없다.

(2) 판독

…尉

2-59) …印

藤田亮策 1936	藤田亮策 1936	藤田亮策 1936
藤田亮策 1936	藤田亮策 1936	

(1) 개관

…印이 새겨진 봉니이다. 판독에 이견은 없다.

(2) 판독

…印

3-1) 公孫護印

국립중앙박물관	『朝鮮古文化綜鑑』

(1) 개관

公孫護印이 새겨진 봉니이다. 글자는 4자이며 2행으로 배열했다. 크기는 1.2~1.35㎝ 정도이다. 글자 우측 하단에 파손이 있지만 대체로 公孫護印으로 판독하고 있다.

(2) 판독

公孫護印

3-2) 王□益印

藤田亮策 1936

(1) 개관

王□益印이 새겨진 봉니이다. 글자는 4자이며 2행으로 배열했다. 크기는 1.38㎝ 정도이다. 글자 우측 하단에 파손이 있어 판독할 수 없다. 대체로 王□益印으로 판독하고 있다.

(2) 판독

王□益[印]

3-3) 韓賀之印

국립중앙박물관	藤田亮策 1936

(1) 개관

韓賀之印이 새겨진 봉니이다. 글자는 4자이며 2행으로 배열했다. 크기는 1.28㎝ 정도이다. 글자 파손이 없어 韓賀之印으로 판독하는 것에 이견은 없다.

(2) 판독

韓賀之印

3-4) 高詡私印

국립중앙박물관

(1) 개관

高詡私印이 새겨진 봉니이다. 글자는 4자이며 2행으로 배열했다. 크기는 1.4㎝ 정도이다. 글자 파손이 없어 高詡私印으로 판독하는 것에 이견은 없다.

(2) 판독

高詡私印

3-5) 王□私□

국립중앙박물관

(1) 개관

王□私□이 새겨진 봉니이다. 글자는 4자이며 2행으로 배열했다. 크기는 1.1㎝ 정도이다. 하단부에 파손이 있어 어떤 글자가 있었는지 알 수 없다. 대체로 王□私□으로 판독하고 있다.

(2) 판독

王□私□

3-6) 王顒印信

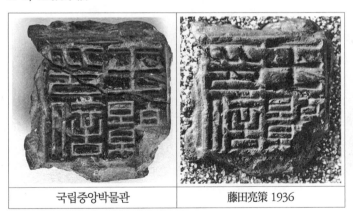

| 국립중앙박물관 | 藤田亮策 1936 |

(1) 개관

王顒印信이 새겨진 봉니이다. 글자는 4자이며 2행으로 배열했다. 크기는 2.05㎝ 정도이다. 글자 우측 하단에 파손이 있지만 王顒印信으로 판독하는 것에 이견은 없다.

(2) 판독

王[顯]印信

3-7) 王超印信

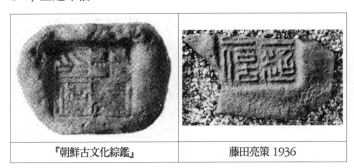

『朝鮮古文化綜鑑』	藤田亮策 1936

(1) 개관

王超印信이 새겨진 봉니이다. 글자는 4자이며 2행으로 배열했다. 크기는 1.4㎝ 정도이다. 윗부분이 파손되었지만 '王'과 '印'의 자획이 남아있어 王超印信으로 판독했다.

(2) 판독

[王]超印信

3-8) 王虎印信

『朝鮮古文化綜鑑』

(1) 개관

王虎印信이 새겨진 봉니이다. 글자는 4자이며 2행으로 배열했다. 글자 파손이 없어 王虎印信으로 판독하는 것에 이견은 없다.

(2) 판독

王虎印信

3-9) 周思傷印

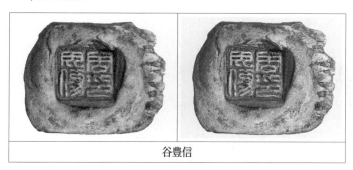

谷豊信

(1) 개관

周思傷印이 새겨진 봉니이다. 글자는 4자이며 2행으로 배열했다. 판독은 우상-좌상-좌하-우하 순으로 우측 상단부터 시계 반대방향으로 판독하면 된다. 글자 파손이 없어 周思傷印로 판독하는 것에 이견은 없다.

(2) 판독

周思傷印

3-10) 天帝黃神印 封泥

『朝鮮古文化綜鑑』

(1) 개관

天帝黃神이 새겨진 봉니이다. 크기는 2.15㎝ 정도이다. 현재 남겨진 자료에서는 '黃神'은 확실하게 판독 가능하다. 이외 남겨진 자획으로 天帝黃神으로 판독할 수 있다.

(2) 판독

天帝[黃][神][印]

3-11) □□印信

『朝鮮古文化綜鑑』

(1) 개관

　□□印信이 새겨진 봉니이다. 글자는 4자이며 2행으로 배열했다. 우측은 파손으로 인해 판독되지 않는다. 이에 □□印信으로 판독할 수 있다.

(2) 판독

□□印信

3-12) □□止印

谷豊信

(1) 개관

□□止印이 새겨진 봉니이다. 우변은 파손되어 내용을 알 수 없다. 남겨진 글자는 □□止印으로 판독할 수 있다.

(2) 판독

□□止印

3-13) …私…

藤田亮策 1936	藤田亮策 1936	藤田亮策 1936

(1) 개관

…私…가 새겨진 봉니이다. …私…로 판독하는 것에 이견은 없다.

(2) 판독

1번 : …私印

2번 : …私…

3번 : …私…

3-14) 鳳凰紋 萬歲 封泥

국립중앙박물관	藤田亮策 1936

(1) 개관
萬歲가 새겨진 봉니이다. 우측 하단에 세로로 萬歲가 기록되어 있다. 판독에는 이견이 없다.

(2) 판독
　萬歲

4) 사진 미확인 자료[17]
樂浪□□□ / 樂浪□□

含□□□ / □資□□

黏蟬丞印

遂成丞印 / 遂成丞□ / 遂成右尉

䜌□長印

玄免太守章

張宛 / □僉□印 / 張□□印 / 韓□信印 / 王常封印

이상과 같이 현재 확인할 수 있는 자료를 통해 정리한 낙랑 봉니는 다음과 같다.

---

17) 임기환이 정리한 봉니 목록 중 사진 자료를 확인할 수 없는 자료를 정리했다.

봉니 사진 자료 정리 현황

No.	郡	縣	부여번호	판독	글자배열	크기 (cm)
1	樂浪郡		1-1	樂浪太守章	5字 3行	2.25
2			1-2	樂浪大尹章	5字 3行	2.05~2.1
3			1-3	樂浪守丞	4字 2行	2
4			1-4	樂浪長史	4字 2行	
5			1-5	樂浪尹馬丞	5字 3行	
6			1-6	樂浪大尹五官掾 高春印		
7			1-7	樂浪 관련 자료		
8			1-8	倉印	2字 병열	1.15~1.18
9			1-9	小府	2字 병열	1.9×1.15
10		朝鮮	2-1	朝鮮令引	4字 2行	2.17~2.2
11			2-2	朝鮮右尉	4字 2行	2~2.25
12		訛邯	2-3	訛邯長印	4字 2行	2.13
13			2-4	訛邯丞印	4字 2行	2.1
14			2-5	訛邯左尉	4字 2行	2.2
15			2-6	訛邯 관련 자료		
16		浿水	2-7	浿水長□	4字 2行	2.15
17			2-8	浿水丞印	4字 2行	
18			2-9	浿水 관련 자료		
19		含資	2-10	含資□印	4字 2行	2.05
20			2-11	含資 관련 자료		
21		黏蟬	2-12	黏蟬長□	4字 2行	2
22			2-13	黏蟬丞印	4字 2行	2.05~2.1
23		遂成	2-14	遂成長印	4字 2行	2.05
24			2-15	遂成丞印	4字 2行	2~2.05
25			2-16	遂成右尉	4字 2行	2
26			2-17	遂成□尉	4字 2行	
27			2-18	遂成 관련 자료		
28		增地	2-19	增地長印	4字 2行	2.15
29			2-20	增地丞印	4字 2行	2.03
30		帶方	2-21	帶方令印	4字 2行	2.1
31		駟望	2-22	駟望丞印	4字 2行	
32			2-23	駟望 관련 자료		

No.	郡	縣	부여번호	판독	글자배열	크기 (㎝)
33		海冥	2-24	海冥長印	4字 2行	2.15
34			2-25	海冥丞印	4字 2行	2.15
35			2-26	海冥 관련 자료		
36		長岑	2-27	長岑長印	4字 2行	2.1
37			2-28	長岑丞印	4字 2行	2.15
38		屯有	2-29	屯有令印	4字 2行	2.05
39			2-30	屯有丞印	4字 2行	2.05
40		昭明	2-31	昭明丞印	4字 2行	2.05
41			2-32	昭明 관련 자료		
42		鏤方	2-33	鏤方長印	4字 2行	2.05
43			2-34	鏤方右尉		
44			2-35	鏤方 관련 자료		
45		提奚	2-36	提奚長印	4字 2行	2.08
46			2-37	提奚丞印	4字 2行	2.03
47		渾彌	2-38	渾彌長印		2
48			2-39	渾彌右尉		2.05
49			2-40	渾彌 관련 자료		
50		東暆	2-41	東暆長印	4字 2行	2
51			2-42	東暆丞印	4字 2行	2
52		不而	2-43	不而長印	4字 2行	2.15
53			2-44	不而左尉	4字 2行	2.1
54		蠶台	2-45	蠶台長印	4字 2行	2.13
55			2-46	蠶台丞印	4字 2行	2.1
56		邪頭昧	2-47	邪頭昧宰印	5字 3行	2.13
57			2-48	邪頭昧 관련 자료		
58		前莫	2-49	前莫丞印	4字 2行	2.07
59			2-50	前莫 관련 자료	4字 2行	
60		夫租	2-51	夫租丞印	4字 2行	2.05
61	幽州刺		2-52	幽州刺史	4字 2行	
62	番汗		2-53	番汗部尉	4字 2行	
63			2-54	…令…		
64			2-55	…長…		
65			2-56	…丞…		
66			2-57	…尉印		

No.	郡	縣	부여번호	판독	글자배열	크기 (㎝)
67			2-58	…印		
68			2-59	…尉		
69			3-1	公孫護印	4字 2行	1.2~1.35
70			3-2	王□盒印	4字 2行	1.38
71			3-3	韓賀之印	4字 2行	1.28
72			3-4	高詡私印	4字 2行	1.4
73			3-5	王□私□	4字 2行	1.1
74			3-6	王顯印信	4字 2行	2.05
75			3-7	王超印信	4字 2行	1.4
76			3-8	王虎印信	4字 2行	
77			3-9	周思傷印	4字 2行	
78			3-10	天帝黃神印 封泥		2.15
79			3-11	□□印信	4字 2行	
80			3-12	□止印		
81			3-13	…私…		
82			3-14	鳳凰紋 萬歲 封泥		

정리된 낙랑 봉니 연구의 향후 과제에 대해 다음 장에서 살펴보겠다.

IV. 낙랑 봉니 연구의 향후 과제

낙랑 봉니 연구와 관련해서는 몇 가지 향후 과제가 남겨진다. 낙랑 봉니를 정리한 것은 낙랑 봉니 연구의 시작이다. 가깝게는 낙랑 봉니 자체에 대한 연구에서 낙랑 전체 연구로 확장될 수 있을 것이다. 즉 낙랑 봉니 연구의 향후 과제는 앞으로 다양하게 진행될 것이다.

1. 낙랑 봉니 자료 확보 문제

낙랑이 있었던 위치는 현재 지역으로 본다면 북한의 평양시에 위치하고 있다. 그래서 낙랑과 관련된 자료는 북한에 의해 통제되고 있어 일부만이 공개되고 있다. 북한 이전에는 일제강점기에 낙랑 관련 발굴 조사가 이루어졌다. 하지만 일제강점기에는 식민지배의 정당성을 확보하기 위해 낙랑 관련 유적이 발굴되었기에 남겨진 보고서가 매우 한정적이다. 게다가 보고서의 대부분이 1930년대 발간되어 국내에 거의 남아 있지 않으며, 남겨진 보고서도 대부분 희귀도서 및 보존도서로 제한되어 검토에 어려움이 있다.

낙랑 관련 자료가 시간적, 공간적, 물리적으로 제한되었다는 점에서 낙랑 봉니의 실체를 이해하는 것은 쉬운 일이 아니다. 그나마 국내에서는 국립중앙박물관에 일제강점기에 찍은 유리건판 사진이 있는데, 여기에 낙랑 봉니 자료가 있다. 그중 일부는 국립중앙박물관이 실물 자료를 가지고 있어 낙랑 봉니 연구에 도움을 주고 있다. 또 숭실대학교 한국기독교박물관에 김양선이 기증한 자료 중 낙랑 봉니가 있다. 국외에는 일본 東京博物館 및 東京大學 문학부 고고학연구실에 낙랑 자료가 있다. 하지만 국외라는 점에서 실물을 확인하는데 제한이 있다.[18]

이처럼 낙랑 봉니에 접근하는 것이 쉽지 않은 상황이다. 앞서 언급한 바와 같이 국내에서는 임기환에 의해 낙랑 봉니가 정리됨으로써 많은 연구자들이 낙랑 봉니에 대해 인식하게 되었다. 하지만 낙랑 봉니의 실물 자료를 직접 볼 수 없다는 점에서 낙랑 봉니의 실체가 어떠한지 알 수 없었다. 일부이기는 하지만 국립중앙박물관에서 낙랑 관련 특별전을 개최하면서 소장된 낙랑 봉니를 정리하였다. 그 결과 국립중앙박물관 소장자료를 통해 낙랑 봉니를 확인할 수 있다는 점은 낙랑 봉니 실체를 확인하는데 큰 도움을 준다.[19]

그러나 국립중앙박물관에서 낙랑 봉니 데이터베이스를 정리했다고 해도 그것을 그대로 이용하는 것은 문제가 있다. 우선 소장하고 있는 낙랑 봉니는 대체로 개별 ID를 부여하고 있는데 검색어에 봉니를 넣고 검색할 경우 봉니가 아닌 경우도 함께 검색되는 문제점이 있다. 또 개별 ID가 부여된 낙랑 봉니의 판독이 이루어지지 않은 경우가 많아 어떤 봉니인지 확인하기 어려운 경우가 있다. 낙랑 봉니는 일종의 도장이기에 전서체로 글자를 새겼다. 그래서 전서체에 대한 이해가 없는 사람이라면 낙랑 봉니 판독에 어려움을 겪을 수 밖에 없다. 몇몇은 판독이 되어 있지만 판독도 불분명하며, 대부분은 판독 없이 낙랑 봉니라는 대분류로만 설명되어 있을 뿐이다. 또 일제강점기 때 찍은 유리건판 사진은 30~40개의 봉니를 일괄적으로 찍었다. 하나하나 분리해서 어떤 봉니인지 알려주는 것이 낙랑 봉니를 이해하는데 도움이 될 수 있을 것이다. 하지만 하나의 유리건판 사진을 보여주고, 그것이 하나의 ID로 정리되었기 때문에 30~40개의 향후 낙랑 봉니를 분리하는 작업이 필요하다.[20] 본고에서는 낙랑 봉니를 분리하는 작업을 일부 수행했지만 여전히 미흡한 부분이 많다. 유리건판 사진에는 봉니로 소개되었지만 판독을 할 수 없는 경우가 많기 때문이다. 또 단편적인 자획만 남거나 판독이 안되는 낙랑 봉니는 분리하지 않았다는 한계가 있다. 향후 과제로 국립중앙박물관에 유리건판 사진으로 남겨진 낙랑 봉니의 분리 작업이 진행되어야 낙랑 봉니 정리의 완성이 이루어질 것이다.

나아가 일제강점기에 작성된 보고서 이외에 일제강점기에 강제로 일본에 유출된 낙랑 봉니 자료 확보도 지속적으로 이루어져야 할 것이다. 낙랑 관련해서는 동경, 칠기, 장식구 등 소장 가치가 있다고 여겨지는 것에 대해서는 조사가 많이 이루어졌지만 봉니에 대해서는 상대적으로 자료 조사가 미흡했다. 이에 일본에 유출된 낙랑 봉니 관련 자료 정리도 지속해야 되어야 할 것이다.

---

18) 낙랑 봉니의 자료 현황에 대해서는 오영찬, 2015, 앞의 논문, pp.8-10에 관련 내용이 정리되어 있어 참조.

19) https://www.museum.go.kr/site/main/relic/search/collectionList

20) 谷豊信, 2021b의 논고가 藤田亮策, 1936a의 논고에 수록된 도판 6장을 분리작업한 것이다. 하지만 국립중앙박물관에는 낙랑 봉니 유리건판사진이 6장보다 더 많이 남아있기 때문에 비슷한 방법으로 낙랑 봉니 분리작업이 진행될 필요가 있다고 생각한다.

2. 낙랑 봉니 진위여부

낙랑 봉니는 1916년에 처음으로 발견되었는데 발견 당시부터 진위에 대한 논쟁이 있었다. 일제강점기 일본 학자들은 평양 일대의 전실묘를 낙랑군 유적으로 파악하고 그 일대 낙랑 관련 유적을 발굴 조사, 낙랑군의 실태를 확인하려고 노력하였다. 이는 일제강점기를 정당화하기 위해 조선이 과거 중국의 식민지였다는 점을 강조하기 위함이었다. 그런데 이때 발견된 봉니는 정식 발굴품이 아니었으며, 대부분이 도굴품이었기 때문에 진위 여부에 대한 논쟁이 지속되었다. 낙랑토성과 같이 한 곳에서 대량의 봉니가 나온 것도 문제가 되었다.

봉니의 진위 여부에 대해서는 1930년 정인구에 의해 낙랑 봉니 위조설이 제기되었는데 1980년대 일본 학계에서는 봉니 위조설에 대한 반론으로 이어졌다.[21] 하지만 봉니에 대한 체계적인 정리작업이 이루어지지 않아 봉니 위조설에 대한 부분은 명확하게 해결되지 않았다. 이에 대해 오영찬은 낙랑 봉니의 진위에 대해 기초적 검토를 진행하였고, 나아가 봉니의 연대와 성격에 대해서도 고찰한 바 있다.[22]

낙랑 봉니의 진위에 대한 각자의 논의는 충분히 납득 되지만 실물 자료가 없이 논리 구조로만 이해하기에는 무리가 있다. 그나마 오영찬의 연구에 의해 낙랑 봉니의 진위에 대한 기초적 검토가 정리되었다고 하지만 그것만으로 봉니의 진위 여부를 확인하기에는 문제가 있다. 최소한 낙랑 봉니의 실물 자료가 한 곳에 정리되고, 이를 토대로 진위 여부가 논의되어야 하기 때문이다. 오영찬의 글도 그러한 시도 속에서 작성된 것으로 보인다. 하지만 문제가 되는 자료에 대해서만 실물 자료가 제공되었을 뿐 낙랑 봉니 관련 모든 자료가 정리된 것은 아니었다.[23] 하지만 이번 기회를 통해 관련된 자료가 1차 정리되었다고 생각된다. 앞서 임기환에 의해 목록화 작업이 진행되었고, 오영찬에 의해 진위 여부가 일부 정리되었다면, 이제는 관련 자료의 집성으로 많은 연구자들도 진위 여부에 관심을 갖을 수 있는 환경이 마련되었다고 생각된다.

나아가 오영찬의 연구는 진위 여부 논쟁의 큰 분수령이 될 듯하다. 그는 낙랑토성 발굴품과 수집품 낙랑 봉니의 비교를 통해 기존의 자료를 토대로 위작일 가능성이 있는 봉니를 정리했다. 그의 정리는 체계적으로 분류되었기 때문에 향후 낙랑 봉니 진위 여부 파악에 큰 도움이 될 것으로 보인다. 그가 전개한 봉니 위작의 근거는 충분히 납득되는 것이기에 앞으로도 비슷한 방법론과 최근 발전되고 있는 과학기술이 접목된다면 낙랑 봉니의 진위 여부는 곧 해결될 수 있을 것이다. 谷豊信의 X선 촬영을 통한 봉니 검토도 비슷한 관점에서 진행된 것으로 여기지기 때문에 자료가 제공된 이상 많은 연구자들이 낙랑 봉니에 관심을 가질 것이며, 이로 인해 진위 여부가 곧 해결되기를 희망한다.

---

21) 오영찬, 2015, 앞의 논문.
22) 오영찬, 2017, 앞의 논문.
23) 이는 학회지의 특성 상 원고의 최대 매수가 정해져 있기 때문에 전체 자료를 공개하는 것이 쉽지 않았기 때문이라 생각된다. 많은 분량이지만 본고의 게재를 허락해 준 한국목간학회에 이 기회에 감사의 말을 전한다.

3. 봉니 연구의 확장

낙랑을 한국사로 이해하는 것은 지리적인 관점에서 접근한 것이다. 기본적으로 낙랑은 중국 군현으로 존재했던 곳이기에 중국사의 관점에서 이해해야 한다. 본고에서는 언급하지 않았지만 낙랑군에서 발견된 칠기를 살펴보면 중국에서 제작되어 한반도로 유입됨을 알 수 있다. 이는 칠기에 쓰여진 명문을 통해 확인할 수 있다. 명문을 통해 칠기의 유입 시기도 확인할 수 있는데 전한시기, 왕망시기, 후한시기 등 다양한 시기에 중국에서 제작된 칠기가 낙랑에 들어옴이 확인된다. 이는 낙랑에 살던 사람들이 중국의 칠기를 이용했던 것을 의미하며, 낙랑에 살던 중국인들이 그들의 생활 습속을 그대로 답습하고 있음을 보여준다고 할 수 있다.[24] 즉 낙랑은 중국 군현의 하나로 살펴봐야 제대로 낙랑을 이해할 수 있다는 뜻이다.

낙랑 봉니 연구도 지금은 낙랑 지역에서 출토된 봉니만을 토대로 살펴보았다면 이제는 중국의 봉니 속에서 낙랑 지역 출토 봉니를 살펴볼 필요가 있다. 봉니의 기본은 문서의 봉함에 있다. 중국 군현에서 사용되던 문서 봉함이 낙랑에도 영향을 미쳤다. 그렇기 때문에 낙랑 군현의 명칭이 낙랑 봉니에 보이는 것이다. 이에 낙랑 봉니를 단독적으로 이해하기보다는 중국의 봉니 속에서 낙랑 봉니를 이해하는 연구가 진행되어야 할 것이다.[25]

그렇게 된다면 낙랑 봉니에 쓰여진 문자를 통해 봉니의 제작시기를 알 수도 있을 것이다. 봉니의 마지막은 대체로 '印'이 쓰여있다. 그리고 세 번째 글자는 '長', '丞', '右', '左', '尉' 등이 쓰여 있다. 세 번째 글자가 쓰여지는 시점을 파악한다면 봉니의 제작 시점도 파악할 수 있을 것이다. 낙랑 칠기를 보면 검수자가 누구냐에 따라 시기를 파악할 수 있기에 낙랑 봉니도 비슷하게 기록된 문자를 통해 제작 시점을 파악해 볼 수 있을 듯하다. 그러기 위해서는 중국 내에서의 변화 양상을 살펴봐야 한다. 이러한 연구도 추후 진행해 보면 좋을 듯하다.

낙랑 봉니의 크기를 통해서도 연구가 진행될 수 있다. 낙랑과 낙랑 25개 현이 기록된 봉니는 대체로 2~2.25㎝ 정도이다. 이에 반해 私印으로 분류된 봉니는 1.3~1.6㎝ 정도의 크기를 가진다. 이는 관인과 사인의 크기가 정해져 있었기 때문에 가능했던 것으로 보인다. 그렇다면 중국 봉니에서도 관련된 비슷한 상황이 나오는지 확인해 볼 필요가 있다. 크기로 인장의 성격을 규정했다면, 크기로 중국에서 인지하고 있던 봉니 출토 지역의 위상을 가늠해 볼 수 있지 않을까 한다. 중국에서 출토된 봉니를 정리하고 있는 『中國封泥大系』를 통해 관련된 정보를 정리하고 규격화 한다면 중국에서 낙랑을 어떻게 인식하고 있었는지 낙랑의 위상을 파악할 수 있을 것이라 생각된다.

나아가 낙랑에 대한 연구가 대체로 낙랑 토성과 주변 낙랑 무덤을 통해 이루어졌다는 점을 감안한다면 봉니도 낙랑 토성과 낙랑 무덤에서 출토되었다고 봐도 좋을 듯하다. 그렇다면 낙랑 토성은 관련된 지역에 유입된 봉함 문서 때문에 봉니가 발견되었다고 볼 수 있는데, 무덤에서 발견된 것은 어떻게 이해하면 좋을지에 대해서도 생각해 볼 필요가 있다. 낙랑 봉니에 낙랑 25개 현 중 列口, 呑列, 華麗 3개 현만 보이지 않고

---

24) 오택현, 2022, 「평양 정백동·정오동 출토 낙랑 문자자료」, 『木簡과 文字』 29.

25) 진영민, 2020, 「中國 漢代 官印封泥 編年 再考」, 『한국고고학보』 116.

22개 현이 보이고 있다는 점에서 낙랑군과 25개 현과의 관계를 살펴볼 수 있지 않을까 한다. 정백동 364호 분에서 출토된 낙랑호구부 목간에는 각 현의 인구가 기록되어 있어 현의 규모, 군과 현과의 관계를 파악할 수 있다. 물론 군과 현의 관계는 중국에서 어떻게 운영되었는지를 파악한 후에 이루어져야 할 것이다. 낙랑 도 중국 군현의 하나이기에 중국에서 어떻게 군현이 운영되는지 파악한 후 관련 자료를 토대로 낙랑 군현 의 실태를 파악한다면 그동안 생각하지 못했던 유의미한 결과가 도출될 수 있지 않을까 생각한다.

V. 맺음말

지금까지 낙랑 봉니 현황과 자료검토, 향후 과제에 대해 살펴보았다. 본고가 갖는 의미도 있지만 한계점 도 존재한다. 본고가 갖는 의미는 낙랑 봉니의 실물자료를 일괄 정리했다는데 있다. 실물 자료 정리는 낙랑 명 봉니, 낙랑 25개현 명 봉니, 私印으로 나눠 정리했다. 실물 자료를 확인하지 못한 경우에는 마지막에 정 리함으로써 추후 추가할 여지를 남겨두었다. 그리고 낙랑 봉니를 통해 연구할 수 있는 후속 작업도 3개 정 도 정리해 보았다. 필자의 한계로 인해 단기간에 정리될 수 없기에 향후 과제로 남겨두었다.

낙랑 봉니는 그동안 큰 관심을 받지 못한 것이 사실이다. 낙랑 봉니는 진위 여부 관련 이슈가 있었지만, 낙랑 봉니 자체를 연구하기에는 한계가 있었기 때문이다. 하지만 낙랑 봉니는 기본적으로 중국 군현에서 사용한 봉니이다. 중국 군현의 관리와 봉니 사용 체계를 살펴보면서 낙랑 봉니를 이해한다면 앞으로 낙랑 봉니 연구는 다양한 관점에서 연구가 될 수 있을 것이다. 낙랑 봉니의 정리는 낙랑 봉니 연구의 시작이다. 향후 더 다양한 낙랑 봉니 연구, 낙랑 봉니를 통한 낙랑군 관련 연구로 심화되길 바란다.

| 투고일: 2024.12.11. | 심사개시일: 2024.12.11. | 심사완료일: 2024.12.23. |

참고문헌

1. 보고서 및 도록

국립중앙박물관, 2001, 『낙랑』.

숭실대학교 한국기독교박물관, 2013, 『한국기독교박물관 소장 낙랑유물』.

이현혜·정인성·오영찬·김병준·이명선, 2008, 『일본에 있는 낙랑유물』, 학연문화사 .

사회과학원 고고학연구소, 1978, 『고고학자료집 5』, 1978.

사회과학원 고고학연구소, 1983, 『고고학자료집 6』, 1983.

사회과학원 고고학연구소, 2009, 『락랑일대의 무덤 : 벽돌무덤』.

사회과학원 고고학연구소, 2009, 『락랑일대의 무덤 : 귀틀무덤』.

사회과학원 고고학연구소, 2009, 『락랑일대의 무덤 : 나무관 및 나무곽무덤』.

鎌田重雄, 1949, 『漢代史硏究』, 川田書房.

駒井和愛, 1964, 『樂浪郡治址』, 東京大學文學部.

駒井和愛, 1972, 『樂浪』, 中公新書.

東京國立博物館, 1998, 『東京國立博物館圖版目錄-封泥篇』.

藤田亮策·梅原末治, 1959, 『朝鮮古文化綜鑑 3』.

梅原末治, 1931, 『歐米に於ける支那古鏡』, 刀江書院.

梅原末治, 1946, 『朝鮮古代の文化』, 高桐書院.

梅原末治, 1948, 『朝鮮古代文化』, 正音社.

梅原末治, 1948, 『漢三國六朝紀年鏡圖說』, 桑名文星堂.

梅原末治, 1965, 『朝鮮古文化綜鑑第4卷』, 養德社.

梅原末治, 1972, 『朝鮮古代の墓制』, 座右寶刊行會.

梅原末治, 1973, 『考古學 六十年』, 平凡社.

朝鮮總督府, 1915, 『朝鮮古蹟圖譜 第1-樂浪郡及帶方郡時代-』.

朝鮮總督府, 1919, 『古蹟調査特別報告第1冊 -平壤附近に於ける樂浪時代の墳墓 1-』.

朝鮮總督府, 1927, 『朝鮮古蹟調査特別報告 第4冊-樂浪郡時代の遺蹟-』.

朝鮮古蹟硏究會, 1934, 『樂浪彩篋塚-古蹟調査報告 第1-』.

2. 단행본

고유섭, 2013, 『朝鮮金石學草稿-又玄高裕燮全集10』, 열화당.

김영섭, 2024, 『평양 대동강면 무덤떼의 축조 집단 연구』, 주류성.

동북아역사재단, 2006, 『낙랑문화연구』.

오영찬, 2006, 『낙랑군연구』, 사계절.

정인보, 1946, 『朝鮮史硏究』.

정인보, 2009, 『薝園鄭寅普全集 3』, 연세대출판부.

駒井和愛 著/정인성 譯, 2017, 『낙랑토성』.

리순진, 1996, 『평양 일대 락랑무덤에 대한 연구』.

리순진·김재용, 2002, 『락랑구역 일대의 고분발굴보고』.

孫慰祖, 1996, 『古封泥集成』, 上海書店出版社.

孫慰祖, 2002a, 『封泥-發現與硏究』, 上海書店出版社.

孫慰祖, 2002b, 『中國古代封泥』, 上海人民出版社.

王獻唐, 1936, 『臨淄封泥文字敍目』, 山東省立圖書館.

3. 논문

高久健二, 2000, 「樂浪 彩篋塚(南井里116號墳)의 埋葬 프로세스에 관한 연구 -그 復元的 연구와 諸問題에 대한 考察-」, 『考古歷史學志』 16.

고현정, 2024, 「남정리 116호분 낙랑채협(樂浪彩篋) 인물도의 재검토」, 『韓國上古史學報』 125.

權五重, 1999, 「樂浪 王光墓의 銅鏡」, 『釜大史學』 23.

김무중, 2004, 고고자료를 통해 본 백제와 낙랑의 교섭, 『호서고고학』 11.

김병준, 2006, 「중국고대 간독자료를 통해 본 낙랑군의 군현지배」, 『역사학보』 189.

金鍾太, 1977, 「樂浪時代의 銘文考」, 『考古美術』 135.

리순진, 1973, 「마한의문화」, 『고조선문제연구』.

박진욱, 1995, 「락랑유적에서 드러난 글자있는 유물에 대하여」, 『조선고고연구』 1995-4.

손영종, 2005, 「락랑문화의 유적유물에 대하여」, 『력사과학』 2005-4.

辛勇旻, 2000, 「樂浪郡지역 외래계 유물 출토 목곽묘 연구」, 『考古歷史學志』 16.

안경숙, 2006, 「낙랑구역 남사리 28호 무덤 출토 鏡架 연구」, 『考古學誌』 15.

오영찬, 1996, 「樂浪郡의 土着勢力 再編과 支配構造 -기원전 1세기대 나무곽무덤의 무덤의 분석을 중심으로-」, 『韓國史論』 35.

오영찬, 2001, 「낙랑토기의 제작기법」, 『낙랑』.

오영찬, 2001, 「낙랑문화 연구의 현황과 과제」, 『낙랑』.

오영찬, 2001, 「낙랑 마구고」, 『고대연구』 6.

오영찬, 2003, 「낙랑군의 군현재비」, 『강좌한국고대사』 10.

오영찬, 2004, 「국립중앙박물관 소장 낙랑고분 자료와 연구현황」, 『한국고대사연구』 34.

오영찬, 2005, 「낙랑·대방군 지배세력 연구」, 서울대학교 대학원 박사학위논문.

오영찬, 2015, 「낙랑군 출토 봉니의 진위에 대한 기초적 검토」, 『韓國上古史學報』 88.

오영찬, 2017, 「낙랑토성 출토 봉니의 연대와 성격」, 『동국사학』 63.

오택현, 2022, 「평양 정백동·정오동 출토 낙랑 문자자료」, 『木簡과 文字』 29.

윤용구, 2024, 「출토 문자로 본 '옥저' -'夭租'에서 '沃沮'로-」, 『한국고대사연구』 115.

이남규, 1993, 「1~3세기 낙랑지역의 금속기 문화」, 『한국고대사논총』 5.

이태희, 2014, 「조선총독부박물관의중국문화재수집」, 『東洋'을수집하다』, 2014년국립중앙박물관국제학술
    대회.

임기환, 1992, 「봉니」, 『역주 한국고대금석문1』.

정인성, 2000, 「낙랑토성 내에서의 청동기제작과 공방의 위치」, 『경북대학교 고고인류학과설립 20주년기
    념논총』.

정인성, 2004, 「낙랑토성의 토기」, 『한국고대사연구』 34.

정인성, 2004, 「낙랑토성의 활석혼입계토기와 그 연대」, 『백제연구』 40.

정인성, 2016, 「일제 강점기 토성리토성(낙랑토성)의 발굴과 출토유물 재검토」, 『왕검성과 한군현-2016년
    제1회 상고사 토론회 자료집』, 동북아역사재단.

진영민, 2020, 「中國 漢代 官印封泥 編年 再考」, 『한국고고학보』 116.

최영희, 2020, 「樂浪土城 출토 기와의 製作技法에 대한 考察」, 『白山學報』 116.

한국상고사학회 33회 학술발표대회 발표요지, 2005, 『낙랑의 고고학』.

高橋勇, 1937, 「本年度樂浪土城發掘槪況」, 『考古學雜誌』 27-8.

高久健二, 1999, 「樂浪彩篋塚」, 『朝鮮文化研究』 6.

高久健二, 1999, 「樂浪彩篋塚の埋葬プロセス」, 『朝鮮文化研究』 6.

江村治樹, 1981, 「東京國立博物館保管陳介棋舊藏の封泥-特にその形式と使用法について」, 『MUSEUM』
    364, 東京國立博物館.

鎌田重雄, 1944, 「樂浪封泥小考」, 『北亞細亞學報』 3.

鎌田重雄, 1962, 「樂浪封泥に見たる守丞と長史」, 『秦漢政治制度の研究』, 日本學術振興會.

谷豊信, 1983, 「樂浪土城址の發掘とその遺構-樂浪土城研究その1」, 『紀要』 2.

谷豊信, 1984, 「樂浪土城址出土の土器 上-樂浪土城研究その2-」, 『紀要』 3.

谷豊信, 1989, 「樂浪郡の位置」, 『朝鮮史研究會論文集』 24, 朝鮮史研究會.

谷豊信, 2021a, 「X線畫像による樂浪封泥の研究」, 『MUSEUM 東京國立博物館研究誌』 690.

谷豊信, 2021b, 「藤田亮策「樂浪封泥攷」の図版をめぐって」, 『考古學雜誌』 104.

關野貞, 1923, 「樂浪土城の封泥」, 『建築雜誌』 448.

關野貞, 1941, 「樂浪土城の封泥」, 『朝鮮の建築と芸術』.

藤田亮策, 1925, 「樂浪の古墳と遺物」, 『朝鮮』 121.

藤田亮策, 1931, 「最近に於ける樂浪古墳の發掘」, 『靑丘學叢』 3.

藤田亮策, 1932, 「樂浪木槨古墳の發掘」, 『靑丘學叢』 7.

藤田亮策, 1933, 「樂浪古墳の調査」, 『靑丘學叢』 14.

藤田亮策, 1934, 「樂浪封泥考」, 『小田先生頌壽記念論集』.

藤田亮策, 1936a, 「樂浪封泥攷」, 『朝鮮考古學研究』, 高桐書院.

藤田亮策, 1936b, 「樂浪封泥續攷」, 『朝鮮考古學研究』, 高桐書院.

小田巳之助, 1934, 『樂浪と傳説の平壤』, 平壤研究會.

原田淑人, 1938, 「樂浪土城の發掘について」, 『史學雜誌』 49-8.

原田淑人, 1968, 「封泥の發見とその研究とについて」, 『朝鮮學報』 49, 朝鮮學會.

原田淑人·高橋勇·駒井和愛, 1938, 「樂浪土城址の調査」, 『昭和12年度古蹟調査報告』.

日本考古學會, 1935, 「樂浪土城發掘により貴重な資料發見」, 『考古學雜誌』 25-7.

田窪眞吾·梅原末治, 1938, 「樂浪梧野里第二五号墳の調査」, 『昭和12年度古蹟調査報告』.

田村晃一, 1976, 「樂浪郡地域出土の印章と封泥」, 『考古學雜誌』 62-2.

田村晃一, 2001, 『樂浪と高句麗の考古學』, 同成社.

鄭仁盛, 2001, 「樂浪土城と靑銅器製作」, 『紀要』 16.

朝鮮總督府, 1925, 「樂浪古墳の發掘」, 『朝鮮』 126.

朝鮮總督府, 1926, 「樂浪古墳群の古蹟臺帳」, 『朝鮮』 132.

中村春壽, 1968, 「樂浪古墳の築造について-特に封土の問題に關して」, 『帝塚山考古學』 1.

針替理平, 1932, 「樂浪古墳の話」, 『朝鮮』 203.

洪潽植 著/吉井秀夫 譯, 1994, 「樂浪塼築墓に對する一考察」, 『古文化談叢』 32.

王國維, 1983, 「簡牘檢署考」, 『王國維遺書』, 上海古籍書店.

孫慰祖, 2019a, 「漢樂浪郡官印封泥的分期及相關問題」, 『孫慰祖璽印封泥與篆刻研究文選』.

孫慰祖, 2019b, 「出土封泥所見王莽郡名考」, 『孫慰祖璽印封泥與篆刻研究文選』.

4. 홈페이지

http://124.33.215.236/umehara2008/ume_query.html

https://www.museum.go.kr/site/main/relic/search/collectionList

〈Abstracts〉

Review of the status of Nakrang Bongni

Oh, Taek-hyun

Since the discovery of Nakrang Bongni in 1919, interest in Nakrang Bongni has been constant. However, the arrangement of Nakrang Bongni was not done properly. As a result, access to the substance of Nakrang Bongni was not properly achieved, and as a result, the authenticity of Nakrang Bongni is still under review.

In order to understand Nakrang Bongni, a systematic arrangement is necessary. Until now, there has been a list of Nakrang Bongni, but there has been no arrangement that presents the photo data suitable for the list collectively. So, although related photos have been released in some studies, there is a limitation that the whole thing has not been organized. So, in this paper, the data that can check the photo data among Nakrang Bongni are organized. It seems to be meaningful in that it is a work that can directly confirm the reality of Nakrang Bongni.

In the future, research on Nakrang Bongni will be more active. Nakrang Bongni will be systematically organized in various ways to organize the quantity of Nakrang Bongni, and the work of determining the authenticity through photographic data can also be carried out. Furthermore, it will be expanded to a study to understand the significance of Nakrang Bongni through a comparison of Nakrang Bongni and Chinese Bongni. Therefore, this paper is expected to be the basis for future Nakrang Bongni research.

▶ Key words: Nakrang, Bongni, A picture of Bongni, research on Bongni

휘 보

학술대회, 신라향가연구독회, 자료교환

학술대회, 신라향가연구독회, 자료교환

1. 학술대회

1) 한국목간학회 제46회 정기발표회

- 주최 : 한국목간학회
- 일시 : 2024년 8월 2일(금) 13:30~18:00
- 장소 : 중앙대학교 303관 904호
- 세부일정

  13:30~13:40 : 인사말 – 한국목간학회장

  13:40~15:10 : 東アジア史上における多賀城碑の意義 – 平川南 (前 일본 국립역사민속박물관장)

  15:10~15:40 : 휴식

  15:40~16:50 : 方格規矩鏡의 문양과 윷판 문양의 관련성에 대하여

  　　　　　　 - 윷놀이의 기원과 윷놀이 관련 어휘의 어원을 찾아서　 – 이건식(단국대학교)

  16:50~18:00 : 3~7세기 고구려인의 중국 내지 이동과 사민 방식의 변화

  　　　　　　 - 중국 왕조의 對이민족 정책을 중심으로 한 문제제기　 – 안현선(나라국립박물관)

2) 한국목간학회 제47회 정기발표회

- 주최 : 한국목간학회
- 일시 : 2024년 9월 6일(금) 13:30~17:30
- 장소 : 동국대학교 문화관 2층 학명세미나실(K247)
- 세부일정

  13:30~13:40 : 인사말 – 한국목간학회장

  13:40~14:50 : 〈청주 운천동비〉의 성격을 어떻게 볼 것인가 : 최근 연구들의 성과와 과제

  　　　　　　 - 최연식(동국대학교)

  14:50~15:10 : 휴식

15:10~16:20 : 동아시아 고대 달력에 쓰인 일기 : 質日과 具注曆 　- 김병준(서울대학교)

16:20~17:30 : 唐代 道士의 法位 체계 -三洞四輔의 위계 구조와 관련하여 　- 조성우(서울대학교)

3) 한국목간학회 제48회 정기발표회

- 주최 : 한국목간학회
- 일시 : 2024년 10월 11일(금) 13:30~17:30
- 장소 : 동국대학교 혜화관 미래융합세미나실(320호)
- 세부일정

　13:30~13:40 : 인사말 – 한국목간학회장

　13:40~14:50 : 낙랑봉니의 현황과 과제 　- 오택현(한국학중앙연구원)

　14:50~15:10 : 휴식

　15:10~16:20 : 평양 진파리 4호분의 墨書와 刻書

　　　　　　- 윤용구(경북대학교), 고광의(동북아역사재단), 이준성(경북대학교), 김근식(전남대학교)

　16:20~17:30 : '북사'명 토기로 본 백제의 숨에 대한 기초적 검토 　- 김근영(서울역사편찬원)

4) 한국목간학회 제49회 정기발표회

- 주최 : 한국목간학회
- 일시 : 2024년 11월 23일(토) 13:30~17:30
- 장소 : 동국대학교 혜화관 324호
- 세부일정

　13:30~13:40 : 인사말 – 한국목간학회장

　13:40~14:50 : 신라의 군사 관련 숨 조문 복원 -관련 문헌과 금석문의 종합적 활용을 통해-

　　　　　　- 최상기(충북대학교)

　14:50~15:10 : 휴식

　15:10~16:20 : 「영천 청제비 정원명」을 통해 본 8세기 말 신라의 역역동원 　- 강나리(충북대학교)

　16:20~17:30 : 고려·조선 목간의 집계 　- 이재환(중앙대학교), 오택현(한국학중앙연구원)

5) 한국목간학회 좌담회 "묻고 묻는다"(2024.12.20.)

- 주최 : 한국목간학회
- 일시 : 2024년 12월 20일(금) 13:30~18:00
- 장소 : 동국대학교 혜화관 미래융합세미나실(320호)
- 세부일정

사회 – 이병호(동국대)

13:30~13:40 한국목간학회장 인사말

13:40~14:00 1. 헌사: 「헌화가, 그 美의 손에서 피어난 노래」, 윤선태(동국대)

14:00~14:20 2. 기조 강연(안): 이성시(일본 와세다대학)

　　　　　　　동아시아에서 한국고대사의 문자자료를 찾아서-그 30년의 발걸음과 성과(東アジ
アに韓国古代史の文字資料を求めて – その30年の足取りと成果)

14:20~14:40 휴식 및 장내정리

*종합 토론회 : 진행 사회 　 – 김병준(서울대)

14:40~16:10 지정토론1 목간과 관련하여, 김창석(강원대)

　　　　　　　지정토론2 신라사와 관련하여, 전덕재(단국대)

16:10~16:30 휴식

16:30~18:00 지정토론3 고구려사와 관련하여, 장병진(경상대)

　　　　　　　지정토론4 동아시아와 관련하여, 정병준(동국대)

2. 신라향가연구독회

■ 7월 모임
 - 일　시 : 7월 13일(토) 15:00~18:00
 - 장　소 : 중앙대학교 303관 904호
 - 주　제 : 우적가
 - 특　강 : 헌화가와 김소월(장재선)
 - 강연자 : 권인한(성균관대)

■ 8월 모임
 - 일　시 : 8월 10일(토) 15:00~18:00
 - 장　소 : 중앙대학교 303관 1003호
 - 주　제 : 예경제불가, 칭찬여래가
 - 강연자 : 권인한(성균관대)

■ 9월 모임
 - 일　시 : 9월 7일(토) 15:00~18:00

- 장　소 : 중앙대학교 203관 717호
- 주　제 : 광수공양가, 참회업장가
- 강연자 : 권인한(성균관대)

■ 10월 모임
- 일　시 : 10월 19일(토) 15:00~18:00
- 장　소 : 중앙대학교 203관(서라벌홀) 510호
- 특　강 : 도이장가의 해독(서울대 황선엽)
- 강　독 : 참회업장가, 수희공덕가(성균관대 권인한)

■ 11월 모임
- 일　시 : 11월 16일(토) 15:00~18:00
- 장　소 : 중앙대학교 303관 702호
- 강　독
  청전법륜가, 청불주세가(단국대 이건식)
  수희공덕가, 상수불학가(성균관대 권인한)

■ 12월 모임
- 일　시 : 12월 14일(토) 15:00~18:00
- 장　소 : 중앙대학교 203관 607호
- 강　독
  항순중생가(서울시립대 이용)
  보개회향가(동국대 김성주)
  총결무진가(성균관대 권인한)

3. 자료교환
日本木簡學會와의 資料交換
* 韓國木簡學會『木簡과 文字』32호 일본 발송

부록

학회 회칙, 간행예규, 연구윤리규정

학회 회칙

제 1 장 총칙

제 1 조 (명칭)　본회는 한국목간학회(韓國木簡學會, The Korean Society for the Study of Wooden Documents)라 한다.

제 2 조 (목적)　본회는 목간을 비롯한 금석문, 고문서 등 문자자료와 기타 문자유물을 중심으로 한 연구 및 학술조사를 통하여 한국의 목간학 발전에 이바지함을 목적으로 한다.

제 3 조 (사업)　본회는 목적에 부합하는 다음의 사업을 한다.
1. 연구발표회
2. 학보 및 기타 간행물 발간
3. 유적·유물의 답사 및 조사 연구
4. 국내외 여러 학회들과의 공동 학술연구 및 교류
5. 기타 위의 각 사항의 사업을 수행하기 위해 필요한 사업

제 4 조(회원의 구분과 자격)
① 본회의 회원은 본회의 목적에 동의하여 회비를 납부하는 개인 또는 기관으로서 연구회원, 일반회원 및 학생회원으로 구분하며, 따로 명예회원, 특별회원을 둘 수 있다.
② 연구회원은 평의원 2인 이상의 추천을 받아 평의원회에서 심의, 인준한다.
③ 일반회원은 연구회원과 학생회원이 아닌 사람과 기관 및 단체로 한다.
④ 학생회원은 대학생과 대학원생으로 한다.
⑤ 명예회원은 본회의 발전에 크게 기여한 회원 또는 개인 중에서 운영위원회에서 추천하여 평의원회에서 인준을 받은 사람으로 한다.
⑥ 특별회원은 본회의 활동과 운영에 크게 기여한 개인 또는 기관 중에서 운영위원회에서 추천하여 평의원회에서 인준을 받은 사람으로 한다.

제 5 조 (회원징계)　회원으로서 본회의 명예를 손상시키거나 회칙을 준수하지 않았을 경우 평의원회의 심의와 총회의 의결에 따라 자격정지, 제명 등의 징계를 할 수 있다.

제 2 장 조직 및 기능

제 6 조 (조직)　본회는 총회·평의원회·운영위원회·편집위원회를 두며, 필요한 경우 별도의 위원회를 구성할 수 있다.

제 7 조 (총회)
　① 총회는 정기총회와 임시총회로 나누며, 정기총회는 2년에 1회 정기적으로 개최하고 임시총회는 필요한 때에 소집할 수 있다.
　② 총회는 회장이나 평의원회의 의결로 소집한다.
　③ 총회는 평의원회에서 심의한 학회의 회칙, 운영예규의 개정 및 사업과 재정 등에 관한 보고를 받고 이를 의결한다.
　④ 총회는 평의원회에서 추천한 회장, 평의원, 감사를 인준한다. 단 회장의 인준이 거부되었을 때는 평의원회에서 재추천하도록 결정하거나 총회에서 직접 선출한다.

제 8 조 (평의원회)
　① 평의원은 연구회원 중 평의원회의 추천을 받아 총회에서 인준한 자로 한다.
　② 평의원회는 회장을 포함한 평의원으로 구성한다.
　③ 평의원회는 회장 또는 평의원 4분의 1 이상의 요구로써 소집한다.
　④ 평의원회는 아래의 사항을 추천, 심의, 의결한다.
　　1. 회장, 평의원, 감사, 편집위원의 추천
　　2. 회칙개정안, 운영예규의 심의
　　3. 학회의 재정과 사업수행의 심의
　　4. 연구회원, 명예회원, 특별회원의 인준
　　5. 회원의 자격정지, 제명 등의 징계를 심의

제 9 조 (운영위원회)
　① 운영위원회는 회장과 회장이 지명하는 부회장, 총무·연구·편집·섭외이사 등 20명 내외로 구성하고, 실무를 담당할 간사를 둔다.
　② 운영위원회는 평의원회에서 심의·의결한 사항을 집행하며, 학회의 제반 운영업무를 담당한다.
　③ 부회장은 회장을 도와 학회의 업무를 총괄 지원하며, 회장 유고시에는 회장의 권한을 대행한다.

④ 총무이사는 학회의 통상 업무를 담당, 집행하며 회장을 대신하여 재정·회계사무를 대표하여 처리한다.

⑤ 연구이사는 연구발표회 및 각종 학술대회의 기획을 전담한다.

⑥ 편집이사는 편집위원을 겸하며, 학보 및 기타 간행물의 출간을 전담한다.

⑦ 섭외이사는 학술조사를 위해 자료소장기관과의 섭외업무를 전담한다.

제 10 조 (편집위원회)　편집위원회는 학보 발간 및 기타 간행물의 출간에 관한 제반사항을 담당하며, 그 구성은 따로 본회의 운영예규에 정한다.

제 11 조 (기타 위원회)　기타 위원회의 구성과 활동은 회장이 결정하며, 그 내용을 평의원회에 보고한다.

제 12 조 (임원)

① 회장은 본회를 대표하고 총회와 각급회의를 주재하며, 임기는 2년으로 한다.

② 평의원은 제 8 조의 사항을 담임하며, 임기는 종신으로 한다.

③ 감사는 평의원회에 출석하고, 본회의 업무 및 재정을 감사하여 총회에 보고하며, 그 임기는 2년으로 한다.

④ 임원의 임기는 1월 1일부터 시작한다.

⑤ 임원이 유고로 업무를 수행할 수 없게 된 때에는 평의원회에서 보궐 임원을 선출하고 다음 총회에서 인준을 받으며, 그 임기는 전임자의 잔여임기가 1년 미만인 경우는 잔여임기에 규정임기 2년을 더한 기간으로 하고, 잔여임기가 1년 이상인 경우는 잔여기간으로 한다.

제 13 조 (의결)

① 총회에서의 인준과 의결은 출석 회원의 과반수로 한다.

② 평의원회는 평의원 4분의 1 이상의 출석으로 성립하며, 의결은 출석한 평의원 과반수의 찬성으로 한다.

제 3 장 출판물의 발간

제 14 조 (출판물)

① 본회는 매년 6월 30일과 12월 31일에 학보를 발간하고, 그 명칭은 "목간과 문자"(한문 "木簡과 文字", 영문 "Wooden documents and Inscriptions Studies")로 한다.

② 본회는 학보 이외에 본회의 목적에 부합하는 출판물을 발간할 수 있다.

③ 본회가 발간하는 학보를 포함한 모든 출판물의 저작권은 본 학회에 속한다.

제 15 조 (학보 게재 논문 등의 선정과 심사)

　　① 학보에는 회원의 논문 및 본회의 목적에 부합하는 주제의 글을 게재함을 원칙으로 한다.

　　② 논문 등 학보 게재물은 편집위원회에서 선정한다.

　　③ 논문 등 학보 게재물의 선정 기준과 절차는 따로 본회의 운영예규에 정한다.

제 4 장 재정

제 16 조 (재원)　　본회의 재원은 회비 및 기타 수입으로 한다.

제 17 조 (회계연도)　　본회의 회계연도 기준일은 1월 1일로 한다.

제 5 장 기타

제 18 조 (운영예규)　　본 회칙에 명시하지 않은 운영에 필요한 사항은 따로 운영예규에 정한다.

제 19 조 (기타사항)　　본 회칙에 규정되지 않은 사항은 일반관례에 따른다.

부칙

1. 본 회칙은 2007년 1월 9일부터 시행한다.
2. 본 회칙은 2009년 1월 9일부터 시행한다.
3. 본 회칙은 2012년 1월 18일부터 시행한다.
4. 본 회칙은 2015년 10월 31일부터 시행한다.
5. 본 회칙은 2021년 11월 23일부터 시행한다.

편집위원회에 관한 규정

제 1 장 총칙

제 1 조 (명칭)   본 규정은 '편집위원회에 관한 규정'이라 한다.

제 2 조 (목적)   본 규정은 한국목간학회 편집위원회의 조직 및 편집 활동 전반에 관한 세부 사항을 규정하는 것을 목적으로 한다.

제 2 장 조직 및 권한

제 3 조 (구성)   편집위원회는 회칙에 따라 구성한다.

제 4 조 (편집위원의 임명)   편집위원은 세부 전공 분야 및 연구 업적을 감안하여 평의원회에서 추천하며, 회장이 임명한다.

제 5 조 (편집위원장의 선출)   편집위원장은 편집위원 전원의 무기명 비밀투표 방식으로 편집위원 중에서 선출한다.

제 6 조 (편집위원장의 권한)   편집위원장은 편집회의의 의장이 되며, 학회지의 편집 및 출판 활동 전반에 대하여 권한을 갖는다.

제 7 조 (편집위원의 자격)   편집위원은 다음과 같은 조건을 갖춘자로 한다.
1. 박사학위를 소지한 자.
2. 대학의 전임교수로서 5년 이상의 경력을 갖추었거나, 이와 동등한 연구 경력을 갖춘자.
3. 역사학·고고학·보존과학·국어학 또는 이와 관련된 분야에서 연구 업적이 뛰어나고 학계의 명망과 인격을 두루 갖춘자.

4. 다른 학회의 임원이나 편집위원으로 과다하게 중복되지 않은 자.

제 8 조 (편집위원의 임기)　편집위원의 임기는 2년으로 하되, 연임할 수 있다.

제 9 조 (편집자문위원)　학회지 및 기타 간행물의 편집 및 출판 활동과 관련하여 필요시 국내외의 편집자문위원을 둘 수 있다.

제 10 조 (편집간사)　학회지를 비롯한 제반 출판 활동 업무를 원활히 하기 위하여 편집간사 약간 명을 둘 수 있다.

제 3 장　임무와 활동

제 11 조 (편집위원회의 임무와 활동)　편집위원회의 임무와 활동 내용은 다음과 같다.
1. 학회지의 간행과 관련된 제반 업무.
2. 학술 단행본의 발행과 관련된 제반 업무.
3. 기타 편집 및 발행과 관련된 제반 활동.

제 12 조 (편집간사의 임무)　편집간사는 편집위원회의 업무와 활동을 보조하며, 편집과 관련된 회계의 실무를 담당한다.

제 13 조 (학회지의 발간일)　학회지는 1년에 2회 발행하며, 그 발행일자는 6월 30일과 12월 31일로 한다.

제 4 장　편집회의

제 14 조 (편집회의의 소집)　편집회의는 편집위원장이 수시로 소집하되, 필요한 경우에는 3인 이상의 편집위원이 발의하여 회장의 동의를 얻어 편집회의를 소집할 수 있다. 또한 심사위원의 추천 및 선정 등에 필요한 경우에는 전자우편을 통한 의견 수렴으로 편집회의를 대신할 수 있다.

제 15 조 (편집회의의 성립)　편집회의는 편집위원장을 포함한 편집위원 과반수의 출석으로 성립된다.

제 16 조 (편집회의의 의결)　편집회의의 제반 안건은 출석 위원 과반수의 찬성으로 의결하되, 찬반 동수인 경우에는 편집위원장이 결정한다.

제 17 조 (편집회의의 의장)　편집위원장은 편집회의의 의장이 된다. 편집위원장이 참석하지 아니한 경우에는 편집위원 중의 연장자가 의장이 된다.

제 18 조 (편집회의의 활동)　편집회의는 학회지의 발행, 논문의 심사 및 편집, 기타 제반 출판과 관련된 사항에 대하여 논의하고 결정한다.

부칙

제1조 이 규정은 운영위원회의 의결을 거쳐 2007년 11월 24일부터 시행한다.

제2조 이 규정은 운영위원회의 의결을 거쳐 2009년 1월 9일부터 시행한다.

제3조 이 규정은 운영위원회의 의결을 거쳐 2012년 1월 18일부터 시행한다.

학회지 논문의 투고와 심사에 관한 규정

제 1 장 총칙

제 1 조 (명칭)   본 규정은 '학회지 논문의 투고와 심사에 관한 규정'이라 한다.

제 2 조 (목적)   본 규정은 한국목간학회의 학회지인 『목간과 문자』에 수록할 논문의 투고와 심사에 관한 절차를 정하고 관련 업무를 명시함에 목적을 둔다.

제 2 장 원고의 투고

제 3 조 (투고 자격)   논문의 투고 자격은 회칙에 따르되, 당해 연도 회비를 납부한 자에 한한다.

제 4 조 (투고의 조건)   본 학회에서 발표한 논문에 한하여 투고하는 것을 원칙으로 한다.

제 5 조 (원고의 분량)   원고의 분량은 학회지에 인쇄된 것을 기준으로 각종의 자료를 포함하여 20면 내외로 하되, 자료의 영인을 붙이는 경우에는 면수 계산에서 제외한다.

제 6 조 (원고의 작성 방식)   원고의 작성 방식과 요령 등에 관하여는 별도의 내규를 정하여 시행한다.

제 7 조(원고의 언어)   원고는 한국어로 작성함을 원칙으로 하되, 외국어로 작성된 원고의 게재 여부는 편집회의에서 정한다.

제 8 조 (제목과 필자명)   논문 제목과 필자명은 영문으로 附記하여야 한다.

제 9 조 (국문초록과 핵심어)   논문을 투고할 때에는 국문과 외국어로 된 초록과 핵심어를 덧붙여야 한다. 요약문과 핵심어의 작성 요령은 다음과 같다.

1. 국문초록은 논문의 내용과 논지를 잘 간추려 작성하되, 외국어 요약문은 영어, 중국어, 일어 중의 하나로 작성한다.
2. 국문초록의 분량은 200자 원고지 5매 내외로 한다.
3. 핵심어는 논문의 주제 및 내용을 대표할 만한 단어를 뽑아서 요약문 뒤에 행을 바꾸어 제시한다.

제 10 조 (논문의 주제 및 내용 조건)   논문의 주제 및 내용은 다음에 부합하여야 한다.
1. 국내외의 출토 문자 자료에 대한 연구 논문
2. 국내외의 출토 문자 자료에 대한 소개 또는 보고 논문
3. 국내외의 출토 문자 자료에 대한 역주 또는 서평 논문

제 11 조 (논문의 제출처)   심사용 논문은 온라인투고시스템을 이용한다.

제 3 장 원고의 심사

제 1 절 : 심사자

제 12 조 (심사자의 자격)   심사자는 논문의 주제 및 내용과 관련된 분야에서 박사학위를 소지한 자를 원칙으로 하되, 본 학회의 회원 가입 여부에 구애받지 아니한다.

제 13 조 (심사자의 수)   심사자는 논문 한 편당 2인 이상 5인 이내로 한다.

제 14 조 (심사 의뢰)   편집위원장은 편집회의에서 추천·의결한 바에 따라 심사자를 선정하여 심사를 의뢰하도록 한다. 편집회의에서의 심사자 추천은 2배수로 하고, 편집회의의 의결을 거쳐 선정한다.

제 15 조 (심사자에 대한 이의)   편집위원장은 심사자 위촉 사항에 대하여 대외비로 회장에게 보고하며, 회장은 편집위원장에게 이의를 제기할 수 있다. 심사자 위촉에 대한 이의에 대하여는 편집회의를 거쳐 편집위원장이 심사자를 변경할 수 있다. 다만, 편집회의 결과 원래의 위촉자가 재선정되었을 경우 편집위원장은 회장에게 그 사실을 구두로 통지하며, 통지된 사항에 대하여 회장은 이의를 제기할 수 없다.

제 2 절 : 익명성과 비밀 유지

제 16 조 (익명성과 비밀 유지 조건)   심사용 원고는 반드시 익명으로 하며, 심사에 관한 제반 사항은 편집위원장 책임하에 반드시 대외비로 하여야 한다.

제 17 조 (익명성과 비밀 유지 조건의 위배에 대한 조치)　위 제16조의 조건을 위배함으로 인해 심사자에게 중대한 피해를 입혔을 경우에는 편집위원 3인 이상의 발의로써 편집위원장의 동의 없이도 편집회의를 소집할 수 있으며, 다음 각 호에 따라 위배한 자에 따라 사안별로 조치한다. 또한 해당 심사자에게는 편집위원장 명의로 지체없이 사과문을 심사자에게 등기 우송하여야 한다. 편집위원장 명의를 사용하지 못할 경우에는 편집위원 전원이 연명하여 사과문을 등기 우송하여야 한다. 익명성과 비밀 유지 조건에 대한 위배 사실이 학회의 명예를 손상한 경우에는 편집위원 3인의 발의만으로써도 해당 편집위원장 및 편집위원에 대한 징계를 회장에게 요청할 수 있으며, 이 경우 그 처리 결과를 학회지에 공지하여야 한다.

1. 편집위원장이 위배한 경우에는 편집위원장을 교체한다.
2. 편집위원이 위배한 경우에는 편집위원직을 박탈한다.
3. 임원을 겸한 편집위원의 경우에는 회장에게 교체하도록 요청한다.
4. 편집간사 또는 편집보조가 위배한 경우에는 편집위원장이 당사자를 해임한다.

제 18 조 (편집위원의 논문에 대한 심사)　편집위원이 투고한 논문을 심사할 때에는 해당 편집위원을 궐석시킨 후에 심사자를 선정하여야 하며, 회장에게도 심사자의 신원을 밝히지 않는 것을 원칙으로 한다.

제 3 절 : 심사 절차

제 19 조 (논문심사서의 구성 요건)　논문심사서에는 '심사 소견', 그리고 '수정 및 지적사항'을 적는 난이 포함되어야 한다.

제 20 조 (심사 소견과 영역별 평가)　심사자는 심사 논문에 대하여 영역별 평가를 감안하여 종합판정을 한다. 심사 소견에는 영역별 평가와 종합판정에 대한 근거 및 의견을 총괄적으로 기술함을 원칙으로 한다.

제 21 조 (수정 및 지적사항)　'수정 및 지적사항'란에는 심사용 논문의 면수 및 수정 내용 등을 구체적으로 지시하여야 한다.

제 22 조 (심사 결과의 전달)　편집간사는 편집위원장의 지시를 받아 투고자에게 심사자의 논문심사서와 심사용 논문을 전자우편 또는 일반우편으로 전달하되, 심사자의 신원이 드러나지 않도록 각별히 유의하여야 한다. 논문 심사서 중 심사자의 인적 사항은 편집회의에서도 공개하지 않는다.

제 23 조 (수정된 원고의 접수)　투고자는 논문심사서를 수령한 후 소정 기일 내에 원고를 수정하여 편집위원장에게 송부하여야 한다. 기한을 넘겨 접수된 수정 원고는 학회지의 다음 호에 접수된 투고 논문과

동일한 심사 절차를 밟되, 논문심사료는 부과하지 않는다.

제 4 절 : 심사의 기준과 게재 여부 결정

제 24 조 (심사 결과의 종류)　심사 결과는 '종합판정'과 '영역별 평가'로 나누어 시행한다.

제 25 조 (종합판정과 등급)　종합판정은 게재(A), 수정후 게재(B), 수정후 재심사(C), 게재 불가(D) 중의 하나로 한다.

제 26 조 (영역별 평가)　영역별 평가 기준은 다음과 같다.
1. 학계에의 기여도
2. 연구 내용 및 방법론의 참신성
3. 논지 전개의 타당성
4. 논문 구성의 완결성
5. 문장 표현의 정확성

제 27 조 (게재 여부의 결정 기준)　심사용 논문의 학회지 게재 여부는 심사자의 종합판정에 의거하여 이들을 합산하여 시행한다. 게재 여부의 결정은 최종 수정된 원고를 대상으로 한다.

제 28 조 (게재 여부 결정의 조건)　심사위원의 심사 결과를 종합하여 다음과 같이 판정한다.
1. A·A·B, A·A·B : 게재
2. A·A·C, A·A·D, A·B·B, A·B·C, B·B·B : 수정후 게재
3. A·B·D, B·B·C : 편집위원회에서 판정
4. A·C·C, A·C·D, B·B·D, B·C·C, B·C·D, C·C·C : 수정후 재심사
5. A·D·D, B·D·D, C·C·D, C·D·D, D·D·D : 게재 불가

제 29조 〈삭제 2023.11.17.〉

제 30 조 (논문 게재 여부의 통보)　편집위원장은 논문 게재 여부에 대한 최종 확정 결과를 투고자에게 통보하여야 한다.

제 5 절 : 이의 신청

제 31 조 (이의 신청) 투고자는 심사와 논문 게재 여부에 대하여 이의를 신청할 수 있다. 이 때에는 200자 원고지 5매 내외의 이의신청서를 작성하여 심사 결과 통보일 15일 이내에 편집위원장에게 송부하여야 하며, 편집위원장은 이의 신청 접수일로부터 15일 이내에 이에 대한 처리 절차를 완료하여야 한다.

제 32 조 (이의 신청의 처리) 이의 신청을 한 투고자의 논문에 대해서는 편집회의에서 토의를 거쳐 이의 신청의 수락 여부를 의결한다. 수락한 이의 신청에 대한 조치 방법은 편집회의에서 결정한다.

제 4 장 게재 논문의 사후 심사 및 조치

제 1 절 : 게재 논문의 사후 심사

제 33 조 (사후 심사) 학회지에 게재된 논문에 대하여는 사후 심사를 할 수 있다.

제 34 조 (사후 심사 요건) 사후 심사는 편집위원회의 자체 판단 또는 접수된 사후심사요청서의 검토 결과, 대상 논문이 그 논문이 수록된 본 학회지 발행일자 이전의 간행물 또는 타인의 저작권에 귀속시킬 만한 연구 내용을 현저한 정도로 표절 또는 중복 게재한 것으로 의심되는 경우에 한한다.

제 35 조 (사후심사요청서의 접수) 게재 논문의 표절 또는 중복 게재와 관련하여 사후 심사를 요청하는 사후심사요청서를 편집위원장 또는 편집위원회에 접수할 수 있다. 이 경우 사후심사요청서는 밀봉하고 겉봉에 '사후심사요청'임을 명기하되, 발신자의 신원을 겉봉에 노출시키지 않음을 원칙으로 한다.

제 36 조 (사후심사요청서의 개봉) 사후심사요청서는 편집위원장 또는 편집위원장이 위촉한 편집위원이 개봉한다.

제 37 조 (사후심사요청서의 요건) 사후심사요청서는 표절 또는 중복 게재로 의심되는 내용을 구체적으로 밝혀야 한다.

제 2 절 : 사후 심사의 절차와 방법

제 38 조 (사후 심사를 위한 편집위원회 소집) 게재 논문의 표절 또는 중복 게재에 관한 사실 여부를 심의하고 사후 심사자의 선정을 비롯한 제반 사항을 의결하기 위해 편집위원장은 편집위원회를 소집할 수 있다.

제 39 조 (질의서의 우송)　편집위원회의 심의 결과 표절이나 중복 게재의 개연성이 있다고 판단된 논문에 대해서는 그 진위 여부에 대해 편집위원장 명의로 해당 논문의 필자에게 질의서를 우송한다.

제 40 조 (답변서의 제출)　위 제39조의 질의서에 대해 해당 논문 필자는 질의서 수령 후 30일 이내 편집위원장 또는 편집위원회에 답변서를 제출하여야 한다. 이 기한 내에 답변서가 없을 경우엔 질의서의 내용을 인정한 것으로 판단한다.

제 3 절 : 사후 심사 결과의 조치

제 41 조 (사후 심사 확정을 위한 편집위원회 소집)　편집위원장은 답변서를 접수한 날 또는 마감 기한으로부터 15일 이내에 사후 심사 결과를 확정하기 위한 편집위원회를 소집한다.

제 42 조 (심사 결과의 통보)　편집위원장은 편집위원회에서 확정한 사후 심사 결과를 7일 이내에 사후 심사를 요청한 이 및 관련 당사자에게 통보하여야 한다.

제 43 조 (표절 및 중복 게재에 대한 조치)　편집위원회에서 표절 또는 중복 게재로 확정된 경우에는 회장에게 지체 없이 보고하고, 회장은 운영위원회를 소집하여 다음 각 호와 같은 조치를 집행할 수 있다.

　　1. 차호 학회지에 그 사실 관계 및 조치 사항들을 기록한다.
　　2. 학회지 전자판에서 해당 논문을 삭제하고, 학회논문임을 취소한다.
　　3. 해당 논문 필자에 대하여 제명 조치하고, 향후 5년간 재입회할 수 없도록 한다.
　　4. 관련 사실을 한국연구재단에 보고한다.

제 4 절 : 제보자의 보호

제 44 조 (제보자의 보호)　표절 및 중복 게재에 관한 이의 및 논의를 제기하거나 사후 심사를 요청한 사람에 대해서는 신원을 절대적으로 밝히지 않고 익명성을 보장하여야 한다.

제 45 조 (제보자 보호 규정의 위배에 대한 조치)　위 제44조의 규정을 위배한 이에 대한 조치는 위 제17조에 준하여 시행한다.

부칙
제1조(시행일자) 본 규정은 2007년 11월 24일부터 시행한다.
제2조(시행일자) 본 규정은 2009년 1월 9일부터 시행한다.

제3조(시행일자) 본 규정은 2015년 10월 31일부터 시행한다.
제4조(시행일자) 본 규정은 2018년 1월 12일부터 시행한다.
제5조(시행일자) 본 규정은 2023년 11월 17일부터 시행한다.

학회지 논문의 투고와 원고 작성 요령에 관한 내규

제 1 조 (목적)　이 내규는 본 한국목간학회의 회칙 및 관련 규정에 따라 학회지에 게재하는 논문의 투고와 원고 작성 요령에 대하여 명시하는 것을 목적으로 한다.

제 2 조 (논문의 종류)　학회지에 게재되는 논문은 심사 논문과 기획 논문으로 나뉜다. 심사 논문은 본 학회의 학회지 논문의 투고와 심사에 관한 규정에 따른 심사 절차를 거쳐 게재된 논문을 가리키며, 기획 논문은 편집위원회에서 기획하여 특정의 연구자에게 집필을 위촉한 논문을 가리킨다.

제 3 조 (기획 논문의 집필자)　기획 논문의 집필자는 본 학회의 회원 여부에 구애받지 아니한다.

제 4 조 (기획 논문의 심사)　기획 논문에 대하여도 심사 논문과 동일한 절차의 심사를 시행하는 것을 원칙으로 하되, 편집위원회의 의결을 거쳐 심사를 면제할 수 있다.

제 5 조 (투고 기한)　논문의 투고 기한은 매년 4월 말과 10월 말로 한다.

제 6 조 (수록호)　4월 말까지 투고된 논문은 심사 과정을 거쳐 같은 해의 6월 30일에 발행하는 학회지에 수록하며, 10월 말까지 투고된 논문은 같은 해의 12월 31일에 간행하는 학회지에 수록하는 것을 원칙으로 한다.

제 7 조 (수록 예정일자의 변경 통보)　위 제6조의 예정 기일을 넘겨 논문의 심사 및 게재가 이루어질 경우 편집위원장은 투고자에게 그 사실을 통보해 주어야 한다.

제 8 조 (게재료)　논문 게재 확정시에 내국인의 경우 일반 논문 10만원, 연구비 수혜 논문 30만원의 게재료를 납부하여야 한다.

제 9 조 (초과 게재료)　학 회지에 게재하는 논문의 분량이 인쇄본을 기준으로 20면을 넘을 경우에는 1

면 당 2만원의 초과 게재료를 부과할 수 있다. 단, 한국목간학회 발표회·학술회의를 거친 논문의 경우 면제할 수 있다.

제 10 조 (원고료) 학회지에 게재되는 논문에 대하여는 소정의 원고료를 필자에게 지불할 수 있다. 원고료에 관한 사항은 운영위원회에서 결정한다.

제 11 조 (익명성 유지 조건) 심사용 논문에서는 졸고 및 졸저 등 투고자의 신원을 드러내는 표현을 쓸 수 없다.

제 12 조 (컴퓨터 작성) 논문의 원고는 컴퓨터로 작성함을 원칙으로 하며, 문장편집기 프로그램은 「흔글」을 사용할 것을 권장한다.

제 13 조 (제출물) 원고 제출시에는 온라인투고시스템을 이용하며, 연구윤리규정과 저작권 이양동의서에 동의하여야 한다.

제 14 조 (투고자의 성명 삭제) 편집간사는 심사자에게 심사용 논문을 송부할 때 반드시 투고자의 성명과 기타 투고자의 신원을 알 수 있는 표현 등을 삭제하여야 한다.

제 15 조 (출토 문자 자료의 표기 범례 등 기타) 출토 문자 자료의 표기 범례를 비롯하여 위에서 정하지 않은 학회지 논문의 투고와 원고 작성 요령 및 용어 사용 등에 관한 사항들은 일반적인 관행에 따르거나 편집위원회에서 결정한다.

부칙
제1조(시행일자) 이 내규는 2007년 11월 24일부터 시행한다.
제2조(시행일자) 이 내규는 2009년 1월 9일부터 시행한다.
제3조(시행일자) 이 내규는 2012년 1월 18일부터 시행한다.
제4조(시행일자) 이 내규는 2015년 10월 31일부터 시행한다.
제5조(시행일자) 이 내규는 2018년 1월 12일부터 시행한다.
제6조(시행일자) 이 내규는 2023년 11월 17일부터 시행한다.

韓國木簡學會 研究倫理 規定

제 1 장 총칙

제 1 조 (명칭)   이 규정은 '한국목간학회 연구윤리 규정'이라 한다.

제 2 조 (목적)   이 규정은 한국목간학회 회칙 및 편집위원회 규정에 따른 연구윤리 등에 관한 세부사항을 규정하는 것을 목적으로 한다.

제 2 장 저자가 지켜야 할 연구윤리

제 3 조 (표절 금지)   저자는 자신이 행하지 않은 연구나 주장의 일부분을 자신의 연구 결과이거나 주장인 것처럼 논문이나 저술에 제시하지 않는다.

제 4 조 (업적 인정)

1. 저자는 자신이 실제로 행하거나 공헌한 연구에 대해서만 저자로서의 책임을 지며, 또한 업적으로 인정받는다.

2. 논문이나 기타 출판 업적의 저자나 역자가 여러 명일 때 그 순서는 상대적 지위에 관계없이 연구에 기여한 정도에 따라 정확하게 반영하여야 한다. 단순히 어떤 직책에 있다고 해서 저자가 되거나 제1저자로서의 업적을 인정받는 것은 정당화될 수 없다. 반면, 연구나 저술(번역)에 기여했음에도 공동저자(역자)나 공동연구자로 기록되지 않는 것 또한 정당화될 수 없다. 연구나 저술(번역)에 대한 작은 기여는 각주, 서문, 사의 등에서 적절하게 고마움을 표시한다.

제 5 조 (중복 게재 금지)   저자는 이전에 출판된 자신의 연구물(게재 예정이거나 심사 중인 연구물 포함)을 새로운 연구물인 것처럼 투고하지 말아야 한다.

제 6 조 (인용 및 참고 표시)

1. 공개된 학술 자료를 인용할 경우에는 정확하게 기술하도록 노력해야 하고, 상식에 속하는 자료가

아닌 한 반드시 그 출처를 명확히 밝혀야 한다. 논문이나 연구계획서의 평가 시 또는 개인적인 접촉을 통해서 얻은 자료의 경우에는 그 정보를 제공한 연구자의 동의를 받은 후에만 인용할 수 있다.

2. 다른 사람의 글을 인용하거나 아이디어를 차용(참고)할 경우에는 반드시 註[각주(후주)]를 통해 인용 여부 및 참고 여부를 밝혀야 하며, 이러한 표기를 통해 어떤 부분이 선행연구의 결과이고 어떤 부분이 본인의 독창적인 생각·주장·해석인지를 독자가 알 수 있도록 해야 한다.

제 7 조 (논문의 수정)   저자는 논문의 평가 과정에서 제시된 편집위원과 심사위원의 의견을 가능한 한 수용하여 논문에 반영되도록 노력하여야 하고, 이들의 의견에 동의하지 않을 경우에는 그 근거와 이유를 상세하게 적어서 편집위원(회)에게 알려야 한다.

제 3 장 편집위원이 지켜야 할 연구윤리

제 8 조 (책임 범위)   편집위원은 투고된 논문의 게재 여부를 결정하는 모든 책임을 진다.

제 9 조 (논문에 대한 태도)   편집위원은 학술지 게재를 위해 투고된 논문을 저자의 성별, 나이, 소속 기관은 물론이고 어떤 선입견이나 사적인 친분과도 무관하게 오로지 논문의 질적 수준과 투고 규정에 근거하여 공평하게 취급하여야 한다.

제 10 조 (심사 의뢰)   편집위원은 투고된 논문의 평가를 해당 분야의 전문적 지식과 공정한 판단 능력을 지닌 심사위원에게 의뢰해야 한다. 심사 의뢰 시에는 저자와 지나치게 친분이 있거나 지나치게 적대적인 심사위원을 피함으로써 가능한 한 객관적인 평가가 이루어질 수 있도록 노력한다. 단, 같은 논문에 대한 평가가 심사위원 간에 현저하게 차이가 날 경우에는 해당 분야 제3의 전문가에게 자문을 받을 수 있다.

제 11 조 (비밀 유지)   편집위원은 투고된 논문의 게재가 결정될 때까지는 심사자 이외의 사람에게 저자에 대한 사항이나 논문의 내용을 공개하면 안 된다.

제 4 장 심사위원이 지켜야 할 연구윤리

제 12조 (성실 심사)   심사위원은 학술지의 편집위원(회)이 의뢰하는 논문을 심사규정이 정한 기간 내에 성실하게 평가하고 평가 결과를 편집위원(회)에게 통보해 주어야 한다. 만약 자신이 논문의 내용을 평가하기에 적임자가 아니라고 판단될 경우에는 편집위원(회)에게 지체 없이 그 사실을 통보한다.

제 13 조 (공정 심사)   심사위원은 논문을 개인적인 학술적 신념이나 저자와의 사적인 친분 관계를 떠

나 객관적 기준에 의해 공정하게 평가하여야 한다. 충분한 근거를 명시하지 않은 채 논문을 탈락시키거나, 심사자 본인의 관점이나 해석과 상충된다는 이유로 논문을 탈락시켜서는 안 되며, 심사 대상 논문을 제대로 읽지 않은 채 평가해서도 안 된다.

제 14 조 (평가근거의 명시)　심사위원은 전문 지식인으로서의 저자의 인격과 독립성을 존중하여야 한다. 평가 의견서에는 논문에 대한 자신의 판단을 밝히되, 보완이 필요하다고 생각되는 부분에 대해서는 그 이유도 함께 상세하게 설명해야 한다.

제 15 조 (비밀 유지)　심사위원은 심사 대상 논문에 대한 비밀을 지켜야 한다. 논문 평가를 위해 특별히 조언을 구하는 경우가 아니라면 논문을 다른 사람에게 보여주거나 논문 내용을 놓고 다른 사람과 논의하는 것도 바람직하지 않다. 또한 논문이 게재된 학술지가 출판되기 전에 저자의 동의 없이 논문의 내용을 인용해서는 안 된다.

제 5 장　윤리규정 시행 지침

제 16 조 (윤리규정 서약)　한국목간학회의 신규 회원은 본 윤리규정을 준수하기로 서약해야 한다. 기존 회원은 윤리규정의 발효 시 윤리규정을 준수하기로 서약한 것으로 간주한다.

제 17 조 (윤리규정 위반 보고)　회원은 다른 회원이 윤리규정을 위반한 것을 인지할 경우 그 회원으로 하여금 윤리규정을 환기시킴으로써 문제를 바로잡도록 노력해야 한다. 그러나 문제가 바로잡히지 않거나 명백한 윤리규정 위반 사례가 드러날 경우에는 학회 윤리위원회에 보고할 수 있다. 윤리위원회는 윤리규정 위반 문제를 학회에 보고한 회원의 신원을 외부에 공개해서는 안 된다.

제 18 조 (윤리위원회 구성)　윤리위원회는 회원 5인 이상으로 구성되며, 위원은 평의원회의 추천을 받아 회장이 임명한다.

제 19 조 (윤리위원회의 권한)　윤리위원회는 윤리규정 위반으로 보고된 사안에 대하여 제보자, 피조사자, 증인, 참고인 및 증거자료 등을 통하여 폭넓게 조사를 실시한 후, 윤리규정 위반이 사실로 판정된 경우에는 회장에게 적절한 제재조치를 건의할 수 있다.
단, 사안이 학회지 게재 논문의 표절 또는 중복 게재와 관련된 경우에는 '학회지 논문의 투고와 심사에 관한 규정'에 따라 편집위원회에 조사를 의뢰하고 사후 조치를 취한다.

제 20 조 (윤리위원회의 조사 및 심의)　윤리규정 위반으로 보고된 회원은 윤리위원회에서 행하는 조

사에 협조해야 한다. 이 조사에 협조하지 않는 것은 그 자체로 윤리규정 위반이 된다.

제 21 조 (소명 기회의 보장) 윤리규정 위반으로 보고된 회원에게는 충분한 소명 기회를 주어야 한다.

제 22 조 (조사 대상자에 대한 비밀 보호) 윤리규정 위반에 대해 학회의 최종적인 징계 결정이 내려질 때까지 윤리위원은 해당 회원의 신원을 외부에 공개해서는 안 된다.

제 23 조 (징계의 절차 및 내용) 윤리위원회의 징계 건의가 있을 경우, 회장은 이사회를 소집하여 징계 여부 및 징계 내용을 최종적으로 결정한다. 윤리규정을 위반했다고 판정된 회원에 대해서는 경고, 회원자격정지 내지 박탈 등의 징계를 할 수 있으며, 이 조처를 다른 기관이나 개인에게 알릴 수 있다.

제 6 장 보칙

제 24 조 (규정의 개정)
  1. 편집위원장 또는 편집위원 3인 이상이 규정의 개정을 發議할 수 있다.
  2. 재적 편집위원 3분의 2 이상의 찬성으로 개정하며, 총회의 인준을 얻어야 효력이 발생한다.

제 25 조 (보칙) 이 규정에 정해지지 않은 사항은 학회의 관례에 따른다.

부칙
제1조(시행일자) 이 규정은 2007년 11월 24일부터 시행한다.

Wooden Documents and Inscriptions Studies No. 33.　　December. 2024

[Contents]

The Korean Society for the Study of Wooden Documents

木簡과 文字 연구 32

엮은이 | 한국목간학회
펴낸이 | 최병식
펴낸날 | 2025년 2월 14일
펴낸곳 | 주류성출판사
　　　　서울시 서초구 강남대로 435 15층
　　　　전화 | 02-3481-1024 / 전송 | 02-3482-0656
　　　　www.juluesung.co.kr
　　　　e-mail | juluesung@daum.net

책 값 | 20,000원
ISBN　978-89-6246-552-5　94910
세트　978-89-6246-006-3　94910

* 이 책은 「木簡과 文字」 33호의 판매용 출판본입니다.